COLLECTION

COMPLÈTE

DES MÉMOIRES

RELATIFS

A L'HISTOIRE DE FRANCE.

Palma Cayet, troisième partie.

LEBEL, IMPRIMEUR DU ROI, A PARIS.

COLLECTION

COMPLÈTE

DES MÉMOIRES

RELATIFS

A L'HISTOIRE DE FRANCE,

DEPUIS LE RÈGNE DE PHILIPPE-AUGUSTE JUSQU'AU COMMENCEMENT
DU DIX-SEPTIÈME SIÈCLE;

AVEC DES NOTICES SUR CHAQUE AUTEUR,

ET DES OBSERVATIONS SUR CHAQUE OUVRAGE,

Par M. PETITOT.

TOME XL.

PARIS,

FOUCAULT, LIBRAIRE, RUE DE SORBONNE, N° 9.

1824.

CHRONOLOGIE NOVENAIRE

DE

PALMA CAYET.

LIVRE DEUXIESME.

[1590] La France, en ceste année, fut le lieu du monde où se passa plus d'importantes actions. Après que le duc de Mayenne, sur la fin de l'an passé, eut receu à composition le chasteau du bois de Vincennes, et osté cest espine hors du pied des Parisiens, le dessein de l'union fut de rendre libre les rivieres de Seine et d'Oise, affin que les vivres fussent amenez à Paris sans empeschement. Il fut resolu, pour cest effect, d'assieger Pontoise et Meulan occupez par les royaux. Suivant ceste resolution, le duc de Mayenne mena devant Pontoise son armée, laquelle estoit lors composée de deux mil chevaux et douze mil hommes de pied. Le premier jour de l'an il commença à battre ceste ville de telle furie, que, le sixiesme de janvier, le sieur de Buhy, qui en estoit gouverneur pour le Roy, fut contraint de rendre la place au duc, et en sortir avec ses soldats la vie sauve seulement.

De Pontoise le duc de Mayenne alla vers Meulan. Durant qu'il faisoit ses approches et se preparoit pour assieger ceste place, le Roy, ayant pris Alançon, ainsi que nous avons dit l'an passé, alla avec son armée assieger Falaise, où le comte de Brissac et le chevalier Picard avec son regiment s'estoient jettez dedans. Falaise est situé au fonds d'un vallon, et environné de toutes parts de montagnes; la ville est longue et estroite, n'ayant que trois ruës, deux desquelles vont d'un bout à l'autre de la ville où est le chasteau, basty sur un roc commandant à la ville, ayant des fossez fort profonds, et environné de deux estangs, l'un desquels ne tarit jamais à cause des sources qui y sont. L'union publioit par tout que ceste place, forte d'assiette et garnie d'hommes de guerre, estant assiegée par le Roy dans le milieu de l'hyver, arresteroit le cours de ses victoires et ruineroit son armée, à cause de l'extreme froid qu'il faisoit alors. Mais il en advint tout au contraire, car, par ce froid la terre estant gelée, le canon de l'armée royale fut plus aisé à conduire ; si bien qu'estant arrivé devant Falaise, la bresche faicte, les royaux entrerent dedans par assaut. Le comte de Brissac et le chevalier Picard se rendirent prisonniers de Sa Majesté. Autant que ceux de l'union furent estonnez de ceste prise contre leur opinion, autant les royaux, en la Normandie et en d'autres endroits, se rendirent hardis à toutes entreprises.

Le sieur de Lignery, qui commandoit dans Vernueil pour l'union, rendit ceste ville à M. le comte de Soissons par un traicté que le Roy approuva.

Sa Majesté avec l'armée tira droict à Lisieux, où il y avoit cinq compagnies de gens de pied en garnison et nombre de cavalerie; mais, voyans la diligence que l'on avoit fait faire au canon, sans en vouloir ouyr le bruit, prinrent exemple sur ceux de Falaize, et, sans attendre l'extremité, se rendirent au Roy, vies et bagues sauves.

Le 21 janvier les habitans de Ponteaudemer et le gouverneur qui y estoit dedans pour l'union avec quatre cents soldats se rendirent au Roy, lequel fit incontinent cheminer son armée devant Honfleur, petite ville assez forte, où est un bon port à l'emboucheure de la Seine dans la mer. Le chevalier de Grillon commandoit dedans ceste ville pour l'union, avec nombre de soldats. Ceste place estoit fournie de canons et munitions necessaires pour un siege ; mais, sept jours après que le Roy fut arrivé là devant, ayant faict battre ceste place de furie, le chevalier, ne s'estant imaginé d'estre si promptement et rudement mené, parla d'entrer en accord. Le Roy escouta ses demandes, et luy accorda que si dans quatre jours Honfleur n'estoit secouru du duc de Mayenne ou du duc de Nemours, que ledit chevalier remettroit ceste place entre les mains de Sa Majesté, ou de celuy à qui il l'ordonneroit, et que les soldats en sortiroient tous vie et bagues sauves. Le duc de Nemours, qui en ce temps-là pretendoit avoir le gouvernement de la Normandie pour l'union, affin d'avoir la faveur de ceux de ce party, se mit en quelque devoir de s'acheminer pour pouvoir secourir Honfleur; mais le degel survint si grand, que les mauvais chemins l'empescherent de passer oultre. Ainsi le chevalier de Grillon rendit Honfleur entre les mains de M. de Montpensier; car, si tost que Sa Majesté en eut accordé la capitulation, il partit pour aller secourir le fort de Meulan avec sept ou huit cents chevaux et mil harquebusiers à cheval, commandant à M. de Montpensier qu'aussi tost qu'il auroit receu Honfleur, qu'il le suivist avec toute l'armée.

Le siege du fort de Meulan cependant se continuoit, et le duc de Mayenne y employoit tout ce que l'on pouvoit faire par la force et par l'invention, car ce fort est en une isle au milieu de la Seine. Pour empescher qu'il n'y entrast aucun secours dedans, le duc avoit divisé son armée en deux des deux costez de la riviere; mais, sentant approcher le Roy près de luy, il retira toute son armée du costé du Vexin, si soudainement toutesfois, que les assiegez, ayans faict une sortie, gaignerent quelques munitions de guerre et bagages.

Le Roy, estant entré dans le fort de Meulan, y mit quelque infanterie; et, voyant que le duc s'estoit logé en lieu fort avec beaucoup de forces, ne voulut entreprendre de l'en faire sortir que toute son armée ne fust arrivée, au devant de laquelle il s'en retourna jusques à Bretueil.

Le duc, sçachant que le Roy estoit sorty du fort, fit repasser la riviere de Seine à sa cavalerie et à la plus grand part de son armée. Il envoya sa cavalerie pour entreprendre sur le Roy, qui s'en alloit rejoindre son armée à Bretueil, jusques sur le bord de la riviere d'Eure; mais elle s'en revint au siege de Meulan sans faire aucun exploit. Cependant ledit sieur duc fit battre le fort furieusement, et fit faire bresche pour aller à l'assaut. Or il avoit fait venir nombre de grands bateaux que vulgairement sur la Seine on appelle foncets, sur lesquels ayant fait passer les soldats comme sur un pont pour aller à l'assaut, ils furent repoulsez si vifvement, que la plus-part de ces foncets furent enfondrez dans l'eau, et y ont esté, comme pour remarque, encor un long temps depuis. Le Roy ayant joinct son armée s'en revint vers Meulan. Dès que le duc sceut qu'il s'y acheminoit, il fit repasser la riviere de bon heure à tous ses gens et à son artillerie, laissant encor le passage libre au Roy pour entrer à sa volonté dans le fort de Meulan. De pouvoir attaquer le duc dans le bourg de Meulan, où il s'estoit fortifié du costé du Vexin, il fut jugé impossible ; et, quoy que le Roy fist tirer dedans leur logis quelques coups de canon, cela fut sans grand effect.

Pour faire donc sortir le duc de Mayenne et son armée d'où il estoit logé, le Roy resolut d'aller prendre Poissy, que ledit sieur duc avoit reprins peu auparavant, et là où il avoit laissé deux regiments de gens de pied françois pour garder ceste ville et le pont qui y est sur la Seine. Poissy n'est distant de Meulan que de trois lieuës. Sa Majesté s'y achemina, et fit donner l'escalade si oportunément qu'il emporta la ville sans perte d'aucuns des siens. Ceux de l'union qui eschaperent la mort ou la prison en ceste surprise se retirerent dans un petit fort qui estoit au milieu du pont. Aussi-tost que les ducs de Mayenne et de Nemours furent advertis de ceste prise, ils s'y acheminerent avec leur armée et leur canon, avec lequel ils firent une contrebatterie au bout du pont pour empescher les royaux de prendre le fort ; ce qui ne leur servit de rien, car le Roy y fit donner l'assaut si vifvement, que peu se sauverent qu'ils ne fussent taillez en pieces ou noyez : l'un des maistres de camp des deux regiments y fut tué, et le sieur de Ligone, qui y commandoit, fut faict prisonnier. Il y avoit desjà une des arches du pont rompuë; mais le duc de Mayenne, pour empescher les royaux de passer la Seine, en fit encor rompre deux arches.

Cependant que le duc de Mayenne tasche d'empescher aux royaux de passer la Seine à Poissy, les victoires et la prosperité des affaires du Roy, qui se publioient de tous costez, firent enhardir ceux qui l'affectionnoient à des entreprises hazardeuses pour son service : toute la Normandie, excepté Roüen et le Havre de Grace et quelques autres petites places, s'estoit remise en l'obeyssance royale. Le marquis d'Allegre, qui avoit sa principale demeure à Blainville prez de Roüen, et qui tenoit le party royal, practiqua quelques uns dans Roüen qui s'emparerent du chasteau le 21 de fevrier. Le capitaine qui estoit dedans se sauva descendant d'une tour avec une corde dans la ville, de laquelle les habitans furent incontinent en armes, et, s'estans retranchez contre le chasteau, pointerent huict canons avec lesquels ils ne cesserent de battre jusques au lendemain midy, que ceux qui estoient dedans demanderent à parlementer. Par la composition les soldats que le marquis d'Alegre y avoit envoyé sortirent la vie sauve : les habitans qui se trouverent dedans ne furent pris qu'à discretion, aucuns desquels furent executez à mort. Du depuis ce chasteau, qui estoit à la porte de Bouvreul, a esté abatu. Si tost que le duc de Mayenne eut la nouvelle de ceste prise, il s'achemina vers Roüen; mais, dez qu'il en eut entendu la reprise, il s'en alla recevoir les forces que le comte d'Egmont luy amenoit de Flandres, ainsi que nous dirons cy après. Le Roy, de l'autre costé, voulant continuer de chasser l'union de la Normandie, alla assieger Dreux.

Les affaires du Roy, s'advançans ainsi en la Normandie, servirent de subjet au duc de Mayenne et à ceux de l'union de demander secours d'hommes et d'argent au roy d'Espagne. Il a esté dit cy-dessus, sur la fin de l'an passé, que c'estoit un plaisir de voir les menées qui se faisoient dans le party de l'union, les chefs duquel vouloient tirer de l'argent et des commoditez du roy d'Espagne sans luy rien bailler, et luy d'autre costé ne leur vouloit rien bailler que sur bons gages. Mais, nonobstant qu'il ne pust obtenir le tiltre de protecteur en France, l'apprehension extreme qu'eurent Mendozze et ses ministres à Paris à cause de la prosperité des affaires du Roy en Normandie, et du bruit que l'on fit courir que l'on vouloit traicter avec le Roy, fut la cause qu'ils luy manderent qu'il ne devoit laisser d'envoyer des hommes et de l'argent en France, tant pour y authoriser ses affaires dans le party de l'union, les chefs duquel se rendoient foibles, que pour le secourir contre le roy Henry IV, afin de luy empescher de s'agrandir.

Or le duc de Mayenne, pour estre plus foible de cavalerie que le Roy, demanda seulement secours aux ministres d'Espagne à Paris, de quinze cents lances et de cinq cents harquebusiers à cheval, affin de pouvoir tenir la campagne et combattre le Roy si l'occasion s'en presentoit. Sur ceste demande le roy d'Espagne commanda au duc de Parme de luy envoyer ce secours : ce qu'il fit sous la conduitte du comte d'Egmont. Et, pource que c'estoient les premieres forces qu'il envoya en son nom et à l'ouvert en France durant ces derniers troubles, il fit publier une declaration en forme de protestation, en laquelle il dit : « Nous prions et requerons tous les princes chrestiens catholiques de vouloir se joindre avec nous pour l'extirpation de l'heresie et delivrance du Très-Chrestien roy de France Charles dixiesme, injustement detenu en captivité par les heretiques, à fin que, moyennant la grace de Dieu, le florissant royaume de France estant repurgé d'heresie, nous tournions nos armes unanimement contre des autres provinces commandées par les heretiques, afin qu'iceux estans exterminez les chrestiens puissent arracher des mains des barbares et infideles la Terre Saincte, que l'ancienne noblesse catholique avoit si valeureusement gagnée. Protestant neantmoins devant Dieu et ses anges, que les preparatifs que nous faisons ne tendent à autre but que pour l'exaltation de nostre mere Saincte Eglise catholique, apostolique et romaine, repos des bons catholiques sous l'obeyssance de leurs princes legitimes, extirpation entiere de toutes sortes d'heresies, paix et concorde des princes chrestiens : pour à quoy parvenir nous sommes prests d'y employer non seulement nos moyens, mais aussi nostre propre vie, que nous tiendrons bien employée en ceste saincte cause, où il s'agit de l'honneur de Dieu, de sa Saincte Eglise et du bien general de toute la chrestienté. »

Le lendemain qu'il eut faict publier ceste protestation, il envoya aussi un commandement à l'archevesque de Tolede pour dresser un estat des beneficiers de toute l'Espagne qui pourroient soudoyer les armées qu'il desiroit envoyer au secours de ceux de l'union. Les royaux françois firent plusieurs discours sur ceste declaration et sur ce mandement, pour monstrer que l'Espagnol doroit la pilule qu'il leur vouloit faire avaler du pretexte de la religion, et disoient:

« Si c'est un sainct zele que le roy d'Espagne a d'extirper l'heresie de toute la chrestienté, il n'a pas faute de subjects heretiques en ses Pays-Bas pour employer ses armes et l'argent des ecclesiastiques d'Espagne. Il est plus obligé de conserver le repos de ses pauvres subjects que celuy des François, ausquels il n'a aucune obligation. C'est un abus de croire que le roy d'Espagne procure la grandeur et la conservation de la couronne de France dont le roy precede tous les autres roys chrestiens. Ne sçait-on pas qu'il ne desire que la division de ceste couronne affin qu'il tienne le premier rang entre les roys chrestiens, et qu'à l'advenir nul ne luy puisse plus empescher d'effectuer toutes les entreprises qu'il voudra faire contre les princes de la chrestienté, lesquels il desire ruiner les uns après les autres, ainsi que l'on rompt des flesches separées de leur trousseau? S'il a tant de zele pour l'augmentation de la foy catholique, pourquoy a-t-il fait trefve pour trois ans avec le Turc, moyennant certaine somme de deniers qu'il luy baille, et à la charge qu'il envoyera un ambassadeur resident à Constantinople? Il faut donc croire, disoient-ils, que ce n'est qu'un pretexte qu'il prend d'extirper l'heresie pour ruyner la monarchie françoise.

« Ce qu'il met en avant, que c'est pour la delivrance du pretendu roy Charles x, entendant parler de M. le cardinal de Bourbon, n'est qu'un pretexte; car qui est celuy qui ne void que le roy d'Espagne se veut servir du nom de ce bon prince et cardinal, aagé de soixante et tant d'années, que le Roy son neveu a trouvé prisonnier à son advenement à la couronne, et qui y a esté mis du vivant et par le commandement du feu Roy, pour venir diviser le royaume de France et s'establir en une grande partie d'iceluy ? c'est une charité trop suspecte. Et puis, qui ne sçait que le secours d'un grand est tousjours redoutable à un royaume plein de guerres civiles? Qui sera la caution pour le roy d'Espagne que, venant avec des armées en France, il ne s'emparera des places où il se trouvera le plus fort, et principalement des frontieres? Combien de batailles faudra-il qu'il donne devant que ses armées soient arrivées à Fontenay où M. le cardinal est prisonnier? Et d'avantage, qui est celuy qui ne juge que si l'on void approcher une armée de ce costé là qu'il sera mené incontinent dans La Rochelle, là où estant, combien de temps faudra-il aux armées du roy d'Espagne pour forcer ceste ville?

« Le roy d'Espagne veut que l'on croye qu'il n'a aucun particulier interest ny pretension sur la couronne de France, et qu'il n'est poussé à la secourir par ses armes que pour en chasser l'heresie. Pourquoy donc a-t-il fait consulter et escrire le droict et les pretensions que l'Infante sa fille a, disoit-il, en la duché de Bretagne, et ce dez le vivant du feu Roy? Pourquoy maintenant ne dit-il rien dans ceste declaration touchant ceste pretension, veu qu'il s'est donné par cy devant de la peine assez pour faire accroire au monde qu'elle fust bonne? Le but de son dessein est trop aisé à cognoistre; car, si le royaume de France est divisé en portions, il luy sera bien aisé de s'emparer de la Bretagne et de l'oster des mains de M. de Mercœur, s'il la peut avoir pour sa part, car ceux qui tiendront les autres provinces ne voudront pas s'incommoder pour resister à l'Espagnol, lequel ne s'accommodera seulement de ceste province, mais d'autres encor, selon que l'appetit luy en prendra.

« Le roy d'Espagne offre d'employer sa propre vie pour la conservation de la religion catholique en France. C'est chose que l'on croira quand on le verra; car s'il n'a voulu se transporter ez Pays-Bas, bien que ses affectionnez subjets l'en eussent supplié à jointes mains, et qu'il leur eust promis d'y aller, tant dez que le duc d'Albe par ses cruautez espagnoles fut cause de luy faire revolter et perdre tous sesdits pays et y faire establir l'heresie, qu'aussi après la mort du commandadeur major, s'il n'a voulu, disoient-ils, hazarder sa personne pour la deffense de la religion catholique et recouvrement de ses propres pays de Flandres, comment à present qu'il a soixante et quatre ans viendra-il du fonds de l'Espagne en ce royaume pour le seul respect de favoriser la religion catholique? On cognoist trop la charité et l'amour de ce Roy, et sçait-on bien que, quand il voudroit se mettre en chemin pour venir en France, qu'il ne faudroit pas de commencer ses exploicts par la frontiere, selon que son interest et profit particulier le requerroit.

« Le roy d'Espagne faict lever de l'argent sur le clergé d'Espagne pour chasser l'heresie de France. Il devroit, disoient-ils, plustost continuër à fournir des moyens au duc de Parme pour faire la guerre aux heretiques de Flandres. Mais qui ne sçait que, faute d'argent, ce duc n'a peu continuër ses heureuses entreprises, et chasser l'heresie de la Flandres? Qui ne sçait qu'au commencement de ceste année, faute de payement, les Espagnols qu'il a au Pays-Bas se sont mutinez et ont pris la ville de Courtray, vivans à discretion sur le peuple sans faire aucun exploict memorable contre les heretiques, et mesmes que le duc de Parme a esté contraint de l'escrire à ce Roy son maistre et au legat Caëtan par le sieur Camillo Capizuca, qu'il a envoyé exprez à Paris?» Bref, les royaux françois disoient que tout ce que faisoit le roy d'Espagne n'estoit que pour donner courage aux seditieux de s'opiniastrer en leur rebellion contre le Roy, tout ainsi que l'on anime des dogues sur un furieux sanglier pour le desir et plaisir que l'on a de voir sa ruine.

Puis que nous sommes tombez sur le propos des affaires de Flandres, voyons tout d'une suitte ce qui s'y passa en ce temps-là. Au commencement de ceste année le duc de Parme, estant à Bains, fit insinuer un placart à ceux d'Aix la Chapelle, par lequel il declaroit ceste ville n'estre plus neutrale, quoy qu'elle soit l'une des quatre villes capitales de l'Empire et où l'Empereur doit recevoir sa premiere couronne : la cause estoit pour ce que quelques protestans s'estoient de force emparez du magistrat, et avoient mis hors la ville le magistrat catholique. Pour ceste fois ceste declaration ne fit grand effect, et le magistrat catholique n'y fut restabli qu'en l'an 1598, ainsi que nous avons dit en nostre Histoire de la paix.

Nous avons dit l'an passé que le comte Charles de Mansfeld s'approcha pour tenir Bergk de plus prez assiégé ; il le fit avec un tel soin et vigilance, qu'il contraignit les assiegez de se rendre à luy, lesquels toutesfois eurent une composition honorable, car ils sortirent tambour battant, enseigne desployée, mesche allumée et bale en bouche. Ainsi retourna Bergk, qui est du diocese de Cologne, sous le pouvoir de l'Espagnol, qui par ceste reprise eut toute la riviere du Rhin à son commandement, jusques à Arnhem en Gueldres.

Cependant que le prince de Parme tasche d'appaiser les Espagnols mutinez qui s'estoient emparez de Courtray, et que les habitans de Bruges et autres lieux se tenoient sur leurs gardes de peur que d'autres mutinez s'emparassent de leurs villes, le prince Maurice vint à bout du long dessein qu'il avoit de se rendre maistre de la ville de Breda, qui est de son patrimoine, par le moyen d'un batelier qui menoit d'ordinaire des tourbes au chasteau de Breda, dans le basteau duquel il envoya le sieur de Herauguiere avec quelques soldats pour prendre ce chasteau. La surprise se fit de ceste façon.

Le prince, ayant faict courir le bruit qu'il vouloit assieger Gerthruydemberghe, s'achemina avec plusieurs troupes à Clundert cependant que le sieur de Herauguiere, avec soixante et dix hommes qu'il avoit esleus pour l'accompagner en ceste entreprise, partit de Nort-dan, où il estoit en garnison pour les Estats; mais Herauguiere n'ayant trouvé le batelier ny le bateau au lieu où il avoit promis de se rendre, et l'ayant trouvé après l'avoir long temps cherché, l'execution fut remise à une autre fois. Herauguiere, contraint pour ce jour de se retirer avec ses gens à Sevenberghe, rentra le lendemain dans le bateau chargé de tourbes, sous lesquelles luy et les siens se cacherent affin de n'estre aucunement descouverts; mais, après avoir esté trois jours sur l'eau, endurans le froid, la faim et le mauvais temps, ils furent contraints de sortir et de se retirer encor à Noort-dan. Le prince, adverty par Herauguiere que le temps estoit contraire à leur entreprise, luy rescrivit d'avoir patience encor un jour; mais, peu après qu'ils furent arrivez à Noort-dan, le bastelier leur vint dire que le temps estoit changé et propre à executer leur dessein, tellement qu'ils s'en revindrent au bateau, et s'acheminerent vers Breda, où ils arriverent le troisiesme de mars devant La Heronniere qui est prez le chasteau de Breda. Arrestez en ce lieu, un caporal vint dans une nacelle visiter le bateau, et entra dans la cabanne du batelier, puis ouvrit le guichet qui regardoit sur la pompe, joignant laquelle estoit Herauguiere et ses compagnons, lesquels il ne vid point à cause d'une planche qui estoit entredeux. Ce caporal, ayant fait sa visite, s'en retourna, et raporta qu'il n'y avoit rien dans ce basteau que des tourbes pour la provision du chasteau. Le batelier, attendant le retour de la marée pour entrer au chasteau, fut jusques au lendemain sur les trois heures après midy avant que d'y pouvoir entrer. Durant ceste attente, le bateau s'estant pensé perdre sur un banc de sables, les soldats qui estoient cachez dedans eurent de l'eau jusques à my-jambes, et murmuroient contre Herauguiere, qui les rasseura le mieux qu'il put, car le froid les faisoit tousser, cracher, et n'attendoient en ces extremitez que d'estre descouverts et pendus. L'escluse du chasteau ouverte, les soldats de la garnison ayderent à tirer le basteau jusques au milieu du chasteau, où le sergent major commanda qu'incontinent on eust à le descharger, et qu'on fournist tous les corps de garde de tourbes. Un portefais fut mis après pour le descharger, et travailla en telle diligence, qu'il descouvrit jusques aux planches sous lesquelles estoient cachez les soldats; mais le batelier s'advisa d'une finesse, et luy donna de l'argent pour boire, disant qu'il acheveroit le reste au premier jour.

La nuict venuë, affin d'empescher d'estre descouverts à cause que tousjours quelqu'un des soldats crachoit ou toussoit, le batelier fit le plus de bruit qu'il put à tirer la pompe. Sur le minuict, Herauguiere exhorta ses soldats à bien faire leur devoir, puis les fit descendre à la fille le plus coyement qu'il put, et leur fit prendre leurs armes à mesure qu'ils sortoient. Estans tous sortis, il les separa en deux troupes, l'une desquelles il bailla au capitaine Lambert pour aller attaquer le corps de garde du costé du havre de la ville, et luy avec l'autre troupe alla attaquer un autre corps de garde qui estoit à la porte vers la ville. Ils donnerent tous si furieusement qu'ils emporterent chacun de leur costé ces deux corps de garde, et tuërent tout ce qu'ils y trouverent. Paul Anthoine Lancavecha, qui commandoit dedans ce chasteau en l'absence de son pere qui en estoit gouverneur, se retira au donjon, d'où il fit une sortie, et y eut là un furieux combat; mais Lancavecha, blessé, fut contraint de se retirer. A ce bruit l'alarme se donna si chaude dans la ville, qu'aucuns mesmes vindrent mettre le feu dans la porte du chasteau, où Herauguiere courut, et ayant là trouvé encor un corps de garde de seize soldats, il les tailla en pieces, et pourveut à la seureté de ce costé là. Le comte de Hohenlo, lieutenant du prince Maurice, et menant son advantgarde, s'estant approché prez de Breda, et ayant entendu le bruit du combat, s'advança si à propos, que, deux heures après la prise, il entra avec grand nombre de gens dans le chasteau par une pallissade contre la riviere auprès de l'escluse; à la venuë duquel Lancavecha se rendit, et sortit luy et les siens la vie sauve. Peu après le prince Maurice y arriva aussi avec toutes ses troupes, et, comme il mettoit ordre pour faire une sortie du chasteau dans la ville, un tambour vint de la part des bourgmaistres, qui demanda pour parlementer. Dans une heure l'accord fut faict, et les bourgeois payerent deux mois de gages de toutes les troupes qui estoient là venuës avec le prince. Par cest accord ceux de Breda eviterent le pillage. Herauguiere fut pourveu par le prince du gouvernement de ceste place, et Lambert eut l'estat de sergent major.

Le duc de Parme fut grandement fasché de ceste perte; et, pource que la compagnie de cavalerie du marquis du Guast, et cinq compagnies d'infanterie qui estoient en garnison dans la ville de Breda, avoient incontinent abandonné la ville dès qu'ils virent le chasteau pris, ledit duc fit couper les testes à Cesar Buitra, à Julio Gratiano, et à Tarlatino, lieutenant de la compagnie du marquis du Guast.

Dez le mois d'aoust de l'an passé, le connestable d'Escosse, estant allé en Dannemarc, avoit espousé dans Cronebourg, au nom et pour son maistre Jacques, sixiesme roy d'Escosse, Anne, fille de Federic II, roy de Dannemarc, ainsi qu'il est accoustumé de faire entre roys. Mais comme l'admiral de Dannemarc, et autres grands seigneurs danois, conduisoient ladite Royne espouse au roy d'Escosse son mary sur la fin du mois de septembre, il s'esleva de si grandes tourmentes sur mer, que plusieurs navires furent separés de ceste flotte, et la Royne espouse, après avoir esté six sep-maines sur mer, fut par les vents, avec quelques-uns des navires qui l'accompagnoient, jettée sur les costes de Novergue. Le roy d'Escosse, ayant receu ceste nouvelle, après avoir laissé le comte Bothuel pour gouverner l'Escosse en son absence, se mit en mer au mois de novembre afin d'aller trouver son espouse, laquelle il rencontra à Aggershusiane en Novergue, où, après avoir confirmé le mariage promis en son nom par son connestable, et l'avoir consommé, invité par la royne de Dannemarc sa belle-mere et par les grands du royaume de venir en Dannemarc, il arriva au commencement de ceste année dans Cronebourg, où le duc de Medelbourg, oncle maternel de la Royne son espouse, et le duc de Brunsvic, qui avoit espousé en secondes nopces la sœur aisnée de ladite Royne espouse, se trouverent avec plusieurs grands princes et seigneurs allemans, là où, par l'espace de trente jours, les nopces furent celebrées avec des magnificences toutes royales. Sur la fin d'avril, le roy et royne d'Escosse partirent de Dannemarc pour aller en Escosse, là où ils arriverent heureusement au commencement de may, et, suivant la coustume de ce royaume, la Royne fut couronnée et receue magnifiquement par les Escossois.

Cependant que ces peuples septentrionaux se resjouyssent en nopces et en festins, tous les François, armez les uns contre les autres, s'entretüent en des batailles, en des rencontres et en des sieges de villes. Aussi-tost que le duc de Mayenne eut joinct le comte d'Egmont avec les forces estrangeres, il s'achemina pour faire lever le siege que le Roy tenoit devant

Dreux, et fit tourner la teste de son armée vers la riviere de Seine, pour la venir passer sur le pont de la ville de Mante qui tenoit pour luy, et qui n'est distante de celle de Dreux que de huict ou neuf lieuës.

Le Roy, ayant eu un advis certain que le duc de Mayenne et son armée estoient entierement passez et advancez jusques au village de Dampmartin, qui estoit deux lieuës en avant vers luy, partit de devant Dreux le lundy douziesme, et commença dèslors de faire marcher son armée en bataille, et vint ledit jour loger en la ville de Nonancourt, qui s'estoit peu de temps auparavant fait prendre par assaut, affin de prendre le gué d'une petite riviere qui y passe. Si tost qu'il y fut arrivé il fit advertir que le lendemain un chacun se tinst prest.

Le soir et la nuict le Roy s'estant retiré, il dressa et traça luy-mesme le plan et l'ordre de la bataille, lequel, dez le grand matin, il monstra à M. de Montpensier et aux mareschaux de Biron et d'Aumont, au baron de Biron, mareschal de camp, et autres principaux capitaines de l'armée, qui tous le trouverent faict avec tant de jugement et prudence militaire, qu'ils n'y changerent rien. Puis, ayant mis ce plan entre les mains du baron de Biron pour advertir chacun de son rang et place, et choisi le sieur de Vicq, l'un des maistres de camp de l'infanterie françoise, pour sergent de bataille, il dit à tous les princes, officiers de la couronne, et autres grands du royaume qui y estoient presents :

« Je ne doute point de vostre foy et de vostre valeur, ce qui me fait promettre une victoire certaine de la bataille comme si elle estoit desjà advenuë. Je ne doute point aussi que vous ne perseveriez tous en l'ancienne reverence que les François ont tousjours porté à leurs roys, et en la promesse que vous avez faicte de venger la mort du feu Roy nostre très-bon et très-honoré seigneur, et en la bonne affection que vous me portez tous en particulier. Je suis certain aussi que vous combattrez tous jusques au dernier souspir de vos vies pour conserver la monarchie françoise, et delivrer la France de la tyrannie de ceux qui ont appellé les anciens ennemis du nom françois affin de leur donner en proye les villes de ce royaume, qui ont esté conservées du sang de vos peres et de vos ayeuls. Les faicts d'armes que vous avez exploictez, tant en campagne qu'en la deffense des villes, où vous vous estes trouvez en moindre nombre que vos ennemis, et desquels vous en avez remporté la victoire par vostre valeur, me fait esperer que, combien que nos ennemis ayent d'avantage de gens que nous, que vous desirerez aussi d'autant plus de demeurer victorieux, affin d'avoir d'avantage de gloire. Dieu cognoist l'intention de mon cœur, et sçait que je ne desire point combattre pour appetit de sang, desir de vengeance, ou par quelque dessein de gloire ou d'ambition : il est mon juge et tesmoin irreprochable; aussi protestay-je devant luy que la seule charité que je porte à mon peuple pour le soulager de la violence de la guerre me pousse à ce combat. » Puis, eslevant les yeux au ciel, il dit : « Je supplie ce grand Dieu, qui cognoist seul l'intention du cœur des hommes, de faire sa volonté de moy comme il verra estre necessaire pour le bien de la chrestienté, et de me vouloir conserver autant qu'il cognoistra que je seray propre et utile au bien et repos de cest Estat, et non plus. »

Ceste priere ravit tant tous les assistans, que l'on vid aussi-tost les eglises de Nonancourt pleines de princes et seigneurs, noblesse et soldats de toutes nations, ouyr messes, se communier, et faire tous offices de vrays et bons catholiques. Ceux de la religion pretenduë reformée, qui y estoient en petit nombre, veu la quantité des catholiques qu'il y avoit lors en l'armée, firent aussi leurs prieres à leur mode.

Le Roy ayant donné le rendez-vous au village de Sainct André, distant de Nonancourt de quatre lieuës, sur le chemin pour aller à Yvri, où il estimoit que le duc de Mayenne avec son armée fust logé, toute l'armée royale s'y rendit. Au delà de ce village de Sainct André il y a une fort grande plaine bordée à veuë de quelques autres villages et d'un petit bois appellé La Haye des Prez ; là le Roy avec les mareschaux de Biron et d'Aumont et le baron de Biron, mareschal de camp, commencerent à dresser les troupes en bataille suivant le plan qui en avoit esté resolu, qui estoit tel :

Le Roy, qui avoit experimenté en d'autres batailles et combats qu'il estoit plus advantageux de faire combattre la cavalerie en escadron qu'en haye, mesmes la sienne qui ne portoit point de lances, departit toute sa cavalerie en sept regimens rengez en autant d'escadrons, et toute son infanterie aux flancs desdits escadrons, qui avoient chacun une troupe d'enfans perdus.

Le front de l'armée estoit quasi en droicte ligne, toutesfois faisant un peu de corne par les deux bouts. Le premier escadron de la main gauche estoit celuy du mareschal d'Aumont, qui estoit de trois cens bons chevaux, et avoit à ses deux costez deux regiments d'infanterie françoise. Le second estoit celuy de M. de Montpensier, qui estoit du mesme nombre de trois cents chevaux, et avoit au costé gauche quatre ou cinq cents lansquenets, au costé droict un regiment de Suisses; lesdites forces estrangeres couvertes d'infanterie françoise. Un peu devant lesdits deux escadrons estoit celuy de la cavalerie legere en deux troupes : en l'une estoit le grand prieur, colonel d'icelle, et en l'autre le sieur de Givry, mareschal de camp de ladite cavalerie legere, qui pouvoient faire en tout quatre cents bons chevaux. Un peu tirant plus à la gauche estoit l'artillerie, qui estoit de quatre canons et deux coulevrines. Le quatriesme estoit celuy du baron de Biron, qui pouvoit estre de deux cens cinquante chevaux, et en mesme ligne que celuy desdits chevaux legers, un peu plus à la gaulche, et quasi au devant de celuy de M. de Montpensier. Le cinquiesme escadron estoit celuy du Roy, qui faisoit cinq rangs, en chacun desquels il y avoit de front six vingts chevaux, de sorte qu'il estoit de six cens bons chevaux. Il avoit à sa gauche deux regimens de Suisses du canton de Glaris et des Grisons, et à sa droite un autre gros bataillon de deux autres regimens de Suisses, l'un du canton de Soleure, et l'autre du colonnel Baltazard. Ces deux regimens estoient de dix-huit enseignes; lesdits bataillons ayans chacun aux ailes, à sçavoir, de la main droite le regiment des gardes du Roy et celuy de Brigneux, et de la gauche ceux de Vignolles et de Sainct Jean. Le sixiesme estoit celuy du mareschal de Biron, qui pouvoit estre de deux cens cinquante bons chevaux, ayant aussi à ses costez deux regimens d'infanterie françoise. Et le septiesme estoit celuy des reistres, qui estoit aussi de deux cens cinquante chevaux, et qui avoit, comme les autres, aux costez de l'infanterie françoise. Tout cela fut si bien disposé par la diligence du Roy, de messieurs les mareschaux de Biron et d'Aumont et du baron de Biron, qu'en moins d'une heure tout fut mis en l'ordre qu'il devoit estre.

Pendant que le Roy fit un peu rassoir son armée en cest ordre, qui put estre sur les deux heures après midy, y arriverent M. le prince de Conty avec sa troupe de cavallerie et quelque infanterie, le sieur de La Guiche, grand maistre de l'artillerie, et le sieur du Plessis Mornay, lesquels se mirent dans l'escadron du Roy. Cependant Sa Majesté envoya ses chevaux legers du costé de la main droicte, estimant que l'ennemy fust logé audit Yvry, qui est un grand bourg où y a un pont sur la riviere d'Eure ou de Dure, et en resolution de l'y aller attaquer; mais ils n'eurent pas faict un quart de lieuë, qu'ils descouvrirent et advertirent le Roy que le duc de Mayenne avoit esté plus diligent que l'on n'eust sceu penser, et qu'il estoit passé tout au deçà ladicte riviere d'Eure, là où son armée estoit en bataille et en bon ordre, marchant pour venir trouver le Roy et le combattre.

Si-tost que ceste nouvelle fut entenduë que le duc de Mayenne paroissoit, l'on entendit une allegresse universelle en toute l'armée royale, à laquelle Sa Majesté fit au mesme temps tourner la teste du costé où il estoit, et n'eut gueres cheminé que l'on commença à descouvrir son armée à veuë, toutesfois fort esloignée; et entre les uns et les autres y avoit un village duquel ceux de l'union s'estoient saisis, lequel Sa Majesté fit incontinent attaquer, et leur fit quitter.

Pendant que l'armée royale estoit ainsi en cest ordre, arriverent les troupes des garnisons de Diepe, Evreux et du Pont de L'Arche, et autres compagnies de quelques seigneurs et gentils-hommes de Normandie, qui pouvoient estre de deux cens bons chevaux et plus, lesquels prindrent aussi tost place dans le regiment de M. de Montpensier.

Les deux armées demeurerent ainsi le reste du jour à la veuë l'une de l'autre, sans qu'il s'y entreprist rien d'avantage que quelques legeres escarmouches. La nuict estoit quasi toute fermée qu'elles estoient encores en bataille. En fin elles furent contraintes de se loger. Le logis de la personne du Roy fut à Fourcanville, qui est un petit village un peu à la gauche de ladicte plaine où l'armée avoit esté premierement mise en bataille. Le reste de l'armée fut logé aux autres villages, que ceux de l'union pensoient avoir ce jour là pour eux.

Comme le Roy avoit esté quasi le premier qui s'estoit le matin trouvé au rendez-vous, aussi fut-il le dernier à se retirer au logis, ayant voulu, avant que partir, voir la forme de loger des ennemis, et ordonner de toutes les gardes de son armée.

Quant Sa Majesté arriva à son logis il estoit plus de deux heures de nuict, où, ayant un peu repeu, il envoya advertir un chacun de se tenir prest à la pointe du jour; mais il le fut bien plustost, car, s'estant jetté sur une paillasse, et ayant reposé deux heures, soudain il commença à envoyer querir des nouvelles de l'armée de l'union. L'on luy rapporta premierement qu'il y avoit apparence qu'elle eust repassé la riviere, parce qu'en leur place de bataille il y avoit des feux, mais qu'il sembloit qu'il n'y eust personne derriere. Il y renvoya pour la seconde fois, et luy fut rapporté que sans doute les ennemis n'avoient point repassé la riviere, et qu'ils estoient logez aux villages qui bordent ceste riviere d'Eure, derriere leur place de bataille, et au reste qu'il n'y avoit point d'apparence qu'ils fussent pour repasser, parce que, s'ils l'eussent voulu faire, ils y eussent commencé dès la nuict. Ce rapport conforta le Roy, qui sembloit apprehender de perdre ceste occasion. Et encores que ceste nuict eust esté bien rude pour plusieurs, ayans la plus-part esté contraints de camper, toutesfois la confirmation de ceste nouvelle que ce jour là se donneroit la bataille les remplit tous de telle allegresse, que le jour couvrit, avec les tenebres de la nuit, toute la memoire du mal et de la peine qu'ils y avoient receuë et tout le jour precedent.

Sa Majesté se rendit au champ de bataille sur les neuf heures, et peu après s'y rendirent toutes les troupes, lesquelles, à mesure qu'elles arrivoient, estoient desjà toutes sçavantes de leurs places : de sorte que, sur les dix heures du matin, toute l'armée estoit en l'ordre qu'elle avoit esté le jour precedent.

Celle du duc de Mayenne parut en mesme temps en lieu un peu plus relevé, et aussi un peu plus reculé qu'elle n'estoit le jour precedent. L'ordre et disposition de son armée pour la bataille estoit quasi pareille à celle du Roy, excepté que les poinctes advançoient d'avantage, et avoient un peu plus de la forme de croissant. Ainsi que la cornette du Roy estoit au milieu de ses escadrons, aussi estoit celle dudit sieur duc de Mayenne; mais c'estoit au milieu de deux escadrons de lances de celles qui estoient venuës de Flandres, qui pouvoient estre de douze ou treize cents lances. Ceste cornette du duc de Mayenne pouvoit aussi estre de deux cents cinquante chevaux, et bien autant qui estoient de la troupe du duc de Nemours, qui s'y vint joindre, lesquels faisoient un troisiesme escadron au milieu des deux autres, faisans prez de dix-huit cents chevaux qui marchoient tous ensemble. Au costé dudit escadron estoient deux regiments de Suisses, couverts aussi d'infanterie françoise. Il y avoit après deux autres escadrons de cavalerie composez de reistres, Bourguignons et Flamands; celuy de leur main droite estoit de huict cents chevaux, et celuy de la gauche de sept cents, au devant duquel estoient deux coulevrines et deux bastardes, l'un et l'autre escadron pareillement flanquez d'un grand nombre d'infanterie, tant Suisses, François, qu'Allemans. Ainsi que le Roy avoit exhorté les siens, aussi le duc de Mayenne parla aux princes et seigneurs de son armée, et leur dit :

« Messieurs, nous sommes tous grandement obligez à la providence de Dieu pour ceste heureuse journée, en laquelle il luy a pleu, après tant de peines et de travaux que nous avons soufferts depuis tant d'années, de nous faire naistre l'oportunité d'une bataille contre les ennemis de son Eglise et les nostres, et encores de nous la donner avec l'advantage que nous avons maintenant sur eux, tant en nombre de bons soldats que pour le lieu où nous devons combattre; si bien qu'il se peut cognoistre aysement que la justice de Dieu a conduit nos ennemis en ce lieu pour estre punis de toutes les meschancetez qu'ils ont par cy-devant commises. Quoy que Dieu retarde quelquefois son chastiement, la qualité de la peine n'amoindrit pas, au contraire elle augmente. Il y a trente ans que les heretiques persecutent la France par sacrileges, bruslemens et meurdres; Dieu les a mis à ceste heure en vos mains pour en faire le chastiement. Rendez vous donc dignes de ceste gloire, soldats de Christ armez de l'invincible escu de nostre mere Saincte Eglise, et de l'espée de la justice divine, pour deffendre les fermes fondemens du Sainct Siege apostolique, et faites recouvrir au royaume de France le nom de tres-chrestien affin qu'il jouysse d'une heureuse paix. Ne pensez pas que la victoire que vous obtiendrez serve seulement pour la France; car la Flandre, l'Allemagne, l'Italie, et l'Espagne mesmes, se sentiront du benefice de vostre valeur. Les *gueux* de Flandres en perdront leur support; l'on ne craindra plus les menaces des heretiques du Piedmont; la Lombardie ne sera troublée en sa longue paix; il ne se trouvera plus personne qui veuille nourrir les sectes de Luther, de Zuingle et de Calvin; l'on ne travaillera plus le Portugal par les armes; les navigations des Indes seront libres; bref, de la valeur que vous monstrerez en ceste bataille despend le repos de toute la chrestienté, et principalement la fin de nos longues miseres. Voicy devant nous tous les chefs des ennemis de Dieu et de son Eglise; mais que vous les ayez vaincus, il ne restera plus rien à combattre, et ne ferez que poursuivre une heureuse victoire. Vous sçavez qu'ils n'ont jamais voulu venir à une juste bataille contre nous, quoy que nous leur ayons plusieurs fois presentée, et que nous n'eussions pas tant de gens de guerre que nous avons à present. Quel triomphe donc desireriez vous plus grand que de respandre vostre sang pour la defense de la foy? Car, quant à moy, je jure devant Dieu que je n'ay autre passion que celle là, car je n'ay à present aucun subject de combattre pour avoir vengeance de la miserable mort de mes deux freres, assez recognus pour avoir esté durant leur vie deux fermes colonnes de la foy catholique, à cause que celuy qui les avoit faict mourir a esté tué, ainsi que vous avez sceu. Combattons donc, soldats de Nostre Seigneur Jesus-Christ, pour la deffense de la foy, pour l'honneur et la gloire du nom chrestien, et pour venger les communs oultrages et ruines que ces heretiques ont fait en ce royaume. » Les princes, seigneurs et capitaines, ayans entendu ceste exhortation, monstrerent tous à leurs visages le desir qu'ils avoient de combattre, et asseurerent le duc de faire tous leur devoir.

Les deux armées estans ainsi à la veuë et si proches l'une de l'autre, le Roy commença à faire marcher premierement la sienne, et la fit advancer de plus de cent cinquante pas, gaignant par ce moyen là le dessus du soleil et du vent, qui eust peu rejetter toute la fumée des harquebuzades dans son armée, advantage qui n'est pas petit en un jour de bataille. Comme elle fut approchée, le Roy et ses capitaines recogneurent à veuë que les ennemis estoient bien plus grand nombre qu'ils n'avoient estimé, et qu'ils estoient plus de quatre mille chevaux et de dix à douze mille hommes de pied; toutesfois il sembla que ce fust un surcroist de courage qui leur fust survenu.

L'armée de l'union estoit chargée de clinquant d'or

et d'argent sur les cazaques; mais celle du Roy n'estoit chargée que de fer, et ne se pouvoit rien voir de plus formidable que deux mille gentils-hommes armez à cru depuis la teste jusques aux pieds. Sa Majesté mesmes, comme dit le poëte du Bartas au cantique et en la description qu'il a faicte de la bataille d'Yvry :

> .... Bravache, il ne se pare
> D'un clinquant enrichi de mainte perle rare :
> Il s'arme tout à cru, et le fer seulement
> De sa forte valeur est son riche ornement.

Et toutesfois peu après il dit :

> De marques despouillé, laschement il ne cache
> Sa vie dans la presse : un horrible pannache
> Ombrage sa salade (1)..............

---

(1) *Ombrage sa salade.* On sera probablement satisfait de se rappeler, à l'occasion de ces vers de du Bartas, un passage très-remarquable de *la Henriade*, où le poëte applique la même idée à la bataille de Coutras, gagnée par Henri de Bourbon le 20 octobre 1587. Ce prince en donne les détails à la reine Elisabeth, et peint d'abord les officiers de l'armée du duc de Joyeuse :

> Les courtisans en foule, attachés à son sort,
> Du sein des voluptés s'avançoient à la mort :
> Des chiffres amoureux, gages de leurs tendresses,
> Traçoient sur leurs habits les noms de leurs maîtresses.
> Leurs armes éclatoient du feu des diamans,
> De leurs bras énervés frivoles ornemens.
> Ardens, tumultueux, privés d'expérience,
> Ils portoient au combat leur superbe imprudence;
> Orgueilleux de leur pompe, et fiers d'un camp nombreux,
> Sans ordre, ils s'avançoient d'un pas impétueux.

Le prince fait ensuite le tableau de son armée :

> D'un éclat différent mon camp frappoit leur vue :
> Mon armée en silence, à leurs yeux étendue,
> N'offroit de tous côtés que farouches soldats,
> Endurcis aux travaux, vieillis dans les combats,

Le cheval surquoy il estoit monté portoit aussi un pannache, ce qui le rendit fort remarquable de tous les siens. Et, estant ainsi armé, à la teste de son escadron, dont le premier rang n'estoient que princes, comtes et barons, chevaliers du Sainct Esprit, et des principaux seigneurs et gentils-hommes des principales familles de la France, il recommença à prier Dieu, et fit exhorter un chacun de faire le semblable. Puis il fit une passade à la teste de son armée, animant un chacun avec une grande modestie, et neantmoins pleine d'asseurance et resolution.

Retourné qu'il fut en sa place, arriva le sieur de Marrivault (car dez que le Roy fut adverty que le duc de Mayenne avoit receu les forces estrangeres et qu'il s'acheminoit droict à luy, il avoit mandé de tous costez que l'on le vinst trouver), lequel le vint advertir que les troupes de Picardie qu'amenoient les sieurs de Humieres, de Mouy, et autres seigneurs et gentils-hommes du pays, qui pouvoient estre plus de deux cents chevaux, estoient à deux mille pas du champ de bataille. Pour cela il ne voulut pas differer la bataille d'un poinct, et envoya commandement au sieur de La Guiche, grand maistre de l'artillerie, de faire tirer : ce qu'il fit incontinent et avec grande

---

Accoutumés au sang et couverts de blessures;
Leur fer et leurs mousquets composoient leurs parures.
Comme eux vêtu sans pompe, armé de fer comme eux,
Je conduisois aux coups leurs escadrons poudreux :
Comme eux, de mille morts affrontant la tempête,
Je n'étois distingué qu'en marchant à leur tête.

(Voyez, à l'égard de du Bartas, la note de la page 420 des Mémoires de de Thou, tom. XXXVII, première série de notre Collection.)

promptitude, dont ceux de l'union receurent beaucoup de dommage. Il avoit fait tirer neuf canonnades avant que ses ennemis eussent commencé.

Après trois ou quatre volées de part et d'autre, l'escadron des anciens chevaux legers de l'union, tant François, Italiens, qu'Albanois, qui pouvoient estre de cinq à six cents chevaux, voulut s'advancer pour venir à la charge contre celuy du mareschal d'Aumont, menans avec eux les lansquenets qui estoient à leurs costez; mais le mareschal voulut entamer le combat, et le leur fit à eux-mesmes si rude et furieux, qu'il les perça de part en part, et aussi-tost ils ne monstrerent plus que le dos et les croupes de leurs chevaux ; et le mareschal les mena battant jusques dans un petit bois qui estoit derriere, où il fit ferme pour venir retrouver le Roy, comme il en avoit eu le commandement.

Au mesme instant que ceux-là fuyoient, le hot des reistres de leur main droicte, qui vouloit venir vers l'artillerie du Roy, y trouvant les chevaux legers qui s'y estoient advancez, leur fit une charge, qui fut si bien receue, que, sans les enfoncer, ils tournerent tout court se r'allier derriere.

Cependant un autre escadron de lances de Wallons et Flamans, voyant les chevaux legers du Roy un peu separez de ce grand effroy qu'avoit mis parmy eux ceste troupe de reistres, leur voulut venir faire une autre charge; mais le baron de Biron s'advança, et ne l'ayant peu prendre par la teste, en print une partie de la queuë, qu'il perça, et y fut blessé au bras et au visage. Au devant du reste M. de Montpensier s'achemina et leur fit une très-belle charge, en laquelle ayant luy-mesmes esté porté par terre, son cheval tué, mais incontinent remonté sur un autre, il s'y comporta avec telle valeur qu'il demeura maistre de la place.

En ce mesme temps le duc de Mayenne avec ce gros escadron, lequel il n'avoit fait si fort que pour combattre avec advantage celuy de Sa Majesté, et dans lequel s'estoient rengez le duc de Nemours, le chevalier d'Aumale et le comte d'Egmont, s'advança pour venir à la charge, faisant marcher à son aisle gauche le vicomte de Tavannes avec quatre cents harquebuziers à cheval estrangers, appellez carábins, qui estoient armez de plastrons et morions, lesquels firent une salve de vingt-cinq pas près de celuy du Roy. La salve achevée, la teste desdits gros escadrons affronta celle de celuy du Roy, du front duquel on le vid partir la longueur deux fois de son cheval avant aucun autre, et se mesler si furieusement parmy ses ennemis, qu'il fit bien recognoistre que si auparavant il avoit, en commandant et ordonnant, bien fait l'office d'un grand capitaine, au combat il sceut bien faire celuy d'un brave et magnanime gendarme.

Ceste rencontre fut très-furieuse, n'ayant neantmoins jamais esté au pouvoir de ceste espouvantable forest de lances de faulser l'escadron du Roy, lequel, au contraire, fut si bien suivy, qu'il perça celuy de l'union, et fut un grand quart d'heure parmy eux tousjours combattant. Cependant ce gros corps, duquel les royaux affoiblissoient le fondement en combattant, commença à chanceler, et en moins de rien on vid le dos de ceux de l'union qui estoient si furieusement venus presenter le visage, et employer leurs testes et bras, encores tous armez, à l'aide et au secours de leurs talons qui ne l'estoient point. Du Bartas, parlant de ceste fuite, dit :

> O prince genereux! hé pourquoy t'enfuis-tu?
> Quelle terreur panique estonne ta vertu?
> Qui grave un pasle effroy sur ton constant visage?
> Le droict manque à tes mains, et non pas le courage.

Ce commencement de victoire ne pouvoit encores resjouyr l'armée, ne voyant point le Roy. Mais aussitost on le vid paroistre couvert du sang de ses ennemis, sans qu'ils eussent veu une goutte du sien, encores qu'il fust assez remarquable par son pannache blanc qu'il portoit et 'par celuy de son cheval. Dès qu'il fut sorty de la meslée, en s'en revenant, et n'estant accompagné au plus que de douze ou quinze de sa troupe, il rencontra, entre les deux bataillons des Suisses ennemis, trois estendarts de Vallons et quelques autres qui les accompagnoient, portans tous les croix rouges, qu'il chargea si valeureusement que les cornettes lui demeurerent, et ceux qui les portoient et accompagnoient tuez sur la place. Arrivé qu'il fut quasi 'd'où il estoit party, il se fit de toute l'armée un cry universel de *vive le Roy*.

Incontinent le mareschal d'Aumont, le grand prieur, le baron de Biron et autres seigneurs, avec plusieurs dez leurs qu'ils avoient ralliez, vindrent joindre Sa Majesté, qui alla avec eux vers le mareschal de Biron, lequel estoit demeuré ferme avec sa troupe, laquelle sans frapper avoit autant ou plus fait de mal aux ennemis que nulle autre. A leur rencontre le mareschal dit au Roy : « Sire, vous avez faict le devoir du mareschal de Biron, et le mareschal de Biron a faict ce que devoit faire le Roy. » Sa

Majesté lui respondit : « Il faut louer Dieu, monsieur le mareschal, car la victoire vient de luy seul. »

Alors Sa Majesté, voyant que l'union luy laissoit la place toute couverte de leurs morts, et qu'il ne restoit plus que leurs Suisses, lesquels, bien qu'abandonnez de toute leur cavalerie qui à gauche et à droite avoit prins party, ne laissoient de faire très-bonne contenance, proposa une fois de les envoyer rompre par l'infanterie françoise de main droite qui n'avoit point combattu ; mais, se resouvenant de l'ancienne amitié et alliance que ceste nation a de tout temps euë avec la couronne de France, il se contenta, les ayant renvoyez au mareschal de Biron, de leur faire grace, et au lieu de leur envoyer la mort, comme il pouvoit faire, il leur envoya la vie et les receut à grace et misericorde; et ayans mis les armes bas passerent du costé des royaux. Ce qui estoit avec eux de François jouyrent de ceste mesme clemence.

Au mesme instant que le Roy se joignit avec le mareschal de Biron, il y fut rencontré desdictes troupes de Picardie. Mais ainsi que premierement Sa Majesté avoit fait l'office de capitaine et de gendarme, il voulut faire celuy de general de l'armée, qui est de poursuivre la victoire avec son gros, et, ayant jetté devant luy le grand prieur avec une troupe à sa gauche, et le baron de Biron à la droicte, ayant avec luy le reste de sa cavallerie qui s'estoit ralliée, et lesdites troupes de Picardie, il se mit à suivre la victoire, estant accompagné des princes de Conty et duc de Montpensier, du comte de Sainct Paul, du mareschal d'Aumont, du sieur de La Trimoüille, et infinis autres seigneurs, capitaines et gentils-hommes de l'armée, laissant le mareschal de Biron avec le corps d'icelle, qui suivoit après.

La retraicte des chefs et capitaines de l'union se fit de deux costez : le duc de Nemours, Bassompierre, le vicomte de Tavannes, Rosne et quelques autres, prindrent la route de Chartres; et le duc de Mayenne et ceux qui se retirerent avec luy prindrent le chemin d'Yvry pour y passer la riviere. Le temps que le Roy arresta à pardonner aux Suisses donna grand advantage au duc de Mayenne et à ceux qui se retiroient : de sorte que, quand il fut arrivé à Yvry, il trouva que le duc de Mayenne estoit pieçà passé et avoit après luy rompu le pont, qui fut cause de la mort et perte d'une infinité des siens, specialement des reistres, dont une grande partie se noya, estans contrains, pour empescher les ruës afin qu'on ne les peust suivre, de couper les jarrets de leurs chevaux et en faire des remparts dans les ruës.

Estant le pont d'Yvry rompu et le gay très dangereux, le Roy fut conseillé d'aller passer la riviere au gay d'Anet, qui est beaucoup meilleur, qui fut une grande lieuë et demie de destour : toutefois cela n'empescha pas que l'on ne trouvast les chemins bordez de fuyards qui n'avoient peu estre si diligens que les autres, lesquels demeuroient à discretion. Ceux qui se voulurent eschapper dans les bois tomberent à la mercy des paysans, qui leur estoient bien plus cruels que n'estoient les gens de guerre.

Sa Majesté, estant advertie que le duc de Mayenne estoit entré dans Mante, alla loger à Rosny, une lieuë près de Mante, aussi mal garny de bagage pour ceste nuict qu'estoient ceux de l'union. Voylà ce qui se passa en la bataille d'Yvry, où toute l'infanterie de l'union fut ou taillée en pieces, ou se rendit. De la cavalerie il en fut tué ou noyé plus de mille et plus de quatre cents prisonniers. Entre les morts furent recognus pour principaux le comte d'Egmont, chevalier de l'ordre de la Toison, colonel des troupes envoyées par le prince de Parme; Guillaume, fils du duc Henry de Brunsvic, mais naturel; le baron d'Hurem, le seigneur de La Chastaigneraye, et plusieurs autres seigneurs; des prisonniers, le comte Danstfrist, colonel des reistres, et plusieurs seigneurs estrangers, tant espagnols, flamands, qu'italiens; et des François, les seigneurs de Bois-Dauphin, Sigongne, qui portoit la cornette blanche du duc de Mayenne, Mesdavit, Fontaine-Martel, Loncham, Lodonan, Falendre, Henguessan, les maistres de camp Treuzail, La Casteliere, Disemieux, et beaucoup d'autres. Il y fut aussi gaigné vingt cornettes de cavallerie, entre lesquelles estoient la cornette blanche du duc de Mayenne, le grand estendart rouge du general des Espagnols et Flamands, et la cornette du colonel des reistres, avec soixante enseignes de gens de pied, tant françois, flamans, que lansquenets, et les vingt-quatre enseignes des Suisses qui se rendirent. L'artillerie aussi, qui ne put cheminer si viste que le duc, demeura en la possession du Roy.

De ceux de l'armée royale y ont esté tuez le sieur de Clermont d'Entragues, capitaine des gardes du corps, qui mourut bien près de la personne de son maistre; le sieur Tich Schomberg, lequel, ayant commandé et mené de grosses troupes de sa nation, se contenta pour ceste journée d'estre simple gendarme à la cornette de Sa Majesté; les sieurs de Longaulnay de Normandie, aagé de soixante et douze ans, de Crenay, cornette de M. de Montpensier, Fesquieres, et jusques à une vingtaine d'autres gentils-hommes.

Des blessez, le sieur marquis de Nesle, lequel, bien qu'il fust capitaine de gensd'armes, voulut combattre au premier rang des chevaux legers : il mourut peu de jours après au chasteau d'Esclimont ; le comte de Choisi, les sieurs Do, le comte du Lude, les sieurs de Montlouët, Lauvergne et Rosny, et une vingtaine d'autres gentils-hommes, dont la pluspart ne furent que legerement blessez.

Ceste journée du quatorziesme de mars fut grandement heureuse pour les affaires du Roy; car, comme plusieurs ont remarqué, oultre qu'il semblast que la terre eust fait naistre des hommes armez pour son service, comme il se vid la veille et le jour du combat, où il arriva de tous costez plus de six cents gentils-hommes, Dieu encore eut soin aussi des affaires de Sa Majesté en deux autres endroits de son royaume, sçavoir, en Auvergne, où le comte de Rendan, tenant assiegé Issoire, fut tué ce mesme jour, et son armée desfaicte; et au pays du Mayne, où le sieur de Lansac, qui luy avoit juré fidelité, ainsi qu'il a esté dit cy dessus, ayant sceu que le duc de Mayenne avoit passé la Seine pour combattre Sa Majesté, se remit derechef de la ligue, et ayant secrettement assemblé plusieurs gens de guerre, s'esforça de surprendre Le Mans en ceste mesme journée, d'où il fut repoulsé et ses troupes peu après desfaictes, ainsi que nous dirons cy dessous; mais que nous ayons veu ce que le Roy fit après son heureuse victoire d'Yvry.

Le duc de Mayenne, comme plusieurs ont escrit, estant arrivé de nuict aux portes de Mante, affin d'entrer dedans la ville, dit aux habitans que le Biarnois estoit mort (ceux de l'union appelloient ainsi le Roy); toutesfois qu'il y avoit eu quelque desroute des siens; mais petite au regard du grand nombre de morts du costé des heretiques. Les habitans de Mante, à l'exemple de beaucoup de villes de l'union, n'avoient receu garnison ny gouverneur qu'à telle condition qu'ils avoient voulu, et n'aimoient pas trop ceux de ce party pour en avoir receu de l'incommodité lors que le feu Roy alla battre Pontoise, parce qu'ils y avoient faict abbattre quelques eglises et maisons dans les faux-bourgs, et mesmes les murailles de leur cymetiere: pour ces raisons ils se mirent en armes aux premieres nouvelles qu'ils receurent de la bataille, et ne vouloient laisser entrer personne dans leur ville. Après plusieurs paroles ils y laisserent entrer le duc, à la charge que ceux qui le suivoient n'entreroient que dix à dix, et passeroient en mesme temps au faux-bourg de Limoy delà le pont.

Le duc, entré ainsi dans Mante, receut quelques restes de son armée, puis il proposa de mettre des gens de guerre dans ceste ville, pour arrester là contre les victorieux cependant qu'il donneroit ordre à ses affaires. Le Roy d'autre costé estoit à Rosny, qui, dez la poincte du jour, envoya le vidame de Chartres avec quarante chevaux pour prendre langue et sçavoir nouvelles du duc. Ledit sieur vidame estant proche de Mante s'arresta, et, n'ayant rencontré personne à cause du grand effroy auquel estoient ceux de Mante, commanda au sieur de Villeneufve, gentil-homme du pays de Quercy, lequel estoit auprès de luy, d'aller le plus près qu'il pourroit de la porte de la ville pour apprendre des nouvelles du duc. Villeneufve aussi tost s'advança, et voyant quelques uns qui se sauvoient par dans des vignes pour entrer dans Mante, alla droict à eux pensant les joindre; mais ils coururent si vistement, qu'ils allerent donner l'alarme à ceux de la porte, où il les suivit jusques à trente pas près. Entre la porte, la barriere et le pont-levis, estoient plus de deux cents hommes en armes, la plus-part harquebusiers, qui avoient la meche sur le serpentin prest à tirer. Villeneufve les ayant contemplez, et voyant qu'ils ne le tiroient point, s'advança droict à eux : approché, il leur dit tout haut qu'il estoit là venu exprès par le commandement du Roy, lequel estoit à Rosny, pour sçavoir d'eux ce qu'ils pretendoient faire : puis leur ayant raconté l'heureuse victoire que Sa Majesté avoit obtenue contre le duc de Mayenne, et les avoir asseuré de la clemence de Sa Majesté pourveu qu'ils le recogneussent, et dit plusieurs choses sur ce subject, lesdits habitans s'approcherent plus prez dudit sieur de Villeneufve, et le supplierent de leur dire s'il venoit vers eux exprez de la part du Roy pour leur parler : il leur dit qu'ouy. Incontinent les capitaines desdits habitans commanderent aux mousquetaires et harquebusiers de lever la mesche de dessus le serpentin; ce qu'ils firent, et, ayans mis leurs harquebuzes et mousquets sur l'espaule, le chapeau à la main, ils luy dirent : « Vous pouvez asseurer le Roy que nous ne desirons autre chose que de le recognoistre, et que nous sommes resolus de vivre et mourir à son service : » ce qu'ils protesterent tous de faire, en levant les mains.

Pendant ces discours, qui furent un petit longs, survint un capitaine de la garnison de la ville, lequel, ayant escouté la resolution des habitans, tira son espée, et leur dit de colere que l'on les empescheroit bien d'executer leur resolution; puis, pensant joindre ledit Villeneufve pour le tuër, et se voulant jetter sur luy, il en fut empesché. Alors ce capitaine et Villeneufve se mirent à contester devant ces habitans : chacun d'eux leur disoit l'advantage de son party. Le capitaine, voyant qu'il n'estoit escouté selon son desir, rentre en la ville, et les habitans prierent Villeneufve de dire au Roy qu'il vinst se presenter devant leur ville le plustost qu'il pourroit, affin qu'ils luy rendissent tesmoignage de leur affection.

Villeneufve d'un costé va advertir le Roy de ce qu'il avoit fait; le capitaine, de l'autre, alla trouver M. de Mayenne, et luy dit qu'il y avoit à la porte un gentil-homme de la part du Roy qui parlementoit avec les habitans, lesquels promettoient de rendre la ville au Roy. Le duc, sur cest advis, de peur de se trouver enfermé dans ceste ville, monte incontinent à cheval, et, sans laisser une bonne garnison dans Mante, ainsi qu'il avoit resolu, partit tout aussi-tost pour se retirer dans Sainct Denis.

Les habitans, estans entrez en confusion avec les gens de guerre, envoyerent vers le Roy. Le sieur de Chasteau-Poissy, l'un desdits habitans, practiqua leur accord, et dez le lendemain Sa Majesté fit son entrée dans Mante, et y mit pour gouverneur le sieur de

Rosny. La ville de Vernon en mesme temps se rendit aussi : tellement que le Roy eut en sa possession tous les ponts qui sont sur la Seine entre Rouen et Paris.

Avant que de dire comment le Roy se rendit maistre de Corbeil et des ponts qui sont sur la riviere de Seine au dessus de Paris, voyons ce qui advint de plus notable en la journée d'Issoire en Auvergne, puis que ceste bataille fut donnée au mesme jour que celle d'Ivry, et que Dieu voulut en ce jour, et presque en mesme heure, monstrer une liberale profusion de sa faveur et de son assistance au party royal.

Nous avons dit l'an passé comment Issoire fut repris par le sieur de Randan sur les royaux. Ceste ville est une des principales de la province d'Auvergne, tant pour la commodité qu'elle rapporte à tout le plat pays où elle est assise et située comme au milieu d'iceluy, que pour l'artifice de sa forteresse, qui est d'un large fossé plain d'eau et d'un grand terrain dans la ville. En une guerre civile, quiconque en Auvergne est maistre de ceste ville, donne la loy à une grande estenduë du pays, et leve par tout à son plaisir les deniers des tailles. Les royaux estoient merveilleusement faschez de la perte de ceste place. Tissandier, l'un des eschevins de Clermont, ayant, par le moyen d'aucuns de ceux d'Issoire qui s'estoient refugiez audit Clermont, fait sonder tous les endroits plus propres pour surprendre ceste ville, et ayant communiqué son dessein à ses autres compagnons eschevins et au sieur Dalmas, president au presidial de Clermont, se resolurent ensemblement d'en faire l'execution : et, ayans conferé avec les capitaines Basset et La Sale de leur entreprise, ils leur donnèrent la charge de l'executer.

Le samedy, dixiesme fevrier, lesdits deux capitaines, ayans faict courir un bruict d'estre malcontents des eschevins de Clermont, sortirent sur le soir des faux-bourgs de Clermont avec les compagnies du sieur de La Guesle et du capitaine La Croix, parmi lesquelles se meslerent quelques gentilshommes et aucuns des habitans d'Issoire qui s'y estoient reffugiez. Tous ensemble marcherent en telle diligence, qu'ils aborderent aux murailles d'Issoire sur le matin et un peu devant jour. L'endroit destiné pour planter l'escalade recognu, un desdits refugiez d'Issoire, ayant dressé son eschelle, monta le premier sur la muraille, et fut suivy inçontinent des sieurs de Bobiere, Basset et autres, lesquels, après avoir tué quelques rondes sur le couroir de la muraille, donnerent de furie jusques au milieu de la place de la ville, en laquelle quelques uns de la garnison s'y voulans renger furent tuez : le reste de la garnison espouvanté, n'oyant par tout qu'un cry de *Vive le Roy*, se retira dans la citadelle. Les royaux, pensant d'une mesme suitte s'en rendre maistres, allerent planter trois petards contre les trois portes ; mais cela ne leur profita de rien, et ne firent pour ce coup que loger cinquante harquebusiers dans les faux-bourgs proche de ladite citadelle, pour empescher qu'elle ne fust secouruë par le dehors.

Basset et La Salle ayant donné advis aux eschevins de Clermont de la prise d'Issoire, et demandé forces pour parvenir à la prinse de la citadelle, le sieur de Florat, seneschal d'Auvergne, avec les sieurs de Blot, de Barmonthet, de La Mothe-Arnauld et de Fredeville, monterent incontinent à cheval, et, faisans une troupe de quatre-vingts cuirasses, firent telle diligence qu'ils se rendirent de Clermont en cinq heures dans Issoire, l'unziesme de fevrier. Incontinent le sieur de Florat, prenant le commandement general, disposa à chacun son quartier pour entourer la citadelle; les uns s'employerent aux approches, les autres à la sape, d'autres à la mine, et tous travaillerent sans intermission jour et nuit.

Le comte de Randan, adverty que la citadelle tenoit encor pour l'union, envoya quelques cavaliers affin d'asseurer par quelque signal les assiegez d'un prompt secours : ce qu'ils firent, et sur le soir du douziesme fevrier, quatrevingts chevaux vindrent fort près de la citadelle, lesquels, après avoir faict plusieurs signals, s'en retournerent incontinent. Le lendemain ils y revindrent encor, mais ils estoient bien cent cinquante, lesquels, en s'en retournant, allerent prendre les munitions et les petards qu'envoyoient ceux de Clermont à Issoire.

Tout le plat pays d'Auvergne, ainsi qu'aux autres endroicts de la France, favorisoit lors fort le party de l'union, qui se preparoit pour assieger et reprendre ceste ville. Les royaux dans Issoire, en ayans eu advis, mirent en deliberation d'abandonner leur prise et de se retirer, ou bien de la conserver au party royal. Il se presenta plusieurs raisons pour l'abandonner, entr'autres le peu de vivres qu'il y avoit dans la ville, tant pour les hommes que pour les chevaux, le manquement de poudres et autres armes propres à la deffence d'une place, et sur tout le peu d'esperance qu'il y avoit d'en recouvrer. Toutesfois, se mettans devant les yeux de quelle importance la conservation de ceste place estoit au service du Roy, ils se resolurent et se jurerent les uns aux autres de perdre plustost la vie que de la quitter. Ils donnerent incontinent advis de leur resolution à ceux de Clermont, les priant de convier tous les gouverneurs des provinces voisines serviteurs de Sa Majesté, pour leur prester assistance et donner secours. Le sieur d'Effiat, agent pour le Roy en Auvergne, avec les eschevins de Clermont manderent et convierent de tous costez la noblesse royale de leur prester assistance, et principalement au sieur de Rostignac, gouverneur du haut pays d'Auvergne, au vicomte de Lavedan, et au sieur de Chazeron, gouverneur de Bourbonnois. Le marquis de Curton, les sieurs de Chaptes, de Rivoire, de Chappes, et autres gentils-hommes d'Auvergne, se rendirent incontinent à Clermont.

Cependant que les royaux s'assembloient à Clermont, le comte de Randan avec ses troupes investit la ville d'Issoire, et envoya prier le sieur de Neufvy, commandant pour l'union en Bourbonnois, et le sieur de Sainct Marc, commandant aussi pour l'union au pays de la Marche, de luy donner aussi assistance. Ainsi les royaux et les ligueurs se mettent tous à la campagne, chacun pour rendre fort son party.

Au lieu que les royaux dans Issoire assiegeoient la citadelle, le comte de Randan, ayant faict entrer du secours dedans, assiegea la ville et desfit deux cents cinquante harquebusiers conduits par les capitaines Orgemont et du Bois, lesquels estoient partis exprès de Clermont pour entrer dans Issoire. Et depuis, le sieur de Neufvy estant venu au secours dudit sieur comte, accompagné de cent hommes d'armes et de deux cents argoulets à cheval, après s'estre emparé des faux-bourgs, il fit battre la ville avec trois pieces de canon de dedans la citadelle, ayant esperance de forcer les royaux par ce costé là; mais les retranchements et fortifications qu'ils avoient faictes rendirent ceste batterie sans effect.

Il se faisoit tous les jours quelque combat ou quelque escarmouche. Les royaux, qui du commencement avoient eu du pire, sur la fin furent plus heureux. Premièrement ils receurent cinquante hommes de renfort en une fois, puis de jour en jour ils receurent des poudres, grenades, lances à feu et autres armes pour leur deffence, par le moyen de quelques paysans qui se hazardoient de leur porter. Sur l'advis qu'ils receurent que le secours s'assembloit à Clermont, ils se resolurent de faire des sorties; le sieur de Fredeville en eut la conduitte, et, ayant mis dans les ruynes du fauxbourg du Pontet nombre d'harquebusiers, luy, avec quinze salades, alla convier les assiegeans de donner coups d'espée à pareil nombre. Le sieur de Neufvy, qui estoit là avec ses troupes, tascha de l'enclorre: Fredeville, s'en prenant garde, fit semblant de se retirer, et par ce moyen l'attira dans son embuscade, laquelle tira si à propos, que ledit sieur de Neufvy et plusieurs des siens furent blessez, quelques uns de tuez et beaucoup de chevaux; ce qui fut cause que ledit sieur de Neufvy se retira avec les siens et abandonna du depuis ce siege.

Le comte de Randan cependant avoit fait changer sa batterie, laquelle fit un grand eschet aux retranchements et barricades; mais, ayant entendu l'acheminement du sieur de Rostignac et du vicomte de Lavedan, il se resolut de les aller combattre devant qu'ils fussent arrivez à Clermont. Le marquis de Curton, qui estoit dans Clermont, en ayant eu advis, s'achemina avec une troupe de cavalerie et d'infanterie au devant desdits sieurs de Rostignac et de Lavedan, et, les ayant joints à trois lieuës de Clermont, ils y revindrent tous ensemble sans aucun empeschement. Randan, retourné à son siege, faict retirer ses canons de dedans la citadelle, et les fit mener dedans le chasteau de Villeneufve appartenant au sieur de Sainct Heran, ne laissant toutesfois de continuër son siege, esperant de combattre tout secours et d'en empescher l'entrée dans Issoire.

En attendant le sieur de Chazeron avec ses troupes, les royaux assemblez dans Clermont entreprirent de se saisir du fort de Neschers pour leur servir de retraicte entre Clermont et Issoire; mais ils faillirent leur entreprise, ce qui fut cause que Randan mesprisa les royaux, et jugea qu'ils estoient sans bonne conduite et sans chef. Aussi tost qu'il eut receu le secours que luy amena le sieur de Sainct-Marc du pays de la Marche, il fit remener ses canons devant Issoire, et recommença à faire dresser une nouvelle batterie. Les assiegez, ayans recogneu son dessein, et estans en peine de ce que le secours qui leur avoit esté promis retardoit tant, resolurent de faire sortir quelqu'un en habit desguisé pour aller à Clermont afin d'y representer l'estat auquel ils estoient reduits. Cependant que le sieur de Florat faisoit desguiser un gentilhomme avec un habit de paysan pour y aller, le sieur de Randan leur presenta une inopinée commodité, qui fut telle : Quelques uns de sa part proposerent aux assiegez qu'il failloit faire une trefve generale dans le pays d'Auvergne, attendant laquelle il seroit bon d'accorder une surseance d'armes. Sur ceste proposition les assiegez respondirent qu'ils ne pouvoient rien faire sans le conseil estably pour le Roy dans Clermont, mais que s'ils vouloient donner seureté à un des leurs pour y aller et revenir, qu'ils esperoient que ledit conseil ne refuseroit le bien du pays. Ceux de l'union n'avoient pas faict ceste proposition pour donner du repos au pays, mais seulement affin que les forces assemblées à Clermont, n'estant promptement employées, s'en retournassent chacun chez eux, d'où puis après il seroit malaisé de les rassembler; et les royaux ne l'accepterent aussi que pour envoyer seurement le sieur du Blot à Clermont affin de sçavoir en quel estat estoit le secours qu'ils attendoient, et pour faire entendre le leur, et aussi pour persuader que l'on fist advancer quelques forces pour favoriser la sortie des chevaux des assiegez, qui mouroient de jour en jour faute de fourrage, ensemble les personnes inutiles qui ne servoient qu'à incommoder les autres. Par ce moyen ledit sieur du Blot alla à Clermont, et retourna à Issoire le treiziesme jour de mars, sur les trois heures après midy, alors que l'assaut se commençoit à donner; car ce mesme jour le sieur de Randan avoit faict tirer six vingts coups de canon, et avoit faict bresche en un endroict où il pouvoit faire aller à l'assaut par le moyen d'une coulevrine qu'il avoit fait mettre dans la citadelle, laquelle commandoit entierement le long de la bresche au dedans de la ville. Du Blot, rentré, asseura les assiegez qu'il avoit veu leur secours de Clermont en ordre de bataille, et qu'ils l'auroient dans le lendemain matin. Ceste nouvelle encouragea tellement les assiegez, qu'ils soustinrent l'assaut de ceux de l'union, et les repoulserent avec perte.

Le quatorziesme de mars, le secours royal partit, sur le point du jour, de Coude, à deux lieuës d'Issoire, et, ayant repris la forme de bataille qu'il tenoit à la sortie de Clermont, s'achemina pour entrer dans Issoire. M. le marquis de Curton en estoit general; M. de Rostignac conduisoit la bataille, et M. de Chazeron l'advantgarde; les sieurs de Rivoire et de Chappes estoient mareschaux de camp. Ce secours estoit de trois cents cuirasses et de cinq cents harquebusiers commandez par les sieurs de Bouquetreau et Bertry, ayant pour sa deffence quatre petites pieces d'artillerie et deux chariots d'harquebuses à croc faictes en orgues. Tandis que le sieur de Randan se preparoit d'un costé pour aller combattre ce secours, de l'autre le sieur de Florat se preparoit de sortir de la ville pour l'aller joindre, et, après avoir donné l'ordre necessaire dans la ville, accompagné desdits sieurs de Blot, de Barmontet, de La Mothe-Arnauld, de Basset et autres, jusques au nombre de soixante salades, partirent d'Issoire si heureusement, que l'ennemy mesmes leur fit naistre une occasion de se joindre au secours sans empeschement.

Le sieur de Randan, ayant mis ses troupes en bataille dans la plaine d'Issoire, entre la ville et la montagne de Croz-Roland, qui n'en est qu'à demie lieuë, par où devoit passer le secours royal, logea aussi ses harquebuziers dans un petit bois et en lieu fort advantageux pour eux; mais le sieur de Rostignac, ayant recognu l'advantage que l'union avoit en ce lieu, et que les royaux n'eussent sceu passer par là qu'à la mercy de ces harquebuziers, ny n'eussent aussi sceu prendre la place ny l'ordre pour le combat qu'ils desiroient rendre, s'advisa de ne faire paroistre qu'une partie du secours, cependant qu'il feroit couler et monter le reste du costé de main droite par un valon de ladite montagne. Par ce moyen les royaux, y estans montez, en firent desloger aucuns de l'union qui s'en estoient saisis. Rostignac, ayant de dessus la montagne contemplé l'ordre de l'armée de l'union, leur envoya quatre volées de canon, qui servirent, tant pour advertir les assiegez, que pour faire changer d'ordre à l'armée de Randan. Ainsi les royaux, ayans recognu l'armée de l'union, descendirent de la montagne et marcherent en bonne ordonnance vers Issoire, avec les vivres, munitions et pieces d'artillerie, lesquelles leur servoient comme de barrieres entre eux et leurs ennemis, qu'ils laissoient tousjours à leur main gauche. Randan, qui void que les royaux s'advancent vers Issoire, affin de leur donner à droict ou à dos, monta avec toutes ses troupes sur le mont de Croz-Roland d'où les royaux estoient descendus, ce qui vint lors très à propos pour le sieur de Florat, qui, estant sorty de la ville, ne sçavoit joindre le secours, d'autant que ledit sieur de Randan estoit en bataille au lieu par où il devoit passer. Ainsi le sieur de Florat et sa troupe joints au secours, print place à la teste d'iceluy, entre les sieurs de Rivoire, de Chappes et de Chazeron.

L'ordre auquel cheminoient les royaux fit encor changer de dessein au sieur de Randan, lequel descendit de la montagne et resolut de regaigner la plaine pour les combattre avant qu'ils fussent approchez de la ville : pour ce faire il regaigna le devant diligemment, ayant disposé son armée en trois escadrons, marchans, serrez et en bel ordre, fort furieusement droict contre la teste de la petite armée royale. Le premier escadron de l'union estoit conduit par les sieurs de Chaslus, Sainct Marc et Monfan; le second marchoit à vingt pas près du premier, et estoit conduit par les sieurs de Syogheat, Flagheat, Cormilhon et Cons; le dernier marchoit après, et estoit conduit par les sieurs comte de Randan, vicomte de Chasteauclou et Monravel. Ces trois escadrons ainsi ordonnez, d'une brave resolution, commencerent à venir au combat. Le canon et les orgues des royaux les endommagerent fort du commencement. Le premier escadron, s'estant approché comme pour venir au combat, fut salué de cent harquebusiers qui estoient à la teste de l'infanterie royale, ce qui le contraignit de tourner le flanc et passer outre, comme s'il eust voulu choquer la bataille des royaux dans laquelle estoient les sieurs marquis de Curton, de Rostignac, vicomte de Lavedan, Deffiat et autres; mais cest escadron passa à la teste des sieurs de Florat, de Chappes et de Rivoire, qui ne le voulurent charger, craignant d'estre prins en flanc par celuy qui venoit après : ainsi passa ce premier escadron; le second, le voulant suivre, passa aussi outre, et fit jour au troisiesme, où estoit le sieur de Randan, qui vint à la charge contre le sieur de Florat et sa troupe, laquelle fut soustenuë par lesdits sieurs de Rivoire et de Chappes, où, après un long et furieux combat, ils perserent à jour l'escadron du sieur de Randan, et le mirent à vau-de-route. Cependant les deux autres escadrons s'estans joincts ensemble, attaquerent courageusement l'advantgarde conduite par le sieur de Chazeron, et la bataille royale : chacun desiroit avoir l'honneur de son costé. Il y eut entr'eux un long et furieux combat; mais les royaux furent en fin victorieux, demeurant sur la place plus de six vingts gentils-hommes morts de l'union, et une partie de ce qu'ils avoient d'infanterie. Il y eut grande quantité de prisonniers de qualité, entre-autres ledit comte de Randan, que le sieur de La Mothe-Arnauld fit son prisonnier, et le mena dans Issoire, où il mourut, une heure après, d'une blessure qu'il avoit receuë en la bataille, d'un coup de pistolet chargé de deux bales, dans la hanche droicte. Les autres morts du costé de l'union furent les sieurs de Sainct Marc, Sainct Gervasy, seneschal de Clermont, Montfan l'aisné, d'Arbouze, Ronzay, Neuf-ville l'aisné, La Villatte, Sainct Pardoux, Peirisieres, Chavaignac de Dienne, Ville-velours, Bussiere le jeune, Murat, La Salle, Bouschet le jeune, de Lair, Sainct Flour, Le Vernet de Berry, Rochemore et les Vignaux; de prisonniers, le sieur vicomte de Chasteauclou, lequel fut pris par M. de Florat, son lieutenant et enseigne Mont-ravel, les Bravards, le jeune Brezon, Hercules, fils au sieur de Villebouche, Fressinet de Roüargues, La Borde, Le Chay, Verdonnet, La Martre, de Toroques, Sainct Michel, qui depuis est mort à Clermont, et plusieurs autres.

L'armée royale, ayant poursuivy quelque temps la victoire, se rassembla le plus diligemment qu'elle le put, et alla investir la citadelle d'Issoire avec le fauxbourg proche d'icelle, où s'estoit retiré une partie de l'infanterie de l'union. Mais ceux de dedans, estans asseurez de la mort de leur chef, entrerent en composition, et rendirent la citadelle, l'artillerie et les munitions dudit sieur de Randan ez mains des royaux, et le sieur de La Vort avec le capitaine Barriere et leurs soldats sortirent de ceste place vies et bagues sauves, mesche esteinte.

La remarque est notable que l'on a faict du costé des royaux, en ce qu'il ne fut tué en ce combat que trois gentils-hommes du party royal, et dix ou douze de blessez. Pendant aussi que le sieur de Randan tint le siege devant Issoire, bien que les royaux eussent esté si vifyement attaquez cinq semaines durant, qu'ils n'eurent pas loisir de se desarmer, logeant tousjours dedans leurs corps de garde et dans leurs retranchemens, il n'y fut tué que cinq soldats avec le sieur de Fredeville, lequel, pour ses louables qualitez, fut regretté de tous ceux de son party.

Le jeudy, seiziesme de mars, après que, du consentement de tous les seigneurs, le sieur de Barmontet fut laissé gouverneur dans Issoire, ils s'en retournerent tous à Clermont, et de là chacun s'en retourna en ses gouvernements et places. Voylà ce qui s'est passé en la bataille d'Issoire, de laquelle victoire le sieur de Rostignac, que du depuis on a appellé le sieur de Messillac, a esté grandement honoré, comme aussi il le fut encore beaucoup de celle qu'il obtint contre le duc de Joyeuse à Villemur, ainsi que nous dirons cy-après.

Nous avons dit cy-dessus que le Roy après la bataille d'Ivry se rendit maistre de Mante et de Vernon, et que par ce moyen il tenoit tous les ponts entre Rouën et Paris. Après la reduction de ces deux places, quelques-uns de la noblesse s'en retournerent chacun chez eux aux provinces d'où ils étoient, tant pour s'opposer et garantir des hostilitez et courses que faisoient ceux des villes de l'union, lesquels surprenoient tousjours quelques petits lieux forts qui leur servoient de retraicte en chasque province, d'où ils molestoient grandement les royaux, qu'aussi pour se rafraischir, et pour se preparer de venir au siege de Paris, que le Roy esperoit faire sur l'esté prochain.

Sa Majesté, après avoir demeuré quinze jours vers Mante, se voyant maistre du bas de la riviere de Seine, resolut de faire advancer son armée vers Corbeil pour se rendre aussi maistre des ponts et villes du hault de ladite riviere, affin d'empescher les Parisiens de recevoir des vivres par les rivieres de Seine, de Marne, d'Ionne, de Loing et d'Estampes; mais les historiens qui ont escrit en faveur de la ligue des catholiques disent que si le Roy, au lieu du sejour qu'il fit vers Mante, fust allé droict à Paris, et eust faict exercer les practiques estroittes de la guerre, qu'il estoit impossible que les Parisiens eussent faict aucune resistance, et que dèslors il se fust rendu maistre de ceste grande ville, et que ce sejour de Mante fut cause qu'ils prirent nouveaux conseils et nouvelles deliberations avec le duc de Mayenne, qui s'estoit sauvé à Sainct Denis, distant de deux lieuës de Paris, là où le cardinal Caëtan, legat de Sa Saincteté, le fut trouver avec Mendozze, ambassadeur d'Espagne, l'archevesque de Lyon, lequel estoit sorty quelque temps auparavant de prison par rançon, et plusieurs autres prelats et gens de conseil qui estoient de son party, où ils resolurent entr'eux qu'en s'accommodant du benefice du temps que Sa Majesté leur donnoit sans se presenter devant Paris, denué alors de toutes forces, tant de gens de guerre que d'artillerie et munitions, ils devoient entretenir le Roy par quelque conference et traicté d'accord, pendant lequel on tascheroit à faire entrer des vivres dans Paris et des gens de guerre pour y tenir le peuple ferme en leur party, et que cependant le commandeur Morée, biarnois de nation, mais grand serviteur de l'Espagne où il a esté nourry, iroit vers le duc de Parme pour obtenir nouvelles forces affin d'empescher Paris de se rendre au party royal, et pour le secourir en cas de necessité; « car sans doute, disoient-ils, si Paris quitte le party de l'union, beaucoup d'autres villes suivront ceste voye. »

Ainsi qu'il advient d'ordinaire ez guerres civiles que les grands, après une perte notable, ne laissent de racommoder leurs affaires par des conseils qu'ils prennent en leurs necessitez, lesquels souvent leur reüssissent et les font maintenir en reputation dans leur party, aussi ces conseils que print lors le duc de Mayenne dans Sainct Denis luy conserverent sa reputation et son authorité dans son party.

Pour faire entrer des vivres à Paris devant que le Roy se fust emparé du haut de la riviere, le sieur de Givry, qui tenoit le pont de Chamois pour le party royal, fut sommé de laisser passer la traicte de dix mille muids de vin et trois mille muids de bled et autres grains, moyennant certaine somme de deniers, ainsi qu'il l'avoit accordé auparavant la victoire d'Ivry : ce qui fut executé trop promptement; et il se peut dire que ceste seule action fut cause de faire opiniastrer Paris contre le Roy.

Pour y faire entrer des gens de guerre, le duc de

Nemours, qui s'estoit sauvé de la bataille d'Ivry dans Chartres, se rendit incontinent dans Paris avec le chevalier d'Aumale, et fut mis gouverneur dans ceste ville avec douze cents lansquenets (sous la conduite de Bernardin, baron libre d'Erbestain, lieutenant du comte Jaques de Colalte, qui en mesme temps fut aussi envoyé en Allemagne pour y faire une nouvelle levée de lansquenets au nom du roy d'Espagne), cinq cents Suisses et mille hommes de pied françois avec quelque cavalerie. Peu après s'y rendirent le sieur de Vitry et quelques seigneurs de ce party avec leurs compagnies.

Pour plus promptement soliciter le secours du duc de Parme, M. de Mayenne s'en alla de Sainct-Denis à Soissons; il despescha aussi incontinent des courriers de tous costez, tant vers le Pape que vers le roy d'Espagne et les autres princes de la ligue, s'excusant le mieux qu'il pouvoit de l'infortune qui lui estoit advenuë à Ivry, leur demandant secours de gens et d'argent. Loys Perron, l'un de ses secretaires, fut le plus infortuné de tous ces courriers, car, passant par Tours, et ayant abusé d'un passeport qu'il avoit du Roy, pour faire quelques affaires pour le party du sel, et luy estant trouvé dans la selle de son cheval des lettres en chiffres que le duc de Mayenne envoyoit au duc de Mercœur, qui contenoient beaucoup de choses contre les affaires du Roy, fut pendu le jour mesme de sa prise.

Pour advancer quelques paroles d'accord avec le Roy, le légat Caëtan en print la charge *per acquistar tempo, e aver più comodità d'apparecchiarsi alla difesa* (1), disent les historiens italiens. Or, en ce

---
(1) Pour gagner du temps, et avoir plus de facilité de préparer sa défense.

mesme temps, M. le cardinal de Gondy estoit retiré en sa maison de Noësy, à cinq lieues de Paris; et, quoy qu'il s'y tinst comme neutre, il alloit souvent à Paris voir ledit sieur legat, lequel sçavoit bien que ce prelat estoit affectionné au party royal, et qu'il estoit aymé de Sa Majesté et grandement honoré des princes et seigneurs du conseil du Roy. Il luy demanda s'il n'y avoit point moyen de donner quelque repos aux troubles de la France. Les choses furent si promptement menées, que le legat s'offrit mesmes d'aller au chasteau de Noësy, sous la foy du Roy, pour en communiquer avec M. le mareschal de Biron qui s'y devoit aussi rendre.

Ledit sieur mareschal de Biron et le sieur de Givry allerent à Noësy trouver ledit sieur legat, lequel estoit accompagné dudit sieur cardinal de Gondy et des prelats italiens qui luy avoient esté ordonnez par le Pape, et qui estoient venus d'Italie avec luy. Or, comme nous avons dit, ce que ledit sieur legat avoit poursuivy ce traicté d'accord n'estoit que pour gaigner le temps [1], affin que le party de l'union se preparast mieux à la deffensive; aussi il proposa premierement qu'il failloit assembler les trois estats de France affin de donner un bon ordre au royaume; mais, ayant veu que ceste proposition avoit esté rejettée bien loing, il dit qu'il falloit donc faire une trefve pour quelques jours affin d'acheminer les affaires à une paix. On luy respondit que l'on ne vouloit point de trefve, que l'es-

---

[1] *N'estoit que pour gaigner le temps.* Le légat avoit un autre motif pour négocier. Il savoit que sa conduite n'avoit pas été approuvée à Rome, et que le duc de Luxembourg, envoyé de Henri IV, y avoit été bien reçu.

tat des affaires du Roy n'en requeroit point, mais que l'on desiroit une bonne paix. Il fut recognu lors que ledit sieur legat ne cerchoit que des dilayements. Ce fut pourquoy ceste conference fut rompuë, et ledit sieur legat se retira à Paris un peu confus quand il vid que l'on eut jugé de son dessein.

Le Roy, voyant que toutes ces conferences n'estoient que des amusements, fit passer son armée vers Corbeil, à sept lieuës au-dessus de Paris. Ceste ville luy fut incontinent renduë. Lagny sur Marne fut aussi pris en mesme temps. De là l'armée s'achemina à Melun, qui se rendit aussi, et le Roy y mit dedans pour gouverneur le sieur de La Grange Le Roy. De Melun l'armée alla à Provins, où le sieur de Montglas y fut laissé gouverneur. De là on alla à Bray, qui se rendit aussi, et où ledit sieur de Montglas vint trouver le mareschal de Biron, et y acconduit l'evesque de Ceneda avec le secretaire dudit sieur mareschal, lesquels venoient tous deux de Paris; mais, après plusieurs discours entre ledit sieur mareschal et ledit sieur evesque, il ne se put rien accorder, et ledit sieur evesque s'en retourna vers ledit sieur legat. Montereau-faut-Yonne fut aussi en mesme temps remis en l'obeyssance du Roy, et beaucoup d'autres places. De là Sa Majesté fit tirer l'armée vers Sens, où le sieur de Chanvallon estoit pour l'union, lequel fut incontinent secouru du marquis de Fortuna avec la compagnie d'hommes d'armes de M. de Nemours, du capitaine Peloso et d'autres, lesquels encouragerent si bien les habitans, que, ny par menaces, ny par belles paroles, ny pour quelque effort que les royaux firent pour les penser avoir de force, ils en furent vivement repoulsez. Le

Roy, qui ne vouloit perdre le temps à faire un siege devant ceste ville, fit tourner la teste de son armée droict vers Paris, où desjà rien ne pouvoit plus entrer par eau, car tous les ponts du haut et du bas de la riviere de Seine estoient à la devotion de Sa Majesté. Mais, avant que dire quel fut ce siege, voyons ce qui se passa en plusieurs endroicts depuis la victoire d'Ivry.

Nous avons dit cy-devant que, le mesme jour que le Roy gaigna la bataille d'Ivry, le sieur de Lansac pensa surprendre Le Mans. Voyons quelle fut son entreprise, et tout d'une suitte plusieurs choses notables advenuës en ces pays là et aux autres circonvoisins.

Ledit sieur de Lansac s'estoit retiré à Ballon, chasteau qui appartenoit à sa belle mere madame la mareschale de Cossé, distant de quatre lieuës du Mans, où, après qu'il eut presté serment de fidelité au Roy, il ne laissoit toutesfois d'estre tousjours accompagné de plusieurs personnes tenans ouvertement le party de la ligue. M. de Rambouillet, qui commandoit dans Le Mans en l'absence du sieur du Fargis son frere, lequel estoit en l'armée du Roy, l'en ayant admonesté par lettres, et prié de se gouverner fidellement au service de Sa Majesté, Lansac luy respondit qu'il seroit à jamais bon et fidele serviteur du Roy, et que s'il s'accompagnoit des Touchevaux, habitans du Mans, et d'autres telles gens de la ligue, qu'il faisoit comme le bon charlatan qui composoit le bon tyriaque de viperes. En mesme temps aussi ledit sieur de Lansac convia les sieurs d'Allieres et de Malerbe, qui avoient leurs compagnies en garnison dans Le Mans, de l'aller voir audit Ballon; mais eux, ne se voulans fier à un ennemy nouvellement reconcilié, le remercierent. Il avoit envie de les y attraper, affin d'executer plus seurement son entreprise sur Le Mans. Du depuis, ayant entendu que M. de Mayenne passoit la Seine pour venir rencontrer le Roy à Dreux, il fit secrettement une assemblée de toutes les forces qu'il put avec les sieurs de La Patriere de Beauce, de La Croix-Cotereau, de Pescheray, de Vaux, de La Pierre et autres, et vint, la nuict du quatorziesme mars, se loger avec ses troupes dans le faux-bourg Sainct Vincent du Mans, pensant surprendre la ville à l'ouverture de la porte, par le moyen de quelques soldats desguisez en couvreurs qui devoient feindre de porter des gouttieres pour l'eglise Sainct Julien, et, estans sur le pont, devoient laisser choir lesdites goutieres, et se rendre maistres de la porte. Ce dessein avoit de l'apparence de venir à effect, mais l'ordre que l'on tenoit de baisser la planchette un demy-quart d'heure devant que d'abbaisser le pont, par laquelle on faisoit sortir un sergent avec quelques soldats pour faire la descouverte par tout le faux-bourg, fut la cause que ce sergent et ses soldats, ayant descouvert les gens de Lansac, de prime abord tuërent un nommé La Rochegovaut, ce qui donna une telle alarme, que ce sergent et quelques-uns des soldats qui estoient sortis pour descouvrir furent aussi tuez par les entrepreneurs, lesquels, voyans leur entreprise descouverte, et que la garnison de la ville sortoit en gros pour les venir charger, se retirerent tous à Memers, qui est un grand bourg en Sonnois, où le sieur de Hertray, gouverneur d'Alençon, les alla attaquer et desfit la plus-part de ces troupes. Lansac fut contraint, avec les mieux montez, de se retirer en Bretagne pour amasser nouvelles forces.

Presque en mesme temps plusieurs gentils-hommes de l'union, des pays d'Anjou et du Mayne, entr'autres les sieurs des Chesnayes, du Pin, de La Rocheboisseau, Charles de Biragues, de Corcés et autres, lesquels avoient donné la principale charge de leur conduite au sieur de La Saulaye, et qui avoient tous de belles troupes de cavalerie et d'infanterie, surprinrent la ville de Sablé, où ils arresterent prisonniere madame de Ramboüillet qui y estoit. Dans le chasteau estoit pour le Roy le sieur de Landebry, qui se defendit fort bien; et toutesfois ceux de l'union luy emporterent la basse-court du chasteau, et firent un trou dans la muraille pour sortir dehors, avec plusieurs forts et barricades pour empescher tout secours que l'on pourroit donner audit chasteau.

Landebry donna advis incontinent au sieur de Ramboüillet de ceste surprise, lequel convia de tous costez la noblesse royale de ceste province de se rendre au Mans affin de secourir le chasteau de Sablé. En ce mesme temps le sieur du Fargis son frere, revenant de la bataille d'Ivry, après avoir repris Mondoubleau, petite ville de son gouvernement du Mayne, quoy quelle soit de la duché de Vendosmois, et en avoir faict sortir le sieur d'Alleray qui l'avoit surprise pour l'union, arriva au Mans, où il trouva aussi ses autres freres les sieurs de Maintenon et de Pongny, avec le sieur de Bouillé, gouverneur de Clerac, et de L'Estelle, gouverneur de Mayenne, et beaucoup d'autre noblesse, tous assemblez pour le secours du chasteau de Sablé.

Ceux de l'union s'estoient aussi emparez de Bruslon, et s'estoient fortifiez dans le prieuré; le sieur du Fargis, en s'acheminant à Sablé, resolut de les faire sortir de là. Toutes les troupes s'y estant acheminées, conduisans de petites pieces qui portoient calibre comme d'une boulle de mail, ledit sieur du Fargis, voulant luy mesme recognoistre le lieu pour attaquer ledit fort, fut blessé d'une harquebuzade à la jambe, dont il fut contraint de se retirer au Mans. La noblesse et les troupes là assemblées ne laisserent de continuer leur resolution, et, ayans receu ceux du fort de Bruslon à discretion, firent pendre le capitaine; ce qu'ayant sceu, ceux de l'union dans Sablé pendirent deux prisonniers du party du Roy. Ce sont des œuvres des guerres civiles: tel en patit qui n'en peut mais.

Le marquis de Vilaines, le sieur d'Achon, avec leurs troupes, s'estans venus rendre aussi à Bruslon, les royaux firent lors comme un corps d'armée, et fut faict advantgarde et bataille. Les sieurs de La Patriere d'Anjou et de La Rochepatras furent esleus mareschaux de camp. Le sieur de Beauregard commandoit à l'infanterie de l'advantgarde, et le sieur de Malerbe à celle de la bataille. Ainsi les royaux, allans en ordre de bataille, tirerent droict vers Sablé pour en secourir le chasteau; l'advantgarde marcha par le costé du parc, et la bataille le long du grand chemin droict à la grande porte de la ville. Ceux de l'union, ne les voulant laisser approcher si près d'eux sans les recognoistre, firent une brave sortie, où il y fut bien combatu de part et d'autre: en ce commencement ledit sieur de Beauregard du costé des royaux y fut blessé; de ceux de l'union, de Corces, leur sergent de bataille, y fut tué, et ledit sieur de La Saulaye pris avec beaucoup d'autres, et furent remenez battans jusques sur la contr'escarpe du fossé par le marquis de Vilaines et les sieurs de L'Estelle et d'Achon d'un costé, et à la main droicte par le sieur de Pongny, qui leur fit une rude charge. Après, ceux de l'union sortirent par les portes de la ville, et vindrent attaquer le sieur de Malerbe avec son infanterie qui estoit en bataille, et derriere luy M. de Bouillé avec un gros de cavalerie pour le soustenir. La charge se fit tout du long du grand chemin, à travers duquel ceux de l'union avoient faict une barricade, laquelle estoit defenduë de la courtine de la ville, par le moyen de laquelle ils incommodoient grandement les royaux; ce que voyant ledit sieur de Malerbe, suivy des siens, donna si vifvement à ceste barricade qu'il l'emporta, bien qu'il eust esté porté par terre de la force de deux harquebuzades qu'il receut dans ses armes sans estre blessé. Ainsi, ceste barricade emportée, les royaux gaignerent un petit champ où il y avoit une haye, de laquelle ils tenoient un costé et ceux de l'union l'autre; de façon qu'ils se commencerent à se battre à coups de main. L'escarmouche cependant se renforçoit de tous costez, tant vers le parc qu'au grand chemin. Ceux de l'union firent derechef une autre sortie sur ledit Malerbe et ses troupes, et se fit lors une salve sur le grand chemin de plus de deux mil harquebuzades. En fin, après plusieurs charges et combats, il survint des esclairs et tonnerres si espouvantables, suivis d'orages et de pluye, qu'il fut impossible aux uns et aux autres de s'ayder de leurs harquebuzes, et ne se purent plus battre qu'avec l'espée, ce qu'ils continuerent jusques à cinq heures du soir que les royaux se retirerent à Sainct Denis d'Anjou, sans avoir peu mettre aucun secours dans le chasteau. Ceste escarmouche fut bien maintenuë de part et d'autre, et tient-on que ç'a esté une des belles qui se soient faictes durant ces troubles, car elle dura neuf heures sans cesser.

M. de La Rochepot, gouverneur pour le Roy en Anjou, ayant quitté son entreprise de Brissac pour secourir aussi le chasteau de Sablé, sur la priere que luy en firent les seigneurs susdits, il leur envoya d'Angers deux canons avec quelques troupes d'infanterie et de cavalerie. Si tost que les royaux eurent receu ce secours, ils s'allerent derechef loger auprès de Sablé du costé du parc, affin de battre les forts que les ligueurs avoient de nouveau faicts au dehors du chasteau pour empescher d'y mettre du secours.

Dez le lendemain matin le canon fut pointé contre lesdits forts et retranchemens, et en peu de temps toutes ces fortifications et barricades furent emportées. Les royaux, ayant fait un petit pont d'aix sur des eschelles, passerent le ruisseau pour aller à l'assaut, lequel ils donnerent si furieusement que tout ce qui se trouva dans ces forts fut taillé en pieces; puis, entrans pesle-mesle avec les ligueurs dedans la basse court du chasteau par ledit susdit trou, tuërent tout ce qui se trouva devant eux. Ceux de l'union entrerent lors en tel effroy, comme il advient d'ordinaire en tels accidents, qu'ils ne songerent plus qu'à se sauver; ce qu'ils firent en telle confusion, que, sans prendre advis de rompre le pont de la riviere de Sartre pour se retirer en seureté de l'autre costé de la ville, oublians en cest endroict ce qui estoit necessaire pour leur sauver la vie, ils donnerent aux victorieux meilleur marché de leurs vies qu'ils ne pensoient avoir d'eux : presque toute l'infanterie fut taillée en pieces, et en fut tué jusques au nombre de sept à huict cents.

Le sieur des Chesnayes, qui estoit le principal chef de toutes ces troupes, avec plusieurs autres, s'allerent sauver au logis de madame de Rambouillet, où ils ne trouverent que de la courtoisie au lieu de la rigueur qu'ils luy avoient tenuë, car elle leur fit sauver la vie. La Rocheboisseau, conduisant la cavalerie de l'union, se sauva par une des portes de la ville. Peu après, les portes estans ouvertes du costé du chasteau, la cavalerie royale passa au travers la ville pour le suivre : on en glanna quelques-uns sur la queuë ; mais le temps et la diligence de Rocheboisseau en sauva la plus grande partie. Voylà le succez de la surprise et reprise de Sablé pour le Roy.

Les royaux pensoient par ceste prise avoir rendu ceux de l'union sans mouvement dans le pays du Mayne ; mais ils furent trompez, car ils ne furent pas si tost retournez, les uns en leurs garnisons, autres chez eux, d'autres ayans prins le chemin pour aller trouver le Roy qui estoit auprès de Paris, que le sieur de Lansac, qui s'estoit sauvé en Bretagne, revint au Mayne avec des nouvelles forces que M. de Mercœur lui avoit baillées, au nombre de deux mille cinq cents hommes de pied et de deux cents bons chevaux, amenant avec luy les sieurs de Vicques de Normandie, de Guebriant, de La Fueillée, du Bellay, et autres, lesquels, estans tous arrivez aux villages de Gerron et d'Embrieres, estans advertis que le sieur de L'Estelle, gouverneur de Mayenne, estoit allé avec sa troupe trouver le Roy, prirent occasion, par les intelligences que ledit sieur de Lansac avoit avec quelques habitans de Mayenne, de se saisir de la ville, et d'en assieger le chasteau.

M. le prince de Conty estoit lors arrivé à Tours,

de retour de la bataille d'Ivry; car le Roy, voyant qu'il ne pouvoit estre par tout à la suite de sa favorable fortune, luy decerna une armée, et le fit son lieutenant general en icelle ez pays d'Anjou, Touraine, le Mayne, Poictou, le grand et petit Perche, Berry, Blaisois, Vendosmois, Dunois, Limosin et la Marche. Ledit sieur prince, ayant entendu ceste surprinse et le siege dudit chasteau, envoya en diligence vers le sieur de L'Estelle, qui s'estoit acheminé avec tout ce qu'il avoit de troupes pour aller trouver le Roy, affin qu'il s'en retournast en diligence à Mayenne pour en secourir le chasteau. L'Estelle n'eut plustost receu ce mandement, que, rebroussant chemin et marchant jour et nuit, il arriva à Lassé, quatre lieuës prez de Mayenne, d'où il envoya le sieur du Motet avec quelques soldats pour tascher à se jetter dedans le chasteau; ce qu'il executa si heureusement, qu'après avoir taillé en pièces deux corps de garde et gaigné une enseigne, ils entrerent tous dans le chasteau.

Le sieur de Hertray, gouverneur d'Alençon, eut aussi mandement dudit sieur prince de se joindre avec le sieur de L'Estelle, pour ensemblement adviser à ce qui seroit necessaire pour la reprise de la ville de Mayenne. Suyvant ce mandement, ledit sieur de Hertray se rendit à Lassé avec ses troupes. Par ce moyen ledit sieur de Lestelle et luy, joincts, faisoient bien deux cents bons chevaux et quinze cents hommes de pied, lesquels s'en allerent droict vers Mayenne se saisir du faux-bourg Sainct Martin, ce qu'ils firent sans avoir trouvé beaucoup de resistance.

Ledit sieur de Lestelle, voyant que le gué pour entrer dans le chasteau estoit empesché par des harquebusiers qui estoient logez dans des maisons, passa la riviere à nage, et entra dans le chasteau, d'où il fit promptement sortir du Motet avec six vingts soldats pour gaigner lesdites maisons; ce qu'il fit si courageusement qu'il garda tousjours lesdites maisons, et par ce moyen toutes les troupes eurent moyen de passer au gué vers le chasteau sans incommodité.

Les sieurs de Lestelle et de Hertray, ayans, le lendemain matin, recognu du haut d'une tour que Lansac et ses troupes avoient esté advertis de leur entrée, et qu'ils vouloient lever le siege, resolurent ensemblement de ne les laisser retourner si à leur ayse, et de sortir sur eux par deux endroicts, sçavoir, le sieur de Hertray et de Montaterre avec soixante cuirasses et cent cinquante harquebusiers, lesquels attaqueroient ceux qui estoient au dessous du chasteau, tandis que ledit sieur de Lestelle, avec cent hommes armez de toutes pieces et cent harquebuziers, les chargeroit aussi du costé de la ville. Ils sortent les uns et les autres. Lestelle, ayant rompu trois barricades sur une chaulsée d'estang, lesquelles se soustenoient l'une l'autre, garnies chacune de cent hommes, et faict fuyr devant luy tout ce qu'il rencontra, trouva en teste, au milieu d'une grande place, Lansac avec un gros de cavalerie estant en bataille, et ayant sur sa main droicte un bataillon de deux mille soldats. Après que L'Estelle eut contemplé la contenance de ses ennemis, il alla droict au petit pas attaquer la cavalerie, et d'abordée les fit saluër de vingt-cinq harquebuzades qui tuerent douze chevaux; puis ayant faict redoubler encor de plus près une pareille salve d'harquebuzades, cela fit un si terrible effect que toute la cavalerie se mit à la fuitte. Lestelle, les laissant fuyr, alla droict aux gens de pied, et les attaqua par le coing de la main gauche de leur bataillon, qui fut occasion qu'ils rompirent leur ordre de bataille : ce qu'ayant recognu, il leur fit faire une salve d'harquebuzades à dix pas prez, puis se mesla avec toute sa troupe parmy eux, et à coups d'espée combatit de telle furie qu'il les rompit et mit en fuite.

L'Estelle les poursuivant jusques hors la ville, ils se recogneurent estre plus grand nombre beaucoup que luy, et voulurent se r'allier; mais ils n'en eurent pas le moyen, car les sieurs de Hertray et de Montaterre, qui de leur costé avoient chassé devant eux tout ce qu'ils avoient rencontré, arriverent à l'instant, et, s'estans joincts avec ledit sieur de Lestelle, firent une telle charge qu'ils les empescherent lors de se r'allier : ainsi Lansac et les siens, se mettans à la fuitte, se sauverent à une lieuë de là, où ils trouverent moyen de se r'allier sur une chaulsée d'estang; mais le marquis de Vilaines estant arrivé avec cent cuirasses de renfort aux victorieux, qui poursuivoient tousjours les fuyards, chargerent de telle furie ces nouveaux raliez, que tout fut mis à vau-de-route sans se pouvoir plus rejoindre. Il fut tué du costé de l'union de douze à quatorze cents soldats, et de personnes de remarque le baron de Montezon, les sieurs de La Bezaudiere, de La Chevalerie, de Lurnois, de La Chappelle de Beaumanoir, enseigne colonelle de Guebriant, et plusieurs autres : leurs enseignes et cornettes furent gaignées, avec trois cents prisonniers. Du costé des royaux il y mourut de remarque les sieurs de Charniere, de Perenaut et de Coulonges, avec quelques soldats. Voylà ce qui se passa à Mayenne. Quant à Lansac, il se sauva en Bretagne, et ne retourna plus au Mayne pour faire la guerre.

M. le prince de Conty, ayant sceu ceste desfaicte, se resolut de se preparer pour assieger La Ferté-Bernard, seule place qui restoit au pays du Mayne pour le party de l'union, dans laquelle commandoit le sieur Dragues de Comnene. Ceste ville est assise sur la riviere de Duyne au travers d'un pré, presque en forme de quarré long, laquelle n'a que deux seules advenuës par lesquelles on la peut attaquer, et où on se peut loger, sçavoir au faux-bourg de la porte Sainct Barthelemy, et l'autre au faux-bourg de la porte Sainct Julien; car les deux flancs de ceste ville sont prairies si à descouvert, qu'on n'y peut becher deux pieds au plus sans trouver l'eau.

Après que M. le prince de Conty fut arrivé en sa maison de Bonnestable, qui n'est distante de La Ferté-Bernard que de trois lieuës, et que le sieur de Buignieres, qu'il avoit envoyé à La Ferté pour les exhorter de se mettre en leur devoir sans estre cause de la ruine de tout le pays, fut retourné luy dire qu'il n'avoit cognu au gouverneur et aux habitans qu'une opiniastre resolution de tenir pour l'union, il manda aux sieurs du Fargis, de Lestelle, de Hertray et autres, de le venir trouver avec leurs troupes. D'autre costé, le sieur de Comnene se prepara pour se deffendre, et fit entrer dans la ville quatre-vingts bons harquebuziers des environs de La Ferté, avec lesquels il se trouva qu'il avoit deux cents bons hommes de pied et cent bons chevaux, sans les habitans.

La nuict du 30 avril les troupes royales s'acheminerent pour investir La Ferté. Les sieurs de Malerbe et de Marigny d'un costé, avec la garnison du Mans, allerent se loger à Sainct Anthoine, proche le faux-bourg Sainct Julien, et le sieur de La Rainiere se logea dans le faux-bourg Sainct Barthelemy, d'où il chassa le capitaine Meziere; ce qui ne se fit sans perte d'hommes de part et d'autre.

Comnene, qui ne desiroit avoir de si proches voisins, fit faire une rude sortie en plain midy, et esperoit faire mettre le feu dans tout ledit faux-bourg Sainct Barthelemy; mais après que les siens eurent forcé quelques barricades et le premier corps de garde, et couru une partie du faux-bourg, ils furent rechassez dans la ville par les royaux, et n'eurent loisir que de mettre le feu aux plus proches maisons des fossez du costé du Mans.

Deux jours après, Comnene voyant qu'il ne pouvoit plus garder le faux-bourg de Sainct Julien, et que les royaux se preparoient de passer la riviere d'entre-eux et ledit fauxbourg, il y fit mettre le feu par tout, et n'y eut rien de sauvé qu'une chappelle, de laquelle les royaux se saisirent incontinent, et par les ruynes des maisons s'approcherent assez prez du ravelin. L'on a remarqué que tous ceux du party de l'union ont fort usé de ceste voye d'embrasements pour se fortifier, et toutesfois les ruynes qu'ils ont faictes ne leur ont de rien servy. Plust à Dieu qu'ils eussent eu engravé dans l'ame ceste belle parole dont usa, durant ces troubles, la dame d'Alegre, sœur de M. le mareschal d'Aumont, estant assiegée dans son chasteau par M. de Nemours. « Vous me conseillez, disoit-elle à un capitaine, de faire brusler des maisons pour fortifier mon chasteau ; cela seroit bon à dire si nous avions à faire à des estrangers. Apprenez qu'aux guerres civiles aujourd'huy l'on se bat et demain l'on s'appointe, et que chacun trouvant son logis entier, la haine en est moindre et de moins de durée. »

Comnene, en ce commencement de siege, fit tout ce qu'il put pour la deffense de La Ferté. Il s'attendoit d'avoir du secours de M. de La Bourdaisiere, qui commandoit dans Chartres pour l'union, lequel avoit amassé quelques troupes vers Orleans, avec lesquelles il prit Meun sur Loire, qui n'est qu'à deux lieues de Boisgency, et du depuis Chasteaudun; mais il n'en receut point. Il fit aussi faire quelques sorties, ausquelles il n'oublia rien de ce qui estoit de la practique et de la ruse de la guerre.

Le sieur de L'Estelle, avec mille hommes de pied et cent chevaux, le sieur de Hertray, avec aussi cent chevaux et trois cents harquebuziers, et plusieurs gentilshommes et seigneurs, estans arrivez au siege, on commença à faire tirer un canon et une couleuvrine, et deux petites pieces, dont lesdits sieurs de L'Estelle et de Hertray eurent la charge. Le sixiesme may la ville fut saluée d'une vollée de canon, et incontinent après la batterie commença contre le front du ravelin de la porte Sainct Berthelemy, et continua jusques un peu devant soleil couchant, que les royaux, portans quand et eux des eschelles, se presenterent pour monter par la bresche sur le ravelin, mais ils en furent rudement repoulsez par le bon ordre qu'avoit mis Comnene pour les soustenir.

M. le prince, qui desiroit avoir ceste place, et où il

y alloit de son honneur, pource que c'estoit la premiere place qu'il avoit assiegée depuis que le Roy l'avoit creé son lieutenant general en ces païs là, voyant le peu d'effect qu'avoit faict le canon, et le peu de munitions qu'il avoit encor pour contraindre les assiegez à se rendre, envoya à Angers, d'où M. de La Rochepot luy envoya deux gros canons et des munitions. Si tost qu'il eut receu ce renfort, il fit recommencer la batterie contre le susdit ravelin, dont les assiegez estonnez, sans esperance de secours, commencerent à s'espouvanter.

Le sieur de Comnene, pour sa seureté, fit alors lever les ponts du chasteau par dedans la ville, lesquels dez le commencement du siege il avoit fait abbattre, et les avoit laissez libres à tous les habitans qui y vouloient entrer, leur disant qu'il ne vouloit point d'autre retraicte que la leur, et qu'il vouloit courir leur mesme fortune. Les femmes, d'autre costé, commencerent à craindre la violence des soldats si la ville estoit prise d'assaut. Le sieur de La Barre Menardiere, sergent major dans La Ferté, faisant sortir sa femme par le moyen du sieur de La Pelletiere Tibergeaut, qui estoit au camp du prince, luy fit ouverture qu'il y avoit moyen de parvenir à une composition si on vouloit. Le sieur de L'Estelle, par le commandement de M. le prince, escouta ledit sieur de La Barre, lequel, rentré dans la ville, rapporta au sieur de Comnene que M. le prince faisoit estat d'entrer par force en La Ferté dans vingt-quatre heures; ce neantmoins qu'il estoit prest d'entrer en composition si on vouloit. Comnene, ayant faict assembler quelques-uns des habitans, envoya, de leur consentement, deux deputez vers M. le prince, lequel leur demanda ce qu'ils vouloient : eux luy dirent qu'ils n'avoient charge que d'entendre les propositions qu'il plairoit à Son Excellence de leur faire. « Je vous accorde, leur dit-il, une suspension d'armes depuis six heures jusques à dix heures; retournez en la ville, et m'apportez vos demandes par escrit. » Les deputez rentrez, il y eut quelque different entre ledit sieur de Comnene et le baillif Gaudin, ce qui fut cause que, dix heures passées, la batterie recommença; mais cessée encor une fois et trefve faicte, ledit baillif dressa par articles les demandes des habitans, qu'il fit signer au greffier de la ville; puis, sans les communiquer audit sieur de Comnene, il les envoya à M. le prince, lequel les receut, et cognut bien qu'il auroit meilleur marché d'eux qu'il n'avoit pensé, puis que le gouverneur et les habitans estoient en discord. Par ce moyen ledict sieur de Comnene, se voyant circonvenu, se retira au chasteau et envoya vers M. le prince aussi ses demandes, desquelles il luy en accorda une partie. Ainsi ledit sieur de Comnene, suyvant la capitulation, sortit de La Ferté accompagné de tous les gens de guerre, et de ceux qui le voulurent suivre, avec leurs armes et bagages, et furent conduits par la compagnie de M. du Fargis jusques à Chartres. Les principaux points de ceste capitulation furent : Que les habitans demeureroient paisibles en leurs maisons, et seroient doresnavant fidelles serviteurs du Roy; que, pour toutes choses, les creanciers de la ville, ausquels ledit sieur de Comnene avoit respondu pour les gens de guerre, seroient payez, et luy seroit delivré en outre cinq cents escus pour distribuër aux blessez, ainsi qu'il adviseroit; qu'il emmeneroit les prisonniers de guerre qui n'auroient payé rançon; et que luy, et tous ceux qui sortiroient avec luy, auroient deux mois pour aller et revenir par tout où bon leur sembleroit pour negotier et faire leurs affaires, sans en estre recherchez ny molestez pendant lesdits deux mois. Voylà ce qui s'est passé au siege et en la reddition de La Ferté.

Nous avons dit que le sieur de La Bourdaisiere avoit pris Chasteaudun. Après ceste prise il se retira à Chartres, et laissa le sieur de La Patriere de Beauce dedans. Ceste place incommodoit fort le passage de Tours à l'armée du Roy qui estoit autour de Paris; ce fut pourquoy Sa Majesté commanda audit sieur prince de la reprendre; mais après la prise de La Ferté, les Angevins et les Manceaux avoient remené chacun leur canon en leurs provinces; et le sieur de L'Estelle, avec ses troupes, par le commandement dudit sieur prince, estoit allé pour secourir ledit sieur marquis de Vilaines à Laval, que le duc de Mercœur menaçoit d'un siege, lequel, sçachant que ledit sieur de L'Estelle y estoit arrivé avec ses troupes, s'en retourna vers Nantes; ce qui donna plus de commodité audit sieur prince de faire revenir ledit sieur de L'Estelle, et d'executer la volonté du Roy pour aller reprendre Chasteaudun, lequel il fit incontinent investir. Les ligueurs qui estoient dedans, se voyants si soudainement investis, s'adviserent de faire brusler les fauxbourgs, qui estoient presque aussi grands que la ville. Cest embrasement fut grand pour ce que la plus-part des maisons en ce pays-là ne sont couvertes que de bardeau et de chaume : tous les biens des habitans y furent perdus; les vins boüilloient dans les caves de la chaleur du feu; les bleds brusloient dans les greniers; c'estoit une grande desolation qui ne revint à aucun advantage à ceux de l'union, car le Roy ayant envoyé de devant Paris M. le mareschal d'Aumont et le sieur de Chanlivaut avec des troupes de cavalerie et d'infanterie, pour renfort audit sieur prince, et le sieur du Fargis avec ses troupes estant venu du Mans audit siege avec un canon et une coulevrine, après quelques volées tirées ils se rendirent. Ledit La Patriere fut conduit en seureté avec quelques-uns, et s'excusa des embrasements. Le capitaine Basque et autres furent pendus. Voylà ce qui se passa en la reprise de Chasteaudun, après laquelle ledit sieur prince s'en alla avec toute ceste petite armée retrouver le Roy devant Paris.

Nous avons dit que le Roy, ayant tenté Sens par quelques efforts, ne voulut perdre l'oportunité du temps pour assieger Paris, et qu'il fit tourner la teste de son armée vers ceste grande ville. Les ponts de Charenton et de Sainct Maur furent incontinent saisis; ceux qui y estoient dans les forts voulant resister, puis s'estans rendus à discretion, furent pendus. Vis à vis de Conflans les royaux firent incontinent un pont de barques pour passer la Seine et courir la campagne du costé de l'Université, affin d'empescher que les Parisiens ne receussent aucuns vivres par la terre. Par ce moyen Paris fut investy de tous costez.

Le huictiesme de may le Roy fit mettre deux pieces d'artillerie sur le mont de Montmartre, et quatre sur la bute de Monfaucon, desquelles il fit tirer quelques coups pour saluer les Parisiens. Depuis que le duc de Nemours fut esleu gouverneur de Paris, ainsi que nous avons dit, il pourveut le mieux qu'il put d'y faire entrer quelques vivres, de recouvrer des munitions, et de faire reparer les lieux les plus foibles. Il fit abattre les maisons des fauxbourgs qui estoient les plus proches des portes de la ville et des fossez. Il mit les Suisses dans le Temple. Une partie des lansquenets furent mis pour prendre garde depuis la Porte Neufve jusques à l'Arsenal. Les Parisiens gardoient les portes et les murailles. Ceste ville se mit tellement sur la deffensive, que tous ceux qui ont escrit de ce siege ont tenu qu'il y avoit dedans plus de cinquante mil hommes tous en armes, et que le Roy qui la tenoit assiegée n'avoit au plus en ce commencement que douze mil hommes de pied et trois mil chevaux. Et afin que les royaux ne peussent entreprendre quelque effort par la riviere de Seine, les Parisiens tendirent une chesne de la Tournelle aux Celestins, laquelle estoit soustenuë de petits bateaux et deffenduë des deux costez d'une quantité de gens de guerre et de quelques pieces; ils en mirent aussi une vers la porte de Nesle qui respondoit auprès du Louvre, affin de n'estre surpris ny par le haut ny par le bas de ladite riviere. Et pource qu'il n'y avoit pas grand nombre d'artillerie dans ceste ville, pour la perte que le party de l'union en avoit faicte en plusieurs endroits, le duc de Nemours en fit fondre en diligence quelques pieces, et, avec celles qui se trouverent dans la ville, tant petites que grosses, il en fut mis jusques au nombre de soixante-cinq sur les boulevards des portes et aux endroicts qu'ils jugerent necessaires. Toutes ces choses firent juger dèslors que Paris seroit plus difficile à avoir que beaucoup ne s'estoient imaginé.

Paris est divisé comme en trois villes par la riviere de Seine qui passe au milieu. La partie qui est à la main dextre dans l'Isle de France se nomme la Ville, et de ce costé est Sainct Denis et le bois de Vincennes. L'autre partie qui est à gauche de ladite riviere est nommée l'Université; et la troisiesme partie, qui est une isle entre la Ville et l'Université, dans laquelle sont les deux magnifiques bastiments de la grande eglise Nostre-Dame et du Palais Royal, où se tient la cour de parlement, siege des pairs de France, se nomme la Cité.

Le duc de Mayenne, devant que partir de Sainct Denis, y avoit donné l'ordre requis en cas d'un siege, et avoit laissé dedans les maistres de camp du Bourg, Vaudargent et La Chanterie avec une bonne garnison. Ceste ville est en une raze campagne, à deux lieuës de Paris, descouverte de tous costez, de laquelle on ne peut approcher pour l'assieger sans peine et perte. Le chasteau du bois de Vincennes, place forte, est aussi distante d'une lieuë de Paris, dans laquelle le duc de Nemours avoit aussi mis bonne garnison, et avoit contraint tous les villages circonvoisins de porter tous leurs vivres dedans ces places, ou de se retirer dans Paris. Sa Majesté, pour espargner le sang des François qui se fust respandu en forçant ces villes et ses subjects de le recognoistre, resolut de les matter par la necessité de vivres, et les faire devenir sages par la longueur d'un siege : resolution qu'il prit avec double dessein, ou que le duc de Mayenne s'approcheroit pour les secourir, et que, hazardant encore une bataille contre luy, il esperoit en obtenir la victoire pour arracher la racine du mal de son royaume, ou bien que par la necessité il se feroit maistre de ces villes, et qu'il couperoit par ce moyen ces branches de l'arbre de la ligue, qui seroit la cause qu'il ne porteroit plus gueres de fruict.

Le duc de Nemours avoit mis dans les faux-bourgs Sainct Martin et Sainct Denis quelque infanterie françoise sous la conduite des maistres de camp La Castelliere, Dizemieux et Montilly; mais, affin d'empescher que ceux de Paris ne pussent donner secours à ceux de Sainct Denis, le sieur de La Nouë fut pour se loger ausdits faux-bourgs, où il trouva ceux de l'union bien barricadez. Il y fut là bien escarmouché de part et d'autre. Les Suisses, les lansquenets, et aucuns Parisiens mesmes, y furent pour les soustenir. A la troisiesme fois que ledit sieur de La Nouë voulut les forcer, son cheval fut tué sous luy, et luy blessé d'une harquebuzade à la cuisse droicte. Les royaux alors furent contraints de se retirer, et remener ledit sieur de La Nouë à Villepinte où estoit son quartier. Du depuis les royaux bruslerent les moulins de ce costé là, et se logerent aux prochains villages autour de Sainct Denis. Sur la fin de ce mesme mois de may, Poitrincourt rendit au Roy Beaumont sur Oyse, et ce au mesme temps que le legat, l'ambassadeur d'Espagne et tous ceux de l'union consultoient quel pretexte ils prendroient d'oresnavant, puis que M. le cardinal de Bourbon estoit mort à Fontenay en Poictou le 8 de may.

La mort de ce prince advint d'une retention d'urine par une pierre qui luy donna la fievre continuë de laquelle il mourut. Son corps fut mis en un cercueil, et, passant par Tours, fut mené à Gaillon où il avoit ordonné d'estre ensepulturé. Messieurs les princes du sang ses nepveux chargerent tous le dueil de sa mort, et luy firent faire les services et honneurs deus à sa qualité.

Ce prince estoit debonnaire et simple de son naturel, et grandement zelé envers l'Eglise catholique, apostolique et romaine, ce qui luy a faict mesmes quelquesfois delaisser le devoir d'amitié envers ses plus proches, ainsi qu'il se peut cognoistre par le voyage qu'il fit en Bearn pour aller querir ses deux freres le roy de Navarre et le prince de Condé, par les procès qu'il a intentez contre la royne Jeanne d'Albret, et pour s'estre joinct à la ligue des princes catholiques après la mort de monseigneur le duc d'Anjou, ainsi qu'il a esté dit cy-dessus; lesquels princes luy firent apprehender de pouvoir succeder au feu roy Henry III, quoy que ce prince cardinal ne fust que le puisné de la maison de Vendosme, premiere branche de la famille royale des Bourbons, et prestre.

Du commencement qu'il se mit de ceste ligue, ses principaux et fidelles serviteurs luy dirent tout ce qu'ils purent pour l'en destourner; mais il leur fut impossible. Toutesfois, un jour, estant dans l'armée que le duc de Guise avoit levée sous son nom, Vergnetes, qui luy estoit serviteur domestique et qui l'avoit tousjours servy dez' son enfance, le trouvant fasché et las d'une cavalcade qu'il luy convint faire en diligence, luy dit : «Monsieur, que pensez vous faire? vous estes icy en une armée, mais vous n'ignorez vostre aage, et vostre foiblesse qui s'abbat tous les jours : si les gouttes vous prennent où vous tiendrez vous? car il n'y a point de ville assez forte pour vous guarantir contre la puissance du Roy.— Ha! Vergnettes, dit ce prince, j'y suis embarqué, et tout le monde ne sçait pas pourquoy : mais sçache, encor qu'on m'en blasme, neantmoins que je me suis point accordé avec ces gens icy sans raison. Penses-tu que je ne sçache pas bien qu'ils en veulent à la maison de Bourbon, et qu'ils n'eussent laissé de faire la guerre quand je ne me fusse pas joinct avec eux ? Pour le moins, tandis que je suis avec eux, c'est tousjours Bourbon qu'ils recognoissent. Le roy de Navarre, mon nepveu, cependant fera sa fortune. Ce que je fais n'est que pour la conservation du droict de mes nepveux : le Roy et la Royne mere sçavent bien mon intention. » Voylà ce que ce prince respondit à Vergnetes. Aussi l'autheur de la suitte du Manant et du Maheustre dit qu'il fut expressement accordé à Nancy, entre les princes de la ligue et les ministres d'Espagne, qu'advenant la mort du roy Henry III, l'on recognoistroit M. le cardinal de Bourbon pour roy, et, après luy, son plus prochain neveu qui ne seroit heretique ou fauteur d'heretique, à la condition d'espouser la fille du duc de Guise. Il se peut cognoistre par ce que dessus, et se cognoistra encor plus à la suite de ceste histoire, combien ledit sieur cardinal, le roy d'Espagne et tous les princes de la ligue, chacun en leur particulier, estoient discordans d'intentions et de desseins.

Il se rapporte dudit sieur prince cardinal qu'il estoit en son cabinet quand on luy vint dire que le roy de Navarre avoit gaigné la bataille de Coutras, et qu'il se tourna vers deux de ses anciens serviteurs, levant son bras droict, et leur disant : « Loüé soit Dieu, le roy de Navarre, mon nepveu, est demeuré victorieux, nostre ennemy est mort : ainsi en prendra-il à tous ceux qui s'attaqueront à nostre maison : *Vive Bourbon !* Dieu donne bonne vie au Roy ; mais j'espere que s'il mouroit sans hoirs, que je verray mon nepveu roy : toutesfois je me garderay bien d'en parler en l'estat où sont les affaires. » C'est pourquoy plusieurs ont tenu que ce prince n'estoit point ennemy des siens, et qu'il n'estoit ennemy que de la religion pretenduë reformée.

Jamais aussi il ne print le tiltre de roy depuis la mort du roy Henry III ; et, parlant du Roy à present regnant, il ne l'appelloit que *le Roy mon nepveu*. Toutesfois, sous son nom et sous le tiltre de Charles X, le roy d'Espagne prit le pretexte de faire la declaration du huictiesme mars de ceste année, ainsi que nous avons dit, et envoya de ses gens de guerre en France. Les princes de la maison de Lorraine aussi et les villes de l'union firent battre monnoye, et firent expedier toutes les affaires publiques sous son nom; mais la nouvelle de sa mort les mit tous en nouveaux pensers. D'un costé le legat Caëtan, affectionné à l'Espagnol, et l'ambassadeur Mendozze, sçavoient que M. de Luxembourg avoit parlé au pape Sixte, et que depuis la victoire d'Ivry Sa Saincteté avoit cognu que ceux de l'union ne luy avoient dit les affaires de France ainsi qu'elles s'estoient passées. D'autre costé le duc de Mayenne et les grands de son party avoient laissé tomber la puissance entre les mains du tiers-estat et des grandes villes, et se trouvoient en de merveilleuses peines, et craignoient quelque remuëment sur la nouvelle de ceste mort, veu qu'après tant de victoires le Roy tenoit la campagne et la ville capitalle de son royaume assiegée, aussi qu'ils n'avoient plus de subject de tenir contre Sa Majesté pour la preference qu'ils alleguoient de l'oncle au nepveu.

Sur la nouvelle donc de la mort de ce prince cardinal, ils eurent recours à leur premier pretexte, qui estoit l'heresie, affin qu'il ne se remuast rien dans Paris ny aux autres villes de leur party, et s'adviserent de faire presenter une requeste à messieurs de la Faculté par le prevost des marchands, signée de quelques bourgeois, laquelle contenoit trois articles principaux, savoir :

I. Si advenant la mort du (pretendu) roy Charles x, ou qu'il cedast son droict à Henry de Bourbon (roy de France et de Navarre), les François sont tenus ou peuvent le recevoir pour roy, quand mesmes il seroit absous des censures qu'il a encouru.

II. Si celuy qui poursuit ou permet de faire quelque paix avec ledit Henry, la pouvant empescher, n'est pas suspect d'heresie ou fauteur d'icelle.

III. Si c'est chose meritoire de s'opposer audit Henry, et y resistant jusques à la mort, si cela peut estre appellé martyre.

La Faculté de Paris estoit reduicte en ce temps là sous le pouvoir de quelques docteurs qui estoient de la faction des Seize, et qui entreprenoient tellement, qu'eux seuls se disoient la Faculté : aussi, *nemine contradicente*, par acte qu'ils datterent du 7 may, un jour auparavant la mort dudit sieur prince et cardinal, ils declarerent :

« Qu'il est de droict divin inhibé et defendu aux catholiques recevoir pour roy un heretique ou fauteur d'heresie et ennemy notoire de l'Eglise, et plus estroittement encores de recevoir un relaps, et nommement excommunié du Sainct Siege.

« Que s'il eschet qu'aucun diffamé de ces qualitez ait obtenu en jugement exterieur absolution de ses crimes et censures, et qu'il reste toutesfois un danger evident de feintise et perfidie, et de la ruine et subversion de la religion catholique, iceluy neantmoins doit estre exclus du royaume par mesme droict.

« Et quiconque s'esforce de faire parvenir un tel personnage au royaume, ou luy ayde et favorise, ou mesme permet qu'il y parvienne y pouvant empescher, et le devant selon sa charge, cestuy faict injure aux sacrez canons, et le peut-on justement soupçonner d'heresie, et reputer pernicieux à la religion et à l'Eglise, et pour ceste cause on peut et doit agir contre luy sans aucun respect de degré ou preeminence.

« Et pourtant, puis que Henry de Bourbon est heretique, fauteur d'heresie, notoirement ennemy de l'Eglise, relaps et nommement excommunié par nostre Sainct Pere, et qu'il y auroit danger evident de feintise et perfidie, et ruine de la religion catholique, au cas qu'il vinst à impetrer exterieurement son absolution, les François sont tenus et obligez en conscience de l'empescher de tout leur pouvoir de parvenir au gouvernement du royaume très-chrestien, et de ne faire aucune paix avec luy nonobstant ladite absolution, et quand ores tout autre legitime successeur de la couronne viendroit à deceder ou quitter de son droict; et tous ceux qui luy favorisent font injure aux canons, sont suspects d'heresie et pernicieux à l'Eglise, et comme tels doivent estre soigneusement reprins et punis à bon escient.

« Or, tout ainsi comme ceux qui donnent ayde ou faveur en quelque maniere que ce soit audit Henry, pretendant au royaume, sont deserteurs de la religion, et demeurent continuellement en peché mortel, ainsi ceux qui s'opposent à luy par tous moyens à eux possibles, meus du zele de religion, meritent grandement devant Dieu et les hommes; et comme on peut à bon droict juger qu'à ceux là estans opiniastres à establir le royaume de Satan la peine eternelle est preparée, ainsi peut on dire, avec raison, que ceux icy seront recompensez au ciel du loyer eternel s'ils persistent jusques à la mort, et comme deffenseurs de la foy emporteront la palme de martyre. »

Ceste resolution fut incontinent imprimée, publiée et envoyée par tout avec une lettre sous le nom des bourgeois de Paris, addressante aux habitans catholiques des villes du party de l'union, dans laquelle, après leur avoir dit qu'ils n'estoient ignorans du mal qui les pressoit et de l'estat auquel ils estoient reduits, et plusieurs autres choses sur ce subject, ils estoient exhortez de suivre, d'embrasser et caresser la susdite resolution, et de jamais ne subir le joug d'un prince qui soit heretique ou favorise l'heretique, ou sous la puissance duquel on coure hazard d'heresie, mais d'endurer plustost le feu, le glaive, la famine, et toute autre extremité.

Les Espagnols et toute la faction des Seize dans Paris trouverent ceste resolution saincte : ceux-là pour entretenir la division et le trouble en France affin de venir à bout de leurs pretensions; ceux-cy de peur d'estre chastiez de leur rebellion et de leurs actions passées. Le duc de Mayenne, les princes de Lorraine et la noblesse de son party, la trouverent aussi très-utile pour deux raisons : l'une, affin que le roy d'Espagne, voyant ceste resolution *de ne faire aucune paix* avec le roy de France et de Navarre, son ancien ennemy, les secourust plus volontairement d'hommes et d'argent, car ils estoient sans moyens, hors d'esperance de pouvoir desormais tous seuls se deffendre contre le Roy, ainsi qu'ils avoient fait auparavant, et ne pouvoient faire paix avec Sa Majesté en conservant leur reputation, et obtenir de luy les seuretez qu'ils eussent desirées, ainsi, disoient-ils, que l'on l'avoit recognu à un pourparler qui s'en estoit fait près de Mante entre le sieur de Villeroy et le sieur du Plessis Mornay; et l'autre, affin que les grandes villes du party de l'union, dont le gouvernement estoit tombé entre les mains du tiers-estat, et sur lesquelles ils n'avoient pas assez d'authorité d'en disposer, demeurassent unies en leur party.

Les chefs de l'union dans Paris, voyant le peuple disposé selon leur intention, publierent la mort du cardinal de Bourbon (sans luy rendre l'honneur qu'ils luy devoient après sa mort pour le tiltre qu'ils luy avoient baillé; aussi ne s'en estoient ils servy que pour pretexte), puis firent une procession generale au convent des Augustins, où se trouverent le legat Caëtan, l'archevesque de Lyon, les evesques de Senlis, de Rennes, de Frejus, de Plaisance, d'Ast, de Ceneda, le predicateur Panigarole, le referendaire comte Porcia, le protenotaire Bianchetti, l'ambassadeur d'Espagne Mendozze, l'ambassadeur de la feüe royne d'Escosse, que l'on nommoit l'archevesque de Glasco, avec celuy du duc de Ferrare, les ducs de Nemours, le chevalier d'Aumale, et autres seigneurs, la cour de parlement, et autres cours souveraines, avec le prevost des marchands, les eschevins, colonels et capitaines de la ville, où, après que la messe fut chantée, et qu'un religieux eut faict une predication pour les exhorter à estre fermes en leur party, ils allerent les uns après les autres jurer sur le livre des Evangiles, qui estoit ouvert devant le legat vestu et seant en pontificat, d'employer leurs vies pour la conservation et defense de la religion catholique, apostolique et romaine, de la ville de Paris et autres du party de l'union, et de ne prester jamais obeyssance à un roy heretique, et que tout ce qui viendroit à leur cognoissance au prejudice de leur union qu'ils le reveleroient. Il fut fait depuis une forme de ce serment par escrit, que les colonels et capitaines firent jurer au peuple chacun en leurs quartiers. Voylà comment on disposa les Parisiens de ne recevoir le Roy. Ils furent entretenus en ceste creance par plusieurs predicateurs, qui par leurs persuasions eurent tant de puissance, qu'ils prindrent leurs afflictions pour occasions de s'opiniastrer contre Sa Majesté. Il se fit aussi une compagnie de plusieurs moynes, prestres et escoliers, jusques au nombre de treize cents, lesquels firent comme une monstre en armes parmy la ville, de laquelle compagnie estoit capitaine Roze, evesque de Senlis; Hamilton, curé de Sainct Cosme, escossois de nation, en estoit le sergent; mais il advint qu'en passant ainsi armez auprès du pont Nostre Dame, et voulans saluer le legat qui passoit dans son carrosse, une harquebuzade tüa son secretaire tout auprès de luy. Aucuns attribuerent ceste monstre de moynes et prestres en armes à zele et devotion; d'autres s'en mocquerent, les voyans ainsi armez contre leur profession, et comme estans gens incapables du maniement des armes. Les catholiques royaux en firent aussi des discours où ils disoient que l'on n'avoit point veu les moynes et prestres en armes aux troubles de l'an 1562 et 1567, quoy que les huguenots fussent venus jusques aux portes de Paris. « En quels troubles sommes nous, disoient-ils, d'avoir veu les ecclesiastiques s'habiller de diverses sortes de couleurs, avec des chapeaux panachez de couleur, portant harquebuzes, corselets et autres sortes d'armes, faisant la garde aux tranchées quand le feu Roy fut assassiné à Sainct Clou, de voir à present les capucins et fueillans porter la cuirasse à nud sur leur habit, avec des armes offensives en la main? Quiconque jugera les choses sans passion, cognoistra que c'est une desbauche generale qui est parmy eux, et non pas une devotion. » Voylà ce que les uns et les autres en disoient. Les religieux de Saincte Geneviefve, de Sainct Victor, ceux de l'ordre de Sainct Benoist, des Celestins et autres, ne se trouverent pas aussi en ces remuëments là. Voyons, cependant que le Roy taschoit d'avoir Paris et Sainct Denis par la necessité, et que le duc de Mayenne alloit demander secours en Flandres au duc de Parme, ce qui se passa à Rome touchant M. de Luxembourg, lequel messieurs les princes du sang et les officiers de la couronne du conseil du Roy avoient envoyé vers Sa Saincteté. Nous avons dit que, dez le commencement de son arrivée en Italie, le pape Sixte ne le voulut voir; il luy defendit mesmes l'entrée dans les terres de l'Eglise. Mais le bruit des victoires d'Arques et de Diepe, et les prises de tant de villes en Normandie, apporterent du changement à la resolution de Sa Saincteté.

M. le marquis de Pisany avoit esté ambassadeur du feu Roy à Rome, et s'estoit opposé, comme nous avons dit, avec M. l'evesque du Mans, aux entreprises des agents de l'union à Rome, jusques-là que le Pape luy dit un jour qu'il luy feroit trancher la teste s'il ne luy verifioit ses pouvoirs. Il s'y offrit de les verifier. Mais la mort du Roy survenuë, il demeura en Italie quelque temps devant que retourner en France. Il estoit lors à Rome quand M. de Luxembourg arriva en Italie. Ledit sieur marquis, sur la deffence que Sa Saincteté fit audit sieur de Luxembourg de venir sur les terres de l'Eglise, employa lors les ambassadeurs de Venise et de Florence, et d'autres grands princes amis de la France, desquels il fut assisté. Il remonstra à Sa Saincteté beaucoup de raisons pour lesquelles il devoit ouyr M. de Luxembourg, et qu'en son ambassade il estoit question du plus grand et du premier royaume de la chrestienté, d'un roy recognu par les princes et principaux seigneurs et officiers de la couronne, d'un prince guerrier, victorieux, suivy d'un grand nombre de catholiques, qui avoit un party grand, assisté de la plus grande part de la noblesse françoise, ayant en son pouvoir de bonnes et fortes villes, lesquelles il estoit impossible d'oster de sa puissance; qu'il y alloit de la salvation de l'ame du premier prince de la chrestienté, et qui devoit estre le premier fils de l'Eglise, lequel desiroit se faire instruire pour se remettre en son devoir de recognoistre l'Eglise et le Sainct Siege; que ceste conversion pourroit ramener les autres heretiques en leur devoir, prenant exemple sur un si grand prince; qu'outre toutes ces choses, qu'il failloit craindre un schisme en la France, et que les princes du sang et autres princes et officiers de la couronne catholiques, se voyans refusez d'estre ouys de Sa Saincteté, se pourroient resoudre de faire eslire un patriarche en France, comme desjà il en avoit esté tenu quelques propos. Ledit sieur marquis fit sa remonstrance d'une telle grace et gravité, que le pape Sixte, qui estoit d'un naturel rude, ramolit son courage, et permit à M. de Luxembourg de venir à Rome, ainsi que les autres princes qui y vont pour leurs affaires particulieres, sans qu'il prinst aucune qualité d'ambassadeur.

M. de Luxembourg, contraint de ceder au malheur du temps, arrivé à Rome, et introduit dans la chambre du Pape, et non au consistoire, traicta avec Sa Saincteté avec tant de reverence, que le pape Sixte cognut lors que ceux de l'union ne luy avoient pas tout dit. Les affaires en ce commencement prirent un long traict: le Pape voulut estre informé au vray des affaires de la France, et cependant deffendit au cardinal Caëtan de n'user d'excommunication contre les princes et seigneurs catholiques du party royal. Du depuis M. de Luxembourg, ayant esté à Nostre-Dame de Lorette, et revenu à Rome, où le bruit estoit parvenu de la victoire que le Roy avoit obtenuë à Ivry sur l'union, et qu'il alloit mettre le siege devant Paris, il alla voir Sa Saincteté, qui s'enquesta de luy fort particulierement des conditions et des humeurs de Sa Majesté. M. de Luxembourg, qui vid l'occasion née de faire un service à son prince, ne manqua de representer à Sa Saincteté la generosité, la clemence et l'humanité du Roy, et les endroicts où il en avoit monstré les effects. Le Pape, l'ayant long temps escouté, s'enquestant tousjours de la verité de quelques actions que l'on luy avoit dites de Sa Majesté, luy dit en fin : *M'incresce di l'aver scommunicato essendo di tai costumi, ma io che no l'hò fatto perche l'era fatto* (1). Depuis il l'appella roy de Navarre, car auparavant il ne l'appelloit que prince de Bearn.

M. de Luxembourg avoit mené avec luy maistre Hugues de Lestre, homme très-eloquent en la langue latine, et bien versé aux affaires d'Estat. Sa Saincteté l'ayant ouy parler des affaires de la France, il voulut que cest orateur eust audience au consistoire au nom de ceux qui l'avoient envoyé. Le comte Olivarez, ambassadeur d'Espagne à Rome, les agents de l'union, et sur tous le cardinal de Pellevé, sçachans la resolution de Sa Saincteté, tascherent par tous les moyens qu'ils purent d'empescher ceste audience; mais Sixte v l'ayant resolu, il falut qu'ils passassent par là, car il estoit pape absolu. Après que l'orateur de M. de Luxembourg eut esté ouy au consistoire, les opinions de plusieurs cardinaux, pour n'avoir esté bien advertis des affaires de France, se changerent. Le Pape mesme rescrivit à M. le cardinal de Vendosme (lequel depuis la mort de son oncle print le tiltre de Bourbon) et à M. le cardinal de Lenoncourt. L'ambassadeur d'Espagne à Rome et les agents de l'union se trouverent lors esbahys de ce changement d'affaires : ceux-cy font courir contre Sa Saincteté plusieurs calomnies sous main, ceux-là le menacent à l'ouvert.

Le comte Olivarez fut si outrecuydé que de dire au Pape que s'il ne chassoit M. de Luxembourg pour le bien de la religion catholique, que son maistre le

(1) Je suis fâché de l'avoir excommunié puisqu'il est tel, mais il l'étoit déjà avant que je l'excommuniasse.

roy d'Espagne luy feroit la guerre, et le feroit declarer incapable de son pontificat par un concile qu'il feroit tenir en ses royaumes et pays. La bravade de cest Espagnol fut cause qu'il sortit de Rome, et le duc de Cesse vint tenir sa place.

Les agents de l'union firent courir lors plusieurs escrits contre Sa Saincteté, la substance de la pluspart desquels estoit que le cardinal Montalto avoit fait, de la part de Sa Saincteté, promesse à ceux de l'union de leur ayder et secourir de thresors, mais que, pour les affaires du royaume de France, il ne failloit esperer de Sa Saincteté sinon les thresors spirituels de l'Eglise, et non pas les temporels; que quand on parloit à Sa Saincteté des affaires de la France, et qu'il estoit besoin de mettre la main à la bource, qu'il remettoit les agents de l'union de jour en jour, et d'une congregation de messieurs les cardinaux à l'autre subsequente; que quoy que Sa Saincteté dist qu'avant que rien ordonner il desiroit estre bien instruit des affaires de France, et que pour cest effect il avoit envoyé querir Grimaldi en son archevesché d'Avignon pour en avoir plus de lumiere, et qu'il desiroit estre inspiré du Sainct Esprit de ce qu'il auroit à faire, ainsi qu'il le pensoit estre bien-tost par les prieres de plusieurs personnes ausquelles il avoit donné charge de prier Dieu, que tout cela n'estoit que des delais pour ne donner aucune resolution, parce qu'on ne pouvoit offenser plus les oreilles de Sa Saincteté que de luy parler d'argent pour le secours de France; que Sa Saincteté desiroit plustost rendre son comtat d'Avignon tributaire de six mille escus par an au sieur Desdiguieres, chef des huguenots en Dauphiné, affin qu'il fust en paix, que non pas d'employer son thresor pour le defendre de payer tribut en faisant la guerre aux heretiques; qu'il ne failloit donc plus esperer d'avoir de Sa Saincteté aucun secours que sa seule benediction, puis que les cinq millions d'or qu'il avoit ramassez du patrimoine de sainct Pierre et mis au chasteau Sainct Ange n'estoient que pour enrichir ses parens, mesmes qu'il avoit baillé six cens mille escus à Marc Antoine Colomna qui avoit espousé sa niepce, et avoit achepté de belles terres pour l'exercice du sieur don Michel.

Ainsi le pape Sixte entra en l'inimitié de l'Espagnol et de ceux qui supportoient à Rome les ligueurs de France. Le duc de Cesse, nouvel ambassadeur d'Espagne à Rome, y vint exprès pour empescher que l'on ne receust le roy Henry IV au giron de l'Eglise, quoy qu'il s'y reduisist, et pour faire sortir M. de Luxembourg de Rome. Plus, il somma Sa Saincteté de secourir d'argent les princes de la ligue en France, et d'y excommunier tous les catholiques royaux. Sixte luy respondit qu'il n'en feroit rien. Le consistoire s'assembla, où Sa Saincteté remonstra qu'aux affaires de France il s'estoit tousjours porté suyvant l'equité et la raison. Entre le Pape et le roy d'Espagne quelques cardinaux furent esleus arbitres affin d'appaiser ces differens. Mais comme Sa Saincteté, vrayment conduit de l'esprit de Dieu au chemin qu'il tenoit pour appaiser les troubles de France, eut pris resolution d'y ramener par la douceur ce qu'il y avoit esgaré par sa violence, il mourut le vingt-septiesme aoust, la nuict sur les vingt-quatre heures, ayant tenu le siege cinq ans quatre mois trois jours, aagé de soixante et dix ans.

Ceste mort, advenuë assez subitement, car il ne fut que deux jours malade, ne fut sans soupçon de poizon. Quelques-uns ont dit qu'il fut empoisonné en ouvrant une lettre venant d'Espagne; d'autres, d'une autre façon.

M. de Luxembourg se retira de Rome incontinent après ceste mort pour s'en revenir en France, et escrivit amplement au college des cardinaux touchant les affaires des François; mais il s'en trouva parmy eux tant de passionnez pour l'Espagnol, que ses lettres ne furent point veuës ne receuës au conclave. Ce fut aussi en ce temps là que l'on disoit que les ministres du roy d'Espagne y faisoient tenir des billets, et mandoient à leurs partisans : *Su Magestad no quiere que N. sea papa : se holgará que N. le sea : quiere que N. lo tenga* (1). La suitte de ceste histoire le donnera mieux à cognoistre.

Avant que retourner voir ce qui se passa en France, voyons un petit epitome de la vie de Sixte v, que Dieu avoit pris des tenebres d'une infirme condition et bergerie temporelle, pour l'eslever à la plus haute et vive splendeur de toutes les dignitez publiques. Sixte, auparavant que d'estre pape, s'appelloit Perreti, et fut fils d'un pauvre homme en la Marque d'Ancone qui gardoit les pourceaux. Le gardien des cordeliers de Florence, passant par là, s'addressa à ce Perreti, qui, petit enfant, gardoit aussi les pourceaux, et luy demanda le chemin. Perreti le luy enseigna de si bonne grace, que ce bon pere gardien luy demanda s'il vouloit s'en aller avec luy; à quoy il s'accorda

(1) Sa Majesté ne veut pas que N. soit pape; elle consent que N. le soit; elle veut que N. obtienne cette dignité.

pourveu que son pere le voulust. Ayant demandé congé à son pere, qui le consentit, il s'en alla avec ce pere gardien.

Estant à Florence, et mis à l'estude, il s'y employa si bien, qu'en peu de temps il surmonta tous ses compagnons, et de degré en degré parvint aux licences, et eut charge entre les siens. Ne pouvant plus se tenir en choses si basses, il devint hautain, et tient-on mesmes que le convent fut.comme contraint de le congedier pource qu'il se rendoit du tout incompatible.

Or, estant à Rome, il s'alla rendre au palais du cardinal d'Est, lequel l'employa en maniement d'affaires dont il s'acquitta fort bien. Il advint que Hugues Boncompagne, qui depuis a esté cardinal et pape, appellé Gregoire XIII, fut envoyé en Espagne. Le cordelier Perreti trouva moyen d'aller avec luy, où il prit les affaires si bien, qu'avec Sfondrat, qui depuis a esté pape, appellé Gregoire quatorziesme, il eut l'honneur un jour d'estre festoyé du roy d'Espagne avec ledit sieur cardinal Boncompagne legat.

En la cour d'Espagne il y a tousjours des *locos*, qui font les *nabis*, c'est-à-dire des plaisans ou fols; ces gens-là sont de Barbarie, et contrefont les prophetes. Il advint que l'un de ces *locos*, tandis qu'ils estoient tous à table, s'addressa au roy d'Espagne Philippe II, et luy dit: « Tu ne sçais pas avec qui tu manges. » Enquis par le Roy pourquoy il disoit cela, il luy respondit: « Pource que tu manges avec trois papes. » Ce qu'ayant dit, il alla frapper sur l'espaule du legat Boncompagne, et puis descendit au bas de la table où estoit Perreti, qu'il frappa aussi, puis remonta de l'autre costé, et frappa aussi Sfondrat pour le troisiesme, monstrant l'ordre de leur promotion comme elle est advenuë : ce qui fut lors très-bien noté.

Au retour de là, Perreti, allant et venant par l'Italie, le Piedmont et la France, mania tellement son ordre de Sainct François, qu'il fut esleu general.

Depuis ceste heure là il commença de se figurer le siege papal; et comme, après ses visites dans les provinces, il fut arrivé dans Rome, il regardoit un jour entr'autres le chasteau Sainct Ange, et dit : *Si questo loco avrebbe ben potuto dir la verità, che foss'io fatto papa* (1)! ce qu'il disoit pource que Hugues Boncompagne avoit esté esleu pape qui se nomma Gregoire XIII, lequel Gregoire le fit peu après cardinal à l'instance du cardinal d'Est. Estant cardinal, il se retira dans sa vigne, c'est-à-dire maison champestre, combien qu'elle fust dans la ville, ainsi que les grands ont accoustumé faire dans Rome. Mais on tient que de là il regardoit souvent les tours du chasteau Sainct Ange, esperant un jour d'y parvenir. Et de fait, Gregoire, sur la fin de ses jours, se resouvenant de ce qu'avoit dit le loco d'Espagne, disoit souvent : *Questo monaco pensa anche d'esser papa dopo la mia morte* (2) : ce qui survint, car, advenant qu'il y eut grande contestation entre les partys contendans au papat, on s'advisa, par le moyen dudit cardinal d'Est, de faire Perreti pape, lequel, estant venu à ce sainct degré, se fit appeler Sixte V, car il s'appelloit Felix.

Il se comporta en ceste dignité fort magnifiquement, faisant beaucoup de belles choses; mais en son parti-

---

(1) Ce fou auroit-il dit vrai en prédisant que je serois pape ? — (2) Ce moine pense encore qu'il sera pape après ma mort.

culier il estoit hautain et severe; et quant on luy remonstroit, au regard de quelqu'un prisonnier ou en peine de sa vie, que c'estoit un gentilhomme, affin de l'induire à quelque douceur, il disoit : *M'incresce che no sia principe* (1); dequoy il a esté blasmé de quelques-uns, qui, au lieu de le qualifier du tiltre de severe, l'appellerent cruël, superbe, et audacieux. Bref, la justice fut administrée durant son regne avec telle severité ez terres de l'Église, que sur la fin de ses jours, en plaidant, on disoit quelquesfois: *Souviens-toy que Sixte est encores en vie*. Plusieurs historiens ont escrit beaucoup de particularitez de sa vie, des beaux bastimens qu'il a fait faire durant qu'il a esté pape, des ordonnances qu'il a faictes pour la creation des cardinaux à l'advenir, des loix qu'il a faict publier et observer ès terres de l'Église contre les adulteres et contre les astrologues, des festes qu'il a establies, de ceux qu'il a canonisez, des grands tributs qu'il a faict establir dans Rome, de la punition des bannis, qu'il a chassez durant son pontificat des terres de l'Église, et comme il desiroit sur tout de laisser une memoire de ses actions après sa mort, s'estant fait dresser une statuë au Capitole, que quelques Romains après sa mort voulurent abbattre, ce qui ne fut faict; et toutesfois, ce tumulte appaisé, l'on fit un decret ou arrest dans Rome par lequel il fut deffendu à l'advenir d'eslever à aucun pape vivant sa statuë. Après la mort de Sixte le siege fut vacant dix-huit jours, et fut esleu pape Urbain VII, ainsi que nous dirons cy-après. Retournons voir ce qui se passe en France.

Nous avons dit cy-dessus que le Roy tenoit en un

---
(1) J'ai regret qu'il ne soit prince.

mesme temps comme enclos Paris et Sainct Denis, et avoit logé son armée ès villages plus prochains de ces deux villes. Au commencement du mois de juin le duc de Nemours fit trois actions dans Paris qui intimiderent merveilleusement ceux qui y eussent voulu entreprendre de faire quelque practique pour le service du Roy. Premierement, il fit que la cour de parlement publia un arrest contre ceux qui seroient si hardis que de parler d'aucune composition avec Sa Majesté. Secondement, il eut tellement l'œil sur ceux que l'on appelloit politiques ou royaux, qu'il descouvrit que le sieur de Vigny, receveur de la ville, et beau-frere du president Brisson, avoit quelque intelligence avec le Roy. Ceste entreprise n'estoit pas petite; mais le duc de Nemours et ceux qui le conseilloient s'adviserent de ne rien remuër, pource que l'on trouva que plusieurs personnes notables en estoient : ils le firent sortir en payant douze mille escus pour sa rançon, laquelle rançon tourna au proffit du sieur de La Chapelle Marteau, prevost des marchands, auquel du depuis les Seize reprocherent qu'il avoit eu pour sa part la somme de six vingts mille escus provenus des rançons de quelques uns de messieurs de la cour de parlement, lors qu'ils furent menez prisonniers à la Bastille l'an 1588, outre les susdits douze mille escus, et six mille escus que les ministres d'Espagne luy avoient baillez pour tenir le party espagnol. Si celuy là en a tant eu à luy seul pour sa part, il est facile à considerer combien ceux qui estoient plus grands que luy en ont eu, et combien de rançonnements et de pilleries furent exercées en ceste grande ville. La troisiesme action que fit le duc de Nemours pour avoir promptement de l'argent, fut que, par l'advis du legat et de l'ambassadeur d'Espagne, les ornements d'or et d'argent les moins necessaires qui estoient aux eglises furent vendus pour payer les gens de guerre, à la charge que l'on en redonneroit d'autres dans trois mois : on le promit, mais on n'en fit rien. Oultre tout cela, les anciens joyaux de la couronne de France furent aussi pris, vendus, et l'or fondu et monnoyé. Quelques-unes, et des plus belles pierreries, ont esté depuis recouvrées, lors que le Roy entra dans Paris, l'an 1594, d'entre les mains de ceux qui en ce temps là se les approprierent, et toutesfois, s'en trouvans saisis, ont dit depuis qu'ils n'en estoient que depositaires.

Le chevalier d'Aumalle, le sieur de Vitry et autres seigneurs qui estoient dedans Paris, faisoient journellement plusieurs sorties à la faveur du canon : aucunesfois ils revenoient victorieux, et quelquesfois on les rechassoit plus viste qu'ils n'estoient sortis. Cependant M. de Mayenne ayant esté quelque temps à Soissons et rassemblé quelques troupes de gens de guerre autour de luy, entr'autres le marquis de Menelay et le vicomte de Tavannes, il s'achemina à Cambray, où il fut bien receu de M. de Balagny. Tout leur dessein estoit de trouver la maniere de secourir Paris, assiegé par le Roy. Les forces qu'ils eussent peu amasser de leur seule puissance estoient petites : ce fut ce qui fit resoudre le duc d'aller trouver le duc de Parme à Condé. Celuy qui a faict le second discours sur l'estat de la France dit en cest endroict :

Que le duc de Mayenne y receut des traittemens, non seulement indignes de sa qualité, mais indignes de la majesté du royaume, et qu'il fallut que celuy qui se disoit lieutenant general de tout l'Estat et couronne de France, allast faire la court à celuy qui ne portoit que tiltre de lieutenant de son maistre en une seule province.

> Qui en maison de prince entre, il devient
> Serf, quoy qu'il soit libre quand il y vient,

ce dit Pompée à ses amis, quand après la bataille de Pharsale il s'en alloit demander secours à Ptolomée. Les vaincus qui, les mains vuides, vont requerir les princes leurs voisins, sont subjets à ces affronts là.

Toutes ses prieres neantmoins, toutes ses conjurations, toutes ses offres estoient inutiles, si le propre interest du roy d'Espagne n'y eust esté meslé; car cependant, sans perdre temps, le Roy pressoit Paris de telle sorte qu'il s'en alloit perdu, et sa perte sans difficulté entrainoit tout le party de la ligue. Cela esveilla beaucoup l'Espagnol, car la continuelle crainte de la prosperité du Roy le gehennoit plus que toutes les considerations qu'il disoit avoir de la religion, ny que les vrayes du danger de ses partisans ne l'eussent sceu esmouvoir. Il voioit bien que ceste ville conquise il conqueroit l'Estat, et, le feu esteint chez nous, qu'il y avoit apparence que ce seroit à luy à recevoir le flambeau : toutesfois, comme bon mesnager avec son interest, il ne laissa de se servir de la peur des pauvres Parisiens, et de deffendre exprès à son lieutenant le duc de Parme de ne s'advancer point qu'à leur extreme necessité.

Le roy d'Espagne, bien-ayse donc de voir le chef de l'union reduit à la necessité de luy presenter presque la carte blanche, se resjoüit de voir reüssir ses intentions; car d'un costé il envoya à Rome, ainsi que nous avons dit, affin que l'on ne receust point le Roy au sein de l'Eglise, quand bien il se voudroit convertir, de l'autre il fit lever des gens de guerre en Allemagne et en Flandres pour troubler tellement la France qu'il s'en pust rendre le maistre, ou, pour le moins, la diviser si bien qu'il n'en craignist jamais la puissance. On tient que si ce Roy eust esté aussi bien à Condé comme le duc de Parme, ou qu'il eust peu estre adverty promptement de l'estat de l'union, et aussi promptement leur respondre, qu'ils fussent tous entrez en de grandes capitulations pour la peur qu'ils eurent à ceste heure là : mais, devant que les courriers fussent allez de Bruxelles à l'Escurial qui est au fonds de l'Espagne, les chefs de l'union, ayans veu les villes rasseurées de ceste premiere peur, jugerent qu'il y avoit encor moyen de se conserver sans se donner si promptement à l'Espagnol. Quelques-uns ont escrit qu'ils luy accorderent toutesfois tout ce qu'il voulut, mesmes de lui donner des places à faire citadelles; mais cela n'a point d'apparence d'estre creu, veu ce qui est advenu depuis, et est plus facile à croire ce que d'autres ont dit, qu'il luy fut promis seulement quelques places, comme Guise, Peronne et La Fere (veu qu'il a eu La Fere du depuis, ce qui a tant apporté de ruyne à la France pour la r'avoir), que non pas tout ce qu'on pourroit dire. Tant y a que le roy d'Espagne commanda au duc de Parme de secourir Paris avec toutes ses forces de Flandres, nonobstant toutes les remonstrances que ledit duc luy envoya dire que cela ne se pouvoit faire sans desgarnir de forces plusieurs places du Pays-Bas sur lesquelles, en son absence, le prince Maurice ne faudroit d'entreprendre et de s'en rendre maistre : ce qui advint, ainsi que nous dirons cy après. Bref, ce roy d'Espagne, qui au mois de mars protestoit de delivrer le cardinal de Bourbon de prison (lequel il nommoit roy de France), ayant sceu les nouvelles de sa mort, commença à pincer sourdement ceste corde des pretentions de l'Infante sa fille, pour la faire entendre aux aureilles des chefs de l'union. La suitte de ceste histoire donnera à cognoistre toutes ses practiques et ce qui en est advenu.

Paris est tellement pressé de la faim, que ceux qui avoient accoustumé de manger des viandes delicates n'usoient plus que du pain d'avoine, de la chair d'asne, mulets et chevaux, encor ne s'en trouvoit il que bien peu et bien cherement. Le pauvre peuple ne vivoit que de bouillies faictes de son d'avoine. Le duc de Mayenne envoyoit souvent de Meaux, où il estoit de son retour de Flandres, des messagers pour asseurer les Parisiens d'un prompt secours. Les chefs qui estoient dedans Paris, selon qu'il en estoit occasion, se servoient de ses lettres, ou en faisoient, selon leur intention, d'autres, lesquelles les predicateurs de la faction des Seize lisoient en leurs sermons au peuple, et n'oublioient de l'encourager à endurer *pro aris et focis*, pour Dieu, pour leur religion, et pour leur patrie. Ce sont de specieux pretextes qui ont fait faire des actes esmerveillables par le passé à plusieurs peuples, quand ils ont esté persuadez à ce faire par les predicateurs qui leur devoient dire la verité. Le docteur Boucher et les autres predicateurs de la faction des Seize, avec Panigarole et autres predicateurs italiens de la maison du legat, monstrerent lors combien l'eloquence joincte au pretexte de la religion faict animer un peuple. Bref, ils sceurent si dextrement entretenir les Parisiens par des processions, par des prieres de huict jours, et par des ceremonies qu'ils faisoient selon qu'ils en jugeoient estre occasion, que plusieurs ont fait une comparaison de ce siege de Paris à celuy de Hierusalem pour les extremitez ausquelles les uns et les autres se trouverent reduits : ceux de Hierusalem par les zelotes, et les Parisiens par les zelez. Le docteur Boucher, qui (osté ceste tache d'avoir l'ame toute espagnole bien qu'il soit parisien) est un grand predicateur et docte, s'advisa de faire faire un vœu au nom de toute la ville de Paris. En une assemblée dans l'Hostel de la ville, après une longue harangue qu'il fit, il proposa qu'il failloit se vouër à Nostre-Dame de Lorette, et qu'en cas que l'on fust delivré du siege, qu'on luy feroit present d'une lampe et d'un navire d'argent pesant trois cents marcs. Ce vœu fut faict le lendemain par le prevost des marchans et les eschevins dans l'eglise Nostre Dame en la presence du legat. Ils firent bien ce vœu, mais, le peril passé, peu se souvindrent de le mettre en effect, et n'y eut qu'un bourgeois lequel donna quelque argent à deux religieux feuillans pour aller à Lorette y faire quelques devotions.

Tandis que le duc de Nemours donnoit à ses favorits les biens des politiques ou royaux de Paris qui estoient en l'armée du Roy, le legat Caëtan et l'ambassadeur Mendoze employoient tout ce qu'ils pouvoient pour entretenir le peuple, de peur qu'eux ne tombassent en la puissance du Roy ; ils faisoient aussi quelques aumosnes tous les jours ; leur vaisselle d'argent et leurs bagues mesmes furent employées pour le payement des soldats. Plusieurs dans Paris disoient quelquefois tout haut qu'ils estoient la cause de leur misere. Ceux qui disoient cela voulurent faire une entreprise, mais ils se trouverent si foibles, comme nous dirons tantost, qu'ils ne firent aucun effect.

La ville de Sainct Denis cependant estoit tellement pressée de faim, que ceux de dedans estoient reduits à ne manger chacun jour que quatre onces de pain de son. Le duc de Nemours, estant adverty de ceste necessité, desireux de ne laisser perdre ceste place si importante à Paris, s'advisa de leur donner quelque secours en attendant celuy du duc de Mayenne qui s'assembloit à Meaux. Pour ce faire il choisit trente des siens bien montez, ausquels il fit pendre à chacun un sac de farine à l'arçon de la selle, et les fit sortir par une porte, tandis que luy, le chevalier d'Aumale et quelques cavaliers, sortirent par un autre endroit pour amuser les royaux et donner moyen à ce secours de s'escouler dans Sainct Denis. Quelques-uns des trente y allerent, les autres ne purent passer. Ce peu de farine que receurent ces assiegez les encouragea; mais, voyant qu'il n'en venoit d'avantage, ils se rendirent à composition, laquelle ils eurent du Roy telle qu'ils desirerent, pour l'importance de ceste place que Sa Majesté desiroit avoir, d'où ils emmenerent le canon et tout leur bagage.

Ceste sortie du duc de Nemours fut cause du combat qui se fit peu de jours après entre le sieur de Montglas et le baron de Contenant. Leur querelle vint que le sieur de Montglas estant royal, et le baron de Contenant de la ligue, s'estans recognus en ceste sortie comme amis qu'ils estoient, et s'estans donné parole, se retirerent seuls à part pour parler de quelque accord; mais Contenant, ayant apperceu que quelques royaux venoient en courant approcher prez d'eux, se retira vers les siens, et en fuyant laissa tomber son chappeau, ce qui fut cause qu'il usa de quelques paroles contre l'honneur du sieur de Montglas, lesquelles, reportées, firent que ces deux gentils-hommes accorderent de terminer leur querelle en quatre coups, savoir, un de lance, un du pistolet, et deux d'espée. Le jour qu'ils combattirent il se fit une trefve, et un grand nombre de personnes se trouverent, tant d'un party que d'autre, pour les voir combattre hors le faux-bourg Sainct Honoré. Leur combat finy sans avoir eu aucun advantage l'un sur l'autre, leurs parrains les separerent, et incontinent la trefve fut finie, que l'on signifia par un coup de canon tiré de l'armée du Roy.

M. le cardinal de Gondy estoit dans Paris durant ce siege; il n'y avoit occasion qui se presentast pour trouver quelque moyen de paix ou de reconciliation que ce prelat n'embrassast. Les Seize mesmes ont fait escrire dudit sieur cardinal que le Roy l'avoit envoyé à Paris auprès du legat pour l'advertir de tout ce qui s'y feroit, et pour y disposer le clergé à recognoistre Sa Majesté: ce qu'il executa, disent-ils, d'une telle affection, qu'ayant practiqué la plus-part de son clergé, lequel estoit auparavant de la ligue, il le fit tellement devenir royal, qu'aucuns s'employerent si courageusement pour le service du Roy, que les effects en sont reüssis à son contentement. Or au retour du marquis de Pisany en France, lequel estoit venu en l'armée du Roy se descharger de son ambassade de Rome, le legat Caëtan et ledit sieur marquis, qui s'estoient veus à Rome familiairement, desirerent encor de se voir : ce qu'ils firent par le moyen d'une trefve qu'ils obtindrent de part et d'autre, et s'entrevirent à l'hostel de Gondy au faux-bourg Sainct Germain. En ceste entreveuë ledit sieur cardinal de Gondy s'y trouva aussi. Le legat n'avoit envie que de sçavoir ce qui se passoit à Rome, et le marquis pensoit de l'induire à procurer la paix. Leurs intentions se trouverent bien dissemblables; ils estoient tous deux personnages prudents. M. le cardinal ne vid point de jour en leurs discours pour y apporter de la moderation et trouver un moyen d'accord. Aussi, après plusieurs paroles sans fruict, leur pourparler finit, et ledit sieur cardinal se retira encor avec le legat dans Paris, et le marquis au camp du Roy.

Le Roy, voyant l'opiniastreté des Parisiens, se resolut de les faire serrer de plus près. Ayant receu les troupes du Languedoc que le sieur de Chastillon luy amena, et celles qui estoient à la reprise de Chasteaudun, ainsi que nous avons dit, tous les faux-bourgs de Paris furent pris en un mesme jour, et fit on approcher le canon fort près des portes de la ville; ce qui fut occasion que le duc de Nemours fit terrasser la porte Sainct Honoré.

La faim et la necessité s'augmenterent alors davantage dans Paris; les chiens, les chats, les rats, les souris, le vieil oing, et les herbes cruës sans pain, furent les viandes du peuple, qui n'avoit point d'argent pour acheter du pain de son d'avoine et de la bouillie de son : plusieurs moururent de faim; beaucoup furent deux, trois, quatre et cinq jours sans rien manger, et puis mouroient : il ne s'est jamais rien veu de plus deplorable. Le Roy mesme fut marry du mal qu'ils enduroient, et bien que la raison de la guerre vouloit, puis que la resolution avoit esté de combattre et vaincre l'opiniastreté des assiegez par le jeune et l'abstinence, sans souffrir qu'il y fust porté aucuns vivres pour qui que ce fust, et de faire demeurer dans la ville tous ceux qui y estoient, sans permettre d'en laisser sortir un seul, affin que tant plus il y en auroit, tant plustost les vivres qui estoient dedans fussent consommez, si est-ce toutesfois que les hurlements du peuple, les gemissements des meres qui trouvoient à redire leurs enfans, penetrerent non seulement l'air, mais aussi les murailles, et vindrent jusques aux aureilles de Sa Majesté par les prieres de ceux qui estoient mesmes dans son armée, aucuns desquels avoient dans Paris leurs peres, leurs parens et leurs amis : si que, considerant que tous ces peuples estoient tous ses subjects, et la plus-part innocents, et qu'estans chrestiens il leur failloit oster le moyen de se desesperer et se perdre, conduit de son bon naturel, il rompit luy mesmes la barriere des loix militaires, et ayant accordé premierement de donner des passeports pour les femmes, les filles et les enfans, et pour tous les escoliers, il l'augmenta peu après pour les gens d'eglise, et puis il en fut baillé à d'autres qui avoient mesmes esté des plus remuans. Quelques-uns aussi de son armée se licentierent d'envoyer des vivres aux princes et princesses. Toutes ces choses furent occasion que Sa Majesté ne put entrer dans Paris pour ceste fois, quoy que quelques uns de dedans qui tenoient sous main le party royal y fissent tous leurs efforts.

Leur entreprise se fit sous le pretexte de demander

du pain ou la paix ; mais ceste menée n'estant faicte que par du menu peuple et par quelques gens de praticque sans beaucoup de conduite, elle fut descouverte incontinent par le docteur Christi, qui en advertit M. de Nemours, lequel mit dedans le logis du bailly du Palais le chevalier d'Aumale, le sieur de Lignerac et bon nombre de gens de guerre, pour ce qu'ils avoient esté advertis que ces remueurs là se devoient trouver dans la salle du Palais, où mesmes quelques-uns avoient caché des espées sous les bancs des procureurs et des marchands, affin de s'en servir à ceste esmotion ; mais comme ils estoient sans conduite, aussi firent ils des effects sans apparence de jugement. Quelques femmes, ayant esté gaignées par ces entrepreneurs, firent à l'entrée de messieurs du conseil de grandes plaintes de leur misere, et demandoient la paix ou du pain ; mais les entrepreneurs, impatiens, si tost qu'ils virent entrer le capitaine Le Gois dans la salle du Palais, lequel ils sçavoient estre de la faction des Seize, ne se purent tenir de l'attaquer de paroles, puis le blesserent tellement d'un coup d'espée, que peu de jours après il en mourut. A l'instant ils coururent tous aux armes, mais ils se trouverent estonnez que ledit sieur chevalier d'Aumale et Lignerac se rendirent si soudain en armes dans la cour du Palais, de laquelle ils firent fermer incontinent les portes, que chacun d'eux se sauva le mieux qu'il put : plusieurs furent incontinent pris, deux desquels furent pendus puis après. Voylà comme ceste esmotion fut sans effect : toutesfois elle fut cause que messieurs du conseil, qui s'assembloient d'ordinaire dans la chambre Sainct Loys, commencerent à proposer que, pour remede à ceste necessité, il failloit adviser s'il n'y avoit point moyen de traicter quelque paix. On assembla cinq ou six fois le conseil : tous les principaux qui estoient dans Paris s'y trouverent, où en fin il fut resolu d'envoyer vers le Roy pour traicter de la paix.

Le legat, le duc de Nemours et l'ambassadeur Mendozze, consentirent que M. le cardinal de Gondy et l'archevesque de Lyon allassent vers le Roy; mais en effect c'estoit *per dar soddisfazione al popolo, sapendo che no si fora concluso niente* (1), et que cela serviroit seulement pour faire passer plus allegrement le temps aux Parisiens en attendant le secours du duc de Parme que Mendozze asseura estre sur la frontiere. Ils deputerent donc ces deux prelats : mais ils sçavoient que ledit sieur cardinal estoit fort aggreable au Roy, aussi se garderent ils bien de luy dire leur intention, et ne la dirent qu'à l'archevesque.

Ces deputez ne voulurent aller trouver le Roy qu'ils ne fussent munis d'une descharge contre l'excommunication du Pape. Le legat, avant que l'octroyer, consulta avec Panigarole Tirius Bellarminus et quelques theologiens sur trois articles : *Utrùm reddentes urbem hæretico principi, ob necessitatem famis, sint excommunicati. Utrùm adeuntes principem hæreticum ut cum convertant, vel ut conditionem Ecclesiæ catholicæ faciant meliorem, incurrant excommunicationem bullæ Sixti Quinti* (2). Sur ce les susdits docteurs res-

---

(1) Pour contenter le peuple, sachant bien que rien n'y seroit conclu.

(2) Ceux qui sont forcés par la famine à rendre une ville à un prince hérétique sont-ils excommuniés? Ceux qui vont trouver un prince hérétique, soit pour le convertir, soit pour obtenir des conditions favorables à la religion catholique, encourent-ils l'excommunication prononcée par la bulle de Sixte-Quint?

pondirent *negativè, quòd non incurrunt*. Lesdits prelats ambassadeurs, munis de ce, demanderent sauf-conduit au Roy pour le venir trouver à Sainct Denis. Il leur manda qu'ils le vinssent trouver à Sainct Anthoine des Champs, où il alla le sixiesme d'aoust, accompagné de mil ou douze cents gentils-hommes du moins. Les deux prelats le vindrent trouver dans le cloistre entre midy et une heure, où ils luy firent la reverence, et luy leur fit un bon recueil. Estans montez en haut, M. le cardinal de Gondy luy fit une harangue, luy representant le miserable estat de la France, et que les gens de bien de Paris, meuz d'un juste desir d'y voir une fin, les avoient despeschez vers Sa Majesté pour le prier d'y apporter un remede, et, affin qu'il fust general, leur donner sauf-conduit pour aller trouver le duc de Mayenne, d'où ils retourneroient dans quatre jours pour l'induire à rechercher Sa Majesté d'une paix generale; que lesdits quatre jours passez, cela fait ou failly, ils prendroient conseil pour Paris. Le Roy luy dit qu'il luy feroit responce, et, ayant pris ledit sieur cardinal pour luy parler à part, et après luy ledit sieur archevesque, ce qui dura deux heures, il s'en alla sommairement deliberer avec ceux de son conseil. Cela fait, il fit venir lesdits prelats, ausquels il demanda leur pouvoir, qu'ils luy presenterent couché en forme d'un arrest, portant que les deputez assemblez en la chambre Sainct Loys avoient ordonné que messieurs les cardinal de Gondy et archevesque de Lyon iroient vers le roy de Navarre pour le supplier d'entrer en pacification generale de ce royaume, et iroient au duc de Mayenne pour l'induire à rechercher ladite pacification. Le Roy leur contre-

dit ceste qualité de roy de Navarre, et leur dit que, s'il
n'avoit que ceste qualité, il n'auroit que faire de pacifier Paris et la France, et que toutesfois, sans s'amuser à ceste formalité, pour le desir qu'il a de voir son
royaume en repos, il passeroit outre, encores que cela
fust contre sa dignité. Puis il dit : « Je ne suis point
dissimulé, je dis rondement et sans feintise ce que j'ay
sur le cœur. J'aurois tort de vous dire que je ne veux
point une paix generale; je la veux, je la desire affin
de pouvoir eslargir les limites de ce royaume, et des
moyens que j'en acquerrois soulager mon peuple au
lieu de le perdre et ruiner. Pour avoir une bataille je
donnerois un doigt, et pour la paix generalle deux;
mais ce que vous demandez ne se peut faire. J'ayme
ma ville de Paris : c'est ma fille aisnée, j'en suis jaloux.
Je luy veux faire plus de bien, plus de grace et de
misericorde qu'elle ne m'en demande; mais je veux
qu'elle m'en sçache gré et à ma clemence, et non au
duc de Mayenne ny au roy d'Espagne. S'ils luy avoient
moyenné la paix et la grace que je luy veux faire, elle
leur devroit ce bien, elle leur en sçauroit gré, elle les
tiendroit pour liberateurs et non point moy, ce que
je ne veux pas. D'avantage, ce que vous demandez de
differer la capitulation et reddition de Paris jusques à
une paix universelle, qui ne se peut faire qu'après plusieurs allées et venues, c'est chose trop prejudiciable à
ma ville de Paris qui ne peut attendre un si long terme.
Il est desjà mort tant de personnes de faim, que, si elle
attend encores huit ou dix jours, il en mourra un très-
grand nombre, qui seroit une estrange pitié. Je suis le
vray pere de mon peuple. Je ressemble ceste vraye
mere dans Salomon : j'aimerois quasi mieux n'avoir

point de Paris que de l'avoir tout ruiné et dissipé après la mort de tant de personnes. Ceux de la ligue ne sont pas ainsi; ils ne craignent point que Paris soit deschiré pourveu qu'ils en ayent une partie : aussi sont ils tous Espagnols ou espagnolisez. Il ne se passe jour que les faux-bourgs de Paris ne souffrent ruine de la valeur de cinquante mil livres par les soldats qui les demolissent, sans tant de pauvres gens qui meurent. Vous, monsieur le cardinal, en devez avoir pitié; ce sont vos oueilles, de la moindre goutte du sang desquelles vous serez responsable devant Dieu, et vous aussi, monsieur de Lion, qui estes le primat par dessus les autres evesques : je ne suis pas bon theologien, mais j'en sçay assez pour vous dire que Dieu n'entend point que vous traictiez ainsi le pauvre peuple qu'il vous a recommandé, mesmes à l'appetit et pour faire plaisir au roy d'Espagne et à Bernardin Mendozze et à M. le legat. Et comment voulez-vous esperer de me convertir à vostre religion, si vous faites si peu de cas du salut et de la vie de vos oueilles? C'est me donner une pauvre preuve de vostre saincteté : j'en serois trop mal edifié. » Sur ce M. de Lion s'excusa fort, disant qu'il n'estoit point espagnol. Le Roy luy dit : « Je le veux croire ainsi, mais il faut que le monstriez par les effects. Au surplus je vous monstreray une lettre par laquelle le roy d'Espagne mande qu'on luy conserve sa ville de Paris, car s'il la perd ses affaires vont très-mal. »

M. le cardinal, prenant la parole, dit que l'occasion pour laquelle ils demandoient que le traicté fust general avec le duc de Mayenne, estoit par-ce qu'ils sçavoient bien que Paris estant rendu sans une paix generale, il ne seroit point en seureté, parce que tost après le roy d'Espagne et le duc de Mayenne l'iroient assieger et le pourroient reprendre; joinct que, si Paris estoit rendu sans une paix generale, les trois quarts de la ville s'en iroient. Sur ce le Roy, jettant les yeux sur toute la noblesse, dit : « S'il y vient, luy et tous ses alliez, par Dieu nous les battrons bien, et leur monstrerons bien que la noblesse françoise se sçait deffendre. » Puis soudain se corrigea : « J'ay juré contre ma coustume; mais je vous dis encores que par le Dieu vivant nous ne souffrirons point ceste honte. » Sur ce la noblesse, avec une acclamation grande, luy dît qu'il n'avoit point juré sans cause, et que ce qu'il avoit dit valoit bien un bon jurement.

Puis il leur dit que si sa ville de Paris se despeuploit d'aucuns meschans, il la repeupleroit de cent mille hommes gens de bien des plus riches, et nullement seditieux, et que par tout où il iroit il feroit un Paris; qu'il avoit en son armée cinq cents gentilshommes reünis avec luy qui avoient esté de la ligue, qu'on sceust d'eux s'ils s'y trouvoient mal, et s'ils se repentoient d'estre venus à luy; au surplus, qu'il ne pouvoit trouver bon que sadite ville de Paris fust si soigneuse du bien du duc de Mayenne et du roy d'Espagne que de se vouloir rendre arbitre de la pacification d'entr'eux et luy; que si c'estoit une republique de Venise ou une autre ville franche, cela seroit tollerable ; mais qu'une ville sa subjecte se vueille mesler d'estre arbitre entre luy et ses ennemis, c'est chose qu'il ne peut souffrir. « Au surplus, l'absurdité est fort grande qu'une ville affamée et pleine de necessité entreprenne de persuader la paix au duc de Mayenne, qui est à son aise; il seroit bien plus à propos et faisable que le duc de Mayenne, qui n'est pressé de necessité, entreprinst de prescher la paix à ladicte ville maintenant pressée de toute pauvreté, et, à ceste occasion, facile à se laisser persuader d'en vouloir sortir. »

Sur ce l'archevesque de Lyon repliqua que ce qu'ils vouloient traiter la paix generale estoit pour le bien de la France, et affin de la remettre tout en un coup en repos. A quoy tout soudain le Roy respondit en ceste sorte : « Et vrayement, affin de vous oster, et à tout le monde, l'opinion qu'on pourroit avoir que je vous vueille trop presser, je me viens adviser d'un moyen, sans en avoir communiqué à mon conseil, par lequel je vous rendray satisfaits. Vous esperez prompt secours du duc de Mayenne. Je ferai un accord avec vous. Dressons des articles et conditions sous lesquelles vous promettrez vous rendre à moy au cas que dans huict jours vous ne serez secourus du duc de Mayenne, et me donnerez ostages. Je vous accorde qu'en cas que vous ne soyez secourus dans ledict temps, ou que dans le mesme temps ledit duc de Mayenne ne soit d'accord avec moy d'une pacification generale et des articles d'icelle, de vous recevoir, lesdits huict jours passez, sous lesdictes conditions ; et au cas que dans lesdits huict jours vous soyez secourus par ledit duc de Mayenne, ou qu'il se face une paix generale, en ce cas vous serez delivrez de ladicte promesse, et vos ostages vous seront rendus, pendant lesquels vous pourrez aller voir ledit duc de Mayenne. Et voilà tout ce que je vous puis accorder : ce que vous representerez à ceux de

Paris, affin qu'ils cognoissent que je ne leur refuse la paix, et que je leur tends les bras ouverts, desirant leur salut plus qu'eux-mesmes. S'ils acceptent ceste condition, dans huict jours ils seront en repos. S'ils cuident attendre à capituler quand ils n'auront que pour un jour de vivres, je les lairray disner et souper ce jour là; mais le lendemain ils seront contraints se rendre la corde au col : au lieu de la misericorde que je leur offre, j'en osteray la misere, et ils auront la corde, car j'y seray contraint pour mon devoir, estant leur roy et leur juge, pour faire pendre quelques centaines d'eux qui, par leur malice, ont faict mourir plusieurs innocens et gens de bien de faim. Je suis debteur de ceste justice devant Dieu. Vous ferez donc, comme je vous ay dit, entendre cecy à mon peuple, et je vous somme et conjure d'ainsi le faire en presence de tous ces princes et de toute ceste belle et grande noblesse, lesquels, au cas que vous y failliez, vous reprocheront tout le temps de leur vie, comme encore je feray, vostre infidelité envers vostre patrie, si vous avez teu et celé à mes subjects le desir que j'ay de leur donner la paix et mettre ce royaume en repos. Et, au surplus, quand vous celerez cela à mon peuple de Paris, vous n'y gaignerez rien; car mes soldats, qui sont aux faux-bourgs et parlent jour et nuict aux vostres et à ceux de Paris, le leur feroient entendre à vostre confusion. » Sur ce lesdits cardinal et archevesque promirent solemnellement faire entendre tout ce qu'il leur avoit dit au peuple de Paris.

En ce pourparler on tomba en plusieurs discours : les sieges de Gand et de Sancerre furent alleguez, et la paix faicte l'an 1585. Surquoy le Roy dit que ceste paix avoit esté cause de la ruine de la France et de la mort du feu Roy; qu'il failloit qu'à ce coup ledit sieur de Lyon fist tout au contraire affin de bien faire, et lors qu'il le tiendroit pour homme de bien, autrement ne le tiendroit pour tel.

Sur ce ledit sieur archevesque repliqua qu'il n'avoit fait ladite paix que pour obeyr au feu Roy, et suivant ce qui avoit esté resolu et trouvé bon par tout son conseil. A quoy l'un des premiers du conseil du Roy luy respondit : « Tant s'en faut que cela soit, qu'au contraire je vous dis lors que tout ce qu'on faisoit en ladite paix n'estoit que pour exterminer la maison de France, et, sous ce mot d'heretique, priver le plus proche parent du Roy, et, sous ce mot de fauteurs, les autres. »

Le Roy après monstra ausdits sieurs de Gondy et de Lyon les lettres qui venoient d'estre surprises que Mendozze envoyoit au roy dE'spagne, par lesquelles il se plaignoit que trop tost les theologiens avoient resolu qu'il estoit licite à ceux de Paris d'envoyer vers le Roy (qu'il appelloit le prince de Bearn) pour traicter de pacification, et finissoit sa lettre par ce mot : « Dieu sauve Vostre Catholique Majesté, et me vueille consoler ! » Et estoit ladite lettre escrite du cinquiesme de ce mois d'aoust.

Cela fait, la conference se finit, et le Roy, après avoir un peu parlé separement à l'un et à l'autre, monta à cheval pour s'en aller. Les deputez d'autre costé s'en retournerent à Paris, où du depuis le Roy leur envoya des passeports pour aller trouver le duc de Mayenne à Meaux.

Ceste conference finie, la trefve que l'on avoit faicte

pour ce jour le fut aussi. Les assiegez se resolurent à se deffendre, et le Roy d'assaillir : toutesfois, suivant sa premiere resolution, il fit tenter toutes les voyes de pacification, il en rescrivit mesmes à M. de Nemours et à madame de Nemours sa mere par le sieur d'Andelot, frere du sieur de Chastillon, qui avoit esté pris prisonnier par les assiegez, et lequel sortoit quelquefois de la ville au camp du Roy, puis retournoit. Ce fut luy qui porta aussi les passeports ausdits sieurs cardinal de Gondy et archevesque de Lion pour aller trouver M. de Mayenne à Meaux.

Les royaux ne pouvoient croire que le duc de Parme vinst luy-mesme en France au secours de Paris, quelque bruit que ceux de l'union en fissent courir. Leur opinion estoit fondée sur plusieurs considerations d'Estat, entr'autres qu'il n'y pouvoit venir assez fort pour hazarder une bataille sans laisser la Flandre comme en proye aux gens des estats des Provinces Unies, et que le conseil d'Espagne n'approuveroit pas de laisser le certain pour l'incertain.

Depuis la fin du mois de juin, que le Roy avoit esté avec une belle troupe de cavalerie vers la Picardie, et fait une traicte de dix-sept lieues, pensant y rencontrer le duc de Mayenne, qui se renferma dans Laon, on creut aussi que l'union ne recevroit pas grandes forces des Pays-Bas, et qu'il n'y avoit que le regiment de lansquenets du comte de Colalte, le regiment d'Italiens de Capizzuca, avec trois cents chevaux de Valons, destinez pour leur secours; mais il en advint autrement. Aussi le duc de Mayenne ayant receu secours de la cavalerie de Lorraine conduite par le comte de Chaligny, et s'estant joinct avec luy le duc d'Aumale,

M. de La Chastre, le marquis de Menelay, le sieur de Balagny, le capitaine Sainct Paul et autres seigneurs, ils s'acheminerent vers Meaux à la faveur des villes qui tenoient pour l'union, pour là y attendre le duc de Parme.

Or, suyvant le sauf-conduit du Roy, lesdits sieurs cardinal de Gondy et archevesque de Lyon furent trouver ledit duc à Meaux, lequel, ayant receu advis que le duc de Parme estoit sur la frontiere de France, et qu'il le joindroit au plus tard dans six jours avec dix mille hommes de pied et trois mille chevaux, dit d'un costé ausdits sieurs cardinal et archevesque qu'il ne desiroit rien tant que la paix, qu'ils s'en retournassent à Paris pour cest effect, et le fissent entendre au Roy affin de traicter des moyens d'y parvenir; et de l'autre il envoya une lettre au duc de Nemours par un sien secretaire qui passoit à la suitte desdits sieurs cardinal et archevesque, auquel il mandoit qu'il ne prinst aucune alarme de ce traicté de paix, et qu'il n'en feroit point, mais qu'il asseurast seulement leurs partisans d'un bref secours, et que le duc de Parme seroit à Meaux dans quatre jours. Ceste lettre fut descouverte; et M. le cardinal de Gondy, ayant recognu qu'il ne pouvoit rien reüssir de bon en cest affaire, se retira en sa maison à Noësy. L'archevesque de Lyon, suivant sa coustume, amusa les royaux d'esperance de paix, et, estant allé et retourné de Meaux en l'armée du Roy, rapporta pour la derniere fois qu'il estoit trop tard de parler d'accord, et que le duc de Mayenne ne pouvoit rien faire ny traicter sans l'intention du duc de Parme qu'on attendoit à Meaux.

M. le duc de Nevers, qui avoit demeuré comme

neutre depuis la mort du feu roy Henry III, s'estant declaré royal, vint trouver Sa Majesté en ce mesme temps avec de belles troupes. Il soustint au conseil que c'estoit une faute signalée d'avoir laissé entrer un tel ennemy que le duc de Parme jusques au cœur du royaume sans l'en avoir empesché sur la frontiere. D'autres disoient que c'estoit le moyen d'avoir une bataille de laquelle ils esperoient remporter la victoire, et par ce moyen que l'on termineroit en un seul coup toute ceste guerre; mais ceux-là ne sçavoient pas bien le dessein de l'Espagnol, ny ses finesses accoustumées.

Le lendemain que le duc de Parme fut arrivé à Meaux, l'union publioit par tout qu'ils donneroient bataille, car ce duc avoit amené avec luy plusieurs princes et seigneurs espagnols, italiens et flamans, entr'autres les princes d'Ascoli, de Chasteau Beltran et de Chimay, les comtes de Barlemont et d'Aremberg, le marquis de Renty, le sieur de La Mothe, gouverneur de Graveline, maistre de camp general et de l'artillerie, le sieur Jean Baptiste Taxis, don Alonze Ydiaques, Pierre Caëtan, maistre de camp du regiment des Neapolitains, don Antonio Zagninga, maistre de camp du regiment des Espagnols qui s'estoient mutinez en Flandres, ainsi que nous avons dit au commencement de ceste année, lesquels on avoit appaisez depuis avec de l'argent, et plusieurs autres capitaines.

Peu de jours après l'arrivée du duc de Parme à Meaux, l'armée de l'union commença à cheminer droict vers Paris, et vint loger à Claye et au chasteau de Fresnes. Le Roy, qui s'attendoit à la bataille, partit du village de Chaliot près Paris, et assigna le rendez-vous de toute son armée à la plaine de Bondy, qui est à la teste de la forest de Livry, sur le droict chemin de son ennemy, et pour estre preparé pour luy aller au devant, s'il prenoit le chemin des costez pour eviter le passage de ladicte forest; ayant ce mesme jour Sa Majesté retiré l'infanterie qui estoit aux faux-bourgs de Paris pour se trouver à la bataille. Son armée demeura tout ce jour et le lendemain en ladite plaine de Bondy en bataille, sans descouvrir celle de l'union; ce que voyant Sa Majesté, il se resolut de les approcher de plus près, et de prendre le logis de Chelles; pour ce faire, il y envoya le seigneur de Laverdin, l'un de ses mareschaux de camp, et le seigneur de Chastillon, lesquels, y arrivans sur le soir, trouverent les mareschaux et fourriers de l'union qui commençoient à y faire leurs logis, d'où ils les dechasserent; et y estant peu après Sa Majesté arrivé, et descouvert quelques sept ou huict cents chevaux de ses ennemis où estoient les deux chefs, il leur fit une charge avec beaucoup moindre nombre, et les remena jusques dans leurs logis.

Le lendemain samedy, premier de septembre, le Roy se tint pour tout asseuré d'avoir la bataille; il donna le rendez-vous à toute son armée à une place de bataille au-dessus de Chelles, qui estoit une plaine qui a derriere deux costes à la teste d'un petit bois separé d'un ruisseau, et dans ledit bois un chasteau nommé Brou, et par delà est un marais separé d'un peu de plaine qui est entre ledit chasteau et ledit marais par un autre petit ruisseau, qui estoit le logis qu'avoit pris l'union. L'armée royale se trouva toute rangée en bataille sur les onze heures. Le duc de Parme gaigna un costau pour la recognoistre, et, l'ayant veuë, il se trouva estonné, et se retourna vers le duc de Mayenne, luy disant : « Ce n'est pas là ceste armée de dix mil hommes que vous me disiez, car j'en voy là comparoistre plus de vingt-cinq mille, et en bonne ordonnance. » Cest estonnement ne luy a pas deu estre reproché pour faute, car il y avoit dequoy s'estonner, et se peut dire veritablement que c'estoit la plus belle armée qui se soit veuë de long temps en France. Il s'y trouva dix-huict mille hommes de pied, dont il y en pouvoit avoir six mille estrangers, et bien cinq à six mille chevaux, entre lesquels il y avoit près de quatre mille gentils-hommes françois, et des meilleures maisons de la France : il y avoit six princes, deux mareschaux de France, et plusieurs seigneurs et capitaines. Il se pouvoit dire qu'ez deux armées il y avoit plus de chefs d'armées qu'il n'y en avoit en tout le reste de la chrestienté. Le duc de Parme, au lieu de venir au combat, vid bien qu'il failloit user de ruse et non de force, tellement qu'ayant faict changer d'armes à tous les siens, et au lieu de lances leur ayant mis des pioches en la main, ils ne firent toute la nuict que se retrancher dans ledit marais, où tant la cavalerie que l'infanterie logea toute au picquet.

Dès l'aprèsdinée du samedy, le Roy leur fit quitter le ruisseau, le bois et la maison qui est dans le bois, et se retirerent tous dans ledit marais ; et dès lors, au lieu de bataille, ledit duc de Parme ne pensa plus qu'à se retrancher et fortifier, comme il fit très-fortement.

Sa Majesté, la nuict venuë, se vint loger au village de Chelles, et continua tous les jours suivans par tous les moyens qu'il put pour attirer son ennemy au combat, faisant attaquer incessamment des escarmouches, où il en demeuroit tousjours quelques-uns d'une part et d'autre; mais pour tout cela il n'y eut ordre de les faire venir au combat, confessans publiquement que la fantasie de la bataille leur estoit passée dez l'aprèsdisnée du samedy, le duc de Parme ayant dit à plusieurs : « Je n'ay charge du Roy mon maistre que de secourir Paris. »

Les historiens espagnols disent qu'il fit response à un heraut du Roy qui le desfioit et luy offroit la bataille : « Dites à votre maistre que je suis venu en France, par le commandement du Roy mon maistre, pour mettre fin et extirper les heresies de ce royaume, ce que j'espere faire, avec la grace de Dieu, devant que d'en sortir : et si je trouve le chemin plus court pour y parvenir en luy donnant bataille, je la luy donneray, et le contraindray de la recevoir, ou feray ce qu'il me semblera pour le mieux. » Quand le duc auroit faict ceste responce, et en mesmes termes, la suitte de ceste histoire monstrera qu'à toutes les deux fois qu'il est venu en France il a esté contraint d'en sortir, et luy et ses armées, poursuivy l'espée dans les reins jusques en Flandres : ce qui monstre que cela n'estoit qu'une rodomontade espagnole. Plusieurs ont comparé ce duc à Ulisses pour les ruses de guerre dont il est venu à bout; mais toutes ces ruses n'ont servy que d'empescher pour quelque temps les heureuses victoires du Roy.

Les armées ayant donc demeuré sept jours à la veuë l'une de l'autre en bataille, les ducs resolurent d'attaquer la petite ville de Lagny, qui leur estoit proche de demie lieuë derriere eux, et, ayant fait un pont à batteaux joignant quasi ladite ville, le septiesme dudit mois, à la pointe du jour, ils y passerent la plus-part de leur infanterie, et, la faisant battre de neuf pieces, la riviere entre-deux, la bresche fut plustost faite que le Roy n'en fut adverty, par ce que le vent estoit tellement tourné, et le broüillard si grand et espais, que les coups de canon ne s'entendoient pas. Il y avoit cinq cents hommes dedans avec le sieur de La Fin qui y commandoit, lequel n'ayant peu estre secouru assez à temps, après s'estre valeureusement deffendu, il fut emporté par un assaut que les ducs firent donner par dessus un pont de batteaux, si furieusement qu'ils emporterent et tuërent tout ce qui se trouva dedans les armes au poing. Le sieur de La Fin estant blessé fut pris prisonnier avec quelques autres gentils-hommes. Ceste place, aussi tost prise, fut aussi tost demantelée ; et quoy qu'il y a mille villages en France qui se peuvent mieux defendre, si est-ce que ledit sieur de La Fin et ses soldats vendirent leur sang assez cherement, car il y mourut autant des victorieux que des vaincus.

Le Roy, estimant que ceste prise leur auroit peut estre enflé le courage, les attaqua encores le lendemain plus qu'auparavant ; mais ils s'en picquerent encores moins. En fin, ayant consideré que la plus-part de sa noblesse, qui estoit accouruë sans equipage sous le bruit de la bataille, cognoissant que l'esperance en estoit perduë, pressoient de se retirer, il estima qu'il estoit temps de penser à faire la guerre d'autre mode avec ses ennemis, puis qu'il ne les avoit pu attirer à un grand combat, dont ils avoient fait cognoistre qu'ils n'en vouloient point taster : toutesfois, avant que d'entrer en ceste deliberation, il voulut tenter encores deux occasions de les y faire venir. La premiere, il se resolut de vouloir faire un effort à Paris, et, pour ceste occasion, il fit partir le sieur de Chastillon dudit Chelles avec une bonne troupe d'infanterie, et luy avec quelque noblesse le suivit incontinent après, pour se rendre tous au point du jour aux portes de Paris du costé de l'Université, et y donner une escalade en certains endroicts qui avoient esté remarquez, affin de se saisir de l'abbaye Saincte Geneviefve et s'y fortifier. La seconde fut qu'il fit partir son armée de Chelles pour retourner en la plaine de Bondy : ce qu'il faisoit affin que les ducs de Mayenne et de Parme, sçachans qu'il auroit donné dans Paris, sortiroient de leur marais, tant pour secourir Paris que pour se mettre à la suitte de l'armée, et que ce seroit une occasion de combattre. Mais ces deux desseins ne reüssirent point, car, ainsi que les royaux arrivoient dans le faux-bourg Sainct Jacques sur les unze heures du soir, ils furent entendus, ce qui donna l'alarme à toute la ville : toutesfois, estans demeurez long temps sans faire bruit, l'alarme s'appaisa, et les Parisiens presumerent que ce n'estoit rien. Or les jesuistes, qui avoient leur college vers ce quartier là, furent les premiers en armes sur la muraille, où ils demeurerent toute la nuict en garde, quoy que les bourgeois s'en fussent retournez en leurs maisons. Sur les quatre heures du matin, les royaux, estimans estre temps d'executer leur entreprise, descendirent tout doucement dans le fossé entre la porte de Sainct Jacques et celle de Sainct Marcel, et planterent sept ou huict eschelles. Les jesuistes, qui n'avoient bougé de là en garde, entendans quelque bruit, donnerent l'alarme si chaudement, que les corps de garde voisins accoururent vers eux. Cependant trois royaux monterent avec leurs eschelles sur la muraille, mais ils furent incontinent tuez et renversez dans les fossez à coups d'halebardes et de pertuisanes par les jesuistes et par quelques habitans qui estoient accourus à leur secours. Les royaux, voyans l'alarme estre si grande, se retirerent, et laisserent plusieurs de leurs eschelles dans le fossé. Ainsi ceste entreprise fut descouverte, et ne servit de rien, non plus que le deslogement de l'armée; car les ducs pour cela ne deslogerent de leur marais, craignans tousjours quelque faulse amorce pour les attirer au combat, où ils avoient resolu de ne venir point. C'est pourquoy le Roy estant revenu en son armée dans la plaine de Bondy où elle avoit esté tout le long du jour, attendant si les ducs approcheroient, n'ayant aucunes nouvelles de leur deslogement, il resolut de venir loger ce mesme jour à Gonnesse.

Sa Majesté le lendemain y ayant assemblé tous les princes, officiers de la couronne et autres grands capitaines qui se trouverent près de luy, et ayant amplement esté discouru et traicté que la resolution des ducs de Mayenne et de Parme estoit assez manifeste et declarée de ne vouloir point combattre, que de les y penser forcer avec le temps, se logeant tousjours près d'eux, qu'en cela ils auroient advantage, estant leur armée fresche et sur la solde, composée d'estrangers qui ne se desbandoient point, au contraire de celle de Sa Majesté qui estoit pour la pluspart desjà harassée, et ne recevoit point de payement, il fut advisé que puis que l'Espagnol ne vouloit faire la guerre à la mode des François, qu'il estoit expedient de la faire à la sienne, et qu'il les failloit faire combattre et destruire par la necessité de vivres et autres incommoditez qui ne faulsent point compagnie aux armées qui font l'exercice qu'il faudroit que la sienne fist; que l'on pourvoiroit, aux villes royales sur la riviere de Seine, de vivres et de fortes garnisons, affin de tousjours tenir Paris autant assiegé que par la presence d'une armée ; que l'on licentieroit une partie de l'armée, et en feroit on seulement une mediocre, affin que si les ducs attaquoient quelque place d'importance, le Roy pust estre aussi tost sur leurs bras; que l'on renvoyeroit les forces dans les provinces dont elles estoient parties, ce qui seroit grandement consoler lesdites provinces; aussi qu'en y faisant refraischir lesdites troupes, c'estoit leur donner moyen d'y acquerir quelque chose ; et mesmes, advenant que l'Espagnol, ou autres forces estrangeres, voulussent par cy après entrer en France, que lesdites troupes, ainsi refraischies en chasque province, se pourroient reünir incontinent auprès du Roy, lequel par ce moyen se trouveroit avoir tousjours plus de forces que ses ennemis, qui seroit le moyen de les contraindre de faire encor pis que de se retrancher dans un marais. Voilà ce que les royaux resolurent au conseil à Gonnesse.

Suyvant ceste resolution, le Roy, voyant que quelques-uns de la noblesse mesmes, usans d'impatience, s'estoient d'eux mesmes licenciez de se retirer aux provinces d'où ils estoient, fit passer son armée au delà de la riviere d'Oyse, après avoir laissé M. de Laverdin dans Sainct Denis pour deffendre ceste place en cas d'un siege. Ce seigneur usa d'une grande diligence à y faire faire les reparations qui y estoient necessaires, et à mettre un ordre au grand desordre qu'il y avoit dans ceste ville à cause des maladies.

Le Roy envoya aussi en mesme temps de bonnes et fortes garnisons ez villes de Melun, Corbeil, Senlis, Meulan et Mante, et retint avec luy une armée mediocre que conduisoit le mareschal de Biron, avec laquelle il reprit Clermont en Beauvoisis, et quelques autres places en ce quartier là. Il renvoya aussi M. le prince de Conty en Touraine, Anjou et le Maine, M. de Montpensier en Normandie, M. de Longueville en Picardie, M. de Nevers en Champagne, et le mareschal d'Aumont en Bourgongne, chacun avec des forces suffisantes pour tenir la campagne en toutes ces provinces là.

D'autre costé les ducs de Mayenne et de Parme, estans venus à bout de leurs desseins par leur temporisement dans le marais où ils estoient campez, desgagerent Paris sans perdre un homme, et arracherent des mains du Roy ceste ville, qui dans quatre jours au plus-tard se fust renduë à luy par l'extreme famine qui estoit dedans. Aussi-tost que le Roy eut retiré son infanterie des faux-bourgs de Paris du costé de l'Université, qui fut le trentiesme d'aoust, le capitaine Jacques, ferrarois, qui commandoit dans Dourdan pour l'union, fut le premier qui le lendemain matin amena à Paris, par la porte Sainct Jacques, une grande quantité de vivres. Quatre jours après il y arriva encor mille charrettes plaines de bled qui furent amenées de devers Chartres; bref, du costé de l'Université ils receurent beaucoup de vivres de plusieurs endroits :

ce qu'ils eurent en ce commencement à assez bon marché, et qui fut cause, ainsi que plusieurs ont escrit, que lesdits sieurs ducs, ayant eu advis de ce renvitaillement, se retrancherent dans le susdit marais, battirent et prirent Lagny afin de tirer commodité de vivres de la Brie pour leur armée, et firent si bien, que, sans se bouger d'un lieu, ils furent cause de la dissipation de l'armée royale. Voyons si leur armée aussi demeura long temps sur pied.

Aussi-tost que les ducs eurent sceu que le Roy et son armée tiroient vers Beaumont, ils sortirent de leur marais, et, au lieu de poursuivre les royaux, ils tournerent à gauche, passerent la Marne, rendirent libres les ponts de Sainct Maur et de Charenton, et firent loger leur armée en Brie. Plusieurs petites places se rendirent de leur party incontinent, comme Provins, Crecy et autres, puis en un coup toute ceste grande armée se tourna, le 24 septembre, droict à Corbeil, distant de sept lieuës de Paris, la divisant en deux, deçà et delà la riviere. Ceste ville est du costé du Gastinois en un angle que faict la riviere d'Estampes entrant dans la Seine; elle est commandée de deux colines comme de deux cavaliers d'où on peut battre les maisons en ruine. Aux approches le marquis de Renty fut blessé, dont du depuis il mourut. Ce siege fut plus long que les ducs ne l'avoient imaginé; car le sieur de Rigaud, avec son regiment que le Roy y avoit envoyé dedans, arresta l'armée desdits ducs cinq semaines durant, quelque sommation et quelque belle composition que l'on luy offrist.

Ainsi que l'on commençoit à battre ceste ville, le legat Caëtan, accompagné de plusieurs des principaux de Paris, s'y achemina le 25 de ce mois, au devant duquel alla ledit duc de Mayenne, et puis celuy de Parme, lesquels luy firent de grands honneurs à leur rencontre. Pour s'en retourner en Italie, il prit excuse sur la mort du pape Sixte v, et sur l'eslection d'un nouveau pape; mais en effect, c'estoit pour ne tomber plus aux fatigues qu'il avoit euës depuis qu'il estoit venu en France, où il ne fit rien de tout ce qu'il s'estoit proposé, et fut peu heureux en son voyage. Dez son entrée il perdit tout son bagage en venant de Lion à Paris; arrivé à Sens, le plancher de la grand sale de l'archevesché où il estoit logé tomba; il demeura quatre mois assiegé dans Paris, avec une infinité d'incommoditez; bref, toute sa legation ne fut que confusion. Les catholiques royaux en leurs escrits disoient de luy qu'il estoit venu en France pour diviser la France, vendre la noblesse, et esteindre en la France la France, et abolir la maison royale; qu'il s'estoit conjoinct avec ceux du milieu desquels estoit sorty le parricide meurtrier du feu Roy, affin de les encourager en leur rebellion, ruyner le Roy, et mettre en proye tous les gens de bien. Aussi ils ne le nommerent jamais legat, et l'appelloient seulement cardinal. Deux jours après son arrivée, il partit de devant Corbeil, et fut conduit jusqu'en Lorraine par le comte de Chaligny et par le sieur de Sainct Paul, avec nombre de gens de guerre, car il craignoit merveilleusement les royaux, et avoit sceu que M. de Nevers estoit à Chasteau-Tierry avec force troupes : mais il passa sans destourbier; et quoy qu'il reçust advis de la creation du pape Urbain vii, il ne laissa de passer oultre, et s'en retourna par le pays des Suisses en Italie.

Ceux de la faction des Seize, durant le siege de Paris, s'estoient monstrez ardents et violents avec leurs predicateurs, pour empescher que l'on ne traictast d'aucune paix avec le Roy. Ils se faisoient appeller catholiques zelez, et portoient toute leur affection et tous leurs vœux à l'Espagnol. Les principaux de ceste faction estoient du conseil general de l'union que le duc de Mayenne avoit licentié, ainsi que nous avons dit, lequel conseil ils desiroient estre restably, et pensoient que le duc de Mayenne le leur devoit accorder, tant à cause de ce qu'ils avoient faict au siege de Paris, que pour ce que l'Espagnol avoit esté le principal secours dudit duc. Ils deputerent donc quelques-uns d'entr'eux pour aller vers luy au camp de Corbeil, affin de luy presenter quelques memoires pour à l'advenir maintenir mieux leur party, la substance desquels estoit :

I. Qu'il plust au duc de Mayenne se resouldre de faire la guerre ouverte, sans esperance d'accord ny paction aucune avec leur ennemy commun (ainsi appelloient-ils le Roy).

II. Que si ledit duc de Mayenne ne se sentoit assez fort de luy mesme, tant pour le peu d'assistance de la noblesse françoise, que pour les necessitez du peuple qui estoit fort atenué, qu'il luy plust cercher et resouldre promptement ayde et secours des potentats catholiques, et specialement du Pape et du roy d'Espagne, qui estoit le plus proche et prompt secours, desquels le legat et l'ambassadeur estoient au camp prez de la personne dudit sieur duc, avec lesquels il pouvoit promptement et facilement composer et faire comme celuy qui est au peril de sa vie en l'eau, lequel tend la main au premier qui se presente pour le sauver, ne se souciant de quelle main il soit pris pourveu qu'il se sauve : ainsi qu'il failloit que ledict sieur duc en fist de mesme, sans craindre la difficulté de l'obligation qu'il feroit au potentat catholique qui leur donneroit secours.

III. Que ledit sieur duc considerast les actions de son conseil, et en changeast ceux qui avoient usé de propos d'accord avec le Roy, en ostast aussi ceux qui luy demandoient incessamment des recompenses, ceux qui luy conseilloient de n'entendre les plaintes du peuple catholique (un des Seize) comme chose importune et sans raison, ceux qui ne tendoient à autre chose qu'à restablir l'Estat aux despens de la religion, ceux qui s'estoient approchez de luy en intention de sauver leurs biens, et qui n'estoient parus auprès de luy (1) que depuis la mort de messieurs ses freres, servans auparavant de conseil au feu Roy contre leur party ; de toutes lesquelles qualitez ils soustenoient que la pluspart de son conseil estoit composé, ainsi qu'ils luy feroient cognoistre s'il vouloit.

IV. Que pource qu'aucuns des cours souveraines, et principalement de la justice, se ressentoient des desarmements et emprisonnements que l'on avoit faits de leurs personnes contre ceux qui les avoient desarmez et emprisonnez, ce qui engendroit une juste desfiance entr'eux et les catholiques de Paris, de sorte que ceux-là exerçans leurs charges, et vivans en appetit de vengeance contre ceux-cy, c'estoit entretenir

(1) *Qui n'estoient parus auprès de luy*. Application à Villeroy, qui avoit ete ministre de Henri III, et qui donnoit beaucoup d'ombrage aux Seize.

un discord entre les uns et les autres; pour à quoy remedier ils supplioient premierement ledit sieur duc de faire publier un edict d'adveu desdits emprisonnements et desarmements, sans qu'il en fust faict à l'advenir aucune recherche par qui que ce fust; secondement, qu'il fist establir une chambre de personnes esleues et choisies pour cognoistre indifferemment et juger souverainement de tous ceux qui contreviendroient à l'union des catholiques, et de toutes les causes des catholiques (un de la faction des Seize) qui ont faict lesdits desarmements et emprisonnements.

V. Qu'il plust audit sieur duc mander au conseil general de l'union de reprendre leurs seances et y continuer, comme chose necessaire pour la continuation de l'union des catholiques, estant le seul et unique corps souverain de tout leur party, et sous l'authorité duquel il avoit esté fondé, en attendant l'assemblée des trois estats du royaume; la discontinuation duquel corps leur avoit grandement prejudicié, pource que tout leur party s'estoit desmembré faute de la substance de ce corps, auquel seul toutes les provinces et villes de l'union des catholiques avoient promis obeyssance : si bien que, si ce corps venoit à defaillir, la des-union s'ensuivroit si grande, que tout leur party seroit entierement ruiné. Pour à quoy obvier, disoient-ils, il estoit très-necessaire que ce corps reprinst son authorité, et exerçast ses fonctions le plustost qu'il seroit possible.

Pour porter ces memoires au duc de Mayenne, les Seize deputerent le docteur Boucher, F. Bernard, feuillan, Le Gresle, Crucé, Borderel, et quelques autres d'entr'eux. Arrivez à Choisy, où estoit logé ledit sieur duc, ils allerent luy donner le bonsoir. Ledit Boucher porta la parole pour tous, et presenta les memoires susdits. Le duc les receut avec promesse d'y pourveoir; mais, aussi-tost qu'ils furent partis, le conseil que le duc avoit estably près de luy, ainsi que nous avons dit, s'assembla, où se trouverent les presidents Le Maistre, Vetus et d'Orcey, les sieurs de Rosne, de Vitry et de Videville. L'intention des Seize fut incontinent descouverte, et cognut-on qu'ils ne tendoient qu'à la ruine de la monarchie françoise, qu'ils n'estoient que gens turbulents, lesquels vouloient reduire l'Estat de France en une republique en laquelle ils se promettoient de faire les souverains, et ruyner par ce moyen la noblesse. L'autheur du livre du Manant et du Maheustre dit que plusieurs du conseil du duc dirent qu'il failloit faire des torchons de leurs memoires sans leur rien respondre; d'autres proposerent qu'il failloit mettre en pieces, tant les memoires que ceux qui les avoient apportez: l'original toutesfois en fut monstré à l'archevesque de Lyon et à d'autres du conseil dudit sieur duc, tous lesquels s'en mocquerent. Ainsi les deputez des Seize, après avoir esté huict jours à Choisy, s'en retournerent à vuide et mocquez, quoy que Rossieux, l'un des quatre secretaires du duc, leur portast de l'affection. Ces deputez pensoient aussi, comme deputez du conseil des Seize, saluër le duc de Parme, et vouloient contrefaire les ambassadeurs d'une republique libre d'Allemagne ou d'Italie; mais le duc de Mayenne, ayant descouvert leur intention, leur fit deffendre d'y aller; ce que le duc ne faisoit sans grande prudence, car il voyoit bien que si ces gens là avoient communication ou intelligence à part avec l'Espagnol, que cela apporteroit la ruine des François, et principallement de la noblesse. Nonobstant, le docteur Boucher, sous ombre d'aller voir Sega, evesque de Plaisance, qui depuis fut legat en France, ainsi que nous dirons, ne laissa d'aller au logis du duc de Parme, dont le duc de Mayenne adverty le fit appeller, et luy en tint de rudes propos; mais, comme ce docteur estoit un des principaux pivots de la faction des Seize, il ne tint beaucoup de compte des paroles du duc, et trouva depuis d'autres moyens de communiquer seurement et secrettement avec l'Espagnol, ainsi que nous dirons cy-après, taschant, avec ceux de sa faction, d'oster le duc de sa charge de lieutenant pour porter la domination de la France entre les mains des Espagnols. Les Seize donc cognurent lors que ce que ledit duc avoit licencié pour un temps le conseil general de l'union estoit en effect une vraye cassation d'iceluy, et que ledit sieur duc, avec le conseil qu'il avoit estably près sa personne, vouloit tenir toute l'authorité et souveraineté à sa volonté. Contraints donc de ceder pour ce coup, et de se retirer à Paris, ils ne laisserent encores de poursuivre leurs desseins, ainsi que nous dirons, ce qui fut la cause des divisions et de la ruine de leur party.

Retournons au siege de Corbeil où les ducs de Mayenne et de Parme, ayans trouvé plus de difficulté qu'ils n'avoient pensé pour prendre ceste place, à cause qu'il leur fallut plusieurs fois changer leurs batteries pour les retranchemens dont userent les assiegez, resolurent d'y faire un effort general. Après qu'ils eurent faict faire un cavalier qui commandoit fort à l'endroit où dez le commencement ils avoient dressé leur batterie, et faict emplir une maison plaine de terre dans le faux-bourg au delà du pont du costé de la Brie, sur laquelle ils mirent quatre canons qui battoient en courtine, puis deux coulevrines qui battoient d'une colline dans la ville, et d'autres pieces en d'autres endroicts, ils firent recommencer la batterie si furieusement, que, quelque resistance que s'esforçassent de faire les assiegez, les Espagnols les emporterent par un assaut, et tuërent tout ce qu'ils trouverent dedans ceste place, entr'autres le sieur de Rigaud, auquel du depuis les gentils esprits françois firent plusieurs epitaphes en sa loüange, pour avoir arresté en une si petite et mauvaise place cinq semaines durant une telle armée.

Ceste prise ne se fit pas sans que plusieurs Espagnols et Italiens n'y laissassent la vie, entr'autres Attila Tissin et le proveditor Tassis. Mais ce fut une chose deplorable de voir la cruauté et les violemens des femmes et des filles que firent les Espagnols; leurs propres historiens disent : *Quivi fu il sacco notabile più tosto per la molt' avarizia e crudeltà de' soldati, che per la ricchezza di esso, et a gran fatica dalla loro libidine fu salvata una sorella di M. d'Aron, maestro di campo della lega; il che dava ampia materia a nimici di biasmar gli Spagnuoli, ricifaciendo loro queste, e molt'altre sceleratezze, etc.* (1).

(1) Ce qu'il y eut de plus horrible au sac de cette ville fut que les soldats se montrèrent encore plus altérés de sang qu'avides de richesses, et on eut la plus grande peine à soustraire à leur brutalité la sœur de M. d'Aron, mestre de camp de la ligue : ce qui donna ample-

Après la prise de Corbeil, le duc de Parme, voyant qu'il ne pouvoit faire aucun effort aux places lesquelles tenoient encores Paris comme assiegé, et que son armée se diminuoit, que l'hyver s'approchoit, que le prince Maurice avoit taillé plus de besongne ez Pays-Bas que ledit duc n'eust sceu en desmesler d'un an, il resolut de s'en retourner en Flandres, et avant son partement de donner ordre le mieux qu'il pourroit, affin que les partisans de l'union eussent moyen de resister aux royaux. Ce ne fut toutesfois, ainsi que plusieurs ont escrit, sans semondre le duc de Mayenne et ceux qui avoient traicté avec luy en Flandres de faire paroistre quelques effects de leurs promesses, et de rendre quelques fruicts à son maistre le roy d'Espagne de toute ceste grande despence qu'il avoit faicte pour les secourir; mais eux, ne pouvans plus desguiser leur foiblesse, la luy firent entendre ouvertement, et luy monstrerent que toute la puissance des grandes villes de leur party estoit tombée entre les mains du peuple. Ce duc recognut lors avec l'ambassadeur Mendozze que le Roy son maistre ne recevroit d'eux aucune utilité evidente que premierement il n'eust mis le pied sur la gorge à tous les partisans de la ligue et à toutes les capitalles villes du royaume, et que d'oresnavant il ne leur failloit fournir de secours que pour resister tellement quellement aux royaux, affin qu'en se consumant en guerres civiles, et s'entretenans en leurs partialitez, ils ne rentrassent en leur bon sens et ne recognussent le Roy; mais que s'il advenoit qu'ils fussent contraints une autre fois de

sujet aux ennemis des Espagnols de leur reprocher leur cruauté et beaucoup d'autres excès, etc.

demander secours au roy d'Espagne leur maistre, qu'alors on ne leur en donneroit point qu'auparavant ils n'eussent livré des places et accordé de recevoir l'infante d'Espagne pour royne. En attendant que cela reüssiroit, Mendozze prit la charge de faire practiquer des partisans en chasque ville pour le Roy son maistre, et de plus en plus entretenir à cest effect la faction des Seize dans Paris, la confrairie du Cordon dans Orleans, et de mesmes aux autres villes, en continuant ou augmentant les pensions d'aucuns predicateurs et des factieux.

Pour l'execution de ces desseins, après que le duc de Parme eut envoyé le seigneur Mario Farnese à Paris faire les compliments aux princesses qui y estoient, il fit partir, le premier de novembre, son armée des environs de Corbeil pour s'en retourner en Flandres. Traversant la Brie, il arriva autour de Colomiers, où il receut nouvelles que les sieurs de Givry et de Parabelle avec les troupes qui estoient dans Melun, avoient le dixiesme novembre reprins Corbeil par surprise, et avoient tué Alonzo Toraques et les Espagnols qu'il y avoit laissez dedans avec deux cents lansquenets. Ceste reprise resjouit autant les royaux que ceux de l'union en furent faschez. Le Roy en eut la nouvelle à Compiegne, où il estoit venu d'Escoüy avec quelque cavalerie sur l'avis qu'il avoit receu que le duc de Parme s'en retournoit en Flandres, lequel il n'avoit envie de laisser retourner sans conduite, et principalement pour l'empescher d'entreprendre sur quelqu'une des places royales durant son retour.

Sa Majesté, ayant donc laissé dans le pays de Vexin

M. le chancelier et les gens de son conseil, avec le mareschal de Biron et l'armée pour l'employer en ce qu'il trouveroit de plus propre, partit de Compiegne avec huict cents chevaux qui s'y trouverent de la noblesse de Picardie, laquelle à son mandement l'y estoit venu trouver, et envoya M. de La Nouë avec la compagnie de l'Isle de France se jetter dans Chasteau-Tierry, luy promettant de le secourir et de combattre le duc s'il attaquoit ceste place. Il manda aussi incontinent à M. de Nevers et au sieur de Givry de le venir rencontrer. Tous s'acheminèrent vers luy pour luy ayder à reconduire le duc de Parme, lequel, voyant que ledit sieur de La Nouë s'estoit mis dans Chasteau-Tierry, y fit sejourner son armée aux environs quelque temps, puis, suivant la resolution qu'il avoit prise avec le duc de Mayenne dez le siege de Corbeil, M. de La Chastre (à qui le duc de Mayenne, comme lieutenant general de l'Estat et couronne de France, fit depuis expedier lettres de mareschal de France, lesquelles furent verifiées au parlement de Paris) fut renvoyé à Orleans avec un regiment de lansquenets conduit par un gentil-homme de la maison des viscomtes de Milan, quatre regiments françois des sieurs de Vaudargent, de Lignerac, du Coudray et de Montigny, avec cinq cens chevaux, pour employer toutes ces troupes contre les royaux vers la Sologne et le Berry, et le long de la riviere de Loire. Le sieur Dragues de Comnene commandoit en ceste petite armée de mareschal de camp; les exploicts qu'elle fit nous le dirons l'an suivant. Dans Paris, le sieur de Belin y fut mis gouverneur au lieu de M. de Nemours, avec quinze cents lansquenets du regiment du comte Colalte, huict cents François et deux cents chevaux sous la charge du sieur de Maroles. M. de Nemours, qui avoit tant desiré le gouvernement de la Normandie, ayant eu response du duc de Mayenne qu'il ne failloit partir la peau du loup avant que d'estre pris, et qu'il estoit necessaire de patienter et de sçavoir comme les affaires iroient, s'en retourna aussi avec de belles troupes en son gouvernement de Lyonnois pour y commander, et aux provinces du Dauphiné, Auvergne et Bourbonnois. Du depuis ces deux ducs ne s'accorderent pas des mieux, ainsi qu'il se verra cy après, quoy qu'ils fussent freres de mere; et le duc de Mayenne pourveut son fils aisné du gouvernement de Normandie.

Ainsi lesdits ducs de Mayenne et de Parme, ayans renvoyé plusieurs troupes de gens de guerre en diverses provinces, s'acheminerent pour aller vers les frontieres de Flandres; mais le Roy, ayant donné ordre à toutes les places qu'il pensoit pouvoir estre par eux assaillies, commença d'aller droit à eux, et les joignit de si près, que, le 23 de novembre, il fit tailler en pieces une compagnie de gens de pied espagnols. Le 26, les ducs estans deslogez de Fismes pour aller à Pontravers où passe la riviere d'Esne, le Roy, accompagné de huict cents bons chevaux et autant d'harquebuziers à cheval, fatigua tant l'armée des ducs qu'il la contraignit de rompre le dessein de leur logis. Ce qu'ayant faict, le Roy se retira au village de Longueval, où la cavalerie de Flandres vint donner des coups de lances jusques dans les portes; mais les harquebusiers qui estoient sur les murailles leur firent une salve quasi à mire, dont ils en tuërent plusieurs, et les contraignirent de se retirer plus loing. Le Roy aussi perdit une trentaine de ses harquebusiers à cheval, lesquels avoient mis pied à terre pour escarmoucher. Après cela Sa Majesté se retira à Pontarsy, et les ducs furent contraints de camper toute la nuict, se doutant du devant et du derriere pour ce que, ce mesme jour, M. de Nevers avec cinq cents chevaux, et les sieurs de Givry et de Parabelle, qui venoient de Melun avec une autre bonne troupe de cavalerie, joignirent Sa Majesté, laquelle, se trouvant lors avoir près de deux mil chevaux et mille harquebuziers à cheval, se resolut d'enlever l'arrieregarde des ducs avec mille bons chevaux; mais il advint que deux des canons des ducs estans demeurez embourbez, toute leur avantgarde rebroussa, et demeurerent là tout ce jour en bataille, et y camperent mesmes la nuict, si bien que Sa Majesté ne put rien entreprendre sur eux.

Le lendemain, Sa Majesté estant advertie que les ducs prenoient le chemin de Marle pour gaigner l'arbre de Guise, il ordonna à toute sa cavalerie de se rendre à Crequy avec les armes sans bagage. Estant arrivé le premier au rendez-vous, quelques-uns ayans esté un peu paresseux, ne voulant perdre l'occasion de voir encor l'ennemy, il jetta devant luy le baron de Biron, le suivant avec quarante gentils-hommes seulement. Depuis, M. de Longueville et sa troupe le joignirent, et en mesme temps il parut au coing d'un bois cent lances espagnolles en deux troupes, avec chacune une cornette de carabins, lesquelles, ayans descouvert le baron de Biron, partirent incontinent pour le charger; ce que Sa Majesté voyant, fit advancer le sieur de Charmont avec vingt chevaux pour le renforcer; mais ledit sieur de Biron fit à l'instant une si rude charge à ceux qui venoient pour le combattre, qu'il leur fit tourner la teste jusques à leur gros qui estoit de six vingts lances, mené par Georges Bate qui faisoit la retraicte, lesquels tous ensemble revindrent à la charge; mais, parce que le cheval dudit sieur baron de Biron avoit esté blessé en ceste charge, le Roy s'advança, et, r'alliant ceux qui s'estoient separez, fit une charge si furieuse à toute ceste arrieregarde, qu'elle se plia et se sauva à toute bride, laissant leurs morts tous armez sur la place et quelques chariots. Le Roy, n'ayant pas toute sa cavalerie avec luy pource qu'elle n'avoit esté si diligente que luy, les laissa aller, se contentant d'avoir empesché le duc de Parme de rien entreprendre en toute sa retraicte, et l'ayant contraint de loger si serré, et faire de si grandes journées, qu'il laissa une grande file de ceux qui ne pouvoient marcher si legerement que luy, avec beaucoup de bagage qui demeura à la mercy des paysans.

Après cela Sa Majesté s'en alla faire son entrée à Sainct Quentin, où il fut receu avec une grande allegresse des habitans. Le 10 decembre il y receut les nouvelles comme la ville de Corbie, distante de trois lieuës d'Amiens, avoit esté surprinse, dez la pointe du jour, avec un petard et une escalade, par les sieurs de Humieres, de La Boissiere et de Parabelle. Le sieur de Bellefourier, qui commandoit dans ceste place pour l'union, y fut tué en combattant, avec la plus-part de la garnison, sans perte que de deux royaux. On trouva dans ceste place deux gros canons, deux coulevrines et plusieurs autres pieces montées sur rouës, avec une grande quantité de munitions et de vivres.

Le duc de Parme, arrivé aux frontieres de Flandres, fit assembler les troupes qu'il avoit destinées pour demeurer avec le duc de Mayenne, sçavoir, le Terzo des Italiens, et autres compagnies, tant d'infanterie que de cavalerie ; puis, ayant faict appeler auprès de luy les capitaines et gens de commandement, il leur dit, devant M. de Mayenne et les seigneurs françois du party de l'union qui l'accompagnoient : « Je ne vous appelle point icy pour vous ramentevoir les grandes louanges que vous avez acquises d'avoir delivré Paris d'un très-grand siege, ny pour tant de braves exploicts militaires dont vous estes venu à vostre honneur, mais seulement pour vous prier de conserver l'honneur que vous avez acquis, en continuant le service que vous devez à Dieu, à l'Eglise romaine, et au roy Catholique, vostre souverain seigneur. Je ne doute point qu'en peu de temps vous ne remettiez la France en liberté, sous l'obeyssance du Sainct Siege apostolique, dont vous recevrez de Dieu et des hommes le juste guerdon de vos labeurs. Mais, si dans le printemps vous n'aviez achevé ceste guerre contre l'heresie, soyez asseurez que vous ne manquerez point de secours, et, s'il est besoin que je revienne encores en personne, je ne feray faute de m'y acheminer, vous asseurant qu'il n'y a chose que Sa Majesté Catholique desire plus que de voir durant sa vie exterminer l'heresie et les heretiques, contre lesquels pour le devoir de sa dignité il est resolu de despendre tous ses moyens, et employer toutes ses forces et toute sa puissance. » Puis, se retournant vers le duc de Mayenne et les seigneurs françois, il leur recommanda ses gens de guerre avec de belles paroles. Il faisoit toutes ces choses à dessein, affin que ceux qui estoient avec le duc de Mayenne, estans retournez aux villes de l'union, asseurassent ceux de leur party que l'Espagnol ne les secouroit que pour la seule occasion de la religion, et que par ce moyen ils se rendissent plus opiniastres contre leur roy, car il ne vouloit pas en ce commencement publier les plaintes des promesses que l'on luy avoit faictes, de peur que toutes les villes de l'union, recognoissans la charité de l'Espagnol, et avec quels desseins il avoit entendu les secourir, ne songeassent à eux; mais on tient qu'en traictant à part avec M. de Mayenne, il luy conseilla d'entretenir le Roy tousjours par quelque ouverture de paix ou de trefve, et l'amuser par ce moyen, affin de rendre les efforts de ses armes inutiles durant l'hyver. « Car j'ay recognu, luy dit-il, au prince de Bearn qu'il use plus de botes que de souliers, et que l'on le ruynera plustost par dilayemens et temporisemens que non pas par la force. » Le duc de Mayenne fit practiquer depuis ce conseil, et fit ouvrir plusieurs paroles de paix, ce qui luy servit bien à rasseurer et mettre ordre en beaucoup de villes de l'union. Ceux qui s'en meslerent pour luy luy furent fidelles; les royaux qui confererent avec eux les blasmerent de peu de verité et d'affection à leur patrie, et eux trouverent leur excuse sur ce que ceux qui traictoient avec eux estoient de la religion pretenduë.

Ainsi le duc de Parme s'achemina droict à Bruxelles, où il trouva que le prince Maurice avoit en plusieurs endroicts des Pays-Bas repris plusieurs places fortes. Affin de mieux entendre ce qui se passa en ces pays-là, il est besoin de sçavoir ce qui s'y estoit passé depuis la surprise de Breda par ledit sieur prince, ainsi qu'il a esté dit cy-dessus.

Après la reddition de Bergh, le comte Charles de Mansfeldt vint à Anvers, d'où il partit le 10 de mars, six jours après la surprise de Breda, affin d'empescher les courses que faisoient les gens des Estats en la campagne de Brabant; ce qu'ayant fait, il tourna droict avec toutes ses troupes vers Sevenberghe, jugeant qu'en prenant ce lieu là il pourroit recouvrer Breda, pour ce que Gertruydemberghe tenoit pour l'Espagnol.

Sevemberg estant peu fort, il luy fut incontinent rendu à discretion, et Mansfeldt, suyvant son naturel, comme plusieurs ont escrit, fit tailler toute la garnison en pieces, et ses soldats commirent là dedans une infinité de cruautez et de meschancetez. De là il alla assieger un fort dans une isle à l'orée de la mer, et à la teste de l'emboucheure de Steembergh, lequel pouvoit estre secouru à toutes marées par les Holandois. Mansfeldt, ayant battu ce fort cinq jours durant depuis le 8 de may, et voyant qu'il n'advançoit rien pour pouvoir donner un assaut, voulut passer le canal et y conduire de l'artillerie sur des barques qu'il fit très-bien armer pour cest effect; mais son dessein ne luy reüssit, à cause du flux de la mer qui laissoit les environs de ceste isle, qui ne sont que de très-dangereux marescages, comme à sec. Toutesfois Charles de Mansfeldt, ne se contentant de la premiere fois qu'il y avoit envoyé, voulut derechef tenter de faire reüssir son dessein; mais estant entré en une marée trois cens soldats holandois dans ledit fort, avec deux pieces d'artillerie, les Espagnols, qui s'approcherent avec leurs barques prez dudit fort, furent si bien saluez avec une infinité de canonnades et de feux artificiels, qu'il y en demeura plus d'une centaine de morts, entre lesquels estoient plusieurs capitaines de commandement. Mansfeldt, contraint de se retirer, cognoissant qu'il perdoit là son temps, abandonna Sevembergh, changea son camp, et vint aux environs de Breda, faisant semblant de l'assieger; mais, en effet, c'estoit pour la prendre par une intelligence qu'il avoit dedans, laquelle descouverte, il resolut de se retirer du tout. En sa retraicte la garnison de Breda voulant l'attaquer par une sortie qu'ils firent sur sa cavalerie, luy, ruzé, les fit entretenir en une escarmouche cependant qu'il les faisoit entourer, ce qui luy reüssit tellement, que tout ce qui estoit sorty de Breda, au nombre de plus de deux cents, furent taillez en pieces. De là Mansfeldt s'en alla ez duchez de Cleves et de Juilliers, où les siens firent une infinité d'hostilitez, et se fortifierent en plusieurs endroicts pour y faire leurs courses plus à leur aise. De l'autre costé, Verdugo, gouverneur de Groninghe, avec nombre d'Espagnols, travaillerent infiniment le diocese de Cologne. Toutes ces hostilitez faictes par les Espagnols sur les terres de l'Empire furent occasion d'une journée que les princes allemans tinrent à Cologne où il ne fut rien resolu. Du depuis il fut tenu encor une diete à Francfort pour y remedier, ainsi que nous dirons cy-après.

Cependant le prince Maurice avec les Estats qui ne vouloient point demeurer oisifs font leurs aprests pour assieger Numeghe; le prince, desirant plustost la surprendre que de l'assieger, entreprit de la petarder; et s'estant rendu secrettement à Tiel, il s'achemina de nuict à Numeghe, et mit à la porte de Hezel un petard long de deux brassées, faict de bois et entouré de fer; puis les siens s'estans retirez dix pas en arriere, il fit mettre le feu à la trainée de la poudre qui devoit le mettre à la queuë du petard, ce qui ne reüssit selon leur desir, car, soit pour l'humidité de la terre, ou pour autre occasion, il n'y eut que la poudre de la trainée qui prit feu alors. La flamme en estant veuë par les sentinelles, toute la ville fut incontinent en armes : ce que voyant le prince et les siens se retirerent. Peu après leur retraicte le petard prit feu, et fit tel effect qu'il mit la porte par terre : dequoy les habitans estonnez se preparerent à deffendre l'entrée; mais, ne voyans personne dehors que le petard, ils l'allerent querir, et reparerent incontinent la ruine qu'il avoit faicte, puis rendirent graces à Dieu de les avoir delivrez de ce peril, et changerent leur crainte en allegresse, qui ne leur dura gueres, car le prince, cinq jours après, ayant faict monter contremont le Rhin toutes ses forces, avec trente pieces d'artillerie, fit descendre ses gens en terre sans beaucoup d'empeschement, et battit ceste ville de treize pieces d'artillerie. Le duc de Parme, qui estoit encor à Condé, manda incontinent au comte Charles de s'acheminer avec toutes ses troupes vers Numeghe, ce qu'il fit en diligence. Devant qu'il y fust, le prince fut encor un mois sans discontinuër son siege, où il faisoit tirer des balles qui portoient du feu artificiel, lesquelles, en tumbant sur le toict des maisons, y mettoient un tel feu qu'il ne se pouvoit presque esteindre, ce qui causa de grandes ruines; bref, ils canonnerent si bien la tour Sainct Estienne à coups de canon qu'elle fut toute ruinée. Ledit comte Charles, arrivé près de

Numeghe, renvitailla seulement la place, et y mit bonne garnison, car le combat luy estoit deffendu par le duc de Parme. Le prince Maurice, voyant la longueur de ce siege, se resolut d'avoir ceste ville d'une autre façon, et, ayant faict passer son armée en la Betuve vis à vis de Numeghe, il fit dresser le fort de Knotzembourg, qu'il munit de bonne artillerie, d'où il faisoit tirer continuellement contre la ville. Ce fort, ayant esté achevé par le prince Maurice sans aucun empeschement depuis qu'il eut commencé à le bastir, a esté la cause que l'Espagnol perdit Numeghe, ainsi que nous dirons cy-après; car il ne faut point douter que si on ne ruine ces forts dez leur commencement, que peu à peu ils ne deviennent imprenables, et produisent des effects qui ne pourroient être creus. Or le comte Charles avoit assez de forces pour empescher le prince Maurice de le bastir; mais le president Richardot, revenu d'Espagne apportant commandement exprès au duc de Parme de passer en France, fut la cause que le duc defendit audit comte Charles de ne hazarder aucun combat, mais de renvitailler seulement Numeghe; ce faict, qu'il le vinst trouver en diligence : ce qu'il fit.

Le prince et les Estats, qui voyoient que l'Espagnol tournoit toutes ses forces contre la France, resolurent de ne laisser passer une si belle occasion pour eux sans profiter. D'un costé par mer ils envoyerent au roy Très-Chrestien quelques munitions de guerre sous la conduite de cinq de leurs navires, lesquelles arriverent à Diepe; mais, sçachant que le navire du sieur de Villars, gouverneur du Havre de Grace pour l'union, estoit en mer, ils se mirent à la voyle du long des costes de la Normandie, où ils rencontrerent ledit navire monté de vingt-quatre pieces d'artillerie, de cent matelots et de cent soldats. Après avoir longuement combatu contre luy, et l'ayans gaigné, le feu s'y print si promptement, que les Holandois n'eurent autre loisir que d'en sortir, car le navire et tout ce qui estoit dedans fut si hastivement bruslé que l'on n'en put rien sauver. Ils ne firent ce voyage sans butiner aussi quelques navires des villes du party de l'union.

De l'autre costé le prince Maurice, voyant que le comte Charles de Mansfeldt avoit passé la Meuse avec son arméé pour aller trouver le duc de Parme, lequel laissoit le comte Pierre Ernest de Mansfeldt pour commander ez Pays-Bas en son absence sans beaucoup de forces, passa incontinent le Vahal, pensant attraper l'arrieregarde dudit comte Charles; mais ce dessein ne luy ayant succedé, il tourna à droict, et le premier d'aoust il alla assieger Doddedael, qu'il batit si furieusement que les assiegez furent contraincts de se rendre à luy et à sa discretion. Il pardonna à tout ce qui estoit dedans, et ne voulut pas que l'on y fist aucun tort: toutesfois il fit pendre le gouverneur qui estoit dans ceste place.

Le prince ayant laissé une bonne garnison au fort de Knotzembourg vis à vis de Numeghe, il se mit en campagne avec toutes ses troupes, et alla le long du Rhin et de la Meuse, où il reprint plusieurs chasteaux et forts que les Espagnols y tenoient, entr'autres, en l'isle de Bommel, les chasteaux de Heel et de Hennel, en la duché de Cleves, la ville et le chasteau de Burich à l'opposite de Vezel, et le fort de Grave où souloient estre les chartreux de Vezel, au diocese de Coulogne, Lutkenhoven, puis fit razer tous les forts que l'Espagnol avoit faicts le long du Rhin sur les terres de l'Empire. Ayant passé son armée en Brabant, il print le fort de Terrheyden à l'emboucheure de la riviere de Breda, celuy de Roosendaël, et la ville de Steenberghe.

En ce mesme temps les garnison de Breda et de Bergh sur le Zoom, firent plusieurs courses dans le pays de Campeine, prirent par escalade Tillemont en Brabant qu'ils pillerent, puis l'abandonnerent.

En ce temps là aussi l'Espagnol avoit faict un fort joignant la ville de Hoy au pays du Liege pour tenir la Meuse en leur puissance, ce qui empeschoit fort le trafiq : le prince et les Estats pour mettre ce fort par terre envoyerent huict cents soldats, lesquels ayans sommé le capitaine Grobendonc qui estoit dedans avec cent soldats de se rendre à composition sans attendre d'estre forcé, sinon qu'il n'y demeureroit homme en vie, Grobendonc, voyant l'ennemy si proche, sans esperance de secours, se rendit la vie sauve, et sortit avec les siens un baston blanc au poing. Les Holandois, après avoir abbatu le fort, s'en retournerent chargez d'un grand butin.

En mesme temps les Zelandois eurent aussi une entreprise sur Dunkerke qu'ils pensoient prendre d'escalade ; mais, estans partis trois mille hommes de pied et cent chevaux pour l'execution, le vent leur fut tellement contraire, que, demeurant plus long temps en mer qu'ils ne devoient, ils furent descouverts par les Flamans; toutesfois, estans descendus en terre, l'entrepreneur voulut monstrer au comte de Solms et au chevalier Veer la facilité de son dessein : tous trois s'estans approchez du fossé, ils receurent chacun une harquebuzade, et furent contraincts de se rembarquer.

Les Espagnols d'autre costé penserent aussi surprendre Lochen avec trois chariots chargez de foin : le premier chariot estoit desjà dans la ville, quand le portier, voulant prendre du foin pour son droit, tira le pied d'un soldat, ce qui le fit à l'instant crier: *Trahison! trahison!* surquoy tous les soldats sortirent des chariots, et avec les chartiers, qui estoient aussi des soldats desguisez, se ruërent sur les corps de garde, qu'ils taillerent en pieces. Mais l'alarme estant donnée vivement par la ville, toute la garnison fut si diligente de se rendre à la porte, que les Espagnols furent repoulsez dehors, le pont levis levé, auparavant que l'embuscade de la cavalerie et de l'infanterie espagnole y pussent arriver. L'entrepreneur y fut le premier tué.

Les bourgeois de Venloo en Gueldre, se sentans oppressez de leur garnison, qui estoit d'Italiens et d'Allemans, resolurent de s'en delivrer, et, voyans que le sieur Bentink leur gouverneur estoit absent, ils dirent aux Allemans qu'ils vouloient chasser les Italiens pour leurs insolents deportements, et qu'ils ne desiroient avoir que lesdits Allemans, lesquels ils entretiendroient mieux qu'ils n'estoient. Les bourgeois, ayans asseurance des Allemans qu'ils ne se banderoient contr'eux et qu'ils ne les empescheroient de chasser les Italiens, se mirent en armes, commanderent aux Italiens de sortir, sinon qu'ils les tailleroient en pieces: les Italiens, pour estre foibles, et voyants les Allemans ne se remuer point, obeyssent et sortent; mais, quand le peuple les eut veus sortir, ils se tournerent aussi vers les Allemans, lesquels ils firent desloger à l'heure mesme avec la femme et toute la famille de Bentink. Se voyans libres de leur garnison, ils firent par lettres leurs excuses au comte Pierre Ernest de Mansfeldt et au conseil d'Estat à Bruxelles, s'excusans qu'ils avoient esté contraints de ce faire pour les insolents deportements des gens de guerre, desirans toutesfois vivre tousjours sous l'obeyssance de l'Espagne.

La garnison d'Ostende aussi en mesme temps surprint la ville d'Oudembourg près Bruges, où il y avoit quatre cents soldats : après l'avoir pillée ils la bruslerent.

Au mois de decembre aussi le comte d'Everstain avec nombre de cavalerie alla faire une course dans le pays de Westphalie, où il pilla plusieurs villages ez environs de Munster et de Padeborne, et y commit de grandes hostillitez sous un pretexte qu'il prit que ceux de ces quartiers là favorisoient les Espagnols. D'autre costé les Espagnols qui s'estoient mutinez à Herental faisoient aussi des courses et de grands ravages, et les vrybuters des Estats, qui sont soldats advanturiers sans gages, firent aussi des courses en Brabant et en Flandres, où ils firent de grandes hostilitez. Voylà comme les Pays-Bas furent affligez de la guerre en ceste année.

Si l'Espagnol a bien faict de laisser ainsi traicter ses subjects tandis que le duc de Parme par son commandement alla en France secourir ceux de l'union contre leur Roy, j'en laisseray le jugement à un chacun ; mais l'on peut dire qu'outre les pertes qu'il fit ceste année, celles qu'il fit l'an suivant des villes de Numeghe, Deventer et Zutphen, ainsi que nous dirons, ont esté très-grandes, tellement que, pensant faire royne de France sa fille l'Infante sur l'occasion de la division des François, il a perdu de bonnes et grandes villes qu'il n'a peu recouvrer depuis pour le loisir que le prince Maurice et les Estats ont eus de se fortifier pendant que ledit sieur roy d'Espagne tournoit ses desseins contre la France. Or le duc de Parme avoit respondu, lors que le Roy l'envoya deffier à la bataille par un heraut, qu'il estoit venu par le commandement du roy d'Espagne pour mettre fin aux guerres de France avant que d'en sortir, et que s'il trouvoit que le chemin plus court pour y parvenir fust de donner une bataille au Roy, qu'il la luy donneroit, et le contraindroit de la recevoir, ou feroit ce qu'il luy sembleroit pour le mieux. S'il a eu la puissance d'executer ceste responce il se peut juger par ce que dessus et par ce qu'en a dit l'historien Campana, qui a escrit du tout en sa faveur en ces mots : *Approssimandosi il tempo che disegnava il duca di tornare in Flandra essendo la sua milizia afflitta molto da malatie, et da carestia di vettovaglie, e trovandosi bisognoso di denari, non avendo potuto Parigini ristorargli in parte alcuna le spese fatte in quelle spedizioni, sollecitò la partita, et fece avvisato il Verdugo che con 24 compagnie di fanteria, et sei cornette di cavaleria andasse ad incontrarlo, perciocche il Re drizzatosi à confini di Picardia, disegnava di molestarlo al ritorno. Arrivato dunque a Brusselle, il quarto giorno di decembre, con solo sei mila di suoi, comminciò a dar ordine alle cose di quei paesi, ridotte in cattivo stato* (¹). Voylà comme cest autheur tesmoigne que ce duc fut contraint pour s'en retourner, non seulement de se faire accompagner du duc de Mayenne, mais de mander encor des Pays-Bas le colonel Verdugo, craignant le Roy, qui le poursuivoit de si près en sa retraicte, que plusieurs ont escrit qu'il ne dormit point à son aise qu'il ne fust arrivé à Brusselles.

Nous avons dict cy-dessus que le pape Sixte mourut le 27 aoust, que le siege fut vacquant dix-huict jours, et qu'Urbain septiesme fut esleu pape, lequel mourut le treiziesme jour de son pontificat, au regret de plusieurs, qui esperoient que, pour ce qu'il estoit personnage de bonne vie et bien entendu ès affaires publiques, il restaureroit l'estat ecclesiastique. Auparavant son eslection on le nommoit Jean Baptiste Castaigne, cardinal de Sainct Marcel. Il estoit romain de nation, et avoit durant sa vie exercé plusieurs belles charges, et demeuré sept ans nunce en la cour d'Espagne. Il se proposoit de faire beaucoup de belles choses, mais le second jour de son pontificat il tomba malade, dont il mourut peu de jours après. L'Italie, depuis la mort de Sixte v, avoit esté grandement travaillée des bannis et

---

(¹) Le duc voyant approcher l'époque où il avoit résolu de retourner en Flandre, son armée désolée de maladies, dépourvue de vivres, et sans argent, n'ayant pu trouver à Paris aucuns fonds pour couvrir une partie quelconque des dépenses qu'il avoit faites pour ces expéditions, accéléra son départ, et fit dire à Verdugo de venir au-devant de lui avec vingt-quatre compagnies d'infanterie et six cornettes de cavalerie, parce que le Roi, qui l'attendoit sur les confins de la Picardie, avoit l'intention de l'inquiéter dans sa retraite. Arrivé à Bruxelles le 4 décembre, avec seulement six mille hommes, il commença à mettre ordre aux affaires de ce pays qui étoient dans un fâcheux état.

de la famine : après la mort d'Urbain elle le fut encor plus, ainsi que nous dirons l'an suyvant en traictant de l'execution à mort d'Alphonse Picolomini, chef d'iceux. Après la mort d'Urbain le siege vacqua deux mois et neuf jours.

Le huictiesme jour de decembre le cardinal Nicolas Sfondrate, milanois, après avoir esté esleu au conclave fut couronné sur la montée de Sainct Pierre, et se fit appeller Gregoire quatorziesme. Le jeudy ensuyvant il alla prendre possession à Sainct Jean de Latran selon la maniere accoustumée, mais avec une extraordinaire allegresse du peuple de Rome; car, depuis Sainct Pierre jusques à Sainct Jean de Latran, ce n'estoit que peintures exquises et riches tapisseries. Devant Sa Saincteté marchoient à pied une quantité de jeunes gentils-hommes vestus de plusieurs livrées. Il estoit accompagné de grand nombre de prelats et de cinquante gentils-hommes romains, les chevaux desquels estoient couverts de velours noir. On luy dressa aussi un arc triumphal à l'entrée du Capitole, avec plusieurs belles inscriptions. Sa Saincteté fut incontinent circonvenuë des ministres d'Espagne et des agents de l'union, tellement que durant son pontificat les catholiques royaux en France ne le recognurent point, et disoient de luy qu'il estoit partial et non pere, bien qu'il fust milanois. Ce qui en advint nous le dirons l'an suyvant. Voyons maintenant les entreprises que fit le duc de Savoye en ceste année.

Nous avons dit que ce prince vouloit faire ses affaires à part, et prendre en France ce qui luy venoit à bienseance, et que pour cest effect il avoit retiré toutes ses troupes des environs de Geneve, et avoit bloqué ceste ville par les trois forts de Saincte Catherine, Versoy et La Bastie, affin d'employer ses forces en Provence et en Dauphiné; mais ceux de Geneve prindrent peu après le fort de Versoy avec cinq canons qui estoient dedans, et celuy de La Bastie, lesquels ils bruslerent et desmolirent : tellement qu'il ne luy resta que celuy de Saincte Catherine. Peu après il perdit aussi le fort du pas de La Cluse que ceux de Geneve receurent à composition.

Pour empescher les heureux progrez de ceux de Geneve, le duc envoya le sieur dom Amedée, bastard de Savoye, avec de belles troupes, lequel reprint incontinent ledit fort de La Cluse, et les contraignit de se retirer vistement en leur ville, puis reprint tout le bailliage de Gez, et, poursuivant sa pointe, se logea ez environs de Geneve en intention de la reduire à l'extremité. Il se fit entr'eux plusieurs charges et rencontres ausquelles les Savoyards furent quelquesfois victorieux, d'autresfois vaincus : bref, ce n'estoit que bruslements et hostilitez barbares, tant d'une part que d'autre.

Dom Amedée, ayant resolu d'avoir Geneve par la famine, se tint durant le mois de juillet dans le bailliage de Gez avec cinq cents chevaux et deux mille fantassins, et posa ses corps de garde à une lieuë de Geneve en divers villages sur les advenuës pour avoir tout le pays libre afin d'en recueillir toutes les moissons, et fit venir pour cest effect plusieurs païsans de divers endroicts. Or il y avoit dans Geneve assez de bons soldats, mais ils n'avoient point de chef experimenté au faict de la guerre, car le sieur de Lurbigny et son sergent major, qui avoient accoustumé de les y mener, estoient au lict blessez, si bien que les Savoyards y faisoient ce qu'ils desiroient. Le septiesme juillet, dom Amedée sçachant que ceux de Geneve estoient prompts aux sorties, il mit plusieurs escadrons de cavalerie et d'infanterie en embuscade à demy quart de lieuë de leur ville, en un lieu fort advantageux pour sa cavalerie. Aussi tost qu'il y fut il fit investir une compagnie de pietons qui estoit sortie pour favoriser quelques-uns qui alloient moissonner, et quand et quand fit approcher quelques cavaliers à descouvert qui allerent enlever du bestail et tirer chacun un coup de pistolet fort proche de la ville, dont ils tuërent trois habitans. A ce bruit l'alarme se donna, et les Savoyards se retirerent en leur embuscade. Ceux de Geneve, advertis que leur compagnie de pietons estoit investie, sortirent pour les secourir, les uns à pied, les autres à cheval, tous à la desbandade et sans beaucoup de conduite, comme font ordinairement les peuples d'une ville. Quelques heureux succez qu'ils avoient eus les jours precedents sur les Savoyards leur faisoient faire ceste temerité. Ainsi toutes les troupes sorties de Geneve s'arresterent à l'entrée de la plaine qui estoit entre les Savoyards et la ville, et, sans considerer la difficulté du retour, coururent droict contre leurs ennemis, lesquels, les ayans attirez au bout de la plaine, firent durer l'escarmouche quelques trois quarts d'heure, jusques à ce qu'ils eurent veu qu'il estoit temps de les charger, ce qu'ils firent en un instant, et toute la cavalerie de Savoye vint fondre sur celle de Geneve, laquelle, se voyant trop foible, fut contraincte de prendre la fuite et se retirer, abandonnant les gens de pied, qui furent incontinent rompus: ceux qui se peurent sauver dans la ville s'estimerent heureux, car il en demeura plus de trois cents sur la place, entre lesquels il y avoit six vingts bourgeois, un grand nombre de blessez qui moururent presque tous, et fort peu de prisonniers. Ceste desfaicte fit que les Savoyards acheverent les moissons tout à leur ayse, ruinerent tous les pays circonvoisins de Geneve, et eurent esperance de se rendre bien-tost maistres de ceste ville et reduire les habitans de Geneve à la disette et à la mort continuelle.

Après qu'Amedée eut faict faire la moisson dans le bailliage de Gez, et qu'il y eut faict faire un degast general, il alla passer le Rosne avec toutes ses troupes plus bas que le fort de La Cluse, et se vint loger en l'autre estenduë de pays entre Sessel et Geneve, où, après que ses troupes y eurent sejourné quelque temps, il les mit en garnison, et laissa le baron d'Armanse, lieutenant du duc ez pays de Thonon et de Chablais, pour leur commander et endommager ceux de Geneve le plus qu'il pourroit.

Mais ceux de Geneve, se voyans si fort pressez, et ayans receu coup sur coup tant d'infortunes, eurent recours à leurs alliez : ils ne manquoient point de courage, mais ils avoient besoin de personnes experimentées à la guerre. Le premier qui fut à leur secours ce fut Guillaume de Clugny, baron de Conforgien, lequel y arriva le 23 aoust. Peu après son arrivée ils firent quelques sorties par terre, et sur le lac avec leurs fregates, escumans quelques proyes, et asseurans le commerce aux barques et bateaux qui venoient d'ordinaire en leur ville.

Rasseurez peu à peu sous la conduite de ce baron, ils entreprirent de faire vendanges, puis qu'ils n'avoient peu faire la moisson. Les Savoyards, qui ne manquoient point d'espions dans ceste ville, en furent incontinent advertis. Le baron d'Armanse convoqua toutes les garnisons voisines affin de les empescher. D'autre costé le baron de Conforgien fit preparer ceux de Geneve pour sortir à la campagne et faire vendanges à main armée.

Le dixseptiesme septembre, entre sept et huict heures du matin, les compagnies de Geneve sortirent de la ville conduisans quantité de tonneaux et charettes, et menerent avec eux force paysans et les domestiques de l'hospital. Tous sans aucune rencontre arriverent jusques à un vignoble à demy lieuë de Bonne, où ils emplirent leurs tonneaux et chargerent leurs charettes; mais, ainsi qu'ils se disposoient à la retraicte, le baron d'Armanse, qui avoit esté adverty de leur sortie, vint avec ses troupes si à couvert qu'il se saisit des advenuës, logea dans un moulin quatre-vingts mousquetaires, disposa ses gens en plusieurs embuscades, et se plaça sur les costaux pour empescher la retraite de ceux de Geneve que le baron de Conforgien conduisoit, lequel, estant adverty que les Savoyards paroissoient en trois escadrons de lanciers, mit en ordre sa troupe qui estoit de cent cinquante fantassins et de cent trente cavaliers, et, les ayant exhortez au combat, envoya attaquer le moulin par quelques escarmoucheurs suivis de cinquante bons soldats, lesquels donnerent à teste baissée vers le moulin à travers les harquebusades, et firent si bien qu'ils le gaignerent et tuërent tout ce qui se trouva devant eux. Cependant Conforgien avoit envoyé trente cavaliers pour recognoistre ce qui estoit au dessus du costeau ; mais aussi-tost qu'ils eurent descouvert la cavalerie des Savoyards ils tournerent vers Bonne : le Baron d'Armanse les laissa fuyr les tenans comme perdus, et cependant il fit advancer une troupe de lancièrs pour rompre une compagnie d'argoulets : la meslée fut lors grande et en divers endroicts, car ces trente cavaliers de Geneve, revenus au combat pour soustenir les argoulets, enfoncerent par les flancs un escadron de Savoyards ; d'autre costé Conforgien, ayant disposé des mousquetaires en une embuscade, fit faire une salve si rude à un autre escadron de lanciers qui le venoit charger, que ceux-cy s'escarterent incontinent après en avoir veu tomber nombre d'entr'eux ; puis les deux gros de cavalerie, tant de party que d'autre, se vindrent à rencontrer fort furieusement ; mais les Savoyards sans beaucoup s'opiniastrer plierent et se retirerent, laissans leurs fantassins à la discretion de leurs ennemis, ausquels ils trouverent peu de misericorde. Ce combat dura depuis midy jusques à trois heures : trois cents Savoyards y demeurerent tuez sur la place, plus de cent blessez, dont peu reschaperent. Ceux de Geneve, estans demeurez victorieux, emmenerent ce qu'ils avoient vendangé avec les despoüilles des Savoyards dans leur ville. Aussi l'on disoit lors qu'ils avoient esté victorieux en leurs vendanges, et avoient perdu en leurs moissons.

Cela pourtant les encouragea beaucoup, et firent depuis plusieurs petites sorties où ils demeurerent quelquesfois victorieux et gaignerent quelques butins. Mais la cherté durant cest hyver y fut grande, et les paysans qui s'y estoient retirez endurerent beaucoup d'incommoditez jusques sur la fin de ceste année, que M. de Sancy alla par le commandement du Roy pour lever des Suisses, et faire la guerre en Savoye. Ce qui en advint nous le dirons l'an suyvant.

En Dauphiné ceux de Grenoble s'estans declarez du party de l'union, le sieur Desdiguieres fit fortifier le chasteau de Montbenault, qui n'en est qu'à une lieuë, et quelques autres petits forts pour tenir Grenoble comme assiegée; mais cependant que ledit sieur Desdiguieres s'estoit esloigné des environs de Grenoble pour d'autres entreprises, ceux du parlement, qui estoient demeurez dedans avec les habitans, furent solicitez par les partisans du duc qui estoient dans ceste ville de se ressouvenir des offres et promesses qu'il leur avoit envoyé faire après la mort du Roy, ce qui fut cause qu'ils l'envoyerent prier de les venir delivrer de la subjection de Montbenaut, et qu'ils l'assisteroient d'artillerie, munitions et vivres. Le duc, à leur priere, envoya Antoine Olivera avec nombre de cavalerie et infanterie, lequel, assisté de ceux de Grenoble, batit et prit Montbenault, et l'accommoda très bien, et y mit bonne garnison pour ledit duc de Savoye : tellement que ceux de Grenoble, qui pensoient que ce duc les secourust pour le seul subject de la religion catholique, et qu'après avoir pris ce fort il le leur remettroit entre les mains, se trouverent deceus et reduits comme une gaufre entre deux fers, assavoir entre les Savoyards et le sieur Desdiguieres, et demeurerent près de huict mois en cest estat.

Durant ceste année il se fit aussi plusieurs entreprises en Dauphiné, tant par le marquis de Sainct Sorlin qui gouvernoit Lyon pour l'union en l'absence de son frere le duc de Nemours, que par le colonel Alfonse d'Ornano et par le sieur Desdiguieres pour le party royal. La ville de Vienne tenoit pour le Roy : le marquis de Sainct Sorlin pensoit la surprendre ; mais, son entreprise estant descouverte, il se retira vers Lyon. Le colonel et Desdiguieres accoururent à Vienne advertis de l'entreprise ; mais ledit sieur marquis retiré, ils allerent desnicher ceux de l'union qui estoient dans le Pont de Beauvoisin et dans Sainct Laurent du Pont. Ledit sieur colonel, voulant recognoistre les troupes dudit marquis, tomba en une embuscade que luy avoit dressée le baron de Senescey, où, après un long combat, il demeura prisonnier dudit baron, et luy paya depuis quarante mil escus de rançon. Desdiguieres, poursuivant la guerre, s'empara de Briançon et d'Exilles, entreprit sur la Savoye, et chassa du Dauphiné le party de l'union, fors de Grenoble, laquelle toutesfois il receut à composition au commencement de l'année suivante, ainsi que nous dirons.

Le duc de Savoye en ceste année jetta ses principaux desseins sur la Provence, où, comme nous avons dit, M. de La Valette estoit gouverneur pour le Roy et y tenoit quelques places fortes, et non pas les principales villes. Au commencement de ceste année il se fit plusieurs courses, surprises et rencontres, auxquelles, comme il advient aux guerres civiles, ceux qui estoient victorieux en une charge estoient deffaicts en une autre puis après. Mais il faut noter que la Provence fut la premiere province qui se divisa en trois partys, sçavoir, celuy du Roy que tenoit le sieur de La Valette, celuy du party de l'union qui se separa en deux, les uns tenans pour M. de Carses, qui avoit espousé la fille de madame la duchesse de Mayenne, et les autres pour le duc de Savoye, qui estoit soustenu de madame la comtesse de Saux et de plusieurs Provençaux ses partisans. Or le duc de Savoye, qui desiroit surtout s'impatroniser de ceste province, s'en approcha, et envoya, comme nous avons dit, à ses partisans quelque secours. Le gouverneur d'Antibe, qui en estoit l'un, mit ses troupes à la campagne sous la conduitte de son fils affin d'endommager les royaux; mais le sieur de La Valette dressa une embuscade à toutes ces troupes, lesquelles furent mises en pieces avec leur conducteur.

Au commencement d'octobre le duc de Savoye fit surprendre la ville de Frejus où il y a evesché, et est située sur le bord de la mer de Provence. Anciennement ceste ville s'appelloit *Forum Julii*. Le duc l'ayant surprinse, il y fit mettre une bonne garnison d'Espagnols. Les sieurs de La Valette et Desdiguieres, qui avoient esté advertis qu'il venoit en Provence, s'acheminerent incontinent, tant pour luy en empescher l'entrée que pour secourir ceste ville, mais ils y arriverent trop tard. Ayans esté advertis que le duc de Savoye estoit à la campagne, ils allerent le rencontrer, et chargerent si rudement ses troupes, qu'ils luy taillerent en pieces sept cents fantassins et deux cents hommes d'armes. Tout ce que le duc put faire fut de se sauver à Nice, d'où il manda en Piedmont nouvelles forces, qu'il receut incontinent avec plusieurs compagnies d'infanterie, tant Espagnols que Neapolitains; puis, estant sorty de Nice, il entra dans la Provence pour y faire la guerre aux royaux. En ce temps-là il advint que M. de Carses, assiegeant Salon de Craux, fut desfaict par M. de La Valette et contraint de se sauver à Aix, où le parlement et plusieurs du clergé, de la noblesse et du peuple, voyans son infortune, se resolurent de prendre pour leur protecteur le duc de Savoye qui avoit de longuemain practiqué ce tiltre : les infortunes du sieur de Carses luy servirent de planche pour l'obtenir. Carses et aucuns de la noblesse voyans que ceux d'Aix avoient envoyé l'evesque de Ries, le sieur Dampus et l'advocat Fabrique, prier le duc de s'acheminer en leur ville, ils se retirerent en leurs chasteaux et forteresses, resolus de n'obeyr au duc de Savoye.

Sur le commencement du mois de novembre le duc ayant receu lesdits deputez d'Aix, et leur ayant dit qu'il n'avoit pris les armes que pour conserver la religion catholique-romaine en ceste province là, il leur promit de s'acheminer à Aix. Ayant assemblé ses troupes, il partit de Morti et vint à Frejus, où il fut deux jours. De là il arriva à Draguignan, où ce peuple le receut comme s'il eust esté leur roy, et luy firent deux arcs triumphaux où ils luy mirent pour luy complaire des inscriptions suivant ses pretentions. Au premier il y avoit : *De fructu matris tuæ ponam super sedem tuam*, affin de donner à entendre qu'il estoit fils de la fille du roy François premier, et qu'à cause de sa mere il seroit leur souverain seigneur. En l'autre il y avoit : *Non est alius qui pugnet pro nobis*. Cestuy-cy fut mis pour monstrer qu'ils ne vouloient point du comte de Carses qui se disoit gouverneur pour l'union en ceste province; mais du depuis, sur le succez des affaires, les royaux en firent une allusion, et dirent que les ligueurs avoient prophetizé, que Dieu n'estoit point pour eux, et qu'il n'y avoit que ce duc, lequel ne garda pas aussi long temps la bienveillance de ce peuple volage et subject à changer selon les occurrences. En ceste entrée ils firent crier aux petits enfans : *Vive la messe, vive Son Altezze, et soit chassé La Valette !*

Le duc, party de Draguignan, alla recevoir Lorgere qui fut abandonnée par les royaux, puis, le quatriesme novembre, il arriva à Aix, où le parlement, le clergé, la noblesse et la Maison de Ville allerent au devant de luy : il y fut receu avec des harangues, tous l'appellerent le deffenseur de la religion ; mais, quand ils luy presenterent le dais pour le porter sur luy, il le refusa ; car il cognut, comme il est prince prudent, que tout cela n'estoit qu'une violence du peuple, et que, les affaires se changeans, cela luy pourroit tourner à derision ; bref, ceux d'Aix le receurent avec un grand honneur, le firent passer sous un arc triumphal, et fut conduit jusques à la grande eglise avec une grande multitude de peuple. Le troisiesme jour après son entrée il alla au parlement, où l'advocat general fit, selon le desir dudit duc, une harangue en sa loüange et de ses predecesseurs ducs de Savoye, après laquelle il fut declaré protecteur de toute la Provence. Du depuis tous les ordres de la ville, chacun en particulier, l'allerent saluër et luy baiser les mains. Plusieurs villes envoyerent aussi le recognoistre. Les Marseillois deputerent de leurs citoyens pour le prier de venir aussi en leur ville ; mais le sieur de La Valette et les royaux, qui tenoient la campagne, l'engarderent de ne sortir d'Aix tout le reste de l'année et jusques à ce qu'il eust receu du renfort que luy envoya le duc de Terranova, gouverneur de Milan. Nous dirons l'an suyvant son arrivée à Marseille et son voyage d'Espagne.

Le Roy avoit envoyé en Auvergne M. le grand prieur bastard de France, où il arriva au mois de juillet. Il se fit appeller comte d'Auvergne et de Clermont, suivant une donation que luy en avoit faicte la royne Catherine de Medicis peu de jours auparavant sa mort. Il mit le siege devant Vicy; mais le marquis de Sainct Sorlin s'y acheminant pour le secourir, il se retira, et depuis ils firent une trefve entr'eux pour quatre mois.

M. le prince de Conty, estant de retour à Tours du siege de Paris, suyvant le commandement du Roy, alla attaquer Savigny sur Bray dont le sieur de Pescheray s'estoit saisi, qu'il reprit incontinent. De là il fit investir la ville et le chasteau de Lavardin, dont Le Vignau s'estoit encor emparé pour l'union. Les sieurs de Souvray, de La Rochepot, de Pouilly et plusieurs autres seigneurs, se rendirent incontinent auprès dudit sieur prince. Les pieces estans en baterie, l'on fit bresche, laquelle ne se trouva raisonnable, et, faute de munitions, il falut tenir ce siege en longueur. M. du Fargis, qui y avoit amené trois compagnies de sa garnison du Mans, voulant recognoistre une tour où les siens avoient faict leurs approches, fut blessé d'une harquebusade en la mesme jambe où il avoit esté blessé à Bruslon, qui luy fracassa tous les os. Il fut conduit au Mans dans un brancard, mais il lui fallut couper la jambe, en laquelle la gangrene se mit, dont il mourut. C'estoit un brave et vaillant seigneur, et qui estoit pour parvenir par les armes aux plus grandes dignitez. Le Roy donna son gouvernement du pays du Mayne à M. de Laverdin, à present mareschal de France, qui estoit lors gouverneur dans Sainct Denis en France. Le siege de Laverdin continuant, Le Vignau et les siens se deffendirent fort bien : la batterie recommencée contre le chasteau, comme on estoit prest d'aller à l'assaut, les assiegez capitulerent de se rendre s'ils n'estoient secourus dans un temps : ce temps expiré ils sortirent armes et bagues sauves, et furent conduits en lieu de seureté. Ceste place fut desmantelée, comme aussi les chasteaux de Montoire et de Savigny. De là M. le prince mena son armée en Poictou, ainsi que nous dirons l'an suivant.

En divers autres endroicts de la France, comme en Bretagne, en Languedoc et en Gascongne, il se fit plusieurs entreprises et exploicts militaires où ceux qui estoient un jour victorieux estoient le lendemain vaincus, ainsi qu'il advient aux guerres civiles. Le roy d'Espagne, qui desiroit mettre la guerre aux quatre coings de la France, envoya aussi en Bretagne sur la fin de ceste année trois mil Espagnols au duc de Mercœur, lesquels arriverent à Nantes où ils estoient de long temps attendus, car, dez le mois d'aoust, s'estans mis à la voile pour y venir, plusieurs navires anglois, les ayans rencontrez sur la coste de Biscaye, les attaquerent et les contraignirent de s'en retourner à Goraga. Du depuis rembarquez, et le duc de Mercœur les ayant receus, il asseura ses places, reprint la campagne, et se mit à faire la guerre aux royaux. Plusieurs ont escrit que l'Espagnol et le duc avoient tous deux des pretensions sur la Bretagne, celuy-là à cause de sa fille, et celuy-cy à cause de sa femme, et qu'ils s'accordoient bien ensemble pour en deposseder le Roy qui en estoit le vray seigneur, mais que quand il fust advenu que les royaux eussent esté chassez de ceste province là, que puis après les Espagnols et le duc fussent venus aux mains l'un contre l'autre pour sçavoir à qui elle demeureroit, et qu'il estoit impossible que la foiblesse du duc ne fust emportée par la force de l'Espagnol.

Dez le commencement de ceste année le Roy avoit declaré par edict la guerre au duc de Lorraine, et faict saisir ce qui luy appartenoit en France avec le revenu de l'evesché de Mets qui apartenoit à son fils. Les garnisons de Mets et les royaux de Langres firent en ceste année une infinité de courses, emmenant le bestail jusques aux portes de Nancy. Le peuple de Lorraine regrettoit infiniement que leur duc se fust laissé aller à se partialiser contre le Roy; toutesfois il leur falut souffrir. Pour faire la recolte le duc de Lorraine et le sieur de Soboles qui commandoit dans Mets firent une trefve pour trois mois, pendant laquelle le capitaine Sainct Paul, qui alla reconduire le legat Caëtan sur la frontiere, surprit Ville-Franche. M. de Nevers y alla en diligence de Chaalons pensant la reprendre; mais Sainct Paul s'y estoit tellement fortifié, qu'il fut contraint de s'en revenir à Chaalons.

L'Allemagne fut assez pacifique en ceste année, excepté ez circles de Westphalie et ez duchez de Juillers et de Cleves, où les Espagnols d'un costé, et les gens des Estats de l'autre, travailloient ces pays là par prises de villes, surprises de chasteaux, constructions de forts, courses et hostilitez. Au mois de may lesdits circles s'assemblerent à Cologne, mais il n'y eut nulle resolution. Du depuis l'archevesque de Mayence, le comte Palatin, le duc de Juilliers, et autres princes d'Allemagne, envoyerent leurs ambassadeurs, tant au duc de Parme à Bruxelles, qu'aux Estats à La Haye en Hollande. Ils demanderent, tant aux Espagnols qu'aux Hollandois, la conservation de leurs anciennes alliances et amitiez, que les uns et les autres quittassent tout ce qu'ils tenoient et occupoient aux terres de l'Empire, et les rendissent à leurs vrais seigneurs, et qu'ils n'eussent plus à rien entreprendre ny faire aucunes hostilitez sur les terres de l'Empire. De ce que leur respondit le duc de Parme il ne s'en est rien veu escrit; mais la responce des Estats fut imprimée, dans laquelle ils s'excuserent qu'ils n'estoient point les motifs de ces desordres, ains l'Espagnol, qu'ils estoient tous prests de rendre tout ce qu'ils occupoient de l'Empire chacun à leur vray seigneur, ne desirans que bonne paix et amitié avec tous les princes leurs voisins; mais qu'ils les prioient de joindre leurs forces avec les leurs pour ensemblement chasser l'Espagnol des terres de l'Empire. Les Allemans promirent de se mettre en armes pour ce faire; mais, selon que ces princes là ne sont ordinairement trop prompts de se mettre en campagne, les choses demeurerent comme ils estoient, et les entreprises se continuerent de part et d'autre jusques à ce qu'estans picquez d'avantage, ils furent contraincts de s'armer, encor assez lentement, ainsi qu'il se peut voir à la suitte de ceste histoire et en l'histoire de la paix.

Le marquis de Baden, en une conference qui se fit entre les peres jesuistes Pistorius et Busæus d'une part, et Smidelinus, lutherien, d'autre, ayant recognu en ceste conference que Smidelinus avoit allegué que les catholiques enseignoient qu'un homme ne pouvoit estre sauvé par la seule mort de Christ, et disoit que cela estoit mesmes dans le concile Trente, lequel luy fut à l'instant apporté affin qu'il monstrast le lieu où cela estoit, mais il ne put trouver aucun endroict pour prouver son dire; puis ayant aussi allegué quelque passages du Maistre des sentences et d'autres docteurs, lesquels les peres jesuistes verifierent estre par luy faulsement alleguez à la seule lecture des livres, de quoy il devint si confus, que, sur une excuse qu'il trouva, il fit rompre la conference : ce qu'ayant bien recognu le dit sieur marquis, il se fit instruire par les susdits peres jesuistes, et abjura le lutheranisme, puis envoya demander absolution à Sa Sainteté, qui fit rendre loüanges à Dieu dans Rome pour la conversion de ce seigneur.

En ceste année mourut l'archiduc Charles d'Austriche, fils du feu empereur Ferdinand, et oncle de l'empereur Rodolphe. Durant sa vie il avoit, tant par ses procedures que par sa valeur, entretenu les frontieres voisines du Turc en paix; mais après sa mort toutes choses changerent en la Styrie et Carinthie, ainsi qu'il sera dit ez années suivantes. Ce prince avoit espousé Marie de Baviere, de laquelle il eut unze enfans, desquels il y en avoit quatre masles, Ferdinand, Maximilian, Lupolde et Charles. Sa fille aisnée, aagée de dix-sept ans, fut mariée depuis à Sigismond, roy de Pologne, pour confirmer d'avantage la paix entre les familles d'Austriche et de Suece; car les princes polonois estoient resolus d'avoir la raison de ce que l'archiduc Maximilian n'avoit voulu jurer la paix de Bithonie, et en vouloient venir aux armes; ce qui fut cause que l'Empereur envoya depuis en Pologne l'evesque de Vratislavie et Richard Saitner, lesquels furent receus fort favorablement du Roy, et leur ayda en ce qu'il put pour faire modifier quelques articles dudit traicté de paix, et practiquerent tant avec quelques princes amys des deux costez, qu'ils unirent depuis ces deux puissantes familles par la susdite alliance de mariage, affin d'oster entr'eux toute source de guerre et querelles.

On delibera aussi de renouveller l'alliance du Turc : le baron Volfang, Henry de Strein, luy fut porter le present accoustumé, ce que du depuis, pour quelques occasions, on n'observa plus, et qui a esté la cause que les subjets de l'Empereur ont depuis eu de si grandes guerres contre les Turcs.

La guerre entre le Turc et le Persan ayant duré long temps, tous deux desirans de donner quelque repos à leurs subjects de tant de ruines et de miseres qu'ils avoient souffertes, par la praticque de quelques-uns, le sophi envoya un prince persan à Constantinople, lequel fut honorablement receu d'Amurath, où après plusieurs difficultez la trefve fut accordée entre les Turcs et les Persans pour dix ans.

LIVRE TROISIESME.

[1591.] C'est honneur que d'entreprendre, mais, quand il en succede quelque chose de sinistre, on en est blasmé, ainsi qu'il advint de l'entreprise que ceux de l'union firent sur Sainct Denis. Le sieur de Belin, gouverneur de Paris, voulant s'ayder de la commodité du temps, entreprint avec le chevalier d'Aumale de faire surprendre Sainct Denis durant la grande froidure qu'il faisoit en ce temps-là. Il sembloit que tout rioit à leur dessein, car ils avoient faict recognoistre que l'on pouvoit passer les fossez par dessus la glace et entrer aysément dans Sainct Denis ; aussi que deux jours auparavant M. de Lavardin avoit quitté le gouvernement de ceste ville au sieur de Vic. Ils trouverent tant de facilité à leur entreprise, que le chevalier voulut luy-mesme l'executer avec la garnison qui estoit dans Paris. Pour ce faire ils s'acheminerent la nuict du troisiesme janvier, et arriverent prez de Sainct Denis sans que les royaux en eussent esté advertis : tout d'un temps trois à quatre cents hommes descendirent dans le fossé, passerent par dessus la glace, et entrerent aysément dans la ville, car les murailles en d'aucuns endroicts n'y sont pas de la hauteur d'une toise : en mesme temps ledit chevalier avec plusieurs hommes garnis de pinces, tenailles et autres ustancilles, ouvrirent la porte de la ville du costé de Paris, et entrerent tous dedans, cheminans droict vers l'abbaye. Au premier bruit la guette qui estoit au clocher sonna si fort l'alarme, que les royaux furent incontinent sur pieds. Le sieur de Vic, estant à cheval devant l'abbaye, et ayant sceu que la porte de Paris estoit ouverte et que ceux de l'union la tenoient, commanda aux lansquenets de se couler le long des murailles et tascher à la regaigner cependant que luy avec les siens iroit le long de la ruë droict à ceste mesme porte; mais il n'eut pas cheminé cinquante pas, qu'il trouva le chevalier d'Aumale en teste suivy des siens crians *Tuë, tuë!* Or la ruë est fort estroitte en cest endroict là, où la valeur y estoit plus requise que le nombre d'hommes. De Vic vient aux mains, aucuns habitans sortirent aussi avec des espées à deux mains et autres armes pour le secourir; mais, cependant que le combat s'opiniastroit en cest endroit là, les lansquenets qui estoient allez le long de la muraille regaignerent la porte, et repoulserent la cavalerie des Parisiens ainsi qu'elle y entroit la trompette sonnante. Aussi tost ce bruit courut parmy ceux de l'union que la porte estoit regaignée par les royaux, dont ils prirent telle espouvante, que chacun d'eux ne songea plus qu'à se sauver par dessus les murailles par où ils estoient entrez. Le chevalier d'Aumale, ne se voyant suivy, commença aussi à se vouloir retirer en combattant, mais il fut poursuivy de si près, qu'il fut renversé mort en la chaleur du combat avec quelque vingtaine des siens sans pouvoir estre recognu. Le sieur de Vic ayant ainsi repoulsé ceux de l'union, en fit rendre graces à Dieu, et, se voulant enquester de quelques prisonniers comment ceste entreprise avoit esté faicte, ils l'asseurerent que ledit sieur chevalier d'Aumale estoit entré dans la ville, et avoit long temps combatu à pied, et ne sçavoient qu'il estoit devenu. Aussi-tost il fit aller recognoistre les morts, lesquels avoient esté desjà despouillez : les blessures du chevalier furent cause du commencement que l'on ne le recognoissoit point; mais, estant apporté à l'*Espée royale*, il fut recogneu. A la pointe du jour son trompette vint à Sainct Denis pour le recommander s'il estoit prisonnier : son corps luy estant monstré, il alla reporter les tristes nouvelles de sa mort aux Parisiens. Depuis le sieur de Vic le fit porter dans l'abbaye Sainct Denis, et fut mis dans la chappelle Sainct Martin, où, faute de cercueil, un rat luy rongea le bout du nez, dont le sieur de Vic, fasché du peu de soin des Parisiens, leur manda que s'ils n'envoyoient un cercueil qu'il le feroit enterrer ainsi qu'il estoit. Le cercueil apporté, il fut mis dedans, et fut assez long temps dans ceste chappelle, couvert d'un poyle de damas blanc aux armes d'Anjou que les moynes mirent sur luy.

Le Roy fut incontinent adverty de cela, car il arriva en ce temps-là à Senlis du retour de la retraicte du duc de Parme, où l'on luy communiqua aussi un dessein de surprendre Paris. Ny luy ny quelques-uns de son conseil n'estoient point d'opinion de l'entreprendre, mais on fit les choses si faciles, que l'on en tenta l'execution, laquelle ne se put faire sans que les Parisiens en fussent advertis. Sa Majesté donc ayant mandé au duc de Nevers qui estoit en Brie, au duc d'Espernon qui estoit en Picardie, et à toutes les garnisons voisines, de le venir trouver, tous se rendirent en la France entre Senlis et Sainct Denis la nuict du vingtiesme janvier, et s'acheminerent droict à Paris du costé de la porte Sainct Honoré. Le dessein des royaux estoit de se saisir de la porte Sainct Honoré par intelligence ou facilité, et de donner en mesme temps en bas le long de la riviere, laquelle estoit lors petite et ne donnoit jusques à la muraille de la Porte Neufve, estant facile d'y passer dix ou douze de front sans mouiller le genouil; plus de donner aussi l'escalade en divers lieux. Tout ce qui estoit necessaire pour une telle entreprise ne fut oublié à la maison, car ils avoient eschelles, ponceaux, mantelets, clayes, maillets et autres instruments, avec deux pieces de canon pour rompre les barricades que les Parisiens voudroient faire.

Pour l'execution il y avoit soixante capitaines couverts d'habits de paysans conduisans des chevaux et charettes. Après eux marchoit la premiere troupe conduite par M. de Lavardin avec cinq cents cuirasses et deux cents harquebusiers. La seconde troupe estoit de quatre cents hommes armez de cuirasses et huict cents harquebusiers conduits par le baron de Biron. Celle là estoit suivie d'autres grandes troupes conduites par le sieur de La Nouë, et après luy marchoient les Suisses et le canon. Le Roy estoit au bout du faux-bourg avec M. de Longueville, le duc d'Espernon et autres, tous à pied, et n'y avoit que M. de Nevers à cheval, accompagné de cinquante ou soixante.

Toutes ces troupes estans ainsi disposées, et ayans faict un silence admirable, arriverent sur les trois heures du matin dans le faux-bourg Sainct Honoré. Douze capitaines des soixante desguisez, conduisans chacun un cheval chargé de farines, s'advancerent jusqu'à la porte de la ville, les autres estans demeurez vis à vis des Capucins, où arrivez, demanderent qu'on eust à les faire entrer; mais les Parisiens, ayans esté advertis qu'il y avoit une entreprise sur leur ville, estoient en continuelle alarme. Le sieur de Tremblecourt, qui estoit à la porte Sainct Honoré, laquelle on avoit terrassée dez le soir avec de la terre et du fumier, enquesta ces aporteurs de farines s'ils avoient point veu les ennemis; mais ils luy respondirent si nayfvement en langage ordinaire de paysans qu'ils avoient veu quelque quinze chevaux qui battoient les chemins, desquels ils s'estoient cachez et craignoient qu'ils ne les vinssent coutelasser et voler dans les faux-bourgs, qu'aucuns qui estoient là en garde, bien qu'ils sceussent l'entreprise des royaux, leur dirent que la porte estoit terrassée, et qu'ils allassent passer le long de la riviere où on les recevroit par un bateau. Ayans ouy ceste nouvelle, ils se retirerent dans le faux-bourg, et rapporterent au Roy ce qu'ils avoient entendu. Sa Majesté ayant cognu que ceste entreprise estoit descouverte, toutes les troupes eurent commandement de s'en retourner en leurs garnisons, et luy se retira à Senlis, sans y avoir rien eu de perte de part ny d'autre. Voylà ce qui se passa en ceste entreprise, en laquelle les Parisiens, n'ayans receu qu'un alarme, ne laisserent d'en faire chanter le *Te Deum*, et ordonnerent qu'à perpetuité en un tel jour ils en feroient une feste qui s'appelleroit la journée des Farines. Ceste feste estoit la cinquiesme qu'ils inventerent, car ils en avoient faict auparavant quatre autres, sçavoir, la journée des Barricades, la journée du Pain ou la Paix, de la Levée du siege et de l'Escalade : toutes ces festes furent depuis abolies à la reduction de Paris, ainsi que nous dirons cy-après.

M. de Mayenne, qui estoit en Tierasche, où il batit et print quelques chasteaux sur la frontiere, estant adverty de ceste entreprise, despescha soudain (1) le sieur du Pesché avec nombre de soldats choisis ez regiments des Espagnols et Neapolitains, qui en amena une partie dans Paris, et l'autre fut mise dans Meaux sur un bruit qui courut que le Roy vouloit l'assieger.

Les Seize de Paris se resjouirent de cette garnison et continuerent leurs poursuittes pour le retablissement de leur conseil general de l'union. Voicy la requeste qu'ils envoyerent à M. de Mayenne au mois de fevrier.

« Monseigneur, les habitans catholiques de la ville de Paris vous remonstrent tres-humblement que, ayans dès il y a plus de six ans descouvert tous les artifices dont on usoit pour dresser et applanir aux heretiques le chemin de la couronne, ils ont commencé à faire des assemblées et tenir des conseils où rien ne manquoit que l'authorisation du souverain qui nous estoit contraire, comme pouvez scavoir, monseigneur, et combien de salutaires advertissements et secours vostre maison en a receus, et comme à cest exemple ont esté dressez des conseils par toutes les villes catholiques, desquelles venoient ordinairement divers advis audit conseil general de tout ce qui se passoit en chacune province, defferans à ceste ville de Paris comme à leur premier patron et exemplaire ;

(1) *Despescha soudain.* Il paroît, au contraire, que cette garnison espagnole fut introduite à Paris contre le gré du duc de Mayenne. Ce fut à l'aide de ces soldats étrangers que les Seize exécutèrent, au mois de novembre suivant, les projets homicides qu'ils avoient formés contre Brisson, Larcher et Tardif.

ce qui a duré jusques au mal-heureux jour 23 décembre 1588, auquel, voyant que le masque de toute impieté estoit descouvert et qu'on attaquoit les catholiques avec forces, lesdits supplians ont jugé estre expedient s'opposer ouvertement à ceux que l'on avoit laissez en ceste ville pour l'execution des conseils de Blois, tellement que les catholiques, par le moyen de tels conseils, se rendirent les plus forts en ceste ville, tindrent les portes ouvertes à ceux qui eschapperent peu à peu des embusches des ennemis et de leurs mortelles prisons; ce qu'ils ont continué jusques à vostre venuë très-desirée, après laquelle a esté le conseil general estably de tous les corps de la ville, et l'establissement emologué et verifié ès cours souveraines, recogneu et approuvé par les provinces et villes catholiques, loué et advoué par le Sainct Siege, princes et potentats chrestiens, et par lequel vous auriez esté volontairement esleu lieutenant general de cest Estat et couronne de France, depuis laquelle eslection le conseil, se tenant tous les jours, a conservé ceste ville et donné pied ferme à la forme et domination sous lesquelles les catholiques vivent maintenant; et a esté ce conseil à cest effect estably par un très-sage advis pour assoupir le desir de vengeance causé des entreprises et hardies executions necessaires en si grand changement; et a ceste compagnie servy de barre entre les officiers et le peuple pour empescher la violence des uns et les practiques et menées des autres, les bons se reposans volontairement, et les meschans par force, sur le jugement dudit conseil, lequel estoit composé de gens de diverses qualitez, tellement que quiconque y avoit affaire y trouvoit de ses semblables, qui les recevoient avec bon visage et expedioient avec diligence. En quoy faisant, vous, monseigneur, et le peuple, estiez servis franchement et rondement, et les affaires s'expedioient à la lumiere et devant les yeux de tous, et vous aydoient ceux dudit conseil de leurs moyens, credit et authorité, laquelle estoit si bien estimée, que toutes lesdites provinces y envoyoient leurs deputez avec procuration, et les princes chrestiens leurs agents avec memoires et instructions : les ecclesiastiques, la noblesse et tous les catholiques, y estoient bien venus et promptement expediez; tellement que ceux qui commandoient ez places prochaines de la ville, ne refusoient d'y venir rendre conte de leurs affaires et desportements. Mais comme desiriez estre assisté de conseil en vos armées, vous eussiez tiré près de vous quelquesuns dudit conseil, aucuns faisoient quelque doute si, durant le regne de Charles dixiesme, ils pouvoient sans confirmation exercer leurs charges, lesquelles d'ailleurs leur estoient très-onereuses pour les avoir fort long temps exercées sans aucune remise ny relasche, se sont resolus de prendre quelque temps de vacations, et ainsi different de s'assembler jusques à present, suivant un arrest qui en auroit esté par eux donné, sans toutesfois que ledit conseil ait esté revoqué, attendu qu'il a esté estably pour servir jusques à l'assemblée des estats. A ces causes, et que de l'intermission dudit conseil sont ensuivis plusieurs grands et infinis desordres ausquels il n'est possible de remedier sinon par la continuation dudit conseil, lesdits suppliants requierent très-humblement ladite continuation, affin qu'eux et tous autres catholiques unis y puissent faire leurs plaintes desdits desordres, et y trouver le remede pour le bien et advancement de la religion catholique, conservation de l'Estat sous vostre authorité, et en particulier de ceste ville et desdits supplians, lesquels continueront leurs prieres pour l'accroissement de vostre grandeur et de vostre prosperité. »

Ceste requeste estoit accompagnée de memoires presque semblables en substance à ceux qu'ils presenterent au siege de Corbeil audit sieur duc de Mayenne, où ils disoient :

Que si peu qui restoit de princes catholiques estoient si mal accompagnés de la noblesse et assistez de conseil, que, pour parler humainement, l'on ne pouvoit esperer qu'une prochaine ruyne de leur party, le salut duquel dependoit de la ville de Paris, qui avoit esté si cruellement traictée par les grands et ses superieurs, que ses ennemis mesmes ne luy eussent sceu faire pis, et que l'on voyoit bien que la tyrannie de la noblesse et l'injustice des chefs de la justice, ruinoient l'authorité et puissance des ecclesiastiques et la liberté du peuple s'il n'y estoit promptement remedié; qu'aucuns mesmes des magistrats que le peuple avoit instituez avoient connivé au mal, tolleré et souffert l'execution d'une infinité d'injustices, consenty l'eslargissement des gentils-hommes prisonniers contraires au party de l'union et des chefs de justice, lesquels maintenant se vengeoient contre les catholiques, et avoient baillé passeport pour faire sortir les biens des heretiques, ce qui avoit enflé le party contraire de forces et de moyens au detriment du party de l'union des catholiques, qui estoit demeuré seul chargé dans Paris de toutes les charges de la guerre, et de toutes les levées ordinaires et extraordinaires que l'on y faisoit, et les deniers si mal mesnagés, qu'il n'en estoit rien tourné au bien de la ville, qui estoit demeurée sans secours et enveloppée de toutes parts, comme elle estoit à present, de ses ennemis et sans aucun soulagement, estans les bons catholiques denuez de moyens et le peuple fort necessiteux; de sorte que l'on pouvoit dire avec verité que si leurs ennemis eussent eux-mesmes estably des agents en la ville de Paris, ils n'eussent pas mieux faict leurs affaires que l'on avoit faict; et qui plus augmentoit leur mal, c'estoit que quand aucuns des catholiques affectionnez à l'union s'en estoient voulu plaindre et rémuër, prevoiants la ruine de la religion et de l'Estat sous un tel desordre, on les avoit calomniez jusques à les appeller voleurs, gens de neant et qui ne cherchoient qu'à mettre la ville en confusion pour faire leurs affaires, semé des billets contr'eux, et usé de toutes les astuces qu'il estoit possible pour faire perdre leur creance. Voylà leurs plaintes. Pour y apporter remede, ils proposoient encor trois points outre ce que dessus.

I. Que tous ceux de Paris qui auroient suivy le party contraire (un royal), aydé à iceluy par intelligence de conference, presté argent, donné advertissement, ou se seroient absentez de la ville depuis la publication faicte pour r'appeller les absens et des deffences faictes de n'abandonner ladicte ville, fussent declarez heretiques ou fauteurs d'iceux, et que comme tels leurs biens meubles et immeubles fussent saisis et vendus, et les deniers mis ez mains de six bourgeois de Paris, pour estre employez aux affaires et desengagement de ladite ville, entretenement des garnisons d'icelle, et pour recompenser ceux de la ville qui en seroient dignes, sans pouvoir estre lesdits deniers convertis à autre usage.

II. Qu'une chambre fust de nouveau establie, laquelle seroit composée, tant de conseillers que d'advocats, pour juger en dernier ressort des accusations contre les heretiques, leurs fauteurs et adherans, et des conspirations contre l'union des catholiques, laquelle chambre jugeroit aussi, tant en matiere civile que criminelle, des causes des catholiques (un des Seize) qui ont assisté et aydé à l'emprisonnement faict d'une partie de messieurs de la cour de parlement le 6 janvier 1589.

III. Que toutes les villes seroient priées de renouveller le serment de l'union, et de se joindre avec la ville de Paris, et faire par ensemble un fonds esgal et selon leurs moyens pour faire la guerre aux heretiques et à leurs adherans.

Ces requestes, ces memoires et ces instructions, furent veus au conseil estably près M. de Mayenne. On cognut par iceux encor plus la passion et l'animosité des Seize, et que tout leur zele et toutes leurs belles paroles dorées, qui n'avoient autre ton que l'ordre et la reformation, n'estoient que pour faire naistre encores plus de division, veu que l'on recognoissoit par iceux qu'ils ne vouloient estre subjets à aucune justice qu'à celle qu'ils establiroient d'eux mesmes, qu'ils ne vouloient plus obeyr au parlement, que leur intention n'estoit que de ruiner toutes les bonnes familles qui restoient encor à Paris, sous de legers pretextes, affin que leurs biens fussent donnez pour recompense à ceux de

Paris qui en seroient dignes (un des Seize). Bref, eux et leurs predicateurs en vouloient à tous ceux du conseil que le duc de Mayenne avoit establi près de luy, lequel conseil estoit composé des plus grandes et notables familles du party de l'union, et eussent voulu faire restablir ledit conseil general dans Paris, auquel quelques predicateurs avec le peuple y eussent exercé leurs passions. La suite de ceste histoire le monstrera assez evidemment. Ledit conseil des Seize, contrefaisant le conseil de quelque republique, rescrivit aussi au Pape en ce mesme mois de fevrier la lettre suivante :

« Très-Saint Pere, ce qui plus allegrement nous a fait embrasser et poursuivre les premices de l'union saincte en ceste ville et autres de ce royaume pour la deffence et conservation de la religion catholique, apostolique et romaine, a esté, après avoir consulté et proposé toutes les difficultez et hazards qui s'y pourroient presenter, l'esperance que nous avons eue en Dieu qu'en fin il nous en feroit sortir heureusement et glorieusement. Nous n'avons point esté deceus, car, bien que nous ayons beaucoup souffert, tant par les traverses d'aucuns des nostres que par la puissance et malice de nos ennemis, si est-ce qu'il a pleu à Dieu nous delivrer et conduire jusques en ces jours, èsquels, lorsque nous estimions estre esloignez de tout secours, nous avons, non seulement receu ceste grande et immense consolation qu'il ayt voulu vous choisir son lieutenant et vicaire general en son Eglise, mais aussi qu'ayons gousté des premiers fruicts de vostre paternelle benediction par les largesses dont Vostre Saincteté a daigné honorer et secourir les catholiques de ceste ville en leur extreme necessité, laquelle nous croyons vous avoir esté representée par M. le cardinal Caëtan, legat, la presence et constance duquel au plus fort de toutes nos afflictions, desquelles il a eu sa bonne part, nous a entierement consolez et corroborez; si que nous pouvons dire avec verité qu'après Dieu et le roy Catholique, nous luy devons nostre conservation, esperans de Vostre Saincteté la perfection de l'œuvre. Or, Très Sainct Pere, chacun des catholiques s'est resjouy de ces heureuses nouvelles, et en a rendu à Dieu et à vous, en public et en particulier, les actions de graces possibles, et nos magistrats faict leur devoir de vous en remercier. Nous autres, qui sur tous sommes en horreur à l'ennemy et le but auquel fort souvent les foibles catholiques lancent les traicts de leur impatience, devons très-humbles remerciements à Vostre Saincteté, à laquelle nous osons tesmoigner combien l'excez d'allegresse et de contentement que nous en avons receu nous oblige et donne force et courage de perseverer, voire d'autant plus que nous esperons que, prenant Vostre Saincteté nos affaires en protection, sous laquelle nous nous rengeons et la supplions nous y recevoir, elle nous tirera de nos miseres et nous donnera par ses prieres envers Dieu un roy très-chrestien, qui sçaura bien comme fils aisné luy rendre l'obeyssance deue, par le moyen de laquelle la saincte religion pourra estre conservée en ce desolé royaume, l'Estat d'iceluy maintenu en son entier, et le pauvre peuple catholique jouyr du repos qu'il doit desirer pour servir à Dieu et à son eglise. Et d'autant que c'est[t] le seul remede pour mettre fin à nos calamitez et nous delivrer de l'entiere ruine de laquelle nous sommes menacez, nous supplions Vostre Saincteté s'y vouloir employer, et nous et nostre posterité luy serons infiniment tenus, et luy en dirons à tousjours louanges et remerciements. Très Sainct Pere, après avoir baizé très-humblement vos pieds sacrez, nous prions le Createur donner à Vostre Saincteté très-parfaicte santé, très bonne, très longue et très heureuse vie. A Paris, ce 24 fevrier 1591. De Vostre Saincteté les très humbles, très devots et très obeyssans subjets et serviteurs, ceux du conseil des seize quartiers de la ville de Paris, qui ont prié huict d'entre eux souscrire pour toute la compagnie. Signé : Genebrard, Boucher, Aubry, de Launoy, de Bussy, de La Bruiere, Crucé, Senault. »

Sa Saincteté leur fit une ample responce, ainsi que nous dirons cy-après en son lieu. Voyons cependant plusieurs exploits militaires qui se firent en plusieurs endroicts de la France au commencement de ceste année.

Nous avons dit l'an passé que M. de La Chastre, après le siege de Corbeil, fut renvoyé vers Orleans et le Berry avec une petite armée. On luy avoit promis de luy envoyer encor quelques troupes, en attendant lesquelles, peu après qu'il fut arrivé à Orleans, il resolut d'aller assieger Aubigny près de Sanserre en Berry. Ayant donné ordre que l'on luy amenast de la grosse tour de Bourges trois canons et une coulevrine avec des munitions, il partit d'Orleans avec encor deux coulevrines et quantité de munitions, et s'achemina droict à Aubigny qu'il fit incontinent investir. Les royaux, qui avoient descouvert son dessein, renforcerent la garnison d'un regiment, et se resolurent de se bien defendre, et luy de les bien attaquer; ce qu'il fit avec telle diligence, que la seconde nuit qu'il eut faict investir ceste ville, il fit mettre son canon en batterié. Les sieurs de Chastillon, de Colligny, de Montigny, de Requien, de Tannerre, et autres seigneurs du party royal, s'assemblerent incontinent vers Gyan (¹) pour faire lever ce siege. M. de La Chastre, ayant esté adverty de ceste assemblée, et qu'ils estoient resolus d'aller à luy dans six heures, fit assembler les capitaines de son armée. Les uns furent d'opinion que l'on ne devoit commencer la batterie que l'on ne se fust esclaircy de la puissance des royaux, pour entreprendre plus ou moins, affin de ne recevoir quelque honte ou ruine : leur raison estoit que, pour tenir ceste ville assiegée, l'armée estoit contraincte d'estre separée à cause d'une petite riviere et d'un estang, et qu'il estoit aisé à juger que les royaux y venant forts pour la secourir, ils leur feroient quitter du moins un costé, et jetteroient dedans la ville des forces bastantes pour leur resister. Nonobstant ces raisons M. de La Chastre voulut essayer d'emporter Aubigny devant que la noblesse royale y fust venuë au secours, disant qu'il ne pouvoit croire qu'ils fussent si tost prests. Son opinion estant suivie de quelques capitaines, il fit armer soudain et monter à cheval tous les siens, assigna à chacun sa place de combat, donnant au sieur de Comnene, mareschal de son armée, la garde du dehors ; et luy et le baron son fils se rendirent si soigneux de la batterie, qu'en peu de temps il y eut breche, laquelle fut rendue aux soldats en tel estat qu'elle se pouvoit gaigner. Vaudargent, luy ayant demandé la pointe de l'assaut,

(¹) *Gyan* : Gien.

y alla avec son regiment assez bravement, mais sans nulle execution; car les royaux le repousserent si vifvement d'entre les poultres, soliveaux et masures des maisons abbatuës, qu'il fut contrainct de se retirer avec perte. Le viscomte avec son regiment de lansquenets, pensant estre plus heureux, alla donner droict à la bresche pour l'emporter, mais il en fut repoulsé si rudement, qu'il n'eut loisir de s'y loger ny autour de là, non plus que Vaudargent. Après plusieurs conseils, M. de La Chastre, sçachant que la noblesse royale tenoit la campagne, leva son siege et alla loger à une lieuë d'Aubigny, et le lendemain à La Chapelle d'Angiron, d'où trois jours après il renvoya les trois canons à Bourges, ne retenant que les coulevrines avec lesquelles il s'achemina à petites traictes vers Sangoing qu'il assiegea à la faveur des troupes du sieur de Neuvy Le Barrois, lequel vint le joindre du costé de Bourbonnois : ceste ville estant sans garnison, les habitans se rendirent incontinent. De là l'armée s'achemina au Chastelet; mais M. de La Chastre, ayant dressé sa batterie, receut advis que les sieurs de Chastillon, de Montigny, et les susdits seigneurs royaux, avec six cents cuirasses, devoient loger à quatre lieuës de luy, ce qui luy fit encor lever le siege de devant ce chasteau, jugeant qu'ils ne s'estoient ainsi assemblez pour le quitter soudain, et qu'il luy seroit impossible de là en avant de suivre en leur presence aucune entreprise d'importance. Ayant donc levé encor ce siege, il s'alla loger à Chasteau-melian, d'où deux jours après il partit, et tira droict entre Moulins et Dun le Roy, faisant tousjours marcher son armée en estat de combattre. Les royaux, ayans peu d'infanterie et point de canon, ne laissoient toutesfois de le costoyer, et pensoient l'attraper aux passages de quelques rivieres; mais luy, qui avoit bonne cognoissance de son gouvernement et de l'estat des royaux, se fit faire voye et passage avec ses coulevrines, et fit si bien qu'il arriva à Dun le Roy où il separa son armée et la mit en garnison en plusieurs villes du Berry : quant à luy il se retira à Bourges, où il ne fut gueres qu'il luy falut aller à Orleans sur l'advis qu'il receut que le Roy estoit en la Beausse pour assieger Chartres, ainsi que nous dirons cy-après, là où aussi ledit sieur de Chastillon et les seigneurs royaux qui avoient empesché ledit sieur de La Chastre de rien faire avec son armée en Berry, ayant repassé Loire, allerent le joindre. Voylà ce qui se passa en Berry sur la fin du mois de decembre de l'an passé et au mois de janvier de la presente année.

En ce mesme temps M. le prince de Conty et son armée passerent Loire pour aller reprendre Moleon dont ceux de l'union s'estoient emparez sur le capitaine Chalenton : ceste ville assiegée et batuë, les surpreneurs furent contraints de se rendre audit sieur prince vies et bagues sauves.

De là ledit sieur prince s'achemina à Chemillé, ville sur les marches de Poictou et d'Anjou, dans laquelle estoit le sieur de La Perraudiere pour l'union, lequel, après avoir valeureusement soustenu trois assauts, capitula et rendit ceste place à composition de vies et bagues sauves.

Après ces effects ledit sieur prince repassa Loire et vint à Duretail (1) en Anjou, où il receut les nouvelles que le vicomte de La Guierche, qui commandoit pour

(1) *Duretail* : Durctal.

l'union dans Poictiers, ayant amassé de cinq à six cents chevaux, quatre mil hommes de pied et trois canons, avoit prins plusieurs chasteaux aux environs de Poictiers, s'estoit saisi de Mirebeau dont ceux de Poictiers avoient pillé le chasteau apartenant à M. de Montpensier, et qu'il tenoit assiegé dedans Belac messieurs d'Abin.

Ledit sieur prince, ayant redressé son armée, en laquelle M. d'Amville, à present admiral de France, tenoit le second lieu, accompagné de messieurs de Rambouillet et de La Rochepot, desirant secourir Belac, partit de Duretail, print en chemin le chasteau de Vaux et en chassa l'union, et de là s'en alla passer Loire, mandant à M. de La Trimoüille, qui estoit à Touars, et à M. de Malicorne, gouverneur de Poictou, de le venir trouver avec le plus de forces qu'ils pourroient. Cestuy-cy n'y faillit point, et, accompagné des sieurs de La Boulaye, de Sainct Gelais, des Roches Baritaut, de Parabelle et de Choupes, se vint rendre auprès dudit sieur prince à Latilly, lequel s'en alla delà loger à Vivonne. Mais le sieur de La Trimoüille, ayant assemblé quelques troupes, quoy que M. le prince luy eust mandé de le venir trouver, n'y vint point, ains s'en alla droict à Belac, affin d'avoir l'honneur d'en avoir luy seul fait lever le siege. Le vicomte de La Guierche, le voyant venir, pensant que ce fust toute l'armée dudit sieur prince, quitta son siege et se retira à Montmorillon, ville sur la riviere de Guartempe, là où il laissa son infanterie et son canon, et se retira dans Poictiers. M. d'Anville sur ceste retraicte tint de rudes paroles audit sieur de La Trimoüille après qu'il se fut joint à l'armée (car il estoit son oncle), et luy fit cognoistre sa faute, lui monstrant comme sans doûte ledict sieur vicomte eust peu estre entierement deffaict audit siege s'il ne se fust point advancé seul pour secourir Belac, et qu'il se fust rendu en l'armée ainsi qu'il luy estoit commandé; aussi ceste deffaicte eust contraint Poictiers de se rendre, et eust apporté la paix en toute ceste grande province.

M. le prince, sans s'arrester à Belac, fit passer son canon au travers de la riviere à Lussac, et alla à Montmorillon qu'il fit incontinent investir. Il y fut bien combattu dans un des faux-bourgs qui fut prins et reprins par plusieurs fois; en fin, estant demeuré aux royaux, et les approches faictes, on commença en mesme temps à battre la ville, tant par le costé d'une eglise dont le dessus de la voute fut incontinent gaigné, que par le chasteau qui en est à la main droicte. Après un long combat les royaux entrerent en mesme temps dans le chasteau et dans toute l'eglise, où ils mirent un drapeau blanc au haut du clocher; puis toutes les troupes donnerent de telle furie qu'ils emporterent toute la ville. Plusieurs, se pensans sauver, se noyerent, et ceux qui eschapperent l'eau tomberent sous les armes du sieur de Choupes qui estoit en bataille de ce costé là, tellement qu'il fut tué à la prise de ceste ville de douze à quinze cents soldats, tous les capitaines pris, dont quelques-uns furent pendus, entr'autres Bel-arbre et La Forge : le sieur de Boisseguin les pensa suivre sans quelques-uns qui intercederent pour luy. Ledit sieur prince fit faire ceste execution pour les cruautez que le sieur vicomte de La Guierche avoit fait faire peu de jours auparavant à la prise de l'abbaye Sainct Savin, où il fit pendre le capitaine

Taillefer (qui estoit un vaillant soldat, et après avoir soustenu deux assauts et s'estre rendu à composition), et tailler en pieces tous ses soldats, contre la capitulation, qui portoit qu'ils se pourroient retirer vies et bagues sauves. En ceste prise ledict sieur prince gaigna les trois canons dudit vicomte et quinze enseignes, lesquelles il envoya au Roy. Sainct Savin, Le Bourg Archambault, Le Blanc en Berry et Angles se rendirent; toute ceste contrée devint royale. L'armée dudit sieur prince s'achemina du depuis à Chavigny, à Mirebeau, et jusques aux faux-bourgs de Poictiers, ainsi que nous dirons cy après. Retournons voir ce que fit le Roy après l'entreprise des Farines sur Paris.

Le fait de Paris ayant succedé, comme nous avons dit cy dessus, sans perte de part ny d'autre, le Roy, retiré à Senlis, print son chemin vers la Brie, et se rendit à quatre lieuës de Prouvins, accompagné du duc de Nevers, chacun estimant qu'il voulust assieger ceste place. Il en fit semblant; de sorte que l'union y envoya promptement cinq ou six cents pietons et deux cents chevaux. Mais voyans qu'il ne faisoit point d'approches, ils crurent qu'il en vouloit à ceux de Troyes ou de Sens, et furent confirmez en ceste opinion entendans que le Roy marchoit vers Montereau-faut-Yonne. Là dessus fut semé un autre bruit que Sa Majesté alloit à Tours remedier à une querelle survenuë au conseil entre M. le cardinal de Bourbon et M. le cardinal de Lenoncourt; mais il se tint caché dix ou douze jours avec le duc de Nevers, ayant mandé au mareschal de Biron (lequel estoit avec l'armée vers Mante de retour de Normandie, d'où il amenoit les poudres et les boulets que l'on avoit envoyez d'Angleterre, qu'il receut à Diepe, après avoir pris Caudebec, Harfleur, Fescamp et autres places, bref, reduit toute la Normandie à l'obeyssance du Roy, hors-mis Le Havre, Roüen, Pontoise, Louviers, et deux ou trois autres places) qu'il feignist de traverser la Beausse pour le venir joindre, mais que soudain il tournast la teste vers Chartres pour l'investir avant qu'il y pust entrer aucun secours, d'autant que la ville n'avoit que peu de garnison avec les bourgeois encores divisez, plusieurs y estans affectionnez au party du Roy, nommement l'evesque (1) qui estoit de la maison de Thou : ce que le mareschal executa si promptement et tant à propos, que Chartres fut investy le 9 fevrier. Le Roy se rendit le lendemain à Estampes, où il receut nouvelles que le regiment du capitaine La Croix Cautereau, composé de soixante cuirasses et de deux cens harquebusiers, sorty d'Orleans pour entrer dans Chartres, avoit esté entierement desfait, et n'en estoit eschappé que cinq montez à l'advantage, dont La Croix en estoit l'un.

Tous les gouverneurs des villes de l'union avoient bien preveu que ce que le Roy tournoioit ainsi estoit pour se jetter tout à coup sur quelque place, ainsi, disoient-ils, que faict un oyseau de proye pour empieter quelque gibier. Pontoise, Meaux, et plusieurs autres villes, avoient renforcé leurs garnisons; mesmes M. de La Chastre, ayant receu advis que Chartres estoit investy, s'achemina en diligence de Bourges à Orleans sur la fin de fevrier, cognoissant que les divisions des habitans de ceste ville avoient besoin de

(1) *Nommement l'evesque* : Nicolas de Thou, oncle de l'historien Jacques-Auguste de Thou. Ce fut lui qui sacra Henri IV.

sa presence, et mesmes le Roy estant si proche d'eux, et aussi pour tascher de donner quelque secours à ceux de Chartres. Si tost qu'il fut arrivé à Orleans, il envoya battre l'estrade par des chevaux legers jusques dans l'armée du Roy, qui luy rapporterent de quelle façon Chartres estoit assiegé; surquoy il se resolut de faire jetter deux cents hommes de pied, conduits par le capitaine Larchenau, qui se devoient couler en deux nuicts parmy l'estenduë de l'armée du Roy, feignans estre royaux, et, en la troisiesme traicte, qu'ils penetreroient jusques sur les fossez et aux portes. Ce secours, party avec guides et signal pour estre receus dans Chartres, fut descouvert incontinent, car le Roy avoit donné ordre sur tout que l'on prinst garde du costé d'Orleans; si que, poursuivis, la plus-part fut taillé en pieces, les autres, ayans gaigné une maison, capitulerent, et demeurerent prisonniers.

Cependant ceux de Chartres, qui avoient pour gouverneur le sieur de La Bourdaisiere, se deffendirent si courageusement qu'ils repoulserent par plusieurs fois les royaux du ravelin de la porte des Espars que l'on avoit attaqué, quoy que les assiegez n'eussent pas beaucoup de garnison et peu de noblesse, outre les sieurs de Grammont et du Pescheray, qui s'y estoient jettez sur la nouvelle d'un siege : cestuy-cy fut tué d'une harquebuzade à la conservation de ce ravelin où il avoit acquis de l'honneur.

Ce siege tira en longueur, et le camp y ayant sejourné près de deux mois et demy, le Roy fit faire bresche du costé de Galardon, où M. de Chastillon, ayant trouvé l'invention d'un pont de bois couvert qu'il fit dresser dans le fossé par où on eust esté sans danger jusques au pied de la bresche, fut cause que les Chartrins, prevoiants leur ruine, entrerent en capitulation qu'ils accorderent le vendredy sainct, laquelle contenoit que, si dedans huict jours ils n'estoient assistez par le duc de Mayenne, ils se rendroient au Roy. Ils envoyerent des deputez vers ledit duc, lequel envoya Faucon, son maistre d'hostel, et le sieur de Jauge, maistre de camp, avec dix ou douze chevaux pour tascher d'entrer dans la ville, avec intention et charge de faire opiniastrer les assiegez. Mais ayans esté pris, le vendredy, dix-neufiesme jour d'avril, sur les quatre heures du soir, le Roy entra en armes dedans Chartres, et y coucha trois nuicts. Le samedy matin, lesdits sieurs de La Bourdaisiere et de Grammont, suivis des soldats de la garnison et de sept ou huict cents personnes, sortirent avec les armes, et soudain le mareschal de Biron y entra avec douze cents harquebusiers et trois cents chevaux, garnison y assignée, et en fut le gouvernement redonné au sieur de Sourdis, lequel paravant y commandoit. Il sortit aussi force dames et damoiselles en carrosses et chariots, qui se firent conduire à Orleans. Chartres estoit tellement retranché et fortifié par dedans, qu'il fut jugé plus fort qu'Orleans; aussi le Roy ne voulut rien hazarder, autrement il y eust perdu la plus-part de ses forces. Tous les retranchemens estoient beaux et bien faicts. Du depuis l'on y fit bastir une citadelle. Les royaux ne perdirent en ce siege personne de qualité que le sieur de Belesbat. Le Roy ayant tiré quelques sommes de deniers des habitans, et après avoir reduit Auneau et Dourdan à son obeyssance, partit incontinent pour aller secourir Chasteautierry que le duc de Mayenne avoit assiegé

pour penser faire divertir au Roy le siege de Chartres;
mais, en chemin, Sa Majesté receut les nouvelles que
le vicomte Pinard, ayant abandonné la ville, s'estoit
retiré au chasteau, où il avoit capitulé avec le duc, ce
qui fit retourner Sa Majesté à Senlis. Quiconque perd
une place est subject à divers jugemens : ce vicomte
n'en fut exempt, et plusieurs disoient qu'il eust pu et
deu faire mieux qu'il n'avoit fait, et que le marché de
la reddition de ceste place en estoit fait long-temps auparavant. Le duc donna le gouvernement au sieur du
Pesché. Ceste prise fit que ceux de l'union porterent
plus patiemment la perte de Chartres, et disoient qu'elle
leur demeuroit comme par forme de represaille, mais
il y avoit à dire plus de la moitié. Le duc de Mayenne,
voyant que le Roy repassoit la Seine, mit ses gens en
diverses garnisons, n'estant assez fort pour tenir la
campagne, et mesmes M. de La Chastre luy envoya
encor ses lansquenets avec le regiment de Vaudargent, pour-ce que les villes de l'union en Berry ne
pouvoient plus endurer de leurs deportements.

Peu après ce siege M. de Chastillon, estant allé en
sa maison qui est sur la riviere de Loin, devint malade, dont il mourut. Il estoit de la religion pretenduë
reformée, en laquelle il avoit esté instruit par son feu
pere l'admiral de Coligny; toutesfois, estant d'un esprit
noble et grand, on esperoit de luy oster ceste opinion
par instructions dociles, ainsi que l'on avoit faict à
son frere le sieur d'Andelot l'an passé : sa mort empescha ce bon dessein. C'estoit un seigneur brave et
vaillant, et sur tout bien entendu aux mathematiques,
science que les nobles qui veulent parvenir aux plus
grandes charges militaires doivent curieusement sça-

voir. Il en monstra aussi des effects audit siege de Chartres en l'invention du pont qu'il fit faire pour aller à l'assaut.

Durant aussi ce siege M. de Luxembourg, revenu de Rome, y vint trouver le Roy : or il avoit donné charge à un gentil-homme qu'il avoit laissé à Rome de bailler une sienne lettre à celuy qui seroit esleu pape, laquelle contenoit amplement l'estat de la France; ce que le gentil-homme fit, et le pape Gregoire quatorziesme luy promit du commencement d'y respondre, mais du depuis il ne le voulut faire estant diverty par les ministres d'Espagne; dequoy ayant eu advis ledit sieur duc de Luxembourg, il luy rescrivit ceste lettre que nous avons mise icy au long, pource qu'elle donne à cognoistre beaucoup de choses qui se sont passées à Rome, aussi que l'on y void le respect que messieurs les princes du sang, ducs, pairs, mareschaux et officiers de la couronne, ont porté au Saint Siege durant ces troubles, et comme il a esté preoccupé des ennemis de la France.

« Très Sainct Pere, de ce que j'ay creu estre de mon devoir et de la charge que j'ay euë de tous les princes du sang, ducs, pairs, mareschaux, officiers de la couronne de France qui suivent le Roy, je pense m'en estre acquitté le mieux qu'il m'a esté possible, tant que j'ay esté à Rome de leur part du vivant du feu pape Sixte, y ayant apporté non seulement ce que j'ay cogneu estre propre pour la tranquilité de ce royaume, mais encore veritablement ce que j'ay sceu estre pour le bien et advancement de la religion catholique, apostolique et romaine, et le repos universel de toute la chrestienté. Incontinent après mon depart de Rome j'en escrivis fort amplement au college des cardinaux, et, pour ce que la passion d'aucuns d'entr'eux empescha que mes lettres ne fussent veuës ne receuës au conclave, je m'advisay d'en laisser une pour celuy qui par la divine inspiration seroit eslevé en la dignité pontificale. Celuy qui avoit charge de la presenter m'a fait entendre que Vostre Saincteté l'avoit humainement receuë, et que mesme elle estoit disposée d'y respondre et pourvoir en ce qu'elle jugeroit estre à propos; mais, entendant qu'elle a esté divertie de me faire cest honneur, et me doutant bien que ceux qui ont gaigné cest advantage s'efforceront de luy persuader de faire encore pis contre la France, j'ay voulu prevenir ce mal, adjoustant ceste mienne lettre à mes precedens advertissemens, et remonstrer, en toute humilité, à Vostre Saincteté que ceux qui ne nous veulent point de bien, et qui fondent leur ambition sur nos ruines, ne cerchent, sous le pretexte de religion, qu'à embarquer tout le monde avec eux et le souslever contre nous; et, pour faire croire que c'est pour la religion ce qu'ils en font, ils voudroient bien que Vostre Saincteté prestast son authorité et son adveu à la guerre qu'ils nous brassent, affin que cela donnast d'autant plus de couleur à leurs pernicieux desseins; mais en effect ils n'en feroient pas grand conte, si l'esperance d'en tirer de l'argent ne les convioit d'avantage que le zele de la religion; et, pour parvenir à ce point, ils promettront, quant à eux, d'y fournir de leur part beaucoup plus qu'ils ne demanderont à Vostre Saincteté, affin de l'engager plus aysement en une guerre de laquelle elle ne se puisse après facilement retirer, et en laquelle ils espuiseront les finances de Vostre Saincteté, qui pourroient bien mieux servir autre part qu'à nous ruiner : ils sont d'ailleurs assez subtils pour le desirer à fin de ne laisser en son entier un fond de deniers si notable et si proche du royaume de Naples qu'on sçait bien estre du domaine de l'Eglise. La consideration de tout cela ne me travaille point : les menaces de la guerre ne me troublent point l'esprit, j'en ay accoustumé le bruit, et la noblesse de France y est tellement aprise, qu'elle, avec l'appuy de ses amis, n'en peut craindre une nouvelle, de quelque part qu'elle vienne. Mais ce qui me trouble, ce qui me passionne, et qui peut apporter beaucoup d'esbahissement aux bons François, vrais catholiques, fils de ceux qui ont maintenu le Sainct Siege envers tous et contre tous, qui l'ont augmenté de richesses et de grandeurs, sera de voir Vostre Saincteté, en laquelle pendant cest orage de guerre ils esperent trouver un port de tranquillité, non seulement s'abandonner à la mercy des vents, par maniere de dire, mais quasi les exposer en proye à leurs cruels ennemis. Le pape Sixte, d'heureuse memoire, circonvenu par les artifices de nos adversaires, avoit au commencement eu la mesme volonté, et avoit commencé de s'y employer à bon escient; mais, depuis qu'il eut recogneu la verité de nos affaires, et descouvert l'ambition de ceux qui, depuis fort long temps, ont commis les maux qu'on void maintenant esclorre, il changea de resolution, et, ce qu'il avoit projetté avec violence, il resolut de l'executer avec la douceur : ce qu'il avoit voulu faire comme ennemy, il commença à le faire comme pere. Aussi ay je ceste ferme croyance que

Dieu permettra que les ennemis de la memoire de ce Sainct Pere, et qui en veulent obscurcir la souvenance en blasmant ceste sienne saincte intention, seront ceux qui la rendront plus illustre et plus belle par le contraire evenement de ce qu'ils pensent, attendu que les gens de bien cognoistront que Sa Saincteté estoit vrayement conduite de l'esprit de Dieu au chemin qu'elle tenoit pour appaiser nos troubles. Dieu est juste, et, comme tel, ne voudra que la justice de la cause des bons François soit foulée aux pieds, ains qu'elle sera prudemment consideree par Vostre Saincteté. La France a eu premierement recours à la divine bonté, et puis, par mon entremise, au Sainct Siege, duquel jusques icy elle n'a receu aucun desplaisir que ce qui est procedé de la mauvaise volonté de certains ministres qui se sont portez, non comme juges equitables, mais comme parties passionnées, non pour y faire luire la paix, mais pour y allumer la guerre. Je supplie très-humblement Vostre Saincteté penser que les François devront faire maintenant, s'ils se trouvent non seulement abandonnez d'elle, mais aussi poursuivis ouvertement. Il y auroit à craindre que là où ils ne pourront apporter assez de resistance d'eux-mesmes, ils n'en cherchent ailleurs pour se deffendre de leurs ennemis par leurs ennemis, et que pour dernier refuge ils ne s'allient plustost avec qui que ce soit, que de se sousmettre à nulle autre domination qu'à celle que les loix du royaume ont establie pour legitimes successions de la couronne françoise, ce que je dis d'apprehension du mal que je prevois inevitable, dont l'ennuy me redouble quand je considere que deviendra la religion, et en quel danger elle sera exposée. Et si elle venoit à se perdre (Dieu me retire plustost de ce monde, affin de ne voir un tel malheur en mon vivant), qui en sera coulpable, sinon ceux qui, sous le faux pretexte de religion, et qui, aveuglez d'ambition et d'avarice, favorisent l'injustice d'une telle guerre?

« On nous veut faire entendre que Vostre Saincteté envoye de l'argent aux Parisiens, et qu'elle promet beaucoup d'assistance à leur party. On dit d'avantage qu'elle envoye un prelat en France pour y voir les affaires et en estre advertie par luy selon la verité. Je ne puis croire le premier, ne me pouvant persuader tant de precipitation de sa part, que de nous vouloir condamner sans nous ouyr, comme cela seroit un prejugé. Quant à la venuë du prelat, j'en louë la resolution, mais il est à desirer qu'il ne face comme ceux qui y sont venus devant luy, qui, ayans charge de voir l'estat de la France et en donner advis, se joignirent au party des rebelles, et qu'il ne vienne avec volonté de nous ruiner, mais d'apaiser la guerre, qu'il n'ait l'esprit preoccupé de passion, l'ame aveuglée d'avarice, d'ambition et des pensions d'Espagne; en somme, que, ne penchant ny d'un costé ny d'autre, il vueille tenir la ballance juste, et rapporter à Vostre Saincteté la verité de nos divisions. Mais je ne doute point que, par son extreme prudence, elle ne face eslection d'un personnage pourveu de si bonnes qualités qu'elle soit hors de crainte d'en estre trompée comme le Sainct Siege l'a esté cy-devant, et nous exempte des dangers où par tel inconvenient nous nous sommes trouvez. Car, quant à moy, quelques advis qu'on me donne de beaucoup de lieux, quoy que plusieurs personnes vueillent dire que Vostre Saincteté se laisse aller aux persuasions des ministres et pensionnaires d'Espagne, toutesfois je ne l'ai jamais voulu croire, opposant tousjours à leurs advertissements ce qu'elle me daigna dire quand je la rencontray en Toscane auprès de Torniceri, comme elle s'acheminoit à Rome pour se trouver à l'eslection d'un pape après la mort de Sixte cinquiesme; car, entr'autres choses, elle me fit cest honneur de me dire qu'il estoit necessaire que le roy de France fust roy de France, et celuy d'Espagne roy d'Espagne, et que la grandeur de l'un servist comme de barriere à l'ambition de l'autre. Par ce peu de mots j'ay fermé la bouche à plusieurs, et descouvert en meilleure part la creance qu'ils avoient de Vostre Saincteté. M'estant tousjours reservé de luy faire entendre, comme je fais, la suppliant très-humblement que toutes les fois qu'il sera question de traicter de nos affaires, qu'elle se daigne souvenir et croire que l'intention de tous les princes du sang, ducs, pairs, mareschaux, officiers de la couronne, de toute la noblesse, et de tous les bons François, est de n'estre jamais autres que très-catholiques, esperans, par leurs services, de pouvoir obliger leur roy de recognoistre la verité de la religion catholique, apostolique-romaine, pour en faire la profession comme tous ses predecesseurs ont fait. Et quant aux autres François qui suivent le party contraire, ce sont personnes corrompues par l'ennemy, qui, pour se maintenir, ont attiré le pauvre peuple, et l'ont abusé sous le pretexte de religion. Là dessus considerera, s'il luy plaist, que, pendant une telle guerre, le moyen d'instruire le Roy et le ramener à la cognoissance de la vraye foy nous est osté, et le repos des chrestiens et catholiques d'autant retardé. Le zele que j'ay à ma religion, et la cognoissance que j'ai de ces affaires pour les avoir maniées à Rome, et mesme pour obvier et prevenir les subtilitez dont nos ennemis usent à l'endroit de ceux qu'ils veulent circonvenir, font que tant plus librement j'ay osé prendre la hardiesse d'en escrire à Vostre Saincteté, et accompagner par ceste mienne lettre celle qui sera presentée par ce gentil-homme de la part des princes et noblesse qui sont en ceste armée, lequel ils ont expressement depesché vers Vostre Saincteté en attendant que les autres princes et noblesse, maintenant dispersés par le royaume, y envoyent tous ensemble de leur part pour se conjouir avec elle de son assomption au pontificat, et luy faire plus amplement entendre l'estat auquel maintenant nous sommes, comme sans doute ils feront bien-tost, et principalement s'il plaist à Vostre Saincteté me tant honorer que de m'advertir, par ce mesme gentilhomme, comme elle aura agreable ceste ambassade, et ensemble me faire cest honneur de prendre en bonne part ce que je luy escris, croyant que mes paroles ne procedent que d'une extreme sincerité de conscience et d'affection que j'ay au bien, en ma religion, et au repos de ma patrie, de laquelle je ne seray jamais deserteur, comme je n'oublieray aussi l'obeissance et le service que je luy dois; de laquelle baisant très-humblement les pieds, je prie Dieu, Très-Sainct Pere, vouloir assister et conduire par son Sainct Esprit, et luy donner très-heureuse et longue vie. Au camp devant Chartres, le 8 avril 1591. Vostre très-humble et très-obeyssant fils et serviteur, François de Luxembourg. »

Avant que de dire comme le Pape, au lieu d'embrasser la cause de tant de princes françois qui le supplioient d'estre pere et non partial, envoya secours d'hommes et d'argent à ceux de l'union, et de ce qui en advint, voyons ce qui se passa au commencement de ceste année en Dauphiné, en Provence, et en d'autres endroicts.

Le sieur d'Albigny, commandant dans Grenoble pour l'union, se trouvant pressé par le sieur Desdiguieres, et se voyant sans esperance d'estre secouru ny du duc de Savoye qui estoit assez empesché en son entreprise de Provence et en la guerre de Geneve, ny du marquis de Sainct Sorlin qui commandoit à Lyon, rendit Grenoble audit sieur Desdiguieres, auquel les habitans par la composition payerent soixante mille escus. Ceste ville s'appelloit jadis *Accusion* : depuis on la nomma *Cullarone* ; mais, ayant esté aggrandie par l'empereur Gratian, il la fit appeller *Gratianopolis*, et en françois *Grenoble*. Elle est presque en figure d'ovale, située en une plaine fertile, arrousée du fleuve d'Isere qui descend des Alpes, commandée d'un haut costau, au pied duquel est le faux-bourg de Sainct Laurens, et enceinte de vieilles murailles. Le roy François I avoit proposé d'accroistre ceste ville ; mais son dessein après sa mort ne fut poursuivy. Ledit sieur Desdiguieres, y ayant restably le parlement et la chambre des comptes qui en avoient esté transferez, comme nous avons dit, mit le sieur de La Boisse pour y commander avec trois cents hommes de guerre, fit faire plusieurs belles fortifications, et ceste ville du depuis par sa vigilance a esté maintenuë en l'obeyssance du Roy. Ceste reddition ayant pacifié le Dauphiné, ledit sieur Desdiguieres s'achemina avec toutes ses troupes en Provence pour secourir M. de La Valette, qui avoit sur les bras le duc de Savoye, lequel, à la faveur de la comtesse de Saux et de ses partisans, estoit entré dans Marseille le second jour de mars, où les habitans luy jurerent obeyssance et fidelité comme à leur gouverneur et protecteur de la Provence.

Ces choses là ne plaisoient point au duc de Mayenne ny au comte de Carses, ny à beaucoup des habitans de Marseille. Ils jugerent incontinent des desseins de ce duc, suyvant ce qui a esté dit cy-dessus, lequel, ne se voyant assez fort de son estoc pour se faire maistre de ceste province, et resister, tant aux royaux qu'au comte de Carses et à ses partisans, se resolut d'aller en Espagne pour avoir secours d'hommes et d'argent. Son pretexte fut que le Turc, disoit-il, levoit une grande armée en faveur du Roy pour se jetter en la Provence. Pour y resister, les Provençaux ses partisans, assemblez à Marseille, envoyerent aussi six deputez avec luy en Espagne pour demander secours, sçavoir, deux du parlement d'Aix, deux consuls de Marseille, et deux au nom de toute la province.

Le duc, avant que d'aller en Espagne, pourveut à ce qu'il jugea necessaire pour la conservation de son party en Provence, et y laissa pour y tenir la campagne le comte de Martinengue avec mil chevaux et deux mille hommes de pied, puis il partit environ la my-mars, et arriva heureusement à Barcelone. Le prince d'Espagne, aujourd'huy roy, son beaufrere, l'y receut avec toute demonstration d'amour. De là il s'achemina à Madrid, où les deputez provençaux cognurent que toute la determination de leur secours dependoit du roy d'Espagne seulement.

Cependant que ce Roy et le duc conferoient pour trouver les moyens de s'asseurer de la Provence, voicy un revers de fortune qui survint à l'armée du Savoyard à Esparon de Palieres le 15 d'avril.

Les sieurs de La Valette et Desdiguieres, s'estans joincts au village de Vivon dez le quatorziesme avril, faisans ensemble neuf cents maistres et deux mil harquebuziers, se resolurent d'attaquer les Savoyards et d'avitailler Berre qu'ils tenoient assiegé. Or, estans advertis que les Savoyards avec quelques Provençaux, au nombre de mille maistres et de dix-huict cents harquebusiers, estoient logez en trois villages, leur advantgarde audit Esparon de Pallieres, la bataille à Rians, et l'arriere-garde à Sainct Martin de Pallieres, distans les uns des autres de demie lieuë, et à deux lieuës de Vivon, resolurent d'attaquer les Savoyards et aller droict à eux; ce qu'ils firent en cest ordre : les troupes du Dauphiné conduites par le sieur Desdiguieres faisoient l'avantgarde, à la teste de laquelle estoient aussi les sieurs du Poët et de Mures; le sieur de La Valette conduisoit le gros de la bataille, et le sieur du Buous faisoit l'arrieregarde avec cent maistres. Les royaux, cheminans en cest ordre, arriverent sur un costau près d'Esparon, justement à l'opposite où les Savoyards s'estoient rangez aussi en bataille, non toutesfois si avant dans la plaine que les royaux eussent desiré, car ils avoient fait advancer à la faveur de quelques fossez et hayes leur infanterie au devant de leur cavalerie.

Cependant que l'armée royale s'advançoit dans la plaine, l'arrieregarde des Savoyards, logée à Sainct Martin, joignit ceux d'Esparon; ainsi rangez, et estans advancez à la portée du mosquet, le sieur Desdiguieres leur envoya un regiment en flanc, qui à la premiere salve leur fit quitter leur champ de bataille, et se retirerent sur un petit costau qui estoit au dessus du village, dont le derriere leur estoit libre. Tout aussi-tost l'avantgarde royale gaigna ce champ, où elle fit ferme cependant que l'infanterie escarmouchoit d'une part et d'autre celle des Savoyards logée au village dont la royale essayoit de la chasser. Mais, voyant qu'il ne se pouvoit faire qu'avec beaucoup de perte, pour estre le Savoyard haut et advantageusement logé, le sieur Desdiguieres avec son advantgarde fit un grand tour et trouva le moyen de gaigner le derriere de son ennemy. Ce que voyant un escadron de deux cents chevaux conduits par le comte du Bar, et que ledict sieur Desdiguieres venoit droit à luy, il s'esbranla par deux fois, et en fin print la fuite, laissant l'infanterie et environ trois cents chevaux engagez dans le village. Cest escadron fut suivy jusques à ce qu'il se jetta sur les bras du comte de Martinengue dans Rians. Estans joints, ils firent une charge aux royaux, qui la soustindrent fermement, et combattirent de telle vigueur qu'ils les mirent en route en les menant battant une lieuë durant. En cest exploict les Savoyards firent perte de deux cents maistres, trois cornettes et un guidon : le reste se retira en desordre à Rians. Au mesme temps que ceste route se faisoit, les royaux travailloient à gaigner le village où leur ennemy s'estoit barriquadé à la haste; mais la nuict estant si proche, et les Savoyards si advantageusement logez, pour ce jour ils ne gaignerent que quelques maisons où ils se barriquaderent posans des gardes à l'entour, afin que ceux de dedans ne se sauvassent à la faveur de la nuict et du pays assez propre pour l'infanterie : ainsi l'armée royale se campa à la plaine.

Le lendemain quelques soldats qui s'estoient retirez, tant dans une eglise où estoit le sieur de Cucuron, que dans un collombier et dans un moulin à vent, jusques au nombre de deux cents, se rendirent à discretion : quelques-uns de qui on pouvoit tirer rançon furent pris prisonniers, le reste fut pendu.

Le lendemain 17, ceux qui estoient au village d'Esparon, pressez de faim et de soif, empeschez d'une grande quantité de morts ou blessez, et sans esperance d'aucun secours, se rendirent la vie sauve, et à l'instant; après la foy donnée, sortirent trois cents chevaux et mil hommes de pied desarmez et retenus prisonniers, entr'autres le sieur Alexandre Vitelly, le sieur de Sainct Roman, et trente capitaines, tant de cavalerie que d'infanterie. En ceste desfaicte les royaux gaignerent quinze drapeaux et une infinité de chevaux et bagage. Tout le butin venu à cognoissance fut party par moitié entre les sieurs de La Valette et Desdiguieres, et depuis dispersé aux compagnies. Le Savoyard perdit cinq cents maistres, tant morts que prisonniers, et quinze cents harquebusiers. Les royaux y perdirent le jeune Buous, une vingtaine de morts et une centaine de blessez. Voylà ce qui advint à Esparon de Palieres. Du depuis aussi les Savoyards, comme disent les historiens italiens, parurent plustost assiegez que deffenseurs de ceste province.

Le duc de Savoye, retourné d'Espagne avec presents, ayant obtenu des pensions pour ses enfans, et assignation de deniers pour faire la guerre, se trouva embarassé en beaucoup d'endroits; car, si les siens furent battus en Provence, les autres ne furent gueres plus heureux auprès de Geneve. Nous avons dit l'an passé que M. de Sancy estoit allé par commandement du Roy pour lever des Suisses et faire la guerre en Savoye du costé de Geneve : ce qu'il executa au commencement de ceste année. Estant à Basle, trois compagnies de cavalerie d'Italiens l'y vindrent trouver, conduites par Pausanias Braccioduro, par le comte Mutio Porto, et par Nicolas Naso, lesquelles le sieur de Maisse, ambassadeur du Roy à Venise, avoit faict secrettement lever. Ledit sieur de Sancy, ayant descouvert qu'il y avoit huict soldats bien montez dans Basle, envoyez par les agents d'Espagne, lesquels portoient sur eux cent mil escus d'or, bien cousus dans des cors de pourpoint et dans la selle de leurs chevaux, pour payer une levée qui se faisoit en Allemagne pour l'Espagnol, donna charge au capitaine Moron de les suivre avec douze cavaliers qu'il luy donna : ce qu'il fit si diligemment, qu'il les attrapa sur les terres de l'archiduc d'Austriche dans le bois de Rinfelt, où, les ayant attachez à des arbres et coupé les jambes de leurs chevaux, il prit les cent mil escus, avec plusieurs belles pierreries de grand prix lesquelles ils portoient pour faire des presents de la part du roy d'Espagne. Moron, ayant executé son entreprise, s'en retourna trouver le sieur de Sancy, auquel, ainsi que plusieurs ont escrit, il consigna sa prise fort fidellement.

Après ceste prise ledit sieur de Sancy s'achemina vers Geneve avec cent cinquante bons chevaux, les compagnies de Braccioduro et de Mutio, et cinq compagnies de Suisses sous la conduitte du colonel Diesbach. Il y arriva le 22 de decembre de l'an passé, où y ayant trouvé aussi quelque cavalerie, trois compagnies d'argoulets, neuf compagnies d'infanterie, fit de toutes ces troupes un corps d'armée de deux mil combattans, avec laquelle il alla investir, le premier jour de ceste année, le chasteau de Buringe, et commença à le faire battre de deux canons, une coulevrine et un fauconneau. Sur l'advis qu'eurent les garnisons savoyardes de Rumilly, d'Anecy et de La Roche comme ledit sieur de Sancy tiroit à Buringe, ils s'assemblerent environ trois cents lances pour faire quelque entreprise sous la conduite de Christofle Guevara, espagnol : mais aucuns de ceux de Geneve, prompts à la picorée, estans allez jusques auprès de La Roche où ils s'estoient assemblez, furent cause qu'ils monterent tous à cheval pour courir après eux, les uns armez, les autres non, et suivirent si vistement la piste de ces coureurs, qu'ils se trouverent à demy lieuë de Buringe où estoit le quartier des Italiens, lesquels ils eussent surprins s'ils n'eussent faict tant de bruit et de huées qu'ils faisoient, ce qui donna occasion à Braccioduro et à vingt-cinq des siens de monter à cheval fort promptement, sans cuirasses pour la plus-part, car les lanciers savoyards ne leur donnerent pas loisir de les prendre, et, sans s'espouvanter, il alla les recognoistre et leur fit une charge assez furieuse, d'où il retourna incontinent en une place de combat qu'il avoit choisie, et là où il y trouva encor soixante cavaliers françois qui s'y estoient rendus. Ayant de tout fait deux troupes de cavalerie, il dit tout haut à un des siens : « Allez dire à tels et tels, qu'il nomma, qu'ils s'advancent avec leurs compagnies, et qu'ils aillent couper le chemin en un tel endroit. » Ceste parole, qui n'estoit qu'une feinte, fut occasion qu'un Milanois du party savoyard se mit à crier : *Volta, che siamo in mezzo* (1); ce qu'ils firent à l'instant. Braccioduro, qui les vid tourner, donna si à propos et leur fit une si rude charge, qu'ils se mirent à la fuite, pensans devoir estre assaillis par devant et par derriere, et furent ainsi poursuivis jusques aux portes de La Roche. En combattant et en fuyant il y en eut quatre vingts de tuez avec leur conducteur Guevara : plusieurs y demeurerent aussi prisonniers. Les victorieux gaignerent trois cornettes et quarante bons chevaux.

Le lendemain ceux du chasteau de Buringe, ayant esté batus de soixante douze coups de canon, demanderent à parlementer; mais, voyans que l'on ne les vouloit recevoir qu'à discretion, sortirent par une porte de derriere, gaignerent le pont que les assiegeans ne pouvoient garder pour estre commandé trop à descouvert du chasteau, et se sauverent en assez de desordre à Bonne prez de là, fors huict qui furent tuez en s'enfuyant, et trois de pris, dont l'un servit de bourreau pour pendre les autres deux. Ce chasteau fut peu après desmoly; mais les Savoyards depuis le racommoderent et terrasserent, et le rendirent aussi fort qu'il estoit auparavant.

(1) Tournez, nous sommes entre deux feux.

Sur la fin de janvier le sieur de Quitry arriva avec quelque cavalerie et infanterie à Geneve. Le premier de fevrier, l'armée se trouvant estre de trois mille hommes, tant François que Suisses, et de quatre cens chevaux, on entra dans le bailliage de Thonon avec cinq canons, où il y eut beaucoup d'hostilitez exercées. Compois, qui commandoit pour le Savoyard dans Thonon, se voyant n'avoir que deux cents cinquante hommes pour en deffendre la ville et le chasteau, après avoir fait semblant de s'y vouloir opiniastrer, abandonna la ville, et se retira avec quatre-vingts des siens au chasteau, envoyant le reste à Esvian. Quitry, ayant fait tirer quatre-vingts coups de canon sans beaucoup d'effect, fit travailler à la mine en telle diligence, que, le 6 de ce mois, il fit jouër deux mines lesquelles fiernt quelque ouverture, et donnerent la mort à trente des assiegez, ce qui les occasionna de se rendre à composition la vie sauve seulement, excepté à Compois et à trois des siens, qui sortirent avec la dague et l'espée seulement. On trouva dans ceste place force butin.

De Thonon l'armée s'achemina à Esvian, où commandoit le capitaine Bonvillars. Ceste villette est au bord du lac à deux lieuës de Thonon. Les Savoyards en voulurent deffendre l'entrée des fauxbourgs, mais l'on fit jouër le canon si rudement qu'ils furent contraints de l'abandonner; puis, tout d'une suite, on planta un petard à la porte de la ville, laquelle estant enfoncée, et quelques autres endroits gaignez, en mesme temps toute l'armée entra dans la ville, en laquelle tous actes d'hostilité furent exercez. Bonvillars, s'estant retiré au chasteau qui est assez bon, et hors de sape et de mine pource qu'il est en lieu marescageux, fit mine d'y vouloir mourir plustost que se rendre; mais, après quelques volées de canon, ayant tenu quatre jours, il se rendit vies et bagues sauves, et fut conduit en seureté.

L'armée, ayant fouragé les bailliages de Thonon et d'Esvian, sur la fin de fevrier retourna vers Bonne. Les pluyes et les chemins rompus empescherent de pouvoir plus trainer le canon; toutesfois l'on en mena deux pieces dont on batit le chasteau de Polinge, qui se rendit; mais l'advis que receut M. de Sancy que dom Amedée, Olivares et Sonas avoient assemblé leurs troupes, qui estoient de six cents maistres, quatre cents argoulets à cheval et de cinq mil pietons, lesquels venoient droict à luy, fut cause qu'il fit remener ses cinq canons dans l'arcenal de Geneve. Et, ayant envoyé recognoistre l'armée savoyarde, et prins un Savoyard qui servoit de guide à dom Amedée, duquel il tira une partie des desseins dudit Amedée, il resolut, avec les sieurs de Quitry et de Conforgien, de faire mettre le feu dans quelques chasteaux et en retirer les soldats qu'il y avoit mis pour les garder, puis de se camper en lieu advantageux pour y attendre les Savoyards : ce qui fut fait, et l'armée, quittant le logis de Buringe, se vint loger à une lieuë de Geneve, où la place de la bataille fut prise sur le haut de Monthou.

Dom Amedée, estant arrivé à Buringe le vendredy douziesme de mars, y fit en diligence redresser le pont, sur lequel ayant faict passer son infanterie, il se vint loger en plusieurs villages autour de Bonne. Les sieurs de Sancy et de Quitry, qui dressoient leurs bataillons, pensoient que ce jour là, pour ce qu'il estoit plus de midy, les uns et les autres ne feroient rien autre chose que de faire monstre de leurs forces; mais il en advint autrement. Or ils avoient campé leur armée sur la coline de Monthou, entre Geneve et Bonne, au pied de laquelle est une petite vallée de soixante pas qui a à ses deux bouts deux chemins qui conduisent à Monthou : pour en empescher la venuë aux Savoyards, on avoit mis d'un costé le sieur d'Arimon dans quelques maisons qui y sont proches de là, avec deux compagnies d'infanterie, et de l'autre costé proche d'un bois le regiment du baron de Santanne. Les quatre compagnies d'Italiens servoient d'advantgarde. Le sieur de Sancy, avec les Suisses et l'infanterie françoise, faisoit le corps de la bataille, ayant à costé droit la cavalerie de Geneve, et de l'autre costé deux compagnies d'infanterie proches d'une maison avec quelques fauconneaux. Et pour l'arrieregarde estoit la cavalerie françoise du sieur de Quitry. Ceste armée, rengée de ceste façon et en lieu advantageux, fit juger dèslors qu'elle valoit bien celle des Savoyards, encores qu'elle fust moindre de moitié, tant en cavalerie qu'infanterie.

Aussi-tost que les Savoyards furent arrivez à La Baigue, leur chef, dom Amedée, se resolut de faire taster la valeur de ses ennemis, et, quoy qu'il en eust recognu l'ordonnance et la disposition estre bonne et forte, il commanda à cinq cents harquebusiers et mousquetaires de gaigner le bois et les maisons où estoient le regiment de Santanne et le sieur d'Arimon : ce qu'ils firent fort bravement, et en chasserent les François; puis, suivis d'Olivares, espagnol, avec huict cents autres harquebusiers, ils gaignerent tous les bois, fossez et hayes jusques auprès du bataillon des Suisses. Sonnas, qui les suivoit avec quatre cents chevaux pour les soustenir et passer outre suivant le progrez qu'ils feroient, s'advança de passer la derniere haye pour entrer en la plaine; mais si tost que le baron de Conforgien, qui conduisoit la cavalerie de Geneve à la main droicte du bataillon des Suisses, le vid à demy passé, car le chemin y estoit estroit, et n'y pouvoit entrer qu'à la file, le chargea si à propos, que Sonas et tous ceux qui estoient passez avec luy furent renversez morts par terre, le reste print la fuitte, et se sauva jusques au gros de la bataille où estoit dom Amedée. L'infanterie qui avoit gaigné les hayes et les bois, se voyant abandonnée de la cavalerie, et que l'on les venoit charger, commencerent à se retirer à la faveur de leur gros qui estoit proche, ce qui ne se fit sans confusion, et sans la mort de plusieurs. Les sieurs de Sancy et de Quitry, ayans rallié leurs gens, non sans peine, se retirerent et se joignirent en un corps, après avoir entierement despouillé les morts, qui se trouverent au nombre de trois cents, entre lesquels il y avoit, outre Sonas, près de cent gentils-hommes. Les deux armées ayans demeuré encore à la veuë l'une de l'autre demie-heure, la nuict survenuë, chacun commença à desloger. Dom Amedée repassa l'Arve, et alla loger à La Roche et à Bonneville, et M. de Sancy à Geneve.

Tous ces pays-là estoient si ruinez de la guerre que les deux armées furent contrainctes de s'en esloigner. Dom Amedée se retira vers Chambery, et les François, le vingt-troisiesme de mars, prindrent le chemin de la

Franche-Comté par Roman-Monstier, après avoir laissé le sieur de Chaumont et le capitaine Craon pour faire la guerre dans Geneve. Voylà ce qu'il advint en la guerre de Geneve et de Savoye le long de ceste année; car du depuis ceste journée tout se passa en courses, tant de part que d'autre, et ne s'y fit rien de memorable outre l'ordinaire. M. de Sancy fit cest exploict affin, comme disent les historiens italiens, d'empescher *il duca di Savoya ne suoi paesi, divertendogli le forze con le quali faceva progressi importanti in Provenza* (1). La deffaicte des Savoyards à Esparon de Pallieres, ainsi que nous avons dit cy-dessus, donne assez à cognoistre au lecteur en quel estat devindrent les affaires du duc de Savoye en ce temps là.

Sur la fin de ce mesme mois de mars M. de Brion fut surpris en sa maison de Mirebeau en Bourgongne par le sieur de Guyonvelle, lequel l'emmena prisonnier après avoir tué huict de ses serviteurs, pillé vingt mille escus en argent, cent cinquante chevaux, force bleds, et une grande quantité de precieux meubles et armes. Ce seigneur, de l'une des plus nobles et anciennes familles de la Bourgongne, se tenoit, à cause de son aage, comme neutre en sa maison, où, tant d'un party que d'autre, chacun y estoit bien venu; mais ses richesses furent cause que Guyonvelle, qui se declara du depuis espagnol sur un pretexte que le marquis fils dudit sieur de Brion estoit avec le Roy, le surprit, et ruyna de meubles ceste belle maison. Si nous mettions icy toutes les surprises, pillements, meurtres et

---

(1) D'occuper le duc de Savoie dans son propre pays, et d'empêcher ses forces de faire des progrès en Provence.

hostilitez qu'aucuns, tant d'un que d'autre party, commirent en ce temps là, aucuns desquels ont esté punis, d'autres non, cela meriteroit un trop gros volume. Voyons maintenant ce qui se passa au commencement de ceste année en Italie.

Toutes les provinces d'Italie furent tellement affligées de la famine, que les potentats et les republiques pour le soulagement de leurs peuples, chacun en sa souveraineté, firent plusieurs provisions. Les uns envoyerent acheter des bleds en Sicile, les autres presterent de l'argent aux communautez des villes, qui envoyerent acheter des bleds où ils pensoient qu'il y en eust à commodité, affin de sustenter le pauvre peuple. Mais Rome sur toutes les autres villes fut la plus affligée, car on fut contraint d'y faire nombrer le peuple au commencement de fevrier, où il s'y trouva cent dix-sept mille ames après que l'on en eut faict sortir tous les pauvres et toutes les bouches inutiles, pour lesquelles nourrir, par la recerche qui fut faicte, il ne se trouva que trente mil *rubio* de bled, qui est une mesure un peu plus grande que le septier de Paris, dont il en estoit consumé tous les jours quatre cents, quoy que l'on ne distribuast que dix-huict onces de pain par jour pour chasque teste. Le Pape, ayant envoyé de tous costez pour avoir des bleds, et nulle navire ne revenant à bon port, fut contrainct de prier le grand duc de Florence de secourir Rome. Ce prince, qui, prudent, en avoit fait bonne provision, en envoya plusieurs vaisseaux chargez, mais, à cause des tempestes qui regnerent en ce temps-là sur la mer, ils ne purent entrer si tost dans la bouche du Tibre pour monter à Rome. Ce mauvais temps continuant jusques au mois de mars, les Romains furent contraints de ne manger que dix onces de pain par jour, d'où il advint que l'observance du caresme ne se fit dans Rome ceste année; et, pour ce que le *rubio* valoit trente deux escus, affin de sustenter le menu peuple, Sa Saincteté leur permit de manger de la chair de bufle, qu'il fit vendre à cinq quadrins la livre : ce qui continua jusques au commencement de may, que les galeres de Sa Saincteté arriverent aussi chargées de quantité de bleds, lesquels abbaisserent lors de pris *per mancamento di molte migliaia di persone già morte per la necessità del vivere* (1), et par les maladies de fievres pestilentieuses qui regnerent principalement en l'Abbruzze, en la Marque (2), en l'Umbrie et en la Romagne, où la mortalité fut si grande, qu'en beaucoup d'endroicts les terres y demeurerent sans estre labourées.

A ceste affliction de famine l'Italie en avoit encor une autre qui la travailloit beaucoup. La terre estoit plaine de bannis, et les costes maritimes de corsaires. Ceux-cy, avec sept fustes, prindrent plusieurs navires chargez de grains, et fallut que les galleres du Pape usassent de grande diligence, allant tantost le long d'une coste, tantost de l'autre, pour asseurer la navigation. Et pour remedier à ceux-là, le pape Gregoire quatorziesme commença son pontificat par un bannissement qu'il fit contre Alfonse Picolomini, bien qu'il fust son parent, et contre quinze seigneurs et cinq cents de leurs complices, lesquels il declara criminels de leze-majesté, confisca leurs terres et biens, et

---

(1) Par la diminution du nombre des habitans dont beaucoup étoient morts de faim.

(2) *La Marque* : la Marche.

donna la comté de Montemarcian, qui est un petit lieu en la Marque, appartenant audict Picolomini, à Hercules Sfondrate, nepveu de Sa Saincteté; laquelle comté il erigea depuis en duché, ainsi que nous dirons tantost. Picolomini qui s'estoit resjouy de l'assomption au pontificat de son parent, et qui avoit fait un present à celuy qui luy en apporta les nouvelles, se voyant avec les autres bannis poursuivy, tant par le Pape que par le grand duc duquel il avoit esté fort favorit, et qui avoit obtenu une fois sa grace du pape Gregoire treiziesme, partit de la Campagne avec Sciarra et ses autres compagnons après qu'ils y eurent fait une infinité d'embrasements et de cruautez, et s'acheminerent par bois et deserts vers Narvi, et de là vers Foligni, tousjours poursuivis, ou des gens du Pape, ou de ceux du grand duc, que conduisoit le colonel Bisaccione, et d'un autre colonel Pierconte qui le poursuivoit avec cent cinquante Albanois pour se venger en une si belle occasion d'une querelle qu'il avoit contre luy. Lesdits bannis se voyans ainsi poursuivis, Sciarra se separa de Picolomini avec tous ses complices, et s'en retourna vers la Campagne et vers les confins du royaume de Naples, laissant Picolomini peu accompagné, lequel prit son chemin vers la Marque pour s'embarquer et sauver par la mer Adriatique; mais, feignant d'aller à Jesi, il tourna court à main droite, esperant trouver quelque barque sur laquelle il se mettroit. Ce dessein ne luy ayant reüssi, il tourna derechef à main gauche, pensant mieux se sauver, mais il tomba sous les armes de Bisaccione auprès de Cesenatico, lequel le conduit incontinent à Imola pour le mener à Florence. Le gouverneur d'Imola s'y opposa, disant qu'il estoit justiciable du Pape pour les maux qu'il avoit commis aux terres de l'Eglise. Bisaccione, se voyant reduit en ces termes, et cognoissant que ses labeurs ne tourneroient point à l'honneur de son seigneur le grand duc si ceste affaire se disputoit civilement, il se resolut d'enlever d'Imola son prisonnier par la force, et laisser après le fait le soing au grand duc d'y remedier. Pour ce faire il mit à une des portes de la ville quelques-uns des siens, et luy avec le reste s'en alla enlever de la prison Picolomini : ce qu'il fit, et le mena à Florence, où peu de jours après il eut la teste tranchée. Aucuns autheurs disent que l'on le fit mourir *appicato al ferro di ribelli* (¹). Bisaccione fut depuis en peine pour l'avoir enlevé des prisons d'Imola, et ses biens qu'il avoit sur les terres de l'Eglise furent saisis; mais le grand duc ayant fait remonstrer l'importance de cest affaire à Sa Saincteté, et excusé ce faict, Bisaccione rentra aux bonnes graces du Pape. Marco Sciara avec les autres bannis, bien qu'ils fussent poursuivis de Virginio Ursino, ne laisserent de faire une infinité de massacres, de bruslements et de pilleries. Bref, plusieurs ont escrit que l'Italie fut en ce temps là autant affligée de la famine et des bannis, que la France et la Flandre le furent des guerres civiles.

Quelques-uns des princes et republiques qui doivent obeyssance au pape, à sa nouvelle eslection, envoyerent incontinent leurs ambassadeurs à Rome; mais Sa Saincteté manda à quelques-uns qu'ils retardassent de venir faire ceste ceremonie jusques à un autre temps. Cependant il ne laissa de faire traicter le

(¹) Dans les fers.

mariage de son nepveu le comte Hercules Sfondrate avec la fille du prince de Massa, et sa belle sœur Sigismonde, mere dudit Hercules, arriva incontinent à Rome avec ses deux autres fils, à l'un desquels Sa Saincteté donna son chapeau de cardinal avec le tiltre de Saincte Cecile, et l'autre, nommé François, fut faict chastellain du chasteau Sainct Ange.

Au commencement de mars, après que le mariage eut esté consumé d'Hercules Sfondrate et de la princesse de Massa en une maison de Paul Sforza, Sa Saincteté crea, aux quatre temps de caresme, quatre cardinaux, sçavoir: Odoard Farnese, Octavien Acquaviva, fils du duc d'Atri, Paravicin, evesque d'Alexandrie, et Plato, auditeur de la rote. Peu auparavant ceste creation moururent les cardinaux de Caraffe et de Sainct George, tous deux grands prelats.

Le Pape, ne se ressouvenant plus des paroles qu'il avoit dites, estant cardinal, à M. de Luxembourg en leur rencontre à Torniceri, qu'il estoit necessaire que le roy de France fust roy de France, et celuy d'Espagne roy d'Espagne, et que la grandeur de l'un servist comme de barriere à l'ambition de l'autre, se rengea du tout du party de l'Espagnol, par le moyen duquel, ainsi que plusieurs ont escrit, il avoit esté esleu pape. Le vingtiesme du mois de may il fit partir de Rome Landriano (1) avec tiltre de nunce, pour faire publier en France un monitoire contre messieurs les princes du sang, ducs, pairs, mareschaux, et autres officiers de la couronne qui suivoient le Roy, lequel de nouveau il aggrava de nouvelles censures.

(1) *Landriano* : Marsillo Landriano, prélat milanais, sujet de Philippe II.

Et sur ce que Desportes, secretaire du duc de Mayenne, estoit allé à Rome luy demander du secours d'hommes et d'argent au nom de la ligue, il leur promit de payer six mil Suisses qui seroient levez pour leur secours aux cantons catholiques, et qu'il leur envoyeroit son propre neveu (1) avec mille chevaux italiens et deux mille hommes de pied. Ceux de l'union en France ne manquerent de faire publier par tout la nouvelle de ce secours et de ce monitoire. Le cardinal de Lorraine, estant arrivé à Rome sur la fin de mars, requit Sa Saincteté que ce secours fust envoyé en Lorraine pour s'opposer à l'armée allemande que le prince d'Anhalt levoit pour le roy Très-Chrestien à la diligence du vicomte de Turenne, et de secourir son pere le duc de Lorraine d'un prest de deux cents mil escus : ce qu'il ne put obtenir de Sa Saincteté. Les agents de l'union à Rome, qui luy demandoient aussi permission d'alliener en France du temporel de l'Eglise, en furent esconduits.

Le Pape au printemps de ceste année se trouva assez mal disposé, estant malade de la pierre ; mais, ayant eu soulagement par quelques medecins au commencement du mois de may, il s'employa du tout pour executer son dessein et envoyer des gens de guerre en France. Il envoya le colonel Lusi pour faire la levée des Suisses, mais du commencement il y trouva de la difficulté, pour ce que le frere du colonel Phifer estoit à Rome, solicitant le cardinal Caëtan de luy faire delivrer cent mille ducats que l'on leur devoit à cause des services qu'ils avoient faict l'an passé. Le thresor temporel de l'Eglise qui estoit dans le chasteau Sainct

---

(1) *Son propre neveu.* Hercule Sfondrat, duc de Monte-Marciano.

Ange, amassé avec tant de soing par le feu pape Sixte, estoit merveilleusement mugueté, avec desir de plusieurs officiers du Pape d'y toucher et y faire leurs affaires. L'Espagnol desiroit sur tout de le voir dissipé, car il craint tousjours que les papes, ayans des deniers en reserve, ne les employent pour effectuer les pretensions qu'ils ont sur le royaume de Naples. Pour ce faire il commanda à son ambassadeur le duc de Sesse de demander à Sa Saincteté permission d'alliener du bien des ecclesiastiques par tous ses royaumes pour luy ayder à supporter la guerre qu'il avoit en plusieurs lieux contre les heretiques. Cest affaire estant disputé au consistoire, il y fut resolu que l'on ne permettroit point d'aliener le bien de l'Eglise, et que l'on prendroit plustost des deniers au chasteau Sainct Ange. Voylà l'Espagnol qui obtint, non ce qu'il demandoit, mais ce qu'il desiroit, bien ayse de voir les deniers reservez au chasteau Sainct Ange, qu'il craignoit à cause de son royaume de Naples, employez pour luy preparer la voye de s'emparer de la France. Campana, qui a escrit en faveur de l'Espagnol, dit : *Fecesi conto nondimeno ch' in si pochi mesi erano stati spesi vicino à tre milioni di ducati, la maggior parte per l'occasion delle guerre di Francia, essendo però commune opinione, che d'a suoi ministri fosse in ciò Sua Santità non ben servito, per la natura facile, et per li troppo candidi costumi di esso pontifice, che non sapeva giudicar quelle malote qualite in altrui, che cognosceva non essere in se stesso* (1). Ceste nature fa-

---

(1) « On calcula néanmoins que, en si peu de temps, il fut dépensé
« près de trois millions de ducats, principalement pour subvenir aux
« frais des guerres de France. On pensa généralement qu'en cela Sa

cile de Sa Saincteté a bien apporté des maux à la France, car les ministres d'Espagne luy faisoient faire ce qu'ils vouloient, et, au lieu de respondre à la lettre de M. de Luxembourg qu'il luy avoit envoyé, ny de vouloir escouter le marquis de Pisani, deputé de messieurs les princes du sang, ducs, pairs, et officiers de la couronne, pour luy representer l'estat de la France, on luy fit escrire la lettre suivante au conseil des Seize de Paris, pour response à celle qu'ils luy avoient escrite en fevrier dernier, ainsi que nous avons dit :

« Gregoire Pape, quatorziesme, à mes fils bienaymez les gens du conseil des seize quartiers de la ville de Paris.

« Bien-aymez, le salut et benediction apostolique vous soient donnez. Nous avons receu vos lettres, et volontiers les avons leües; car autre nouvelle ne pourroit plus aggreable parvenir jusques à nous, que d'entendre comme, soubs la protection de Dieu, vous avez esté delivrez de ce long et fascheux siege, et qu'ayants beaucoup travaillé, beaucoup souffert, et porté de mesayses et autres charges et incommoditez pour la deffence de la foy catholique, vous estes maintenant soulagez et eschappez du danger. Mais il faut craindre faire naufrage quasi dans le port et sur le bord de la prosperité; car qui sçait si Dieu peut estre vous auroit delaissé pour quelque temps, lors que vous estiez affligez et tourmentez des miseres passées comme de tem-

---

« Sainteté ne fut pas bien servie par ses ministres. Le caractère trop
« facile et la trop grande candeur de ce pontife l'empêchoient de soup-
« çonner en autrui des vices dont il étoit exempt. »

pestes pour vous esprouver, feignant passer outre, ou, pour mieux dire, afin qu'esmeus à penitence) car l'homme n'a parfaicte cognoissance de ses fautes, souvent elles nous sont cachées, et celles d'autruy quelquesfois imputées), vous vous approchiez de luy et luy adheriez de plus près, jusques à ce que le recognoissiez en la fraction du pain?

« Vostre cœur donc doit estre ardent, et devez perseverer en ce soing continuel qu'en rememorant les choses magnificques que Dieu fait entre vous, que, avec le repos des corps et prosperité des biens, il vous munisse et fortifie du don spirituel de foy, de son amour et de sa crainte. Voylà comme vous, qui vous estes joincts ensemble les premiers pour la paix et tranquillité de l'Eglise et union de la foy catholique en ce royaume, ayans les premiers experimenté le peril, vous en estes eschappez; et non seulement vous estes delivrez, mais aussi par vostre delivrance vous avez acquis salut à ceux lesquels, estans unis avec vous, se reposoient en vostre constante resolution et vigilance.

« Nous nous esjouissons grandement en Dieu par l'occasion que nous en donnez en ce que, recognoissans tenir de luy tout ce bien, et que ne luy en pouvez rendre graces condignes de satisfaction, les luy rendiez par une humble recognoissance et confession. Ceste confession est salutaire, de laquelle nous devons user entre les adversitez pour subir en nous, attendant la correction, et nous doit estre engravée dedans le cœur entre les prosperitez pour en faire profit et salut. Par ce moyen il n'y auroit point d'orgueil, d'autant que de don nous confessans l'avoir, nous ne serons point aussi coulpables d'ingratitude, pour ce que, le recognoissant, nous luy en rendons graces; finallement, comme telle confession, par une pieuse et devote intention, a satisfait au deu d'action de graces du passé, consequemment elle dispose le donateur à nous eslargir d'avantage à l'advenir. Desormais, vous, qui avez fait un si beau commencement et tant louable, perseverez constamment et ne desfaillez avant qu'estre parvenus au but de la course; car, dit Nostre Seigneur, non celuy qui aura bien commencé, mais qui aura perseveré jusques à la fin, sera sauvé. Ce n'est donc point assez de la resolution et courage presenté, mais il faut adjouster et affermir ceste premiere vertu d'une constance, perseverer sans regarder derriere vous, de peur qu'il ne sourde une statue ridicule au mesme lieu d'où le salut estoit esperé. Entre les longues tristesses que nous avons receu de vostre tribulation, estant soigneux de vostre salut, nous avons premierement eu recours à Dieu par supplications pour vostre delivrance; en après, divinement inspirez, nous avons advisé de pourvoir de remedes necessaires aux maux lesquels de toutes parts vous avoient accueillis et comme ensevelis. Premierement nous vous avons assigné un secours de deniers, voire mesme par dessus nos moyens et plus que nos coffres ne permettent; et, oultre plus, conformement au devoir d'un bon pontife, universel et pere commun à tous, lequel doit hayr non les hommes, mais les pechez d'iceux, nous avons esleu nostre cher fils, maistre Marcillius Landrianus, nostre notaire du Sainct Siege apostolicque, homme prudent, discret et fidelle, et l'avons envoyé nostre nunce du Sainct Siege au royaume de France, avec lettres et monitoires, affin qu'il s'employe de tout son possible à convier de nostre authorité tous les desvoyez à revenir avec vous en mesme union pour la paix et repos de ce royaume ; et pour faire correspondre les effects aux promesses, nous vous avons envoyé, quoy que avec grands frais et charge de l'eglise de Rome, nostre cher fils et neveu, fils de nostre frere Hercules Sfondrate, homme noble, duc de Mont-Martian, avec secours d'hommes, tant de cheval que de pied, pour, avec les armes, les employer à vostre deffence et conservation. Que si, oultre cela, vous avez encores besoin de quelque chose cy après, nous y pourvoirons affin qu'on ne nous puisse objecter que nous ayons rien obmis de nostre devoir.

« Nous avons fort aggreable ce que nous escrivez des louanges de nostre bien aymé fils Henry, cardinal Caetan, en partie pour la consideration de ses merites, s'estant fort bien et louablement acquitté de la charge apostolicque qui luy estoit commise du Sainct Siege, en partie en contemplation et faveur de tout le royaume, lequel, avec instance merveilleuse, il continue nous recommander.

« Quant au digne, vous resjouyssans, vous nous congratulez de nostre promotion au supreme pontificat, c'est avec raison, veu que Dieu, pere des misericordes, lequel departit à tous liberallement avec abondance ses graces, ne nous a pas esleus à ceste souveraine dignité de l'apostolat à cause de l'humilité qui soit en nous, mais pour le bien et salut de ceux qui se confient en luy. Autresfois du fort il a tiré la viande et fait distiller la douceur du miel desirée. Que sçait-on si d'un infirme et foible doit issir une vertu non esperée, et d'un imbecille et cassé une vigueur et force non attendue? Quelquesfois Dieu choisit le plus debile pour terrasser le plus robuste et puissant, et exalte le petit et humble pour deprimer et ravaller le plus orgueilleux et superbe.

« Si vous comprenez et goustez ces choses, en souhaittant le bien, humiliez-vous, rompez vos cœurs et affligez vos ames, affin que de la contrition et repentance prenne fin la persecution que vous souffrez.

« Que si nous bruslons pour l'amour de vous, si pour vous nous sommes en angoisses, si pour vostre salut et conservation nous sommes travaillez et en detresses, ne cerchans autres choses en cela que de vous veoir garantis du mal et en repos, à la louange et gloire de Jesus-Christ et pour le salut commun à tous, que devez vous faire, vous, le procès desquels est sur le bureau, où il s'agit de vos biens? Vous devez à la verité despouiller toutes affections terriennes, mettre en arriere tout appetit et esperance de gain et proffit particulier, ne respirer en vos ames, ne porter en vos cœurs, ne vous proposer devant les yeux, que la religion de la foy et de l'Eglise catholique, de laquelle depend toute vostre prosperité, voire tout vostre bien estre; composer toutes divisions, accorder tous discords particuliers, ou pour le moins les deposer et remettre jusques à ce qu'ayez obtenu un roy très-chrestien et vrayement catholique, sous l'umbre duquel vous puissiez jouyr d'un heureux repos, et sous la conduite duquel vous puissiez simboliser en mesme affection et volonté. Et, afin que parveniez au fruit de telle esperance, nous n'y cesserons de le vous procurer par tous les moyens à nous possibles, et par nos humbles requestes et prieres à Dieu. Cependant nous vous donnons la benediction apostolique, prians Dieu vous faire prosperer en toutes vos affaires. Donné à Rome, au Mont Quirinal, sous l'anneau du pescheur, ce jourd'huy 12 may 1591, et de nostre pontificat le premier. M. Vestrius Barbianus. »

Voylà la response que manda Sa Saincteté au conseil des Seize. Tous ceux de ceste faction en firent grand'estime, se voyans ainsi asseurez de la bonne volonté du Pape, et sollicitez sous main par les ministres d'Espagne à Paris. Ils dresserent encor plusieurs memoires et instructions pour parvenir au but de leurs desseins, qui estoit de brouiller tellement les affaires en France, que les guerres civiles y fussent entretenuës sans esperance de reconciliation. Pour representer leurs plaintes à M. de Mayenne, ils deputerent l'advocat Oudineau et trois d'entr'eux pour l'accompagner. Voicy la coppie des instructions que l'on leur bailla, par laquelle on cognoistra mieux leur intention.

« En premier lieu, remonstrer à Monsieur que les deux colonnes du royaume sont la piété et la justice, lesquelles sont tellement courbées en ce royaume de France, qu'elles se voyent quasi abbatuës.

« Que, pour y remedier, il est besoin les redresser et restablir, et à ceste fin commencer à l'ordre ecclesiastique, lequel est le conservateur de la pieté.

« Qu'en ceste ville de Paris ceste colomne est grandement esbranlée par schismes qui naissent et prennent accroissement, tant en l'eglise cathedrale de Nostre-Dame de Paris qu'autres communautez ecclesiastiques, et jà entre quelques curez.

« Que ce mal procede du default de prelat et evesque, lequel est non seulement absent de son clergé, mais tient et suit notoirement le party contraire à la religion et union des catholiques, et seme et fait semer par les siens schismes et divisions, tant en ceste ville de Paris que par tout son diocese.

« Que, pour redresser ceste premiere colomne en ceste ville et diocese, sera ledit sieur supplié d'escrire à Sa Saincteté à ce qu'il lui plaise nous pourveoir d'un autre evesque, et cependant qu'il plaise à Monsieur escrire à messieurs du chapitre de ladite eglise d'user de leurs privileges et authorité permise par les decrets pour pourveoir aux charges et dignitez ecclesiastiques qui sont vacantes, tant par mort que par absence de ceux qui tiennent le party contraire, ou retirez ez villes et pays de l'obeyssance de l'ennemy.

« Pour le regard de la seconde colomne, qui est la justice, remonstrer à Monsieur que le peuple de Paris est jusques à maintenant obeyssant sans justice, fort vexé de l'injustice, laquelle depuis quelques années a regné, comme elle faict encores de present. Pour ceste cause, qu'il plaise à mondit sieur parachever la purgation du parlement selon les memoires qui lui ont esté baillez et seront encores; remplir de gens de bien les places des absens, et ce jusques au nombre ancien, comme aussi les chambres des comptes et des monnoyes. Et d'autant que la declaration faicte par mondit sieur pour appeller et recevoir toutes personnes dans les villes de l'union en faisant le serment et autres submissions y contenues, pourroit estre mal interpretée et practiquée par aucuns, qu'il plaise à mondit sieur en amplifiant ladite declaration, et à ce que les juges, gouverneurs et magistrats n'en puissent douter, et que leurs jugements soient resolus sans ambiguité, il soit ordonné que tous ceux qui ont porté les armes ou servy de conseil, ayde d'argent, ou eu intelligence avec ceux du party contraire, et qui se sont retirez ez villes et pays d'obeyssance de l'ennemy, ne seront admis en l'exercice d'aucuns offices, soit publics ou particuliers, mais seulement pourront habiter ès villes et parmy les catholiques, et jouyr de leur bien librement comme leurs concitoyens, en faisant par eux le serment de l'union des catholiques avec les submissions y contenuës et abjuration du party contraire. Et pour le regard de ceux qui se sont retirez en leurs chasteaux, maisons fortes et fermes, sans avoir fait aucun acte d'hostilité ny eu intelligence avec l'ennemy, qu'ils seront receus ès villes de l'union, sans toutesfois exercer aucun estat qu'un an après qu'ils auront fait les submissions requises entre les mains des magistrats, et fait apparoistre par suffisante information de leurs desportements et actions. Et pour le regard de ceux qui se sont retirez ès villes de l'union pour la necessité, avec permission et passeport des magistrats, seront admis ès villes de l'union, en faisant par eux le serment et submissions, si fait ne l'ont, et toutesfois ne pourront entrer que six mois après la submission faicte en leurs estats et offices.

« Qu'il plaise à mondict sieur rendre à la ville de Paris l'authorité ancienne que les roys ne luy ont jamais ostée, sçavoir est, en temps de guerre, le conseil d'Estat et le grand seel; et en temps de paix, quand les roys se sont eslongnez hors d'icelle ville, l'ont tousjours honorée d'un conseil, encores qu'ils n'y emmenassent leur conseil d'Estat et le seel, affin que les citoyens n'allassent point chercher le secours de la justice hors de leurs murs; et pour ce faire qu'il plaise à Monsieur, dès à present, commander par lettres patentes à ceux qui sont du conseil d'Estat de faire leur sceance en la ville de Paris, de leur envoyer le seel pour en user selon que l'on a fait ès dernieres années.

« Qu'il luy plaise avoir plus grand soin de la ville de Paris que par le passé, et luy donner autre secours qu'il n'a faict, et, à cest effect, desboucher les passages occupez par l'ennemy pour la commodité de dehors, et, pour l'asseurance du dedans de la ville, redoubler les garnisons estrangeres, et outre icelles y mettre deux cents hommes de cheval, et ne la plus laisser mespriser et non plus honorablement traicter comme simple bicoque, mais la recognoistre comme la capitalle du royaume, et la premiere qui s'est opposée à la tirannie pour le bien de la religion et de l'Estat, et particulierement pour la deffence de sa maison, ayant servy d'exemple aux autres pour en faire de mesme, joint qu'elle a supporté tous les frais et charges de la guerre, tant en general qu'en son particulier.

« Plus, qu'il lui plaise entretenir les garnisons de la Bastille et du bois de Vinsennes, et pourvoir au payement de leur solde.

« Qu'il luy plaise faire razer les chasteaux et places fortes qui sont ès environs de Paris, à ce que la ville ne souffre plus d'incommoditez, et oster la retraicte aux ennemis d'icelle.

« Et sur toutes choses, qu'il luy plaise faire la guerre contre le roy de Navarre, hereticque, relaps et excommunié, et ne point traicter, composer, ny mesmes conferer avec luy ny ses agents, mais les poursuivre et travailler comme ennemis de Dieu et de son Eglise : le tout selon le serment et promesses reiterées de M. de Mayenne, lesquelles il sera sommé et interpellé d'accomplir, comme de la part des catholiques affectionnez ils sont prests de faire le semblable et y employer le reste de leurs biens. »

Le docteur Boucher et Oudineau, porteurs de ces memoires, ne receurent du conseil de M. de Mayenne la response qu'ils desiroient, car toutes leurs demandes, couvertes du pretexte de redresser dans Paris les colonnes de la pieté et de la justice, furent incontinent recogneuës estre une source de desordre et de confusion, et que ceux-là qui les faisoient proposer desiroient seulement leur profit particulier et practiquer leurs passions. « Car quelle apparence, disoit-on, de demander qu'on mette un autre evesque à l'eglise de Paris que M. le cardinal de Gondy ? Il n'y en a point, car il a esté tout le long du siege dans Paris, et on sçait qu'il ne s'est retiré à sa maison de Noësy qu'après avoir pris une infinité de peines pour faire avoir la paix et aux Parisiens et à la France en general, et n'y a point d'autre prise sur luy que celle-là. Mais qui est-ce qui desire jouyr du revenu de l'evesché de Paris ? C'est un des Seize qui ne jouyt pas de son evesché de Senlis [1], et voudroit jouyr de celuy de Paris par forme de represaille. De dire que M. de Mayenne escrive à messieurs du chapitre qu'ils pourvoyent aux charges et dignitez ecclesiastiques, c'est autant à dire

---

[1] *Qui ne jouyt pas de son evesché de Senlis.* Cet évêque étoit Guillaume Rose.

qu'il donne l'authorité au chanoine Sanguin qui est du conseil des Seize, et qui veut commander au chapitre de disposer du clergé de Paris.

« De dire que le peuple de Paris est sans justice, c'est une mocquerie. N'y a il pas la cour de parlement et les autres cours? A quel propos M. de Mayenne ostera il des compagnies souveraines les principaux conseillers sur une simple requisition des Seize, pour mettre en leur lieu les plus remüans de ceste faction, qui, au lieu de justice, n'exerceront que leurs passions entre leurs concitoyens? L'on entend trop leur intention; c'est qu'ils desirent faire entrer, tant en l'eglise de Paris qu'en la cour de parlement, chambre des comptes et des monnoyes, les principaux de leur faction, et faire que tous ceux qui se sont retirez en leurs maisons aux champs pour la necessité commune n'ayent plus de charges de ville, et qu'ils en soyent les seuls pourveus; aussi que, pour conserver ces factieux dans Paris en leurs desseins, M. de Mayenne leur face donner des garnisons espagnoles afin d'y estre les plus forts. » Voilà comme on jugea des mémoires des deputez des Seize, et disoit-on qu'ils n'estoient propres que pour rendre Paris le theatre de toutes cruautez. Le peu de compte que l'on fit de leurs deputez les mit en de telles manies, qu'ils firent la lettre qu'ils envoyerent au roy d'Espagne, et ensuite, leur passion occupant leur jugement, ils pendirent le president Brisson, ainsy que nous dirons cy après, ce qui du depuis fut cause de leur ruine. Nous avons fait suivre tout ce que dessus après la lettre que Sa Saincteté escrivit aux Seize, affin que l'on juge mieux quels estoient les comportements de ces gens-là.

Aussi le mesme jour que le Pape leur escrivit, qui

estoit le douziesme de mai, il fit duc de Monte-marcian son nepveu le comte Hercules Sfondrate. Ceste ceremonie fut celebrée dans l'eglise de Saincte Marie Majeure. Sfondrate estant vestu comme sont les chevaliers de l'ordre de Sainct Jacques, Sa Sainctete luy donna le baston de general de l'armée qu'il devoit conduire en France, avec deux estendarts, en l'un desquels estoit depeint un crucifix, et l'image de sainct Pierre et sainct Paul, et en l'autre les armes de Sa Saincteté; à cestuy-là il y avoit escrit : *Hæc est victoria quæ vincit mundum fides nostra;* et à cestuy-cy: *Dextera Domini fecit virtutem, dextera Domini exaltavit me.*

Le lendemain de ceste ceremonie, le duc de Montemarcian partit de Rome, et s'en alla vers Milan dresser ses troupes. L'archevesque Matteucci, commissaire de ceste armée, receut deux cents mille escus pour en faire l'assemblée, qui fut un peu plus longue que l'on ne desiroit, à cause d'une fievre tierce qui retint au lict plusieurs jours ledit duc de Monte-marcian, ce qui fut cause que le plat pays du duché de Milan, quoy qu'il n'y eust point de bannis, ne laissa d'estre aussi bien affligé que les autres provinces d'Italie où il y en avoit; car, outre l'assemblée que l'on y fit des gens de guerre que le Pape envoyoit en France, le gouverneur d'Alexandrie de La Paille, et le sieur de Sassuolo y assembloient aussi des troupes au nom du roy d'Espagne pour aller en Flandres, lesquelles, comme rapportent les historiens italiens, traicterent les paysans de ceste duché *con ricattamenti tirannici, ò con più che barbare insolenze* (¹). Dix compagnies

---

(¹) Avec tyrannie et barbarie.

du Terzo de Sicile, où il y avoit deux mille vieux soldats espagnols conduits par *Loys Velasco*, estans arrivez par mer à Vai, sejournerent aussi quelque temps au Milanois, et s'estans joincts avec les troupes de Capizucca et Marescotti, levées en la Romagne, s'en allerent en Flandres. En ce mesme temps aussi furent levez en ce mesme duché, pour le service du duc de Savoye, deux mille hommes de pied, sous la conduite des comtes de Beljoyeuse, de Rangon et Stampa, et des sieurs Annibal, visconte de Landriano, lesquels, s'estans joincts avec huict vingts cuirasses que le comte François Villa avoit levez au Ferrarois, s'acheminerent pour venir en France, où ils furent desfaits par le sieur Desdiguieres, ainsi que nous dirons cy-après. Voylà l'Italie toute en armes pour porter la guerre en la France et en la Flandres. Voyons comme l'Allemagne aussi d'un autre costé n'en faisoit pas moins.

Le roy Très-Chrestien, affin de resister à tant de forces que l'Espagne et l'Italie preparoient pour l'assaillir, eut recours à ses alliez, et envoya, dez le commencement de ceste année, M. le vicomte de Turenne, à present mareschal de France, et appellé le mareschal de Bouillon, en Angleterre, demander secours d'hommes, d'argent et de munitions. La royne Elizabeth luy promit tout secours, ce qu'elle fit, et mesmes permit à quelques particuliers anglois de prester leurs deniers au roy de France. Ledit sieur vicomte partant d'Angleterre pour s'en aller en Hollande, et de là en Allemagne, ladite Royne luy donna aussi lettres aux princes protestans d'Allemagne, les priant de s'esforcer de secourir le roy de France d'hommes et d'argent contre le Pape, l'Espagnol et les ligueurs, leurs ennemis communs. En l'assemblée que les princes protestans allemands firent à Altemburg, ils promirent audict sieur vicomte de Turenne de secourir le Roy son maistre de dix mille reistres et de seize mille lansquenets. Christian, prince d'Anhalt, y fut esleu conducteur de ceste armée d'Allemands; la description de laquelle, avec le nom des princes, seigneurs, ritmaistres, colonels et capitaines qui devoient la conduire en France, fut incontinent imprimée et publiée partout; mais comme le fer d'Allemagne ne se remue point sans or et sans argent, ce secours fut long à lever; ce qui fut cause que ledit sieur vicomte de Turenne, estant à Francfort le 10 d'avril, en l'assemblée qui s'y fit des deputez des princes protestans qui avoient promis ce secours, il leur remonstra que si l'Espagnol et les princes de la ligue demeuroient victorieux du roy de France, son maistre, qu'ils ne pouvoient douter de les avoir sur les bras, et qu'ils ne tournassent toutes leurs armes contre l'Allemagne, pour y contraindre les princes protestans de recevoir le concile de Trente; ce qui estoit toute l'intention du Pape, du roy d'Espagne, et de tous les princes de la ligue; et, si cela advenoit, que lesdits princes protestans ne perdroient pas seulement leur religion, pour laquelle maintenir ils avoient donné tant de batailles, mais aussi leurs Estats et seigneuries. « Bref, leur dit ledit sieur vicomte, du secours que vous donnerez d'hommes et d'argent au Roy mon maistre despend la liberté de vostre religion, le repos et la tranquilité des Estats des princes vos seigneurs et maistres. »

Les deputez des princes allemans, après s'estre plusieurs fois assemblez, et mesme qu'il eut couru un bruit (faux) que l'eslecteur de Brandebourg, le plus vieil des princes eslecteurs laïcques de l'Empire, ne vouloit nullement ayder d'argent par prest ny autrement, et que plusieurs vouloient suivre son opinion, nonobstant, par la diligence dudit sieur vicomte, ils arresterent, et luy promirent de donner secours au Roy son maistre; mais l'ordre qui avoit esté resolu à Altembourg fut changé, et d'autres colonels et reitmaistres allerent en divers endroicts de l'Allemagne assembler leurs troupes, tant en Saxe, Thuringe, Misne et Silesie, qu'au Palatinat. Le prince d'Anhalt, ayant convenu avec les autres princes combien les gens de guerre payeroient de toutes sortes de vivres qu'ils prendroient, toutes les troupes s'acheminerent et se rendirent auprès de Francfort sur le Mein, et, le 11 d'aoust, ils firent monstre en une plaine proche de Hochlein, où il se trouva six mille huict cents reistres et dix mille lansquenets, lesquels jurerent tous de venir en France et y combattre pour le Roy trois mois durant; après lequel serment ils s'acheminerent pour gaigner les bords du Rhin, qu'ils passerent près de Vallauff sur soixante et dix bateaux. Comme ceste armée arriva en France, et comme le Roy alla la recevoir en la plaine de Vandy le neufiesme de septembre, nous le dirons cy-après en son lieu.

Cependant que le Roy practiquoit ainsi ses alliez pour tirer d'eux du secours, le duc de Mayenne aussi envoyoit vers tous ceux de qui il esperoit estre secouru. L'armée du Pape, comme nous avons dit, estoit loing et tardive à venir. Paris cependant estoit merveilleusement travaillé, car, nonobstant tous les convois de vivres qui y pouvoient entrer venans de

Soissons, de Meaux, ou de Pontoise, les Parisiens estoient reduits en une extreme necessité, car les practiciens et ceux de la justice n'y gaignoient rien, les marchands estoient sans trafic, et le menu peuple sans rien faire. La necessité et les maladies après la levée du siege rendirent ceste ville si miserable, que, pour la soulager, le duc de Mayenne envoya, au commencement de ceste année, le comte de Brissac (qui, après avoir esté pris à Falaise et demeuré sept mois prisonnier, estoit sorty libre) en Flandres vers le duc de Parme pour le prier de retourner en France. Le comte estant arrivé à Bruxelles, et ayant dit sa charge au duc de Parme, il eut de luy pour responce que le roy d'Espagne ne luy avoit pas commandé de retourner en France, aussi qu'il ne pouvoit laisser la Flandre en l'estat auquel à present elle estoit reduite ; qu'il attendoit le commandement d'Espagne de ce qu'il devoit faire, et que d'hommes il n'en avoit pas lors assez pour resister aux Hollandois; toutesfois, ce qu'il pourroit qu'il le feroit. Le comte de Brissac, voyant qu'il ne pouvoit avoir secours de gens de guerre, requit au moins secours d'argent, ce qu'il obtint, et receut deux cents mille florins, qui ayda à ceux de l'union pour s'entretenir jusques au secours qui leur vint ez mois de juillet et d'aoust. Puis que nous sommes tombez sur les affaires de Flandres, voyons ce qui s'y passa depuis que le duc de Parme y fut de retour de son voyage de France.

Nous avons dit qu'il n'avoit pas trouvé les affaires des Pays-Bas en tel estat qu'il les avoit laissées, et que le prince Maurice luy avoit en son absence bien preparé de la besongne. Plusieurs ont escrit qu'outre cela il y avoit du mescontentement de quelques grands Espagnols contre luy. Ce duc, pour reparer les pertes de l'an passé, practiqua au commencement de ceste année de reprendre par intelligences Breda; mais, son dessein descouvert, les entrepreneurs furent executez à mort. Au contraire, ceux de Breda surprirent, le deuxiesme d'avril, le chasteau de Turnhout par le moyen d'un vallet de brasseur de biere qui, estant arrivé dans la porte du chasteau avec sa charrette, jetta la sentinelle dans le fossé, tua encor un autre soldat, et tint bon dans ceste porte jusques à ce que l'embuscade de ceux de Breda, qui estoit en une maison fort proche, s'y rendit incontinent, qui gaigna ceste place.

Au printemps de ceste année le prince Maurice et les Estats, cognoissans [la foiblesse du duc de Parme, se delibererent de ne le laisser à repos, et de se prevaloir du temps et de l'occasion, employans, pour l'execution de leurs desseins, la ruse, la vigilance, la diligence et toutes leurs forces; tellement qu'après avoir assemblé leurs compagnies, tant de cavalerie que d'infanterie, le prince fit courir un bruit qu'il vouloit avec quarante gros canons, qu'il avoit fait exprès embarquer, assieger les villes de Bosleduc et de Gheertruydemberghe, et envoya mesme des gens de guerre pour se saisir de quelques digues du costé de Bosleduc, lesquelles il fit semblant de faire percer pour y faire passer ses navires, et fit aussi loger ses troupes auprès de Breda. Le duc de Parme, n'ayant pas grandes forces en Flandres pour assieger et tenir la campagne, envoya seulement renforcer la garnison de ces deux places, et les fournit de toutes sortes de munitions. Mais le prince, qui le vid empesché de ce costé là, partit avec cent navires, et feignit vouloir entrer dans la Meuse, puis tourna son chemin, remontant le Rhin vers Arnhem, et entra dans la riviere d'Yssel, où, poussé d'un vent de bize, en peu de temps il se rendit à Doësbourg auprès de Zutphen, d'où, le 22 de may, il fit partir quinze ou seize soldats accoustrez en paysans et paysanes, les uns chargez de paniers de beurre, les autres d'œufs, de fromage et d'herbes, lesquels, au point du jour, arrivez à la porte du grand fort qui est sur le bord de la riviere vis à vis de Zutphen, ils s'y reposerent quelque temps, attendans qu'elle fust ouverte; mais ainsi qu'ils l'avoient prejugé il advint, car une partie de la garnison de ce fort, ayant ouvert la porte, s'en alla passer l'eau vers la ville, si bien que les soldats du prince, accoustrez en paysans, s'advancerent pour entrer dans le fort; mais estans dans la porte, chacun s'addressa à un des soldats du corps de garde qu'ils tuerent. Au bruit le colonel Veer, qui estoit en embuscade, y accourut incontinent, se saisit de la porte, se rendit maistre du corps de garde, et puis de tout le fort, où le prince arriva incontinent après de Doësbourg avec toute son armée et son artillerie, et investit la ville de Zutphen, faisant le lendemain dresser un pont sur des bateaux pour y passer cinq chevaux de front. Aux approches le comte d'Everstein y fut tué d'une harquebusade. Mais la diligence dont le prince usa pour affuster, mener et pointer son canon par des matelots forts et habiles qu'il avoit choisis, fut cause que ce mesme jour, après quelques canonnades tirées, les assiegez demanderent à parlementer. La ville estoit grande et forte, mais il y avoit dedans peu de gens de guerre, de munitions et de vivres;

ce qui fut cause que le gouverneur et les habitans, jugeans qu'ils n'estoient capables pour soustenir un assaut, et voyans qu'ils ne pouvoient estre promptement secourus, accorderent, par capitulation, que le gouverneur et ses soldats sortiroient avec l'espée et la dague, et autant de bien qu'ils en pourroient emporter sur leurs dos. Ainsi fut pris le fort et la ville de Zutphen, dont la prise en fut plustost divulguée que le siege.

Ce mesme jour le prince envoya toute sa cavalerie investir la ville de Deventer, qui n'est qu'à deux lieuës de Zutphen, et, à l'instant il s'y achemina avec toute son armée et son canon; puis, ayant divisé son armée en deux, fit deux ponts pour aller d'un camp à l'autre, et commença le neufiesme de juin à l'aube du jour de faire jouër vingt-huit doubles canons contre ceste ville. Le comte Herman de Berg, qui y commandoit pour le roy d'Espagne, sommé par un trompette de se rendre, luy respondit : « Dites à mon cousin le prince Maurice que je luy donne le bon-jour, mais que je garderay la ville au Roy mon maistre tant que l'ame me battra au corps. » A ceste responce ce ne furent plus que canonnades, et, sans aucun relasche, il fut tiré quatre mil coups de canon. Pendant ceste furieuse batterie le prince fit amener quelques navires sur lesquelles fut dressé un pont dans le havre pour aller à l'assaut; mais le pont s'estant trouvé court, cela fut sans effect. Les assiegez, s'estans trouvez avec sept enseignes à la bresche, en repoulserent quelques Anglois lesquels marchoient à la pointe et s'estoient jettez du haut en bas du pont, et avoient franchy le cay, mais, ne se voyans suivis, quelques-uns d'eux furent tuez, et les autres se retirerent. Le prince, voyant la contenance des assiegez, fit soudain tirer deux volées de canon dans la bresche, qui en tüa quantité, et y fut mesmes blessé le susdit comte Herman; ce qui fut occasion que le lendemain, ainsi que l'on recommençoit la batterie, les assiegez demanderent à parlementer. Le prince, qui desiroit d'avoir ceste ville, leur accorda incontinent la composition, et permit aux soldats assiegez d'en sortir vies et bagues sauves.

Le prince, poursuivant sa bonne fortune, passant outre, entra au pays Groëningeois, où il assiegea la grande forteresse de Delfziel, qui se rendit à luy le deuxiesme juillet, puis il prit, aux environs de Groëningue, les forts de l'Oslach, d'Immentil et de Dam, et se prepara pour assieger les Groëningeois. Aussitost que le duc de Parme eut receu nouvelles du siege de Deventer, ne pensant pas que le prince Maurice deust emporter ceste ville en si peu de temps, il assembla tout ce qu'il put de troupes pour y aller au secours; mais, estant arrivé à Marienboom au pays de Cleves, où il avoit deliberé de passer le Rhin pour attaquer en campagne le prince et les Holandois, il en entendit la reddition; ce qui fut cause qu'il n'alla pas plus avant et demeura quelque temps en ce pays-là, où le sieur de Glem, gouverneur de Numeghe, et quelques habitans le vindrent prier de les delivrer du fort de Knotzembourg dont nous avons parlé cy dessus, et lequel estoit à l'opposite de leur ville. On luy en fit l'expedition si aysée qu'il resolut d'y aller, et fit passer le Rhin à toute son armée le quinziesme de juillet, sur les barques, bateaux et pontons qu'il put recouvrer. Le duc, ainsi entré en la Betuve, envoya investir ledit fort de Knotsembourg, où il fit tout ce qu'un chef de guerre tel qu'il estoit devoit faire pour assieger une place si près de son ennemy; tellement que la batterie commença le vingt-deuxiesme juillet avec neuf pieces de canon; mais ce fort n'estant que de terre, tout ce qu'il y fit fut sans effect.

Aussi-tost que le prince Maurice sceut que le duc de Parme estoit entré dedans la Betuve, il quitta Groëninghe, et vint passer le Rhin à Arnhem en Gueldre sur un pont de bateaux qu'il fit dresser en toute diligence. Ses troupes passées, il dressa une embuscade, tant de cavalerie que d'infanterie, sous la conduite du comte de Solms et du chevalier Veer, colonel des Anglois, laquelle il mit proche le Rhin; puis il envoya recognoistre le camp du duc par deux cornettes, lesquelles, estans descouvertes, furent aussi-tost chargées par Pierre François Nicelly, grand cavallerizzo, et capitaine de la compagnie de la garde dudit duc, lequel commandoit en ce quartier là avec quatre cents chevaux. Ces deux cornettes, ayant quelque peu opiniastré le combat, se mirent en un instant à la fuite. Nicelly, ne se souvenant du commandement que le duc de Parme luy avoit fait le jour d'auparavant en faisant la reveuë de son armée, où il luy commanda expressement que quelque attaque que l'on luy vinst faire de ne s'engager au delà du premier pont qu'il luy monstra, fit tout le contraire de ce commandement, et, ne pensant à l'embuscade que le prince luy avoit dressée, il passa ce pont poursuivant ces deux cornettes dont il en print une et quelques prisonniers, ce qu'il faisoit pour acquerir de l'honneur : mais aussi-tost qu'il eut passé l'embuscade, les fuyards s'arresterent court, et tournerent teste. Nicelly, se voyant attaqué par les flancs de nombre de mosquetaires, voulut retourner pour venir regaigner le pont; mais il trouva la cavalerie du prince en teste qui le vint charger si rudement, que toute la sienne, estant environnée de tous costez, fut entierement desfaicte, Nicelly pris avec Alfonse d'Avalos, frere bastard du marquis du Guast, Desiderio Manfredi, Senigaglia, Arnatucci et Padiglia, tous capitaines de cavalerie; ces deux derniers, blessez à mort, moururent peu après. En ce combat, outre les morts, parmy lesquels il se trouva plusieurs gentilshommes italiens et espagnols, les victorieux gaignerent deux cents cinquante chevaux et deux cornettes, sçavoir, celles de Nicelly et de Jerosme Caraffe, lequel, estant blessé à la teste, trouva moyen de se sauver. Ceste desfaicte fut en partie cause que le duc de Parme fut contraint de lever le siege de devant Knotsembourg, ce qu'il fit toutesfois en plein midy, le vingt-cinquiesme juillet, pour monstrer au prince Maurice, ainsi que plusieurs ont escrit, qu'il ne levoit ce siege par contrainte, ains par obeyssance et suivant les lettres du roy d'Espagne, qui luy mandoit *che senza dilata di tempo passasse con quel più di gente ch'assembrata avesse a soccorrer le cose di Francia, lasciando però gli Stati Bassi in quella miglior sicuressa che potesse*(1).

Plusieurs firent des discours sur la levée de ce siege : ceux qui escrivoient en faveur du prince Maurice et des Estats disoient qu'ils avoient chassé le duc de devant Knotzembourg et des environs de Numeghe, et que s'il eust attendu d'avantage, qu'il estoit certain

---

(1) Que, sans délai, il marchât, avec le plus de troupes qu'il pourroit rassembler, au secours des catholiques de France, prenant toutefois les mesures les plus efficaces pour la sûreté des Pays-Bas.

qu'avec les navires de Holande qui devaloient pour le venir comme enfermer, ledit duc eust esté entierement desfaict; car, disoient-ils, il estoit tellement contraint de lever ce siege, qu'il laissa deux pieces d'artillerie en la puissance des Hollandois, lesquelles il ne put emmener, et quelques pontons que l'on mit au fond de l'eau, et mesmes que le duc sortant de Numeghe, les habitans se brocarderent tout haut de luy. Aussi le prince Maurice dèslors fut maistre de la campagne, tant en Gueldres qu'en Frise, les Espagnols n'y osans paroistre hors de leurs garnisons; ce qui fut cause que le prince n'ayant point d'ennemis à combattre en campagne, il s'en alla assieger Hulst en Flandres au pays de Vaës, qui se rendit à luy par composition, d'où il s'en revint assieger Numeghe, ainsi que nous verrons cy-après.

Ceux qui escrivirent en faveur de l'Espagne disoient que la retraicte que fit le duc de Parme de devant Knotsembourg estoit digne de grande loüange, pource qu'il la fit en plain jour, et à la barbe de son ennemy qui estoit plus fort beaucoup que luy, sans perdre un homme, passant un large fleuve avec son artillerie, sa cavalerie et tout son bagage, en cinq heures. Toute retraicte d'armée qui se fait de jour au devant d'une autre armée ennemie ne s'est jamais gueres faicte sans une desroute et sans confusion, et toutesfois ce duc fit ceste-cy sans perte, par le moyen des tranchées qu'il fit faire, avec des forts, où, cependant qu'il faisoit passer l'eau à son canon et à sa cavalerie, il y amusa son ennemy; puis, ayant fait retirer les siens de la premiere tranchée qu'il avoit fait faire entre le Vahal et la levée du costé d'où venoit le prince Maurice, il fit faire ferme au premier fort cependant que ceux de la premiere tranchée se retiroient en la seconde, et que son infanterie passoit l'eau avec tout le bagage; il fit retirer ses troupes de tranchée en tranchée jusques à la derniere et au dernier fort, où il fit faire ferme à mille fantassins qui passerent les derniers. Le prince son fils, qui estoit venu d'Italie pour le veoir, quoy qu'il fust bien jeune d'aage, se trouva en ceste retraicte. Le duc, le voyant actif à faire passer les troupes suivant ce qu'il avoit ordonné, luy dit : *Non vi affannate tanto, ranucchio, ch' assai fa presto chi fa bene* (1). Il luy vouloit monstrer qu'il n'estoit point contraint de se retirer par la force, et qu'ez actions telles que celle là, il falloit que l'asseurance et la patience dominassent sur la crainte du danger et sur la hastiveté. Il monstra à ce coup là au prince Maurice, qui pensoit le contraindre au combat, qu'un advisé chef d'armées comme il estoit n'y peut estre contraint s'il ne veut. Il l'avoit assez donné à cognoistre aux François quand il se retrancha au marais près de Chelles, ainsi que nous avons dit l'an passé, et le leur monstra encor depuis à Caudebec, ainsi que nous dirons l'an suyvant.

Le duc de Parme s'estant retiré dans Numeghe, il tint un conseil où il fut ordonné que Verdugo avec trois cents chevaux et deux mille hommes de pied demeureroient en Gueldre pour y deffendre les places que le prince Maurice y attaqueroit; que trois compagnies de lansquenets seroient laissées dans Numeghe, pour ce que les habitans ne voulurent souffrir d'avantage de garnison; et que tandis que ledit duc iroit pren-

---

(1) Ne vous tourmentez pas tant, mon fils : celui-là qui fait bien fait toujours assez vite.

dre les eaux de Spa, *per divertir la podagra, cagionatagli parte dal bever lungo tempo acqua, parte dell' estreme fatiche sofferte nell'assedio di Anversa, nei cui loghi humidi naturalmente stando spesso anche nell'acqua fin' al ginocchio, per volersi trovar presente à tutte quelle attioni militari* (1), comme dit Campana, que l'on feroit advancer au secours du duc de Mayenne et de ceux de l'union en France don Charles, prince d'Ascoli, fils naturel du roy d'Espagne, qui n'avoit bougé de la frontiere de Flandres et de France, avec quelques troupes; que l'on tascheroit aussi d'appaiser les mutinez de Diest, Herental et Lieve, pour s'acheminer en France dez que ledit duc seroit de retour de Spa, suivant la volonté du roy d'Espagne. De ce qui advint de toutes ces choses nous le dirons cy-après. Voyons ce qui se fit en France depuis le siege de Chartres.

Après le siege de Chartres nous avons dit que le Roy alla à Senlis, et, voyant que le duc de Mayenne, ayant repris Chasteautierry, s'estoit retiré sans tenir la campagne, Sa Majesté separa aussi son armée, et les troupes qui resterent auprès de luy furent logées en divers endroits de l'Isle de France. Quant à luy il s'en alla à Compiegne, pensant faire reüssir la resolution que le marquis de Menelay avoit prise de luy rendre La Fere en Picardie et de se remettre à son service; mais ceste practique ne sceut estre si secrettement menée qu'elle ne fust descouverte; dont s'ensuivit l'assas-

---

(1) Il vouloit calmer la goutte qu'il avoit prise, soit pour n'avoir bu long-temps que de l'eau, soit par suite des fatigues qu'il avoit éprouvées au siége d'Anvers, se tenant souvent dans l'eau jusqu'aux genoux, afin d'être présent à toutes les opérations de ce siége.

sinat dudit sieur marquis de Menelay par des gens qu'aposterent aucuns de ceux de l'union, la plus-part desquels ont esté depuis pendus, après que le Roy fut rentré dans Paris. Ceste place avoit esté surprise par ledit sieur marquis sur le sieur d'Estrée, qui estoit royal, dez l'an 1589, et l'avoit tousjours tenuë pour la ligue. Ce marquis, qui avoit sceu que ceste place estoit demandée par le duc de Parme à ceux de l'union pour servir de retraicte aux armées du roy d'Espagne, ne vouloit que ses labeurs fussent pour l'Espagnol, tellement que, par l'admonition que M. de Pienne son pere luy fit (qui estoit fort affectionné au party royal), il s'estoit resolu de se remettre, luy et sa place, en l'obeyssance du Roy; mais il en advint tout au contraire, car ledit sieur marquis fut assassiné, et la place, dont le visseneschal de Montelimar fut pourveu du gouvernement par ceux de l'union, tomba sous la puissance de l'Espagnol. Sur ce que le prince d'Ascoli vint au secours de ceux de l'union, les relations italiennes disent que pour sa retraicte *il Farnese aveva ottenuto da principi della lega La Ferra*[1], qui est une forte place en Picardie, située dans des prairies où se joignent les rivieres d'Oyse et de Serre, qui environnent et rendent ceste place fort aisée à deffendre et malaisée à assaillir. Le long siege que le Roy tint devant en l'an 1596, ainsi que nous dirons, doit servir d'exemple à l'advenir aux François de ne donner jamais de place aux estrangers qu'ils appellent à leur secours en leurs divisions. Les chefs de l'union aussi *malagevolmente s'indussero a dar quella piazza* [2], pour beaucoup

---

[1] Farnèse avoit obtenu des princes de la ligue la ville de La Fére.
[2] Difficilement se prêtérent à faire cette paix.

de considerations et de respects que le duc de Parme ne trouvoit pas bons ; aussi ne voulut il faire advancer aucun secours que ceste place ne fust livrée à ceux qu'il ordonneroit : ce qu'ayant esté fait, il y envoya une bonne garnison d'Espagnols et de lansquenets, lesquels, affin que les habitans ne fissent quelque entreprise contr'eux, y firent une citadelle pour mieux conserver ceste place au roy d'Espagne.

Durant le susdit siege de Chartres M. d'Espernon estoit allé avec ses troupes en son gouvernement de Boulenois, là où en une rencontre il desfit la cavalerie qui estoit en garnison dans Montreuil, print le gouverneur et son gendre prisonniers, et quelques autres capitaines ; puis, ayant donné l'ordre requis au Boulenois, il revint pour trouver le Roy ; mais, passant auprès de Pierre-Fons, et ayant assiegé ce chasteau, il advint qu'il fut blessé d'une harquebuzade qui luy perça la joüe et luy abbatit quelques dents, la balle estant sortie au dessous du menton ; ce qui fut cause que ses gens leverent le siege, voyans leur chef blessé.

Après que le Roy fut retourné des environs de La Fere, il vint retrouver son armée à Villepreux, où il se fit une grande assemblée de princes et seigneurs. L'execution de ce qui y fut resolu se verra cy après. Le 29 de may Sa Majesté en partit et vint loger à Montfort Lamaulry, d'où M. de La Noüe partit pour aller trouver M. le prince de Dombes, pour l'accompagner à faire la guerre en Bretaigne contre le duc de Mercœur et les Espagnols. Le lendemain le Roy alla à Mante, où les chevaliers du Sainct Esprit y firent la solemnité de cest ordre dans l'eglise Nostre Dame le jour de la Pentecouste, là où assisterent messieurs de Nevers, de Luxembourg, de La Guiche, et autres chevaliers dudit ordre. Le lendemain ledit sieur duc de Nevers partit pour s'en aller en son gouvernement de Champagne faire la guerre; et le Roy s'en alla à Vernon pour faire l'entreprise sur Louviers, laquelle s'executa le sixiesme jour de juin.

Ceste entreprise fut tramée par un nommé le capitaine Marin, homme fort accord, lequel, ayant esté mis dans le chasteau de Vaudreuil par le sieur du Raulet, gouverneur pour le Roy dans le Pont de Larche, prit tant de cognoissance et familiarité avec les gentilshommes et autres gens de guerre de ces quartiers là, qu'après que ledict sieur du Raulet l'eut mis hors de Vaudreuil pour quelques paroles qu'il y eut entr'eux deux, il ne laissa pas de demeurer au pays chez ses amis, et depuis print cognoissance à un habitant de Louviers, qui estoit caporal à la porte par où l'on sort de Louviers pour aller à Rouën, qui estoit fort catholique, quoique son pere eust esté de la religion pretendue reformée. Marin sceut si dextrement manier ce caporal en devisant des conditions des habitans de Louviers, de leur rudesse et des cruautez qu'ils avoient exercées le temps passé, tant contre les huguenots de leur ville et des environs, que contre les catholiques royaux, que ce caporal, de parole en parole, luy ouvrit son cœur et luy dit qu'autres-fois ceux de Louviers avoient fait mourir son pere pour sa religion; après l'avoir traisné sur une claye et fait mille indignitez, mais que pour cela il n'en vouloit d'autre vengeance. Le capitaine Marin, luy ayant répliqué qu'il en devoit avoir toutesfois du ressentiment, et que, s'il vouloit, il pouvoit en tirer la raison en faisant prendre Louviers pour le service du Roy, qui luy en donneroit recompense, ce caporal luy dit que cela meritoit bien d'y penser, et qu'une autresfois ils en traicteroient. Sur cela l'un et l'autre se separerent. Mais Marin solicita tant, que le caporal le vint retrouver en une maison auprès de Louviers, où, ayans devisé de plusieurs manieres pour pouvoir remettre ceste ville en l'obeyssance royale, le caporal luy dit qu'il en feroit faire la surprise sans perte d'hommes, pourveu que l'on luy promist que l'on n'y exerceroit aucun pillage ny aucune rançon. Marin, desirant en sçavoir la maniere, l'asseura qu'il ne s'y feroit aucune hostilité. Alors le caporal luy dit qu'il avoit moyen de tenir la porte ouverte et faire entrer tant de gens de guerre qu'il voudroit dans Louviers, pourveu que l'on y vinst à l'heure qu'il diroit, mesmes que le prestre qui estoit à la guette dans le clocher estoit de ses amis, et qu'il le feroit condescendre à son dessein, et qu'il ne sonneroit point quand il descouvriroit les royaux. Marin ayant jugé ce moyen pour le meilleur, dit qu'il vouloit parler au prestre, et qu'il leur failloit encor gaigner un tiers affidé pour s'entredonner les advertissemens necessaires. Le caporal luy dit : « Ne vous souciez de cela, j'ay un amy qui est huillier, et duquel ceux de Louviers ont faict mourir le pere de mesme façon que le mien, qui fera ceste charge. » Marin, qui veut voir clair en ceste affaire, voulut parler au prestre et à l'huillier, ce qui fut fait, et banqueterent deux ou trois fois ensemble, où il leur fit promesse de dix mille escus de recompense. Les voylà tous quatre d'accord, il n'est plus besoin que de l'execution. Or, cependant que Marin brassoit ceste surprise, il s'addressa à M. de Larchan, gouverneur d'Evreux pour le Roy, affin de luy donner des gens pour l'executer; mais, ne luy en voulant declarer le secret, ce seigneur ne voulut rien entreprendre. Du depuis il s'addressa au sieur de Sainct Bonnet, neveu de M. de Pontcarré, qui luy conseilla d'en parler au sieur du Raulet. Marin, pour le mescontentement qu'il avoit de luy, n'y vouloit condescendre; mais ledit sieur de Sainct Bonnet, luy ayant asseuré qu'il le feroit rendre content et satisfaict, practiqua entr'eux une entreveuë où ils resolurent tous trois d'en aller parler au Roy : ce qu'ils firent à l'instant, et le vindrent trouver vers Mante, là où, suivant la promesse du capitaine Marin, les dix mille escus furent promis aux trois entrepreneurs, et à luy autres dix mille. Pour executer ceste entreprise toute l'armée s'achemina vers Louviers. Le baron de Biron fut chargé d'y conduire les gens de pied, et le sieur du Raulet et quelques-uns des siens de se tenir en une embuscade proche de la ville pour se rendre maistres de la porte en attendant ledit sieur de Biron. Tout se prepare pour l'execution. Le prestre qui estoit à la guette du clocher de Louviers descendit et se vint rendre à la porte avec le caporal. Sept soldats determinez entrerent dans la porte de Louviers avec les escharpes noires, et s'amuserent à parler au caporal pour se saisir du corps de garde. L'huillier va advertir le sieur du Raulet de s'advancer : ce qu'il fit, accompagné du prevost Morel et du capitaine Saincte Catherine et de quelques autres, lesquels se rendirent maistres de la porte où ledit caporal fut mesmes blessé, n'ayant assez tost pris son escharpe blanche, et eust esté tué si le prevost Morel ne l'eust recognu. Ceste execution ne se put faire sans que l'alarme ne fust incontinent donnée par toute la ville. Ce que voyant ledit sieur du Raulet, il resolut de donner jusques aux halles avec le prevost Morel et quelques autres : ce qu'ils firent, crians *Vive le Roy!* mais ils trouverent les habitans, qui dez le premier bruit avoient couru aux armes, rangez en trois escoüades, là où il y eut longuement combatu, tant que Fontaine-Martel eut loisir de rentrer dans la ville, d'assembler ses gens et de repoulser ledit sieur du Raulet jusques auprès de la porte par où il estoit entré. Le prevost Morel estant retourné à la porte, il la trouva abandonnée, n'y ayant plus qu'un soldat qui avoit mis un drap blanc qu'il avoit trouvé dans le corps de garde pour signal au baron de Biron, lequel, depuis l'entrée du sieur du Raulet, demeura plus d'une grande demie heure à venir, ce qui cuyda rendre l'entreprise sans effect. Du Raulet, estant ainsi contraint de se retirer dans la porte, se vid poursuivy de soixante harquebusiers, et Morel, estant descendu d'une guerite où il estoit allé pour voir si le baron de Biron ne venoit point, receut tant d'harquebuzades dans sa cuirasse, sans que pas une ne le blessast, qu'il en bransla. En ce peril il s'advisa de crier : « Çà, çà, compagnons, c'est icy, à moy, à moy! » ce qui fut cause que les habitans se retirerent un peu, pensans qu'il y eust là quelque embuscade ; mais à l'instant entra le baron de Biron avec ses troupes qui les repoulserent jusques aux hales. Alors il y eut bien combatu l'espace de près de deux heures, où en fin les royaux demeurerent maistres de la ville, après avoir perdu trente des leurs, et ceux de l'union quelque quarante. Fontaine-Martel demeura prisonnier du Roy, avec M. de

Sainctes, evesque d'Evreux, qui fut mené à Caën où il mourut peu de jours après. Les soldats incontinent se mirent au pillage. Le Roy y estant arrivé, le fit deffendre; mais, aussi-tost qu'il fut party pour s'en retourner vers Gaillon, le mareschal de Biron, qui y estoit arrivé avec la cavalerie, souffrit que ceste ville fust entierement pillée, qui estoit fort riche pour ce qu'elle n'avoit jamais esté prise pour sa force, et tout le bien du plat pays avoit esté porté là dedans comme en lieu inexpugnable pour y estre en seureté. Entr'autres choses il y eut grande quantité de toiles prises. Ledit sieur du Raulet y fut laissé gouverneur. Voylà ce qui se passa en la surprise de Louviers.

Quatre jours après le Roy alla coucher à Andely, d'où il partit le quatorziesme dudit mois de juin pour aller à Dieppe y recevoir cinq cents Anglois et des munitions; puis il revint à Gisors le vingt-quatriesme trouver son armée que le mareschal de Biron conduisoit. De Gisors Sa Majesté se rendit à Mante, et, le vingt neufiesme dudit mois, il alla au devant de madame de Bourbon sa tante, abbesse de Soissons, que ceux de l'union avoient mise dehors de son abbaye, quoy qu'elle fust plus que sexagenaire : c'estoit une princesse très-vertueuse. M. le cardinal de Bourbon, M. l'archevesque de Bourges, et plusieurs autres evesques qui avoient demeuré à Tours depuis la mort du feu Roy, tenans le conseil d'Estat, estans mandez par le Roy de le venir trouver, vindrent premierement à Chartres, où ils trouverent M. le chancelier de Chiverny avec l'autre partie du conseil, lequel depuis ne fut plus divisé ; et toute ceste compagnie vint avec madame de Bourbon et ledit sieur cardinal à Mante.

Ceste arrivée se passa en toutes les honnestes receptions que l'on peut imaginer entre de si proches parens.

Le Roy toutesfois avoit tousjours l'œil sur ce que faisoient ses ennemis. Il eut advis, ceste mesme journée, que le vicomte de Tavannes, le sieur de Villars, et les autres chefs de la ligue en Normandie, lesquels estoient dans Rouen, avoient une entreprise sur le Pont de L'Arche; ce fut ce qui le fit partir dez le lendemain pour s'en aller à Magny, où ayant joinct quelques troupes il retourna sur le soir à Vernon, d'où il partit incontinent avec huict cents cuirasses et douze cents harquebuziers à cheval et mil hommes de pied, et arriva en ceste sorte à Louviers, justement au poinct du jour. De là, ayant fait armer un chacun, il fit cheminer droict au Pont de l'Arche; mais ceux de l'union furent advertis que les royaux battoient les champs en deliberation de les attraper, ce qui fut cause que rien ne parut. Les troupes retournerent trouver le mareschal de Biron en l'armée, et le Roy revint à Mante, d'où il envoya, le huictiesme juillet, M. de Luxembourg en Italie vers les Venitiens pour les maintenir en son alliance, ainsi qu'il avoit esté arresté au conseil tenu à Villepreux, dont il a esté faict mention cy-dessus. En ce temps plusieurs choses qui furent deliberées en ce conseil furent executées, entr'autres deux edicts, l'un pour le restablissement des edicts de pacification, par lequel le Roy cassoit, revoquoit et annulloit les edicts de l'an 1585 et 1588 que le feu Roy avoit esté contraint de faire par l'importunité des princes de la ligue, et tous les jugements, sentences et arrests donnez en consequence desdits edicts, voulant que les derniers edicts de pacification advenus entre les roys de France et ceux de la religion pretenduë reformée fussent entretenus, gardez et observez par toute la France, ainsi qu'ils estoient du vivant du feu Roy : le tout par provision, jusques à ce qu'il eust pleu à Dieu luy donner la grace de reünir tous ses subjects par l'establissement d'une bonne paix en son royaume, et pourvoir au fait de la religion, ainsi qu'il l'avoit promis à son advenement à la couronne.

L'autre edict contenoit deux clauses. Par la premiere le Roy promettoit de maintenir la religion catholique, et la seconde estoit contre le nunce Landriáno, envoyé, comme nous avons dit cy dessus, par le pape Gregoire XIV pour fulminer contre les catholiques qui suivoient Sa Majesté; car, auparavant que ce nunce fust entré en France, il avoit fait publier une patente que s'il y venoit qu'il vinst vers luy, et qu'il seroit honorablement receu; mais que, s'il se retiroit vers ceux de l'union qui estoient ses ennemis, il commandoit que tous ses subjects n'eussent aucunement à luy obeyr. Les mots dudit edict que j'ay adjoustez icy, donneront assez à cognoistre son intention et ce qui se passa en ce temps-là.

« Cest ardent desir que nous avons cy-devant porté, premierement comme prince chrestien et soigneux par bonnes œuvres d'en meriter le tiltre, et puis pour le rang que nous avons tousjours tenu en ce royaume, et l'interest que nous avons à la conservation de ce qui est de la dignité d'iceluy, s'est en nous augmenté et accreu autant qu'il est comprehensible depuis le funeste accident de la perte du feu Roy dernier, nostre très-honoré seigneur et frere, qu'il a pleu à Dieu, par le droict de legitime succession, nous appeller à ceste couronne, et que nous nous sommes sentis chargez et responsables de la conservation de tant de peuples, et avec pouvoir et authorité d'ordonner nous-mesmes de ce qu'auparavant nous ne pouvions qu'interceder envers les autres. Ce fut aussi le premier acte que nous voulusmes faire en ceste dignité souveraine que declarer solemnellement que nous ne desirions rien plus que la convocation d'un sainct et libre concile, par lequel ce qu'il y a de different et discordant au faict de la religion peut estre si bien esclaircy et vuidé, qu'il ne peut jamais estre en aucune dispute et incertitude; et que pour nostre particulier nous ne portions nulle opiniastreté ou presumption de science ou doctrine; que nostre intention estoit de recevoir plus volontiers que jamais toute bonne instruction qui nous pourroit estre donnée, et, si par icelle Dieu nous faisoit la grace de recognoistre si nous sommes en erreurs, de nous en departir, et nous reduire à ce qu'il permettra que nous verrons et jugerons estre de nostre salut et de ses commandements : ayans cependant juré et promis que nous ne changerions ou innoverions, ny ne souffririons estre rien changé ou innové au fait et exercice de la religion catholique, apostolique et romaine, laquelle nous voulons conserver et maintenir, et ceux qui font profession d'icelle, en toutes les authoritez, franchises et libertez, comme il est particulierement porté par l'acte de ladite declaration signée de nous, et qui a esté veuë et registrée en toutes nos cours de parlement. Ce qu'ayant esté ainsi cognu et notoire à un chacun, devoit suffire pour amortir et esteindre ceste guerre de rebellion, si le pretexte qu'en ont pris les autheurs d'icelle eust esté veritable, et qu'il fust, comme ils le publient, sur le fait de la religion, pour le bien de laquelle la convocation dudit concile, et nostre submission particuliere à une nouvelle instruction, estoit le meilleur acheminement qui s'y pouvoit desirer. Mais eux, qui craignent et abhorrent le plus ce qu'ils veulent persuader de desirer le mieux, qui fuyent la lumiere pour demeurer dans les tenebres, lesquelles tiennent en protection les crimes, pressez de leurs consciences qui leur en sont autant de juges irreprochables, ayans plus de soin de se parer contre la justice des hommes que contre celle de Dieu, quand ils ont veu plus de disposition à l'ordre, c'est lors qu'ils se sont precipitez en la plus grande confusion, et, par leurs seuls deportements, ils se sont eux-mesmes convaincus comme malicieusement ils ont abusé d'un sainct nom de religion pour couvrir leur insatiable ambition. Les premiers mouvemens et le temps de leur souslevation les manifeste assez, s'estans rebellez sous le nom et pretexte de ladite religion contre le feu Roy, nostre très-honoré seigneur et frere, qui a tousjours esté très-catholique, et lors que plus il faisoit la guerre pour la religion catholique. La continuation de leurs procedures a tousjours depuis confirmé le premier jugement que l'on en a deu faire, tant que, sans qu'il ait esté besoing de plus particuliere information, ils ont d'eux-mesmes descouvert si clairement leurs desseins, qu'il n'y a si simple qui ne voye que le faict de la religion dont ils s'arment le plus, c'est dequoy il s'y agit le moins. Les ligues et associations qu'ils ont faictes pour l'invasion de ce royaume avec le roy d'Espagne, les ducs de Savoye et de Lorraine; le partage de toute l'usurpation faicte et à faire qui est conclu entr'eux, tesmoignent assez que ce trouble n'est qu'une faction d'Estat, qu'ils ne tiennent ceste guerre qu'en traffic et commerce, et pour y profiter seulement. Ce n'est plus aussi qu'envers les plus simples et ceux lesquels ils veulent associer en la despense seulement et non au proffit qu'ils en esperent, qu'ils font valoir leurs pretextes, comme ils ont fait à l'endroit des derniers papes, pour leur faire cherement payer le tiltre imaginaire qu'ils leur proposent de chefs et superieurs en ceste cause. Mais ceste leur malice fut bien-tost descouverte par le feu pape Sixte, que l'on a veu en ses derniers jours se repentant d'avoir esté par eux abusé, bien resolu de fulminer contre eux rigoureusement, et plus qu'à leur instigation il n'avoit auparavant fait contre d'autres. Ils ont depuis acquis en ceste dignité un sujet pour eux plus convenable, pour le moins jusques icy; sa trop facile credulité et la violente et precipitée condamnation qu'il a faite contre ceux qui n'ont esté ouys ny defendus, fait presumer qu'il soit plustost partial en ceste cause que pere commun et esgal à tous, tel qu'il devroit estre. Ayans esté advertis que, sur la simple declaration qui luy a esté faicte de la part desdits rebelles que nous avions conjuré contre la religion catholique, que nous rejections toute instruction, il nous a tenu pour incapable d'icelle, et, par un nunce envoyé exprès, il a faict jetter des monitions en aucunes villes de ce royaume contre les princes, les cardinaux et officiers de la couronne, archevesques, evesques, prelats et tous autres, tant du clergé, de la noblesse, que du tiers-estat, qui sont à nostre service et nous ont gardé la fidelité et obeyssance que naturellement ils nous doivent, estant ledit nunce entré en cestuy nostre royaume sans nostre congé et permission, ny nous avoir donné aucun advis de son voyage ny de sa charge, s'estant au contraire addressé ausdits ennemis et aux villes qu'ils usurpent pour y recevoir d'eux les instructions de ce qu'ils voudroient qu'il fist, comme estant plus leur ministre que de celuy de qui il est envoyé. En quoy nous recognoissons avoir à rendre graces à Dieu de ce qu'il a permis que nosdits ennemis et rebelles soient reduits à ceste necessité que leurs plus fortes raisons, et sur lesquelles sont fondées leurs principales inductions, se puissent si aisement convaincre de faulseté et recognoistre pour impostures et calomnies, comme ils n'en pouvoient alleguer une plus grande que d'imposer que nous rejettions l'instruction que nous avons promis de recevoir, laquelle au contraire nous recherchons et desirons avec entiere affection, et l'aurions desjà receuë sans l'exercice violent et continuël auquel les affaires que nous donnent lesdits rebelles nous tiennent, sans y avoir encores eu un seul jour d'intermission et de repos; et l'autre n'est pas moindre, de dire que nous ayons rien innové ou alteré au faict de la religion catholique, apostolique et romaine, dequoy nous les voulons bien tous pour tesmoings, s'ils peuvent remarquer que nous ayons souffert ou permis, depuis nostre advenement à ceste couronne, qu'il y ait esté attenté aucune chose. La seule disposition aussi du gouvernement de cest Estat les peut convaincre de faulseté, estans les princes de nostre sang, les officiers de la couronne, les gouverneurs et lieutenans generaux de nos provinces, nos principaux conseillers et ministres, et ceux qui manient et expedient nos plus importans affaires, tous de la religion catholique, ayans en nostre conseil d'Estat les cardinaux et principaux prelats de ce royaume, nos parlements tous remplis d'officiers catholiques : qui sont, avec la conviction de leurs impostures, toutes bonnes et suffisantes cautions de l'accomplissement de la promesse que nous avons faite pour la conservation et manutention de ladite religion catholique, apostolique et romaine ; laquelle desirant inviolablement effectuer, et à ce que tous nos bons et fidelles sujets catholiques en soient informez et asseurez,

« Nous declarons derechef par ces presentes, et, conformement à nostredite precedente declaration, protestons devant Dieu, que nous ne desirons rien tant que la convocation d'un sainct et libre concile, ou de quelque assemblée notable, suffisante pour decider les differents qui sont au fait de la religion catholique, pour laquelle nous recevrons tousjours en nostre particulier toute bonne instruction, ne reclamant rien tant de sa divine bonté, sinon qu'il nous face la grace, si nous sommes en erreur, de le nous faire cognoistre, pour nous reduire au plustost à la meilleure forme, n'ayant autre plus grande ambition que de voir de nostre regne Dieu servy unanimement de tous nos subjects selon sa loy et commandement, affin que la France soit tousjours l'asseurance du nom chrestien, et en nous se conserver aussi legitimement ce tiltre qu'en aucun autre de nos predecesseurs.

« Promettons cependant et jurons de vouloir conserver la religion catholique, apostolique et romaine, et tout l'exercice d'icelle, en toutes ses authoritez et privileges, sans souffrir qu'il y soit rien changé, alteré ou attenté, aussi peu que nous ne souffririons qu'il fust fait à nostre propre personne, selon qu'il est plus amplement porté par nostredite precedente declaration, laquelle nous avons de nouveau confirmée, approuvée et ratifiée, confirmons, approuvons et ratifions par ces presentes.

« Et pour le regard de l'entreprise faicte par ledit nunce, combien que les fautes qui sont en la cause, au jugement et en l'execution qui en a esté faicte soient telles et si evidentes qu'elles rendent toute sa procedure nulle et de nul effect et valeur, toutesfois, par ce que cela regarde non seulement nostre personne et ceux qui y sont à present interessez, mais aussi nos successeurs et les dignitez et authoritez de cest Estat, ne voulant que de nostre regne il y soit rien attenté ou entrepris, ny aussi peu que nostre nom ait peu servir d'y faire aucun prejudice, recognoissans aussi que les privileges de l'Eglise Gallicane y peuvent estre interessez, à la protection et conservation desquels nous nous sentons particulierement obligez par nostre susdite promesse, comme à chose dependante de la dignité et du fait des ecclesiastiques de ce royaume, nous voulans que cela soit publiquement reparé sans y rien prononcer de nostre seule authorité, nous avons resolu de remettre tout ce fait à la justice ordinaire, pour y proceder selon les loix et coustumes du royaume, la garde et conservation desquelles appartenant naturellement à nos cours de parlement, nous leur en avons delaissé et remis toute la jurisdiction et cognoissance. A ces causes, nous mandons et enjoignons aux gens tenans nos courts de parlement qu'ils ayent, incontinent ces presentes receuës, et sans intermission et delay, à proceder contre ledit nunce et ce qui a esté par luy executé en ce royaume, sur les requisitions qui en seront faites par nos procureurs generaux, et selon qu'ils verront estre à faire par raison et justice.

« Exhortons aussi les cardinaux, archevesques, evesques, et autres prelats de ce royaume, d'eux assembler promptement, et adviser à se pourvoir par les voyes de droit, et selon les saincts decrets et canons, contre lesdites monitions et censures induëment obtenues et executées, et à ce que la discipline ecclesiastique ne soit aucunement intermise ny les peuples destituez de leurs pasteurs et des saincts ministeres et offices qu'ils doivent attendre d'eux. A quoy ceux desdits prelats qui defaudront, comme ils s'accuseront deserteurs desdits privileges de l'Eglise Gallicane, aussi ils dèmeureront indignes de la jouissance d'iceux et de tous autres. Mandons en outre, etc. Donné à Mante, le quatriesme jour de juillet, l'an de grace mil cinq cents quatre-vingts et onze, et de nostre regne le deuxiesme. Signé Henry. »

Cest edict estant envoyé à tous les parlements, il y fut leu, publié et enregistré. Celuy de Tours, qui estoit la cour et le siege des pairs de France, fit publier l'arrest cy-dessous sur la remonstrance faicte pour le procureur general, touchant les libertez de l'Eglise Gallicane et les nullitez desdites monitions et censures données par le pape Gregoire XIV, publiées en France par son nunce, où fut allegué la sentence que sainct Hierosme escrivoit *ad Theophilum: Christus non ful-*

minans et non terrens, sed vagiens in cunnis, sed pendens in cruce Ecclesiam redemit. La conclusion estoit qu'il falloit honorer le Sainct Siege apostolique, et le pape seant en iceluy, quand il seroit pere et non partial. Ce fut pourquoy, après la lecture desdites bulles monitoriales, la cour ordonna que sur le reply des lettres sera mis : *Leuës, publiées et enregistrées, ouy et ce requerant le procureur general du Roy.* Et ayant esgard au surplus des conclusions par luy prises, a declaré et declare les bulles monitoriales données à Rome le premier jour de mars mil cinq cents nonante, nulles, abusives, seditieuses, damnables, pleines d'impietez et impostures, contraires aux saincts decrets, droits, franchises et libertez de l'Eglise Gallicane; ordonne que les copies scellées du seau de Marcelline Landriane, soubssignées Sesteline Lampineto, seront lacerées par l'executeur de la haute justice, et bruslées à un feu qui pour cest effect sera allumé devant la grand porte du Palais; a fait inhibitions et deffences, sur crime et peine de leze-majesté, à tous prelats, curez, vicaires et autres ecclesiastiques, d'en publier aucunes copies, et à toutes personnes, de quelque estat, qualité et condition qu'elles soient, d'y obeyr, d'en avoir et retenir; a declaré et declare Gregoire, se disant pape, quatorziesme de ce nom, ennemy de la paix, de l'union de l'Eglise catholique, apostolique et romaine, du Roy et de son Estat, adherant à la conjuration d'Espagne, et fauteur des rebelles, coulpable du très-cruel, très-inhumain et très-detestable parricide proditoirement commis en la personne de Henry III, roy de très-heureuse memoire, très-chrestien et très-catholique; a inhibé et defendu, inhibe et defend, sur semblable peine, à tous banquiers respondre ou faire tenir par voye de banque à Rome or ny argent pour avoir bulles, provisions, dispenses et autres expeditions quelconques, et si aucunes sont obtenuës, aux juges d'y avoir esgard. Ordonne la cour que Marcelline Landriane, soy disant nunce dudit Gregoire, porteur des bulles, sera prins au corps, et amené prisonnier en la conciergerie du Palais, pour là procez luy estre fait et parfait, et si prins et apprehendé ne peut estre, adjourné en trois briefs jours au plus prochain lieu de seur accez de la ville de Soissons. Enjoinct à tous gouverneurs de villes et capitaines des chasteaux et places fortes de l'obeyssance du Roy, de donner confort et aide au susdit decret. Et, pour rendre la saincte et juste intention du Roy notoire à ses subjets, ordonne que copies collationnées, tant des lettres patentes que du present arrest, seront mises et affichées par les carrefours et principales portes des eglises de ceste ville, et envoyées aux balliages et seneschaussées de ce ressort, pour estre leuës, publiées, registrées et affichées comme dessus, et aux archevesques et evesques, pour estre par eux notifiées aux ecclesiastiques de leurs dioceses. Enjoint aux baillifs et seneschaux, leurs lieutenans generaux et particuliers, proceder à la publication, et aux substituts du procureur general, de tenir la main à l'execution, informer des contraventions, et certifier la cour de leurs diligences au mois, sur peine de privation de leurs estats. A Tours, en parlement, le cinquiesme d'aoust mil cinq cens nonante un. Signé Tardieu.

Cest arrest fut executé le mesme jour de relevée. Peu après, plusieurs particuliers firent imprimer des livres pour response à ces commonitoires et excommunications du Pape, dans lesquelles ils remarquoient vingt-six nullitez. Sur la remonstrance que l'on fit au parlement de Chaalons pour le procureur general, la cour fit lacerer en pleine audience ces deux monitoires, si tost qu'ils furent publiez ez villes de la ligue en Champagne, et ordonna que le procureur general du Roy auroit acte de l'appel par luy interjecté au futur concile legitimement assemblé. François de Claris, jurisconsulte, fit aussi imprimer quatre livres qu'il intitula les *Philippiques contre les bulles et autres factions d'Espagne*. Dans sa troisiesme, qu'il ne put mettre en lumiere qu'après la mort du Pape, qui fut le 15 d'octobre de ceste année, il dit :

« Il faut donc, si le Siege romain nous destituë en ceste cause, et veut rompre nostre alliance pour perdre ce riche royaume au profit de l'Espagnol, que, pour la deffence des droicts de France, pour la vengeance de nos injures, et pour la conservation commune de leurs dignitez et empires, tous les princes se donnent icy la main, se joignent et lient chrestiennement, comme ez temps des Henrys d'Allemagne, de Federic, de Sigismond, de Maximilian et Loys XII, pour la tenuë d'un concile general; remede salutaire, non seulement à la France, mais très-necessaire et très-important au repos et asseurance de tous les royaumes, tant pour la resolution et esclaircissement des poincts contentieux en la foy, que pour nettoyer sainctement de mille taches mille rides et tares difformes, la discipline de l'Eglise que Dieu a logée en leurs mains, et pour renverser vigoureusement d'un effort uny et concerté l'insupportable audace espagnolle si violante et si croissante, masquée du voile emprunté de religion et de la fauce deffence de l'Eglise. A quoy si les peres qui se serront legitimement sur la chaise de sainct Pierre apportent une ame reposée et non tachée des restes de l'envie de Gregoire, s'ils ne retiennent rien de son injustice et violence, successeurs seulement de sa place, non pas de ses violentes humeurs, je desireray plus que tout autre de leur y voir retenir le rang honorable de leur ordre, que nostre amitié et alliance leur conserverent au concile de Vienne, convoqué pour la justice de pareilles injures ; sinon il faudra que les princes qui tiennent le gouvernail du monde, vice-rois et saincts lieutenans de l'Empire de Dieu, après avoir ordonné à tous les pasteurs de leurs eglises d'y apporter leurs justes et genereux suffrages, selon la dignité et antiquité de leurs sceptres, prennent en main la moderation de ceste celebre assemblée, sur les pas chrestiens et les pieuses traces de Constantin, Theodose, Martian, Justinian II, Charlemaigne, et Otton I.

« Il est temps que tous les princes et toutes les eglises se disposent à contribuër leurs authoritez et prudences à l'effect de ce renommé concile, l'asseurance de leurs Estats comme du nostre. Que si Dieu nous favorise tant de voir reluire ce jour de bon heur, comme nous l'esperons et attendons de sa grace, ces saincts comices de l'Eglise seront nostre confort, les juges de nostre fidelité comme de nostre religion, et de l'infamie et honte de tant de conspirations estrangeres. En ceste grande et saincte compagnie de tant de dieux; en ceste troupe esleuë de tant d'evesques et oingts du Seigneur, consacrée et authorisée de la presence des roys et pasteurs de toutes les eglises; en cest abregé de la pieté du monde; en la face de toute l'Eglise parée et mise à son jour, tenant son lict de justice, assise en majesté ouverte, nos insolens ennemis et tous les protecteurs de ces bulles outrageuses trembleront d'horreur et d'effroy; la seule veuë de tant de saincteté et de grandeur les accablera d'estonnement, les esclats des vertus de tant de princes et de saincts peres esclairans comme estoilles, comme les vives lampes et soleils de la chrestienté, les esblouyront de rencontre et d'abord, et les rempliront de confusion et de crainte; leurs injustices paroistront à descouvert et à nud, esclairées des yeux religieux de tant de graves personnages, la fleur et l'eslite de toute la grandeur, saincteté et justice du monde. Là où au contraire l'Eglise Gallicane, comme une des filles aisnées de l'Eglise, glorieuse de l'honneur de ce celebre jugement desployé pour sa conservation et pour la gloire de sa constante fidelité et religion, reprendra son premier cœur, et regaignera ses authoritez anciennes, animée et fortifiée de l'assistance de tant de puissans roys et d'un si grand nombre de sainctes eglises ses sœurs germaines, toutes interessées et offencées en la douleur de ceste cause si commune et si conjoincte. »

Voylà l'advis de ce jurisconsulte, qui ne fut du tout pareil à la resolution de l'assemblée generale du clergé qui se tint au mois de septembre à Chartres pour, suivant l'exhortation que le Roy leur avoit faicte par son edict, adviser par les voyes de droict à se pourveoir contre lesdites bulles. Ceste assemblée fut celebre, et s'y trouva nombre de prelats et ecclesiastiques de divers endroicts de la France, et mesmes plusieurs archevesques et evesques des villes de l'union, car peu se trouverent de villes de ce party qui ne chasserent leur evesque, abbé, ou leur principal prelat. Les deux monitoires y estans leus, le premier addressé au clergé et gens ecclesiastiques de France, par lequel il les excommunioit si dedans quinze jours ils ne se retiroient de l'obeyssance et suitte de Henry de Bourbon, et en outre, si dedans quinze jours ensuivant ils ne le laissoient, il les privoit de leurs benefices. Le second estoit addressé à la noblesse, gens de justice, et tiers-estat de France, qu'il invitoit à faire le mesme ; et, en cas qu'ils ne luy voulussent obeyr, il les menaçoit de tourner sa bonté et pieté paternelle en severité de juge, declarant en outre le Roy excommunié et descheu de tous ses royaumes et seigneuries pour estre heretique et relaps, promettant d'envoyer des forces au party de l'union pour mettre en effect son excommunication. Après que ladite assemblée eut examiné lesdites bulles monitoriales, elle les declara nulles, injustes, et suggerées par les ennemis de l'Estat de la France, protestant toutesfois de ne se vouloir despartir de l'obeyssance du Sainct Siege apostolique; et y fut resolu d'envòyer deux prelats d'entr'eux avec quelques autres du clergé vers Sa Saincteté pour l'inviter à se recognoistre. Voylà ce que fit ceste assemblée, suivant en cela le concile national de l'Eglise Gallicane assemblé à Tours l'an 1510. *Visum est concilio ante omnia mittendos ab Ecclesia Gallicana legatos ad D. papam Julium, qui fraterna charitate et secundum Evangelicam correctionem eum admoneant, ut à cœptis desistere velit, etc. Quod si nolit legatos in hoc audire, interpelletur de convocando concilio libero* (1).

(1) « Il a paru au concile que l'Eglise gallicane devoit, avant tout,

La mort dudit pape Gregoire, survenuë, comme nous avons dit, le 15 d'octobre, fut cause que ceste legation ne se fit; et plusieurs ont escrit que quand elle se fust faicte que l'on n'en eust tiré aucun fruit. Quelques-uns ne laisserent de faire publier les raisons qui avoient meu ceste assemblée de declarer les bulles monitoriales du Pape injustes, disans que la qualité seule de ceux que l'on vouloit excommunier par lesdites bulles les rendoit nulles, tant par la disposition du droict que par l'authorité des saincts docteurs; car, lors qu'il y alloit du peché d'une multitude, il n'estoit loisible, disoient-ils, de l'excommunier, principalement quand telle excommunication peut causer un schisme en l'Eglise, comme il estoit deduit amplement par sainct Augustin, en son troisiesme livre, contre l'Epistre de Parmenian Donatiste, où il dit que tels conseils d'excommunication sont inutiles, pernicieux, pleins de sacrilege et d'impieté, et troublent plus les bons infirmes qu'ils ne corrigent les meschans.

Qu'en la Pragmatique et au concordat, les constitutions de l'Eglise Gallicane ne permettoient point au pape

---

« envoyer des députés au pape Jules pour lui faire des représentations
« conformes à la charité et aux règles de l'Evangile, et pour le conju-
« rer de renoncer à ses entreprises. »

Ce concile national, convoqué par Louis XII afin de réprimer l'ambition du pape Jules II, n'eut aucune suite, et le Roi, qui auroit désiré assembler sous ses auspices un concile général à Pise, fut obligé, en 1514, de reconnoître le concile de Latran présidé par Léon X.

L'acte dont parle Cayet fut publié à Chartres par les prélats royalistes le 21 septembre 1591. Il est signé par deux cardinaux, un archevêque, sept évêques et trois docteurs. Nous avons inséré cette pièce importante dans l'Introduction aux OEconomies royales, seconde série, tome I, page 147.

de cognoistre en premiere instance des causes ecclesiastiques d'entre les François, ny icelles evoquer, ains devoient estre jugées par les ordinaires en premiere instance, et, après que par appel elles ont cheminé de degré en degré jusques au Sainct Siege, les papes n'ont pouvoir de les juger à Rome, ny commettre le jugement d'icelles à estrangers, ains doivent nommer des juges regnicoles sur les lieux pour les terminer en dernier ressort soubs leur nom; dont s'ensuivoit que les excommunications desquelles il s'agissoit n'avoient peu estre decernées à Rome.

Plus, qu'il estoit impossible d'executer telles bulles; d'excommunier, disoient-ils, tous les prelats, prestres et autres ecclesiastiques des villes qui estoyent en l'obeyssance du Roy, s'ils ne s'en retiroient promptement, c'est un injuste commandement; car on voit bien qu'ils ne peuvent laisser leurs troupeaux destituez de pasteurs, sans exercice de leur religion, et, s'ils l'eussent faict, c'estoit proprement preparer la voye aux ministres de la religion pretendue reformée de prendre leurs places vuides.

Plusieurs livrets se publierent pour monstrer que les roys de France ne pouvoient estre excommuniez, suivant plusieurs declarations qu'en avoient faictes aucuns papes, ny leurs subjects en general, ny les officiers de la couronne, ausquels je renvoyeray la curiosité du lecteur qui voudra voir ce qui s'en passa en ce temps là. Bien diray-je que ceste resolution que firent lors ces bons prelats et ecclesiastiques de demeurer auprès du Roy, luy assister de conseil, faire continuer le service divin à la suite d'iceluy, comme il se faisoit durant les feux roys, luy faire entretenir sa chappelle, et ne l'abandonner point jusques à ce qu'ils l'eussent ramené dans l'Eglise catholique-romaine, resistans courageusement aux entreprises que vouloient faire ceux de ladite religion pretenduë de s'instaler où il ne leur estoit permis par les edicts des feux roys, ont esté actes dignes de loüange, et sont d'eternelle memoire, veu l'heureux succez qui en est advenu en la paix dont la France jouyst à present.

Le 8 d'aoust, ceux du parlement qui estoient demeurez à Paris pour le party de l'union, par arrest, declarerent que ce qui avoit esté faict au parlement de Chaalons estoit nul, avec deffences à toutes personnes de recognoistre ny obeïr aux arrests dudit parlement. Voylà comme en ce temps là se banderent les parlements contre les parlements, et les autels contre les autels. Celuy qui fit imprimer le Discours de l'estat de la France en ceste année là dit toutesfois que si le Roy et sa noblesse n'eussent eu à faire qu'aux princes et seigneurs de l'union, et aux villes et à la populace qui en estoient, et que personne ne se fust meslé de la querelle des François, que les royaux fussent demeurez les maistres; mais que ceux de l'union, secourus du Pape et de l'Espagnol, et les royaux d'Angleterre, d'Allemagne et des Suisses, qu'ils mirent les uns et les autres la France aux derniers hocquets; « Car, dit-il, ceux qui venoient au secours de l'union, ne pouvans recevoir autre rescompense des villes et des peuples que de s'en rendre les maistres, n'y demeuroient qu'avec une extreme insolence et un desir de les ruiner, de les picorer et de les conquerir; et ceux qui assistoient le Roy luy donnoient ceste incommodité qu'il les falloit payer. » Voicy les propres mots de cest autheur, qui donneront mieux à cognoistre en quel estat estoit lors la France.

« Or, encores qu'au party du Roy tout y soit plus reglé et asseuré qu'en celuy de la ligue, il n'a pas esté possible neantmoins que, parmy tant de desordres que tantost la diversité de la religion, tantost les estranges advantures du Roy et de son predecesseur, ont apportées, il n'y ait eu de la corruption icy aussi bien qu'en celuy de la ligue, je dy de telle sorte que ceste corruption s'en va en gangrene qui n'y pourvoira. Les corps malades ont tousjours quelques cacochimies, et la plus saine partie n'est pas exempte de venin. Car, comme dans le party populaire les villes ont des desseins de division, de liberté, de mutinerie, de republique; comme ceux de la ligue, par le mespris qu'ils ont introduit de l'ordre et des magistrats, par la confusion qu'ils ont receuë, se sont trouvez à la fin au royaume des grenoüilles où le plus grand criard est maistre; aussi, dans le party de la monarchie et parmy les nobles, les desordres ont fait naistre une certaine monstruosité, une certaine bosse qui ne se redressera de long temps si Dieu n'y met la main.

« Ce sont les gouverneurs des provinces et des places, qui sont tels aujourd'huy que le plus sage et le meilleur d'entr'eux n'estime rien plus à luy que son gouvernement, que sa ville, que sa place (il n'y a regle si generale qui n'ait son exception); le plus sage et le meilleur, vingt-trois heures le jour, seroit peut estre bien marry que la paix fust en France, que l'authorité du Roy fust recognuë, que la justice regnast, et qu'il ne fust besoin de garnison. Ceste douceur de commandement absolu leur plaist tant, il y a tant de friandise à disposer des deniers du Roy, des corvées et de la sueur du peuple, que plustost le royaume de leur consentement ira ç'en dessus dessous, qu'ils laissent jamais de leur bon gré ceste vie. De trois paroles vous leur orrez dire *la conservation de ma place :* sous ce tiltre toutes les violences du monde passent sans replique. Cependant si le Roy les mande, bien, pour quinze jours, ils y meneront jusques à leurs valets armez; mais cela ne leur part pas tant de bon zele comme de vanité, pour dire : « C'est un homme de creance, il a une belle troupe. » Le terme est il passé, on a beau parler de bataille, beau voir le duc de Parme, beau crier, si vous en allez au lieu que nous sommes à la fin de la guerre, que Paris s'en va prins, que desormais après ce petit labeur on vivra en repos, tout cela ne sert de rien. M. le gouverneur veut aller pourveoir à sa place; et, tout content, sont-ils prests à partir, c'est à messieurs les secretaires d'Estat à travailler| brevets de toutes sortes, abbayes, confiscation des ligueurs, entretenement de nouvelles compagnies, c'est à dire entretenement de la cuisine, pensions sur le vieil et nouveau domaine, dons, engagemens; il faut en somme que sur le champ on leur forge un autre royaume, car en cestuy-cy il n'y a pas assez à donner. Là dessus, si vous les oyez plaindre en l'antichambre, c'est merveille. Ils ne sont point payez, on ne leur donne rien; ils ont tous les jours quarante ou cinquante hommes à nourrir. Le Roy qu'ils ont pillé, de qui ils devorent le bien, tiennent les tailles et les deniers, encores leur est beaucoup obligé. Sangsuës, dequoy voulez vous qu'il vous paye ? Faictes donc comme ce philosophe qui s'imaginoit tant de mondes : faites luy un autre royaume. D'où luy viennent les deniers que de ses receptes generales ? Et vous sçavez qu'en la plus riche il n'y a pas assez de fonds pour payer les garnisons.

« Que luy vallent les decimes aujourd'huy ? Que luy valent les equivalens, les aydes, les entrées et issües, les partis du sel, veu qu'il n'est pas maistre des principales villes ? Que luy vallent les parties casuelles, quand elles sont plustost demandées qu'escheuës ? Quand il seroit seigneur paisible de son royaume (on vous verifiera cela sur l'estat de ses finances), il s'en faudroit plus de quatre millions d'or qu'il n'y eust assez de fonds pour vous payer tous, et neantmoins il ne jouyst aujourd'huy pas du quart. Dequoy luy servent donc ses conquestes? S'il gaigne aujourd'huy une province ou une ville, ce n'est pas à demy pour l'entretenement du gouverneur qu'il y mettra ; car il ne luy en reviendra non plus que si les ennemis la tenoient.

« Il n'y a remede ; il faut que je die que ce mal devient insupportable, et, s'il n'y est pourveu, il n'y a moyen que le royaume puisse durer. Ce pendant ils se servent la plus part des miseres publiques, du mespris de l'authorité royale, pour se bastir des chasteaux en Espagne. Il n'y a pas un qui ne forge un comté ou un duché de sa place, et qui, au pis aller, ne dise : « Après que j'auray fait ma main, si je ne suis bien venu d'un costé, je me jetteray de l'autre. » C'est le mal qui le plus, à mon jugement, presse le party du Roy : cela entretient la haine du peuple contre la monarchie, incite par exemple la plus-part de la noblesse à n'aymer pas la paix ; car, à l'imitation de ces gros gouverneurs, il y a tant de picoreurs, tant de gens qui font la guerre dans le pays, et qui font de leurs maisons des villes de frontiere, que, quand il faut que le Roy dresse une armée, personne ne s'y trouve, si ce n'est à trois pas de leur fort pour aller au butin, et, dès qu'elle s'eslongne, revenir chargé de despoüilles. »

Voylà l'opinion de cest autheur, qui semble estre veritable. Et si aucuns des gouverneurs des places qui tenoient pour le party du Roy disoient : « Après que j'auray faict ma main, si je ne suis bien receu d'un costé, je me jetteray de l'autre, » ceux du party de la ligne n'en disoient pas moins, aucuns desquels practiquerent assez cela.

Nous avons dit cy-dessus que le party de la ligue estoit plein de divisions, que les uns se vouloient jetter sous l'obeyssance de l'Espagnol, d'autres s'estoient mis sous la protection du Savoyard, et que le duc de Mayenne, comme chef de ce party, vouloit estre recognu seul avoir toute l'autorité et disposer de tout. Outre toutes ces divisions entre les chefs, dans toutes les villes de l'union, il y avoit aussi grand nombre de partisans pour le Roy qui y practiquoient avec affection. Bref, il y avoit en ce party bien du desordre et de la confusion, au contraire du party du Roy qui estoit sans aucune division : ce qui fut entretenu jusques au temps de la publication des bulles monitoriales du pape Gregoire XIV, que d'aucuns voulurent engendrer un tiers-party (1), et le former des catholiques qui es-

---

(1) *Engendrer un tiers-party.* Ce parti, qui pressoit Henri IV de se convertir, avoit de bonnes intentions; mais sa précipitation peusa tout brouiller. Il avoit pour chef le cardinal de Vendôme, qui avoit pris le titre de cardinal de Bourbon depuis la mort de celui que les ligueurs avoient reconnu pour roi sous le nom de Charles X.

toient dans le party royal. Ils firent imprimer comme un advis ou remonstrance au Roy, dont la substance estoit que l'Eglise avoit sa droicte succession de sainct Pierre, aussi bien que la couronne de Sa Majesté qui regnoit, de son predecesseur sainct Louis; qu'il falloit aussi peu changer une vieille doctrine pour une nouvelle, comme un vieil prince pour un nouveau; que le Roy avoit esté baptisé à l'Eglise, et qu'il y devoit mourir; que tous les roys jusques à luy avoient esté catholiques; que sainct Loys n'avoit pas esté canonisé à Geneve, mais à Rome; que si le Roy n'estoit catholique, qu'il ne tiendroit pas le premier rang des roys en la chrestienté; qu'il n'estoit pas beau que le Roy priast Dieu d'une sorte, et ses officiers, les princes et les seigneurs, d'une autre; que le Roy ne pourroit estre sacré, et qu'il ne pourroit estre enterré dans Sainct Denis, s'il mouroit sans se faire catholique.

Les parlements jugerent incontinent à quel dessein on avoit fait publier toutes ces choses, et que tels imprimez sont signes qui ont accoustumé preceder un plus grand mal : d'avoir envoyé toutes ces raisons en particulier au Roy, bien; mais de les avoir publiées au vulgaire, que l'intention de ceux qui l'avoient fait faire estoit mauvaise. Ce fut pourquoy le parlement de Tours enjoignit à tous les imprimeurs, sur peine de la vie, de n'en vendre ny d'en imprimer (car il n'en fut faict que deux cents copies à Angers); ce qui fut très-estroictement observé. Plusieurs de la religion pretendue reformée firent imprimer des responces à cest advis, en ce qu'ils pensoient que cela leur touchoit. Quelques catholiques royaux y respondirent aussi, et mesloient tousjours en leurs escrits quelques mots contre l'authorité du Pape, ne laissans toutesfois d'y entremesler des choses belles et doctes. Le Francofile, imprimé en ce temps là, finit son discours par ces mots :

« Je dis que de conseiller simplement au Roy de se faire catholique c'est mal parler en la religion, mais bien d'essayer par devotes prieres d'obtenir cela de Dieu, ou de luy conseiller de souffrir une instruction. Je dis davantage que par la guerre le christianisme ne peut s'augmenter ny s'entretenir, et que la religion par les armes ne peut florir ny s'accroistre; que ce grand schisme, qui trouble aujourd'huy la republique des chrestiens, estant tel qu'il la my-partit presque en deux parts egalement, qu'il ne peut plus estre reprimé par les armes, ny par le glaive du magistrat legitime, mais par un concile general de toute la chrestienté; que Dieu nous commande très-estroictement l'obeyssance à nos roys et au magistrat souverain ; que quand mesme le Roy seroit heretique, que, selon Dieu, nous ne le pouvons mescognoistre ny luy denier l'obeyssance, pourveu qu'il ne nous commande rien contre l'honneur de Dieu ; qu'il ne nous est, selon Dieu, nullement loisible de nous armer ou eslever contre luy, sous quelque pretexte et pour quelque juste cause que ce puisse estre ; que si le Pape nous commande le contraire nous ne le devons escouter ny en ce cas luy obeyr; qu'il ne peut selon Dieu le faire; que s'il procede pour cest effect par censures contre nous, que cela ne nous peut selon Dieu blesser, et que telles procedures, selon la doctrine de l'Evangile, sont nulles et de nul effect.

« Ce sera aussi à vous, Sire, à qui j'addresseray mes derniers vœus, et en qui je finiray ce discours, pour supplier très-humblement Vostre Majesté de se disposer, comme elle a tousjours faict par le passé, à recevoir ce remede public de l'Eglise, pour reünir sous une mesme bergerie et dans un mesme troupeau tous ses subjects incontinent que Dieu luy en aura mis les moyens en main, et de se rendre de tant plus prompt à recevoir ceste instruction, que sur la premiere apparence, et sur le front de toutes ces questions de conscience, il peut juger et recognoistre l'antique succession de l'Eglise catholique, apostolique et romaine, continuée sans vuide, sans espace et sans intermission, depuis sainct Pierre jusques à nous, marque infaillible et irreprochable de sa constance et de sa verité. »

Ainsi le premier imprimé que fit faire le tiers-party se vid tant combatu dez sa naissance, que ceux qui en vouloient estre les parrains furent contraincts de l'entretenir secrettement de douces viandes dans leurs cabinets, jusques à l'heureuse conversion du Roy qu'il fut du tout esteint, ainsi que nous dirons l'an 1593. C'est assez sur ces matieres; retournons trouver le Roy à Mante où nous l'avons laissé cy-dessus qui envoyoit M. de Luxembourg à Venise.

Le Roy ayant resolu avec ceux de son conseil ses principaux et importans affaires, il partit de Mantes le 16 juillet, avec resolution de s'en aller en Champagne pour, en attendant que son armée qui luy venoit d'Allemagne, ainsi que nous avons dit, s'y acheminast, employer ses forces contre les places qui y tenoient pour l'union, et advisa par mesme moyen de prendre son chemin par la Picardie pour, en y passant, distribuër des pouldres et des munitions à aucunes des villes de ceste province qui en avoient besoin, sans dessein d'y faire aucun sejour. Sa Majesté estant arrivé à Sainct Denis, le mareschal de Biron alla à Conflans sur Oyse qui se rendit, et y laissa dedans le sieur de Chemon. Le 19 les Anglois entrerent dans Cormeille, où les habitans s'opiniastrerent tellement à leur ruyne, s'estans retirez dans leur eglise et y voulans tenir bon, que l'on mit le feu au pied du clocher pour enfumer ces pauvres miserables, qui, se sentans pressez de la fumée et du feu, aimerent mieux se precipiter du haut en bas que de se rendre à la volonté du Roy. De là le Roy alla à Gerberoy, à Beaumont, à Senlis, à Compiegne, d'où il revint à Creil retrouver son armée. Sur l'advis qui luy fut donné de la foiblesse de la garnison de Noyon, à la requeste de la noblesse de Picardie, il resolut d'assieger ceste place, pource qu'elle incommodoit fort le passage de Compiegne à Chauny, Sainct Quentin et Corbie, et fit partir le baron de Biron pour l'aller investir : ce qu'il fit le 24 de ce mois, le Roy estant allé à Compiegne, d'où il se rendit le lendemain devant Noyon; mais estant malaisé de l'investir si tost de tous endroicts, pource que ceste ville est environnée de divers ruisseaux d'un costé et d'autre, et d'une montagne couverte de vignes, Rieux, qui commandoit dans Pierrefons, sçachant très-bien les advenuës pour estre du pays, y entra avec quarante chevaux et autant d'harquebusiers qu'ils avoient en croupe. Ce secours encouragea les habitans et le sieur de Villes qui y estoit gouverneur ; de sorte qu'ils s'opiniastrerent de tenir sur l'asseurance que leur envoya dire le vicomte de Tavannes qu'il leur donneroit secours; car le duc de Mayenne l'avoit envoyé en ceste province avec quatre ou cinq cents chevaux et quatre regiments de gens de pied pour y secourir ceux de l'union qui en auroient besoin.

Le premier qui voulut entreprendre d'y entrer avec son regiment fut le sieur de La Chanterie; mais il fut chargé si à propos de la garnison de Chauny, qu'une partie de ses soldats furent taillez en pieces, le reste se sauva le mieux qu'il put, et n'y eut que La Chanterie et le capitaine Brouilly, suivis d'une douzaine d'autres, qui y entrerent. Le regiment de Tremblecourt, ayant esté commandé pour y entrer, aussi fut rencontré par les garnisons du Castelet et de Corbie, et fut entierement desfaict.

Sur ces deux desfaictes le vicomte de Tavannes resolut luy mesmes de mener quatre cents harquebusiers au secours des assiegez de Noyon, et, ayant assemblé dans Roye trois cents cuirasses pour leur faire escorte, il en partit le premier d'aoust, ayant faict recognoistre son chemin dans les bois, où il marcha si à couvert qu'il se rendit, à une heure après minuit, à une mousquetade des assiegez sans avoir receu aucune allarme ny destourbier; mais, ayant rencontré en garde les chevaux legers du Roy, et la garnison de Corbie, tout ce secours prit une telle espouvante, que, sans rendre grand combat, chacun s'enfuit qui çà qui là, et, se sauvans à la faveur des bleds qui n'estoient pas encor coupez, laisserent ledit sieur vicomte engagé au combat, où il fut blessé et pris avec quelques-uns des siens.

Le duc d'Aumalle, accompagné des sieurs de Belleglise, Lonchan, Gribouval et autres, se vint rendre à Han, distant de quatre lieues de Noyon, où, ayant assemblé trois cents bons chevaux et trois cents harquebusiers, et desirant reparer la perte du vicomte de Tavannes par quelque bel exploit, il entreprit de faire enlever le logis des chevaux legers du Roy et faire entrer trois cents harquebusiers dans Noyon, s'il en voyoit l'occasion. Ayant faict partir de Han toutes ses troupes, ils arriverent le 8 d'aoust à la pointe du jour près du logis desdits chevaux legers, et, les trouvans en garde, ils n'oserent rien attaquer, mais attendirent qu'ils fussent sortis de garde, affin qu'estans desarmez, et leurs chevaux à l'estable, ils en eussent meilleure raison; ce qui fut executé comme ils l'avoient deliberé, car ils donnerent si à propos, que deux logis furent forcez, et, quelque resistance que firent les chevaux legers de Sa Majesté, il en fut tué une quinzaine avec le mareschal des logis. Ceux des royaux qui n'estoient pas encores desarmez monterent incontinent à cheval, et tindrent en alarme ceux de l'union, tandis que leurs autres compagnons s'armerent. Les sieurs de Largerie et de Launay y estans arrivez avec leurs compagnies au bruit de l'alarme, il y eut là bien combatu de part et d'autre : toutesfois à la longue les royaux eussent pu avoir du pire, n'estans bastans contre le nombre de leurs ennemis; mais le baron de Biron, adverty, monta promptement à cheval avec soixante cuirasses et cent argoulets. Les royaux l'appercevans venir reprirent courage, et, se jettans au mitan de ceux de l'union, crierent : « Voicy le Roy, voicy le Roy. » Ces paroles espouvanterent tellement leurs ennemis, que, voyans ce renfort venir, ce ne fut plus d'eux qu'une desroute : la poursuite se fit jusques auprès de Han. Ce combat fut grand, et s'y fit plus d'une douzaine de charges. Dom Francesco Guevara, capitaine de chevaux legers, et soixante autres, demeurerent morts sur la place, et Lonchan avec quatre-vingts des siens, entre lesquels il y avoit quelques gens de commandement, demeurerent prisonniers.

Cependant on ne laissoit de faire les approches devant Noyon. Le 13 de ce mois six pieces furent menées devant l'abbaye Sainct Eloy qui est en l'un des fauxbourgs, laquelle n'estoit pas moins forte que la ville, estant bien flanquée et fossoyée; trois pieces furent tirées en batterie, et les autres aux deffenses de l'eglise. Mais, aussi-tost qu'il y eut un trou fait dans la muraille par où on pouvoit passer, les Anglois s'enfournerent incontinent dans ceste eglise, et firent quitter la place aux assiegez, qui, en se retirant, mirent le feu aux bastiments de l'abbaye, puis se coulerent dans le fossé, et de là dans la ville, et ne perdirent que deux des leurs et quarante de prisonniers. Ceste eglise prise donna un grand espouvantement à la ville.

Le duc de Mayenne estant à Roüen, où il estoit allé pour y donner ordre à quelques remuëments qui s'y vouloient faire, eut advis que le Roy et son armée passoient en Picardie; cela fut cause que de Roüen il vint à Beauvais assez bien accompagné; mais, voyant le Roy resolu de s'arrester devant Noyon, il manda audit duc d'Aumale et au vicomte de Tavannes d'y donner le secours qui y estoit necessaire, et luy retourna vers Mante pour y executer l'entreprinse que le sieur d'Alincourt, gouverneur de Pontoise pour l'union, avoit sur ceste place, et pour cest effect vint à Pontoise, reprint Conflans sur Oyse, et passa la Seine pour executer son dessein. Les sieurs de Belin et de Vitry luy amenerent les gens de guerre qu'il y avoit dans Paris : la garnison de Dreux le vint trouver aussi. Avec ces troupes, qui estoient de cinq cents bons chevaux et six cents hommes de pied, il arriva à une heure après minuict à cinquante pas de Mante, où il fit mettre pied à terre à toute sa cavalerie, en intention d'executer son intelligence; mais le sieur d'Alincourt receut à l'heure mesme advis que l'execution ne se pouvoit faire pour ce jour. Le duc, estant ainsi contraint de se retirer avec les siens sans rien faire, sur la pointe du jour, fut descouvert par les sentinelles, qui donnerent l'alarme par la ville. Les sieurs de Buhi et de Rosny firent incontinent saluër de quelques pieces les troupes du duc qui se retiroient, mais sans grand effect. Depuis ils pourveürent à la seureté de la ville.

Le duc de Mayenne, ayant failly ceste entreprise, s'approcha de Houdan, qui est à cinq lieuës de Mante, pour y desfaire huict cents Suisses du regiment de Soleure qui y estoient attendants quelque argent que le Roy leur avoit promis pour s'en retourner; mais il les trouva si fortement logez qu'il ne put rien entreprendre sur eux. Ayant receu l'advis de la deffaicte et prise du vicomte de Tavannes, et des secours qui vouloient entrer dans Noyon, il resolut de secourir luy mesme ceste place, et despescha incontinent vers le sieur de Rosne, qui conduisoit son armée (laquelle estoit bien avant en la Champagne pour aller au devant du secours du Pape, qui se devoit rendre en Lorraine), de le venir rejoindre et s'approcher de Han pour le secours de Noyon. Ceste armée, ayant aussi joint le prince d'Ascoli avec les forces qu'il conduisoit du Pays-Bas, se trouva estre de sept à huict mil hommes. Bref, sur la promesse que le duc de Mayenne avoit faite de secourir Noyon, il repassa la Seine, prit et ruyna L'Isle Adam sur Oyse, assembla toutes les garnisons des villes de son party en Picardie et du long de la riviere de Marne, qui, s'estans joinctes ensemble, arriverent à La Fere le jour mesme que le Roy y avoit failly une entreprise, qui eust reussi sans une femme qui descouvrit une mesche de l'un des soldats royaux. De La Fere le duc, ayant joint son armée, alla à Han, mettant tousjours entre le Roy et luy une riviere ou des marests; puis, ayant faict passer son armée de là la Somme, voulut y attendre l'oportunité de faire lever le siege au Roy, ou de luy donner bataille.

Toutes les villes de Picardie avoient les yeux tendus sur l'evenement de ce siege, voyans les deux armées si proches l'une de l'autre, et mesmes celle du duc de Mayenne plus forte que celle du Roy, qui n'avoit en ce siege que de six à sept mil hommes de pied, treize cents cuirasses et quatre cents reistres, et que le duc de jour en jour recevoit quelques troupes de cavalerie, si qu'il se trouva avoir deux mil cinq cents chevaux et dix mil hommes de pied.

Le Roy, qui void son ennemy si proche de luy, manda toutes ses forces qui estoient aux provinces les plus prochaines. Au bruit d'une bataille chacun y accourut. Les sieurs de Bouteville, de Chermont et de Bethune avec leurs compagnies s'y rendirent incontinent. Sa Majesté avoit resolu que si le duc s'approchoit plus près que Han avec son armée d'aller au devant de luy une lieuë et demie pour luy donner bataille, et qu'il laisseroit deux mille hommes seulement pour tenir la ville assiegée; mais, voyant que le duc vouloit user de longueur, et ne s'esforçoit pas seulement de luy faire enlever un logis, il resolut de mettre fin à ce siege; de sorte qu'ayant faict pointer huict pieces sur la contrescarpe du fossé pour tirer en batterie entre les faux-bourgs des Roys et de Dame-Jour, quatre autres près de l'abbaye, lesquelles battoient en courtine, et trois petites pieces au haut du portail de l'abbaye pour favoriser les assaillans qui iroient à la bresche, il envoya M. le mareschal de Biron avec cinq cents chevaux jusques aux portes de Han pour le tenir adverti de ce que feroit le duc. Le samedy 17 d'aoust, la batterie ayant commencé assez furieusement, à la troisiesme volée les assiegez demanderent à parlementer. Combien que le Roy les eust peu forcer aysement suivant le bon ordre qu'il avoit mis par tout, toutesfois il ayma mieux les recevoir à composition, laquelle fut accordée ceste mesme journée, à la charge que le sieur de Villes remettroit Noyon entre les mains de Sa Majesté dans le lundy ensuivant, heure de midy, avec l'artillerie, munitions de guerre et vivres qui y estoient, si, dans le lendemain dimanche, dix-huictiesme dudit mois, pour tout le jour, le duc de Mayenne ne donnoit bataille à Sa Majesté, et ne luy faisoit lever le siege, ou jettast pour le moins mil hommes de guerre dans ladite ville.

Le lundy les assiegez n'estans secourus, suyvant la capitulation, la garnison et tous les gens de guerre sortirent avec leurs armes, chevaux et bagages. En ceste sortie il arriva un accident pitoyable, qui est que, comme les royaux passoient sur le pont de la porte par où l'on va à Han, par laquelle ils devoient entrer et ceux de l'union sortir, les deux gardefous du pont, qui estoient de grosses pierres de taille quarrées, tumberent et ceux qui estoient appuyez contre, lesquels en tumbant happerent les plus prochains d'eux pensans s'arrester; ceux cy, pour se retenir, s'agrafoient à d'autres qu'ils entrainerent quand et eux; de sorte que tous ceux qui estoient sur le pont tumberent pesle-mesle parmy les pierres, les uns dessus les pierres, les autres dessous : neuf moururent en ceste cheute, plusieurs eurent les jambes rompuës, les autres les bras; peu de ceux qui tumberent furent preservez sans avoir du mal. Le Roy n'entra que le mardy vingtiesme dans Noyon. Les habitans furent cottisez à trente mil escus, et eurent pour gouverneur M. d'Estrées, combien que plusieurs pensoient que ce dust estre le sieur de Rumesnil. De personnes de marque le Roy ne perdit en tout ce siege que M. du Fourny, maistre de camp, qui fut tué le jour que la ville fut investie.

Le lendemain le Roy se resolut d'aller avec la moitié de sa cavalerie voir la contenance de son ennemy, et alla jusques auprès de Han, où il demeura deux heures entieres à la portée du canon, duquel on tira sur luy plusieurs volées, toutesfois sans faire dommage, et n'y eut autre chose que des paroles : ce qui fut cause que les royaux reprocherent depuis aux ligueurs qu'ils estoient peu courtois et incivils, et qu'ils avoient laissé retourner Sa Majesté à Noyon sans le reconduire, puis qu'il avoit pris la peine de les venir voir toute leur armée estant en bataille.

Deux jours après la prise de ceste ville, M. d'Humieres, gouverneur de Compiegne, investit Pierrefons, et M. le mareschal de Biron y alla depuis avec l'armée, ce que plusieurs conseillerent de faire pour ce que le capitaine de Rieux, qui commandoit dans Pierrefons, fit du malcontent contre M. de Mayenne quand il sortit de Noyon, et dit qu'il n'estoit plus deliberé de luy faire service puis qu'il ne l'estoit pas venu secourir : ce qui n'advint, car ce siege reüssit très mal. Or le Roy, ayant sejourné quelques jours dans Noyon, vint à ce siege, où le comte d'Essex, avec soixante gentils-hommes anglois, luy vint baiser les mains, et luy offrir quatre mil Anglois et cinq cents chevaux que la royne d'Angleterre sa maistresse luy envoyoit pour son service.

Le Roy, estant adverty de sa venuë, envoya le comte de Chaune à Compiegne pour l'y recevoir le vingt-neufiesme d'aoust. Quand à la personne dudit comte d'Essex et de ceux de sa suitte, il ne se pouvoit rien voir de plus magnifique, car, entrant dans Compiegne, il avoit devant luy six pages montez sur de grands chevaux, habillez de velours orangé tout en broderie d'or, et luy avoit une casaque de velours orangé toute couverte de pierreries; la selle, la bride, et le reste du harnois de son cheval accommodé de mesme ; son habit et la parure de son cheval valoient seuls plus de soixante mil escus : il avoit douze grands estafiers, et six trompettes qui sonnoient devant luy. De Compiegne il vint au camp de Pierrefons le dernier jour d'aoust trouver le Roy, d'où ils s'en allerent à Noyon, là où Sa Majesté le festoya trois jours durant avec tout son train.

En ce mois d'aoust le Roy receut advis de plusieurs choses qui estoient advenuës en divers endroicts de la France, entr'autres comme M. de Guise s'estoit sauvé du chasteau de Tours, la mort de M. de La Nouë au siege de Lambales en Bretagne, la deffaicte de ceux d'Orleans auprès de La Magdelaine, et la deffaicte du vicomte de La Guerche. Voyons, avant que de voir ce qui se passa dans le mois de septembre, comme toutes ces choses advindrent.

Nous avons dit cy dessus comme le prince de Ginville fut arresté prisonnier à Blois à l'heure mesme que l'on tua son pere, après la mort duquel il prit le tiltre de duc de Guise, et comme le feu Roy l'avoit faict changer de divers lieux avant que de le faire mettre dans le chasteau de Tours sous la garde du sieur de Rouvray, lieutenant de l'une des compagnies des archers de la garde du corps, lequel en eut tel soin, avec quelques archers et Suisses de la garde, que les entreprises que quelques-uns voulurent faire pour sauver ledit sieur duc furent sans effect et les entrepreneurs executez, jusques au 15 d'aoust de ceste année, que, nonobstant toute l'estroite garde et toute la diligence de ceux qui le gardoient, il se sauva. Les grands qui sont prisonniers trouvent tousjours des inventions pour se mettre en liberté, lesquelles auparavant ne se peuvent juger devoir estre faictes pour ce qu'elles sont sans exemple du passé : les deux fois que s'est sauvé M. de Nemours durant ces dernieres guerres, une fois du chasteau de Blois affinant ses gardes, l'autre du chasteau de Pierre-sise à Lyon, en servent assez de preuve ; comme fait aussi l'invention que M. le comte de Soissons trouva pour se sauver du chasteau de Nantes. Or le duc de Guise, ne pouvant sortir du chasteau de Tours par le seul moyen de ses gens, en ceste longue prison gaigna, par promesses d'advancement, deux personnes en qui le sieur de Rouvray se fioit, l'un luy appartenant de parenté, et qui estoit destiné à l'eglise; l'autre estoit un jouëur de luth nommé Verdier, que ledit sieur de Rouvray laissoit aller jouër du luth devant ledit sieur duc, car il l'avoit veu domestique de M. le cardinal de Bourbon, et sçavoit que quoy qu'il allast à la messe, que son pere estoit de la religion pretenduë reformée, qui, à la Sainct Berthelemy dans Paris, avoit receu vingt-neuf coups d'espée, et laissé pour mort : bref, il ne se doutoit nullement de ce jouëur de luth. Ce duc, ayant souvent et secrettement des nouvelles de M. de La Chastre, qui, pour l'amitié qu'il avoit portée à feu son pere, s'offroit de travailler et de s'employer de toute affection pour favoriser sa delivrance, luy manda que l'ordre que les habitans de Tours avoient establi pour la garde des portes de leur ville luy ouvroit un moyen de se sauver de sa prison, pource que, depuis unze heures jusques à une heure après midy, cependant que l'on disnoit, toutes les portes estoient fermées, et les clefs portées chez le maire; durant lequel temps il trouveroit moyen de descendre avec une corde par des fenestres qui sont en une galerie au plus haut du chasteau du costé de la riviere qui estoit lors fort basse, par où il pouvoit aisement se sauver le long de la greve. Sur cest advis M. de La Chastre envoya de Bourges à Selles son fils le baron de Maison-fort, lequel, ayant sceu le jour que ceste deliberation se devoit executer, partit de Selles, et se rendit avec soixante bons chevaux à Sainct Avertin, une lieuë près de Tours, où il y a un pont sur la riviere du Cher qui y passe, laquelle se va jetter dans la Loire, quatre lieuës au dessous de Tours. Verdier, ayant donc porté au duc de Guise, dans la panse de son luth, une corde qui estoit nouée d'un assez gros nœud de demy pied en demy pied, sortit de Tours pour aller au devant dudit baron; et le duc, qui avoit accoustumé de s'esbatre avec ses gardes, inventant tousjours quelque exercice nouveau pour passer le temps, ainsi qu'il avoit faict quelques jours auparavant, s'advisa de jouër encor avec eux à qui monteroit le plus vistement à clochepied les degrez, depuis le pied de la montée jusques au haut de la gallerie qui regardoit sur l'eau. Les gardes, sans se douter de rien, font de mesmes luy; et, montez, le duc, estant en la gallerie, advisa que la porte du pont de la ville estoit fermée, ce que voyant, il leur dit : « Allons recommencer. » Ainsi qu'il descendoit, deux de ses domestiques qui estoient dans le chasteau, et auxquels il avoit baillé la corde, monterent à la gallerie, et l'attacherent diligemment à une des croisées des fenestres. Le duc cependant recommença à monter à clochepied les degrez; ses gardes le suyvirent; mais luy, qui est d'une belle disposition, devançant ses gardes, monta si diligemment qu'il gaigna le devant de beaucoup, et, entré dans la gallerie, ferma la porte après luy, et devala par la corde avec ses deux domestiques ainsi qu'ils avoient deliberé. Cependant les gardes qui s'esbatoient avec luy, arrivez à la porte de la gallerie, après avoir dit plusieurs fois : « Monsieur, ouvrez, ouvrez la porte, » voyant qu'il ne leur respondoit rien, commencerent à frapper rudement, et, se doutans lors du fait, descendirent en une chambre où par une fenestre ils adviserent que le duc se sauvoit; ce que voyans, ils se prirent à crier si fort : « Arrestez, arrestez M. de Guise qui se sauve, » que le dernier qui descendoit par ladite corde, se laissa tomber de vingt pieds de haut, lequel, tout estourdy de la cheute, ne laissa de se relever, et se mit à courir sans chapeau, qui luy estoit tombé de sa cheute, pour ratraper M. de Guise, qui passa par dessous la premiere arche du pont de la ville où il n'y avoit point d'eau, et de là, continuant de courir sur le cay de la ville, passa le long du faux-bourg de La Riche, puis, prenant son chemin tousjours courant vers le chàsteau du Plessis, maison des roys de France, distant d'un quart de lieuë de Tours, monta sur un cheval qu'on promenoit là à cest effect, puis, passant le canal là où les rivieres de Loire et du Cher quand elles sont grosses s'assemblent, remonta pour gaigner le pavé des ponts de Sainct Avertin, là où il trouva ledit sieur baron de La Chastre avec sa troupe qui l'attendoit, avec laquelle ledit sieur duc, ravy d'ayse, et sollicité de doute que ceux de Tours ne le poursuivissent (ainsi qu'ils firent après que la porte Neufve fut ouverte; mais le long temps qu'ils demeurerent à l'ouvrir, pource qu'il failloit aller querir les clefs chez le maire et revenir ouvrir la porte, fut cause que leur course ne leur servit de rien), ne tarda gueres à gaigner Selles, et de là Viarzon, puis à Bourges où il fut receu par M. de La Chastre, qui luy alla bien avant à la rencontre, avec beaucoup de joye. Ainsi M. de Guyse reprint sa liberté après avoir esté deux ans sept mois et vingt et deux jours prisonnier. Ceste nouvelle sceuë à Rome, le Pape s'en resjoüit fort, et en fit rendre graces à Dieu par toutes les eglises; toutesfois les relations italiennes disent que les beaux esprits jugerent incontinent *che quella uscita del signor duca di Ghisa fuori di prigione era la ruina della lega* (1), pour les diverses intentions de luy et du duc de Mayenne son oncle : l'on verra ce qui en advint à la suitte de ceste histoire. Le Roy, qui en receut les nouvelles à Noyon, dit à celuy qui les luy apporta : « Plus j'auray d'ennemis, et plus j'auray d'honneur à les deffaire; » mais, quand en ce mesme jour là on luy eut apporté les nouvelles de la mort de M. de La Nouë, il en fut fort triste, comme aussi furent M. de Longueville et plusieurs autres seigneurs.

Le Roy avoit envoyé M. de La Nouë en Bretagne pour accompagner M. le prince de Dombes à resister aux efforts du duc de Mercœur et des Espagnols, ausquels ledit sieur duc avoit baillé le port de Blavet pour leur retraicte et de leurs navires. Ils fortifierent en peu de temps si bien ceste place, qu'ils donnerent à cognoistre que l'on ne les en tireroit pas dehors quand on voudroit. Le Roy ayant demandé secours à la royne d'Angleterre, outre ce qu'elle avoit ordonné de luy en voyer par Dieppe, elle envoya aussi trois mille Anglois en Bretagne, lesquels se joignirent à l'armée de M. le prince de Dombes auparavant que ledit sieur de La Nouë y arrivast; ce qui fut cause de quelques jalousies contre luy par quelques seigneurs qui estoient en ceste armée, car il avoit charge du Roy d'y tenir le second lieu. Ceste armée s'achemina vers Lamballe qui tenoit pour l'union, laquelle fut incontinent investie : les approches faictes, le canon ayant tiré quelques volées, ledit sieur de La Nouë delibera d'y faire donner un assaut et de l'emporter; mais, ayant envoyé quelques

(1) Que cette délivrance du duc de Guise étoit la ruine de la ligue.

uns pour recognoistre ce que faisoient les assiegez, et ne luy rapportant point selon son intention, il y alla luy mesmes, où, estant monté à une eschelle, et considerant ce que faisoient les assiegez, qui ne songeoient qu'à abandonner la muraille de la ville, et se retirer dans un fort qu'ils y avoient faict au mitan pour leur servir de retraicte, il se descouvrit plus qu'il ne devoit, et une mousquetade qui donna contre une pierre en fit rejaillir des esclats si rudement contre le front dudit sieur de La Nouë, que ce coup le fit tumber à la renverse de dessus l'eschelle, dans laquelle sa jambe où il avoit esté blessé aux faux-bourgs Sainct Martin durant le siege de Paris, ainsi que nous avons dit, demeura empeschée, ce qui luy fit recevoir de grandes douleurs, pource qu'elle n'estoit pas encores bien guarie. Relevé et porté en son logis, estant pensé très-mal de la blessure qu'il avoit receuë à la teste par l'esclat de ceste pierre, il s'y engendra une contusion dont il mourut peu de jours après (¹). Les assiegez sçachans sa blessure reprirent cœur, et, au lieu qu'ils songeoient d'abandonner la ville, ils s'encouragerent tellement à la deffence de leurs murailles, que les royaux furent contraincts de lever ce siege. Ainsi mourut messire François de La Nouë, que les Espagnols, les Lorrains et les ligueurs qui l'avoient cognu, ont tenu pour un grand et prudent chevalier. Le roy d'Espagne mesmes le tenant son prisonnier long temps, et estant comme contrainct de le rendre en eschange du comte d'Egmont qui estoit l'un des principaux seigneurs du Pays-Bas, ne voulut consentir sa liberté qu'il ne luy eust

---

(¹) *Dont il mourut peu de jours après.* Voyez les détails de cette mort dans la Notice sur La Noue, première série, tom. xxxiv, p. 117.

juré de ne porter les armes contre luy, et qu'il n'eust les ducs de Lorraine et de Guise pour cautions de ceste promesse. Ce Roy, que ses historiens disent avoir esté plus puissant d'hommes et plus grand terrien que le Turc, ne ressembla pas en cela à Bajazet, lequel dit au comte de Nevers (¹), fils du duc de Bourgongne, et aux autres grands seigneurs de France, lesquels il avoit pris à la bataille de Nicopoli, et s'en vouloient revenir en France après avoir payé leurs rançons : « Jean, si je faisoie doute et je vouloie, avant ta delivrance je te feroie jurer, sur ta foy et sur ta loy, que jamais tu ne t'armeras contre moy, ne tous ceux qui sont en ta compagnie; mais n'enny, ce serment à toy n'à eux ne feray jà faire; mais je vueil, quand tu seras venu et retourné par delà, et il te vient à plaisance que tu assembles ta puissance, et viennes contre moy, tu me trouveras tousjours tout prest, et appareillé à toy et à tes gens recueillir sur les champs par bataille. Et ce que je di, di l'ainsi à tous ceux à qui tu auras plaisance de parler, car assez suis je pour faire armes et tousjours prest, et de conquester avant. »

Le roy d'Espagne n'en fit pas de mesme à l'endroit du sieur de La Nouë, car, auparavant que de consentir sa liberté, il voulut des cautions affin qu'il ne portast plus à l'advenir les armes contre luy. Celuy qui fit l'epitaphe de ce vaillant chevalier dit

<blockquote>
Qu'il brava ses prisons, et, parmy ses catenes,
Qu'il orna de lauriers les horreurs de ses peines.
</blockquote>

(¹) *Au comte de Nevers.* Ce prince fut depuis le fameux Jean-sans-Peur, duc de Bourgogne, qui désola la France sous le règne de Charles VI. La bataille de Nicopoli fut livrée le 15 septembre 1396. Voyez la Notice sur Boucicaut, première série, tome VI, page 368.

Aussi deux heures auparavant sa blessure devant Lamballes, ainsi qu'il passoit dans un jardin, il prit deux petites branches de laurier, et, estant monté dans sa chambre, sans autre compagnie que de ses domestiques, s'approchant de la table sur le bout de laquelle estoient ses armes, il print un cousteau, et, ayant amenuisé l'une de ces branches, il la mit à son armet au lieu de pannache. Cependant qu'il faisoit cela le sieur de Mont-martin, gouverneur de Vitré, entra dans la chambre pour parler à luy; mais, le voyant seul près de la table, pensant qu'il fist quelques desseins, ne le voulant destourber, il print un des domestiques dudit sieur de La Nouë avec lequel il s'approcha de la cheminée, et entrerent en devis. M. de La Nouë, ayant paré son armet de lauriers, se tourna, et, advisant ledit sieur de Mont-martin, s'advança vers luy et luy dit : « Qui vous pensoit là, mon cousin? — J'attendois vostre commodité pour vous parler, dit le sieur de Mont-martin, ne voulant vous interrompre. — A ce que je faisoy, repliqua le sieur de La Nouë, vous y pouviez bien. » Puis, s'approchants de la table, il luy monstra son armet entouré de lauriers, et luy dit : « Tenez, mon cousin, voylà toute la recompense que vous et moy esperons, suivans le mestier que nous faisons. » Belle parole, et digne d'un gentil-homme qui avoit le courage magnanime. Aussi ceux qui sont nais à l'honneur n'ont point de souhaits plus ardents ne plus ordinaires que d'employer leurs vies en de belles et vertueuses actions, affin que leur nom demeure à la posterité immortel dans les histoires.

Durant sa longue prison, luy, qui n'avoit autre subject pour ses devis ordinaires que la recherche de ce qui pouvoit restablir l'Estat de la France, et mesmes de la chrestienté, en sa première dignité, composa plusieurs beaux discours (¹) politiques et militaires, lesquels on mit en lumiere peu après sa liberté, affin que les princes chrestiens, delaissans leurs divisions, prissent resolution de s'unir ensemble pour faire la guerre contre les princes mahumetistes, à la fin desquels discours il faict aussi de très-belles observations sur plusieurs choses advenues en France aux trois premiers troubles où ce seigneur s'estoit trouvé. Les journées de Lusson et de Senlis, desquelles il eut la conduitte, tesmoignent assez l'experience militaire qu'il s'estoit acquise. Messire Odet de La Nouë son fils, estant sorty, au mois de fevrier en ceste année, de sa longue prison du chasteau de Tournay où il avoit esté depuis l'an 1584 qu'il fut pris par les Espagnols en allant d'Anvers à Lilloo, pensant venir voir son pere en Bretagne, receut les nouvelles de sa mort en Anjou, et, au lieu qu'il pensoit se conjouyr avec luy pour sa liberté, il n'arriva que pour luy faire faire les derniers offices qu'il luy devoit.

Quant à la desfaicte des habitans d'Orleans au commencement de ce mois d'aoust, elle advint de ceste façon. Nous avons dit que M. de La Chastre, après le siege de Chartres, voyant que le Roy repassoit la Seine, avoit renvoyé les lansquenets et le regiment de Vaudargent au duc de Mayenne pour leurs insolences. Ces deux regiments partis, ledit sieur de La Chastre retourna en Berry, et laissa le sieur Dragues de Comnene à Orleans, et quelques gens de pied logez aux villages à une lieue

---

(¹) *Plusieurs beaux discours.* Nous avons recueilli la partie historique de ces discours dans le tome xxxiv de la première série.

près. Le sieur du Coudray avec son regiment, estant logé sur le bord de la riviere de Loire du costé de La Magdelaine, se trouva investy en un matin par les sieurs d'Antragues et de Montigny qui avoient assemblé leurs garnisons de Blois, de Boisgency et de quelques endroits de là autour. Ceste nouvelle venuë au maire d'Orleans, il la porta soudain au sieur de Comnene, lequel ne se voyant pour lors aucunes forces de cavalerie, les uns estans avec ledit sieur de La Chastre en Berry, les autres estans allez par diverses petites troupes de quinze ou vingt chevaux courir par la Beausse, le Mayne, la Touraine et autres provinces voisines, pour y prendre des prisonniers et des butins, où ils s'estoient desjà affriandez, tout ce que ledit sieur de Comnene put faire, ce fut de faire monter à cheval cinquante volontaires pour avec eux donner une alarme aux royaux, tascher de les attirer à luy, et bailler moyen audict sieur du Coudray de sortir, couler au long de la riviere, et gaigner la ville à sauveté, que cependant on luy envoyeroit trois ou quatre batteaux pour le faire passer l'eau, ou s'en servir ainsi que bon luy sembleroit. Ledict sieur de Comnene mesmes, pour favoriser sa retraicte, fit border de ce costé là la courtine de mousquetaires et harquebusiers, et fit pointer quelques canons sur son chemin; puis, ayant mené quand et luy cinquante harquebusiers des mieux aguerris des habitans, il alla plus de la moitié du chemin où estoit logé Le Coudray; mais ses coureurs luy ayans rapporté que les royaux les avoient descouverts et s'estoient mis à les suivre, il logea ses harquebusiers derriere une haye le long du grand chemin, et, s'advançant luy mesmes pour recognoistre, il vid la cavalerie royale venir droict à luy, qui estoit ce qu'il desiroit. Estans approchez les uns et les autres d'un tir de pistolet, les royaux ne s'advancerent, ayans entreveu au travers du plus clair des hayes lesdits harquebusiers qu'ils pensoient estre en plus grand nombre; ce qui les fit tourner visage affin de les attirer hors de cest endroict. En ces entrefaictes grand nombre des habitans d'Orleans sortirent avec leurs armes, et, suivans sans commandement ledit sieur de Comnene, arriverent à La Magdelaine. Comnene, jugeant de l'evenement de ceste sortie d'habitans, leur manda qu'ils eussent à se retirer, et leur envoya protester que s'ils ne s'en retournoient il les tenoit pour perdus. Il eut beau les advertir de leur salut, ils respondirent au capitaine Duneau qu'ils vouloient voir les maheustres (ainsi appelloient-ils les royaux) aussi bien que les autres. Ces habitans, s'advançans à grands pas, arriverent où estoit ledit sieur de Comnene à la teste d'un grand champ, d'où ils virent à l'autre bout les royaux à descouvert, et, les ayans apperceus descocher à eux, ils changerent si bien d'advis et de contenance, que, pensans regaigner La Magdelaine pour y tenir ferme, les royaux leur passerent sur le ventre, tuerent les uns, firent prisonniers les autres, et ledit sieur de Comnene et sa cavalerie, avec quelques-uns desdits habitans des moins advancez, furent contraints de prendre la course pour se sauver à toute fuite dans Orleans. Voylà comment l'opiniastreté de ces habitans fut cause de leur ruyne et de la desroute du sieur de Comnene : ainsy qu'il adviendra tousjours à quiconque se meslera à la guerre avec les habitans des villes hors de leurs murailles, et toute autre sorte de menu peuple, par ce qu'estans sans experience, crainte et obeyssance en la discipline militaire, *ils se persuadent de loin des rodomontades et chimeres estranges et ridicules*; mais, incontinent qu'ils voyent arriver le moindre evenement contraire, la peur leur saisit tellement les esprits, qu'ils ne peuvent plus concevoir de raison ny n'ont recours qu'à la fuite, laquelle ils s'imaginent leur estre aussi loisible et asseurée que de se retirer quand bon leur semble de la ruë ou d'une place publique.

Ce succez apporta de la tristesse et du dueil dans Orleans, où le peuple se mit à exclamer contre le maire d'Armonville, quoy qu'il leur eust defendu de sortir; et, au contraire, les royaux emmenerent en leurs garnisons grand nombre de prisonniers dont ils tirerent plusieurs rançons, et quitterent là le regiment du Coudray. Voylà ce qui s'est passé en ceste desfaicte à La Magdelaine près d'Orleans.

Pour la desfaicte et mort du vicomte de La Guierche, elle advint de ceste façon. Nous avons dit que toute son infanterie fut taillée en pieces dans Montmorillon. Tandis que M. le prince de Conty prit plusieurs petites places aux environs de Poictiers, et qu'il assiegeoit Mirebeau, ledit sieur vicomte receut le secours que luy envoya M. de Mercœur pour tascher à traverser les heureux progrez dudit sieur prince. Parmy ce secours estoit nombre d'Espagnols. Mais, sur l'advis que ledit sieur vicomte receut que le sieur de Salerne, gouverneur de Loches, avoit pris son chasteau de La Guierche au pays de Touraine, duquel on enlevoit tout ce qu'il y avoit dedans, il se resolut de reprendre son chasteau et d'y attraper ceux qui l'avoient pris; et, pour cest effect, il s'achemina de Poictiers si diligemment avec toute sa cavalerie et la plus-part de son infanterie, qu'il eust executé son dessein si messieurs d'Abin et de La Rochepousé, avec plusieurs gentils-hommes de ce pays-là, serviteurs du Roy, au nombre de plus de cinq cents chevaux, ne se fussent rendus à La Guierche quand ils le virent tourner de ce costé là. Le vicomte avec les siens le lendemain pensans y entrer rencontrerent les royaux en teste, et y eut là un grand combat qui fut tellement opiniastré de part et d'autre, que le vicomte, voyant par terre plus de trois cents des siens, et entr'autres plusieurs gentils-hommes, et le reste bransler, print la fuite pour se sauver des premiers, et passer la riviere de la Creuse au bac; mais, ainsi qu'il advient d'ordinaire en ces fuites qui se font de jour, les siens ne le virent pas plustost aller, que chacun en fit de mesme, et la confusion fut telle pour entrer dans le bac, que plusieurs à la foule y estans entrez avec ledit sieur vicomte, tous pesle mesle, le bac estant trop chargé, quand il fut hors du bord, il coula à fond, où ledit sieur vicomte avec ceux qui estoient dedans se noyerent : de sorte que toutes ces troupes de cavalerie et d'infanterie tumberent sous la puissance des royaux, ou se noyerent. Cinq cents Espagnols perirent en ceste desfaicte, et plus de deux cents de la cavalerie. Voylà comme le gouverneur du haut Poictou et de la Marche pour l'union perdit ses troupes et sa vie.

Puis que nous sommes tumbez sur le Poictou, voyons ce qui s'y passa en l'armée de M. le prince de Conty depuis la prise de Montmorillon. Après ceste execution et la reddition de quelques places l'armée marcha à Chauvigny : la garnison du chasteau estant sommée se rendit vies et bagues sauves. De là l'armée s'achemina à Dissay, chasteau appartenant à l'evesque de Poictiers, là où son bastard demeura prisonnier en rendant ce chasteau, et fut eschangé du depuis avec le sieur du Plessis La Roche prisonnier à Poictiers.

De là on alla à Mirebeau qui fut incontinent investy. Aux approches il y eut de belles escarmouches, en l'une desquelles fut blessé le sieur de Chastelieres Portaut d'une harquebuzade au bras. La ville battuë et bresche faicte, les royaux voulurent donner un assaut, d'où ils furent repoulsez avec perte, et contraints de sejourner en ce siege en attendant des munitions pour faire bresche plus raisonnable, et des forces nouvelles qu'amena audit siege M. de Sainct Luc, à sçavoir, les regiments des sieurs de Vibrac et de Sainct Georges. Celuy du sieur de La Forest Bourdesaute s'y rendit aussi, et peu après le marquis de Besle-isle et sa troupe, qui venoit demander secours à M. le prince pour conserver sa place de Machecou, laquelle M. de Mercœur se preparoit d'assaillir.

Ainsi ces munitions et ces forces venuës devant Mirebeau, la batterie de nouveau recommença, et, la bresche faicte, les royaux donnerent l'assaut si furieusement cependant que le sieur de Choupes, gouverneur de Loudun, faisoit donner l'escalade par un autre endroict, que le sieur de La Jovaigniere mit une enseigne sur la muraille : la ville emportée de force, tous les assiegez qui ne purent gaigner le chasteau furent taillez en pieces. En une sortie que firent ce mesme jour ceux du chasteau, ils tuërent le sieur du Plessis d'Ansay, gouverneur de La Ferté Bernard. Après cela ledit chasteau fut assiegé de tous costez, et mit on une bonne garde de cavalerie vers Poictiers pour empescher le secours qui pourroit venir de ce costé là. Les assiegez, sommez derechef, respondirent qu'ils estoient resolus de mourir dans ceste place; mais la batterie ayant commencé à jouër, ils demanderent à parlementer, et se rendirent armes et bagues sauves. Ceste place appartient à M. le duc de Montpensier; il y eut bien des brigues pour en avoir le gouvernement, en fin M. de La Rochepot, pource que le Mirebalois depend de son gouvernement d'Anjou, y fit establir le sieur de Villebois pour gouverneur, dont beaucoup eurent du mescontentement. Ledit sieur de Villebois depuis (sçavoir l'année suivante) print le party de l'union, et se mit luy et ceste place en la protection de M. de Mercœur, et appella le sieur de La Perraudiere qu'il logea dans la ville, et firent fort la guerre aux serviteurs du Roy, et l'a tousjours tenuë jusques à ce que ledit sieur de Mercœur se soit rendu au service de Sa Majesté. Ledit sieur de Villebois se couvroit de quelques mescontentements qu'il disoit avoir receus, qu'il n'est besoin d'escrire, car ceste excuse ny autre, telle qu'elle soit, n'est bonne ny recevable pour faire chose prejudiciable au service que nous devons naturellement au Roy.

Après la prise de Mirebeau M. le prince et son armée allerent loger à Vouillay en approchant de Poictiers pour deux occasions, l'une, que l'on avoit intelligence avec quelques-uns de dedans qui devoient livrer une porte, ce qui ne reüssit ; l'autre, que le sieur de Pichery, durant le siege de Mirebeau, donnant avec sa troupe jusques dans les faux-bourgs de La Cueille dudit Poictiers, y reput, et les siens firent butin, sans que ceux de la ville fissent grande deffense ; ce qui fit penser audit sieur prince qu'ils estoient estonnez pour les pertes qu'ils avoient receuës, ainsi qu'il a esté dit cy-dessus. En partant de Chasseneuil on fit marcher l'armée en bataille avec une coulevrine droict à Poictiers : ce qui fut fait ; mais les royaux y trouverent dans les faux-bourgs ceux de l'union qui s'y estoient bien barricadez, là, où il s'attaqua une belle escarmouche, l'infanterie de ceux de l'union conduite par le sieur de Cluseaux, et la cavalerie par le sieur des Roches Baritaut. Les royaux voyans qu'au lieu de leur livrer une porte, l'on ne leur tiroit que des coups de canon de la ville, et que les faux-bourgs estoient si bien gardez qu'il n'y avoit esperance de les emporter, ils se retirerent à Chasseneuil avec perte de quelques soldats ; mais, pensans avoir le lendemain meilleure fortune, l'armée vint loger au pont d'Ozence, de l'autre costé de Poictiers, où M. le prince, ayant receu advis, par quelques-uns de la ville, qu'il n'y avoit point de moyen de faire reüssir leur intention, retourna loger à Mirebeau, et de là à Montcontour (où la noblesse de Poictou print congé de luy, non sans quelques disputes, voyans que ledit sieur prince emmenoit hors de leur province les canons qu'il avoit gaignez à Montmorillon), et puis à Montreuilbellay, d'où il partit au mois de septembre pour aller assieger Selles en Berry, à la supplication de M. de Montigny qui estoit gouverneur pour le Roy en Berry et au Blezois.

Au commencement du mois d'aoust les gens de guerre que nous avons dit que l'on levoit en Italie passerent les monts : les Espagnols et les Italiens destinez pour la Flandre les avoient passez les premiers, et demeurerent quelque temps en Savoye pour le service du duc, lequel, nonobstant la route que les siens receurent à Esparon de Pallieres, ne laissa, estant de retour d'Espagne, de faire continuër le siege de Berre, qui se rendit aussi au commencement de ce mois au comte de Martinengue, dit Malpaga, les seigneurs de La Valette et Desdiguieres ne pouvans secourir ceste place,pour les diverses occurrences qui arriverent en ce temps là, car ledit sieur Desdiguieres fut contraint d'aller recognoistre l'armée du Pape que conduisoit le duc de Montemarcian, laquelle passoit les monts, ce qu'il fit afin de l'empescher de ruyner la valée de Graisivodan, ny de s'y loger, et principalement pour recognoistre ceste armée, et en donner advis au Roy; ce qu'il fit, et la recognut en une prairie auprès de Montmelian, où, avec trois cens chevaux, il les fit attaquer, et les recognut s'estans mis en bataille, l'advantgarde conduitte par Pierre Gaëtan, la bataille par le duc de Montemarcian, general de ceste armée, et l'arrieregarde par Apio Conti. En ceste escarmouche il fut tué d'une part et d'autre vingt-cinq soldats. Mais un vent et une tempeste s'estants eslevez, l'armée du Pape s'achemina pour passer le pont de Lizere, sur lequel la violence du vent fut si grande qu'elle enleva plus de cinquante soldats dans l'eau qui s'y noyerent, et de là elle s'alla loger à Chambery et aux villages des environs, où elle demeura quelque temps pour se refraischir. Aussi les Suisses que l'on avoit levez pour le Pape l'y vindrent joindre, affin d'estre plus forts si on les vouloit attaquer en leur passage; puis tous ensemble, avec les forces cy-dessus dites que l'on envoyoit en Flandres, allerent passer le pays de Bresse, et entrerent en la Franchecomté pour se rendre en la Lorraine, ainsi que nous dirons. Mais quant au sieur Desdiguieres, n'ayant forces bastantes pour les forcer, les ayant seulement recognus, il s'en retourna vers la Provence, où la prise de Berre pour le duc de Savoye, lequel avoit mis dedans pour gouverneur Alexandre Vitelly, fut cause du mescontentement de la comtesse de Saux contre ledit duc, car elle desiroit y en mettre un à sa devotion, pour jouyr à sa volonté du profit des salines, ne pensant pas que ledit duc luy deust refuser cela, veu l'obligation qu'il luy devoit à cause qu'elle avoit pourchassé l'establissement de ses affaires en la Provence. Ce mescontentement fut en partie cause de la ruyne des affaires du duc de Savoye en ces quartiers là.

Cependant que le sieur de La Valette assiegeoit Gravaison, M. Desdiguieres alla surprendre Lus, et de là s'en alla emparer de Corbon qui est à deux mousquetades de Dignes, qu'il desseignoit d'assieger quand il receut advis que le duc de Savoye, avec les nouvelles forces d'Italie qu'il avoit receuës, conduites par les comtes de Beljoyeuse et Rangon, assembloit une armée de sept mil harquebusiers et de huict cents maistres, et se preparoit pour assieger Grenoble; mesmes que desjà don Amedée, don Olivera et le marquis de Trevic avoient assiegé Morestel, qui estoit un fort que ledit sieur Desdiguieres avoit fait faire depuis peu pour couvrir Grenoble du costé de Savoye.

Sur cest advis ledit sieur Desdiguieres, changeant de deliberation, au lieu d'assaillir Dignes se resolut de secourir Morestel, et, pour cest effect, le vingt-cinquiesme d'aoust, partit de Provence affin d'assembler les royaux du Dauphiné : ce qu'il fit en telle diligence, que luy se trouvant à Grenoble le douziesme septembre, il y assembla deux mille sept cents harquebusiers et trois cents maistres qu'il logea aux environs; ce qu'ayant esté sceu par les Savoyards, ils se retirerent d'autour de Morestel, et se logerent à Pontchara, une demie lieuë plus loing, où ils se retrancherent et barricaderent en intention de s'y deffendre.

Le sieur Desdiguieres, n'ayant pu partir de Grenoble que le seiziesme de ce mois à cause d'un caterre qui l'y retint quatre jours malade, estant arrivé en la petite armée royale, et luy ayant esté rapporté que le jour d'auparavant le sieur de Bellier, avec quelques harquebusiers à cheval, avoit enfoncé la garde d'une compagnie de cavalerie de Savoyards laquelle il avoit entierement desfaicte, et mesmes que les sieurs de Mures et de Morges, en voulant recognoistre la garde de l'armée savoyarde, estoient entrez pesle-mesle dedans et l'avoient jettée sur les bras de ceste armée, en toutes lesquelles deux charges on avoit gaigné de bons chevaux, il voulut lui-mesme recognoistre leur logis et considerer l'assiette du lieu; ce qu'il fit le lendemain avec une telle experience militaire, que, le soir mesme, il fit le dessein sur une feuille de papier comme il devoit renger les siens suyvant ce qu'il avoit prejugé que ses ennemis ordonneroient leur armée, laquelle, à cause du lieu, se trouva rengée le lendemain dix-huictiesme ainsi qu'il l'avoit premedité; l'ordre en estoit tel : Sa teste estoit tournée vers Grenoble; à la main gauche estoit son infanterie sur un costau de vignes, en rond, au dessous du chasteau de Bayard; à sa main droite la riviere de l'Is ere, et, entre ladite riviere et le costau, sa cavalerie en trois escadrons dedans les prez proches de la maison du sieur de Bernin, et, au devant de ceste cavalerie, environ quarante maistres advancez en un champ plus relevé que les prez, ausquels on ne pouvoit aller dudit champ qu'à la file, y ayant un vallon ou precipice qui empeschoit les royaux d'aller à eux en bataille.

Les Savoyards s'estoient mis en cest ordre par ce que de loing ils avoient descouvert la troupe dudit sieur Desdiguieres venir à eux. Les royaux estans arrivez à deux mousquetades du champ de bataille de leur ennemy, on fit faire alte en un bas près la riviere où ils estoient couverts d'arbres à fin de n'estre recognus. Cependant le sieur de Prabaud, avec quinze cens harquebusiers, suivoit le costau à main droite, en deux troupes, dont l'une tenoit le haut pour faire deloger ceux qui occupoient le costau, et l'autre suivoit le chemin au bas pour faire quitter l'infanterie qui favorisoit la cavalerie de Savoye ; et, en attendant que ledit sieur de Prabaud s'advançast, le sieur Desdiguieres fit paroistre quelque infanterie et cavalerie sur le champ où estoit la garde de l'ennemy, et peu de temps après, ceste cavalerie, qui n'estoit pas plus de vingt maistres conduits par le sieur de Verace, lieutenant de la compagnie du sieur de Briquemaud, alla droit à ladite garde qui ne voulut point attendre, mais quitta sa place pour se jetter au gros.

Le sieur Desdiguieres voyant ceste contenance, et que d'ailleurs son infanterie avoit commencé à esbranler celle de son ennemy qui estoit sur ledict costau, il fit monter ses troupes sur le champ de bataille qu'il avoit choisi, qui estoit celuy mesme où la garde des

Savoyards estoit auparavant posée, et sur le champ rangea son armée en ceste façon. L'infanterie, conduitte par le sieur de Prabaud, tenoit la main droicte, comme il a esté dit; le sieur de Mesplais, avec un bataillon d'infanterie, la main gauche sur le bord de la riviere; la cavalerie au milieu, rangée en trois escadrons se suivans l'un l'autre, sans comprendre les coureurs en forme d'avant-garde, commandée par le sieur de Briquemaud; l'escadron qui le suivoit de prez, conduit par les sieurs de Mures et de Morges; le deuxiesme, la cornette dudit sieur Desdiguieres conduite par le sieur de Poligni; et le dernier, c'estoit la cornette blanche accompagnée de cinquante-deux maistres couverts, et toutesfois paroissoient pour cinq cents maistres, parce qu'il y avoit à la queuë six vingts harquebusiers à cheval, et les valets ayans tous l'espée à la main, ce qui donna beaucoup d'effroy aux Savoyards. A la main gauche il y avoit un bataillon d'infanterie pour favoriser ladite cornette blanche qui servoit d'arriere-garde.

Ainsi rangez en mesme temps que l'escarmouche s'eschauffoit entre l'infanterie d'une part et d'autre, et que celle des Savoyards commençoit à quitter son logis, les royaux chargerent la cavalerie savoyarde, qui au premier abbord fit assez belle contenance et soustint ceste charge, puis poussa un peu l'advantgarde royale, qui, se voyant soustenuë, rompit les Savoyards qui avoient mis tous leurs escadrons en un pour faire mieux leur retraicte; toutesfois ils firent encor un tour dedans les prez de la maison du sieur de Bernin, et attendirent l'advantgarde royale de la longueur de la lance; mais peu après ils commencerent à fuir, et continuerent, estans poursuivis, jusques à Montmelian, où les fuyards ne se retirerent tous, parce que les uns furent tuez sur la place, et les autres s'en allerent à vau de route vers La Rochette, Aiguebelle, Miolans, et dedans les bois.

Le nombre des morts fut de deux mil cinq cents. Les royaux y gaignerent plus de trois cents chevaux, plusieurs capitaines, lieutenans et enseignes prisonniers. Dix-huict drapeaux portans la croix rouge, et une cornette y furent aussi prins.

Le sieur Amedée se sauva à Miolans. Les sieurs marquis de Trevic et Olivera furent perdus dedans les bois l'espace de trente-six heures, et depuis se sauverent à Montmelian. Les bagages demeurerent aussi pour butin aux royaux.

Le 19, deux mil Romains et Milanois qui s'estoient sauvez dans le chasteau d'Avalon avec le comte Galeotte de Beljoyeuse leur chef s'estans rendus à discretion, la furie des soldats ne put pardonner à six ou sept cents d'iceux qui furent taillez en pieces, et le reste, avec le baston blanc, mis en lieu de seureté par ledit sieur Desdiguieres, sous les promesses qu'ils firent de se retirer en leurs maisons sans jamais faire la guerre contre le Roy.

Ceste victoire fut signalée pour ne s'y estre perdu aucun homme de marque des royaux. Et, après la recerche faite par les compagnies, il se trouva un cheval leger du sieur de Briquemaud et deux soldats morts, le sieur de Vallouze et deux soldats blecez.

Le butin que firent les royaux se monta à plus de deux cents mil escus, la plus grande partie en chaines, bagues, or, argent monnoyé, vaisselle d'argent, riches accoustremens, et en chevaux et en armes.

Les royaux disoient qu'il sembloit que la memoire de ce grand capitaine, le chevalier de Bayard, en son temps si affectionné à la France, n'avoit voulu permettre que ses anciens ennemis receussent autre traictement à la veuë d'une maison que luy-mesme avoit fait bastir.

Si ceste infanterie italienne fut si mal traictée en Savoye par les armes, les incommoditez du temps et les maladies ne ruinerent pas moins celle de l'armée du Pape, laquelle estant arrivée à Lion le Saunier (1) en la Franchecomté, le duc de Monte-marcian, general d'icelle, et Pierre Gaëtan, son lieutenant, se prirent tellement de paroles, que, sans l'archevesque Matteucci, qui faisoit l'office de commissaire general en icelle, ils en fussent venus aux mains l'un contre l'autre ; tellement que Gaëtan, pour le respect du Pape, fut conseillé de se retirer de ceste armée : ce qu'il fit, et prit son chemin pour s'en retourner en Italie par le pays des Suisses, là où il fut arresté à Toffano par quelques colonels suisses, sur le pretexte qu'il leur estoit deu nombre de deniers pour le service qu'ils avoient fait l'an passé en France, dont le cardinal Caëtan son oncle, y estant legat et chambellan de l'Eglise, leur avoit respondu, et fut contraint, avant que d'estre mis en liberté, asseurer lesdits colonels de leur deu. Du depuis le depart de Gaëtan l'armée du Pape se diminua de jour en jour. De la Franchecomté elle vint à Verdun où le duc de Mayenne, après l'evenément du siege de Noyon, s'estoit venu rendre avec le duc de

(1) *Lion le Saunier* : Lons-le-Saunier.

Lorraine pour tascher d'empescher l'armée du Roy qui luy venoit d'Allemagne d'entreprendre sur la Lorraine.

Le duc de Monte-marcian arrivé auprès de Verdun, les ducs de Lorraine et de Mayenne, avec Camille Capizzucchi, qui conduisoit lors les gens de guerre du roy d'Espagne lesquels estoient au party de l'union, allerent, bien accompagnez, le rencontrer, et fut receu d'eux avec beaucoup de demonstration de contentement. La monstre de ceste armée fut faicte à trois lieuës de Verdun : pour la cavallerie, elle estoit en belle ordonnance, et pouvoit estre mille bons chevaux; mais pour l'infanterie, elle estoit en si pauvre estat, que les chefs desiroient qu'elle pust estre en Italie, car la plus grand part estoient affligez de flux de sang, d'autres de fievres pestilentieuses; dont ils moururent la plus-part, ces maladies leur estant procedées de manger des fruicts qui n'estoient pas meurs, car ils avoient eu necessité de vivres. Après ceste monstre l'on fit passer ceste armée au travers de Verdun, et la fit on loger en des bourgades proches de là, où chasque soldat receut deux escus pour teste, et y demeurerent jusques sur la fin d'octobre, que les nouvelles de la mort du Pape furent venuës, ce qui acheva de ruiner du tout ceste armée. Cependant qu'elle estoit logée auprès de Verdun, le Roy, qui estoit venu à Sedan, les alla convier de venir à l'escarmouche, ainsi que nous dirons; mais que nous ayons dit comment le Roy alla recevoir le prince d'Anhalt et son armée d'Allemans aux plaines de Vandy.

Nous avons laissé le Roy, sur la fin du mois d'aoust, qui festoyoit le comte d'Essex dans Noyon pendant qu'il se preparoit pour aller recevoir l'armée des Allemans, ce qu'il pensoit faire avec toute son armée; mais le siege de Pierrefons tirant en longueur, il fut necessité de l'y laisser sous la conduite du mareschal de Biron, auquel il commanda que si tost qu'il auroit pris ceste place, qu'il s'acheminast en Normandie pour faire la voye au siege de Rouën qu'il avoit resolu de faire; mais il advint du siege de Pierre-fons tout autrement qu'il ne pensoit; car, après que ledit sieur mareschal de Biron eut esté trois semaines devant ce chasteau, et tiré huict cents coups de canon sans y avoir pu faire breche d'un pied seulement, il leva le siege, et s'en alla vers la Normandie, ainsi qu'il sera dit cy après. Quant au capitaine de Rieux, il devint si insolent pour avoir soustenu ce siege, qu'il se mit à executer de telles cruautez sur les royaux, qu'estant pris quelque temps après par ceux de Compiegne, ils le pendirent. Il estoit parvenu de peu, n'estant au commencement de sa fortune qu'un petit commis aux vivres; mais il devint depuis capitaine de gens de cheval et redouté : ce que je dis affin que ceux qui liront ceste histoire à l'advenir ne pensent pas que ce capitaine de Rieux fust de la noble maison de Rieux en Bretagne, ny parent de M. de Rieux qui estoit mareschal de l'armée royale, non plus que ceux qui ont aussi appellé le capitaine Sainct Paul M. de Sainct Paul, car on ne doit penser que ce capitaine fust de l'ancienne maison des comtes de Sainct Paul dont porte aujourd'huy le nom le puisné de la maison de Longueville, mais estoit fils d'un qui avoit eu charge de la despense du feu sieur de Beauvais Nangis, lequel s'estoit advancé par les armes du vivant du feu duc de Guise, ainsi que celuy qui a faict le Traité des causes de la prise des armes en janvier 1589 le rapporte.

Le cinquiesme de septembre M. de Montpensier arriva à Noyon. Nous avons dit qu'après la levée du siege de Paris le Roy le renvoya en Normandie, là où il tint long temps assiegé Avranches qui en fin se rendit à luy. D'autre costé le chevalier de Grillon, pour l'union, pendant ce siege, surprint Honfleur sur la fin de fevrier. Bref, tant d'un party que d'autre, ce n'estoient qu'entreprises, que surprises, que rencontres, où ceux qui estoient victorieux un jour estoient quelquesfois deffaicts le lendemain. Ledit sieur duc de Montpensier, ayant laissé son armée en la Normandie vers Caën pour y empescher les entreprises de ceux de l'union, vint trouver le Roy seulement avec son train, sa compagnie d'hommes d'armes et ses gardes, affin de l'accompagner en son voyage de Sedan.

Le quinziesme dudit mois le Roy partit de Chauny pour aller recevoir ses reistres. Les compagnies qui estoient avec luy estoient sa cornette, ses chevaux legers sous la conduite du sieur de Givry, celles du sieur de La Curée, de Pralin, de Malivaut et de Largerie, avec celle dudit sieur duc de Montpensier; tout cela pouvoit faire huict cents bons chevaux et trois cents harquebusiers à cheval, tant des gardes du baron de Biron que des garnisons de Picardie et le regiment de Sainct Ravy qui s'y joignirent. Ainsi le Roy, laissant le mareschal de Biron devant Pierrefons avec la plus grande part de son armée, partit de Chauny, et vint passer si près de La Fere par la faute de la guide, que ceux du dedans tirerent sur luy plus de soixante coups de canon sans que nul des siens en fust offensé; puis, laissant Laon à la droicte, il vint coucher à Crecy, et le lendemain à Poliot en Tierasche, d'où le Roy alla à La Capelle tandis que ses troupes s'advancerent à Rumesnil, et de là à Maubert-fontaine où il les vint retrouver, et changea dans ceste place ceux qui y commandoient, qui estoient trois soldats lesquels avoient tué leur gouverneur qui tenoit pour l'union, pour-ce qu'il ne s'asseuroit pas beaucoup de leur fidelité. Le 20, le Roy logea à trois lieuës de Mezieres, et le lendemain à La Cassine, maison forte appartenant à M. de Nevers, où il estoit lors, et assiegeoit le fort chasteau de Hautmont, lequel luy appartenoit, distant d'une lieuë de La Cassine et de quatre de Sedan. Si tost que M. de Nevers sceut que le Roy venoit, il alla au devant de luy avec tous les seigneurs de son armée, et, l'ayant acconduit dans La Cassine, il y traicta magnifiquement Sa Majesté et tous les princes et grands seigneurs de sa suitte. Au souper le Roy estoit seul à sa table servy comme de coustume; en l'autre table, qui faisoit un angle droict, estoient d'un costé messieurs les ducs de Montpensier et de Nevers, les seigneurs de La Guiche, le baron de Biron et de Larchant; de l'autre estoient messieurs de Longueville et comte de Sainct Pol, les seigneurs de Grandmont, comte de Brienne, vicomte d'Auchy, La Chapelle aux Ursins, et autres seigneurs.

Le vingt-troisiesme, le Roy entra dans Sedan où il fut honorablement receu par madamoiselle de Bouillon et par les habitans; toutes les pieces, tant du chasteau que de la ville, furent deslachées en signe de resjouyssance, puis firent jouër une infinité de petards. Le lendemain M. le vicomte de Turenne arriva à Sedan, et alla trouver le Roy au jeu de paulme où il joüoit, auquel il asseura que son armée estrangere estoit à une journ prez.

Cependant ceux de Mouzon, qui est à deux lieuës au dessous de Sedan vers la Lorraine, et qui s'estoient tousjours tenus neutres, furent sommez de se rendre: le gouverneur qui estoit dedans les y vouloit contraindre, mais ils le mirent dehors, et envoyerent leurs deputez vers le Roy le supplier qu'ils demeurassent neutres, ce qu'ils obtindrent moyennant dix mil escus.

En mesme temps ceux d'Attigny, petite ville qui appartient au chapitre de l'eglise de Reims, dans laquelle y avoit forte garnison qui s'entretenoit de courses et de picorées, tenans tout le pays en leur subjection, intimidez de l'armée estrangere qui n'estoit qu'à une lieuë d'eux, et du Roy qui estoit prochain, abandonnerent ceste ville, les uns se sauvans à Rethel qui n'en est qu'à quatre lieuës, les autres à Reims. Les premiers de l'armée du Roy qui y entrerent furent le sieur de Ruart et sa troupe, lesquels y trouverent bien dequoy gaigner. Ceux de l'union abandonnerent aussi un autre fort nommé Givry. Du depuis toute l'armée alla loger à Attigny. Le Roy mesmes y fut le vingt-septiesme pour aller voir son armée d'Allemans, où il vid un beau mesnage dans ceste ville, car, après avoir esté pillée, les soldats mirent la plume de tous les lits au vent. Ce qui y estoit demeuré entier estoit quantité de bleds, d'avoines et de foins, desquels, oultre le degast que l'armée fit, M. de Nevers en fit serrer quatre cents muids de grain dans La Cassine.

Le dimanche 29, jour de Sainct Michel, l'armée estrangere parut aux plaines de Vandy en bataille rangée, qui faisoient nombre de seize mil combattans, tant reistres que lansquenets, sous la conduite du prince d'Anhalt, avec quatre pieces de canon et plusieurs autres petites pieces. Le Roy, accompagné de sa noblesse, les alla recevoir, où, en signe de resjouyssance, ces estrangers firent jouër toutes leurs pieces par plusieurs fois avec une si grande dexterité qu'un coup n'attendoit pas l'autre, tant ils estoient prompts à les recharger. Les reistres paroissoient en quatre gros osts, et les lansquenets en quatre autres, et avoient leurs pieces devant eux. La forme de leur bataille estoit en demy cercle. Le prince d'Anhalt avoit son bataillon composé de cinq cornettes et sa colonelle, desquelles sa colonelle estoit de cinq cents reistres, les autres chacune de trois cents, qui revenoit en tout à deux mil cent chevaux. Le baron d'Otthnaw avoit son bataillon composé de trois cornettes, desquelles sa colonelle estoit de cinq cents chevaux, les deux autres chacune de trois cents, qui revenoient à unze cents chevaux. Le comte de Creange avoit semblablement trois cornettes et pareil nombre d'hommes. Roquendolf, leur mareschal de camp, avoit semblables troupes, qui faisoient cinq mil cinq cents reistres. Oultre ce y avoit huict cornettes de gentils-hommes messins qui estoient venus avec la permission des princes d'Allemagne sous la conduitte de deux colonels Frenc et Istinkc, qui faisoient quelques cinq cents hommes, ayants leurs cornettes estroittes, ressemblantes aux guidons des François, sinon qu'elles n'estoient pas fenduës, armez à la françoise, et quelque soixante-dix maistres sous chasque cornette. L'infanterie estoit conduitte sous quatre colonels, sçavoir : il y avoit le regiment du comte d'Huicq, qui depuis est mort de maladie au siege de Roüen, composé de neuf enseignes, chasque enseigne de trois cents cinquante hommes ; de sorte qu'ils faisoient monstre de trois mil cinq cens hommes ; le regiment de Lanty qui estoit de pareil nombre d'enseignes et d'hommes, qui joincts revenoient à sept mil hommes. Outre ce il y avoit deux regiments sous la conduitte de Rebours et du Temple, qu'ils avoient amenez à leurs propres cousts et despens, qui estoient de quelque neuf enseignes, et, joincts ensemble, faisoient quelque deux mil cinq cens hommes ou trois mil.

Le Roy alla d'escadron en escadron pour les recognoistre mieux, aussi affin d'estre veu d'eux, et, après avoir embrassé les colonels, tant des reistres que des lansquenets, et les avoir bien-veigniez et remercié de leur bon office envers Sa Majesté, descendit en la tente du prince d'Anhalt où la collation luy fut preparée. Cependant l'armée demeura en bataille jusques à une heure avant la nuict.

Le lendemain Sa Majesté voulut esprouver si les ducs de Lorraine, de Mayenne et de Montemarcian avec sa cavalerie italienne, qui estoient à Verdun, avoient envie de faire quelque escarmouche, et pour cest effect prit quatre mille chevaux, tant des reistres nouvellement arrivez et des vieux reistres qui estoient sous la conduite de Dammartin, que des François ; avec ceste troupe il alla jusques auprès de Verdun où les Italiens estoient logez. Le Roy s'estoit mis avec les chevaux legers qui marchoient les premiers, et rencontrerent dans un village en un fonds une compagnie de gens-d'armes italiens, lesquels, appercevans les royaux, s'enfuirent vers Verdun, et donnerent l'alarme à toutes les autres troupes. Sept de ceste compagnie d'Italiens ne voulurent fuir avec leurs autres compagnons, ou pour le moins avant que ce faire ils eurent envie de tirer le coup de pistolet. Sa Majesté, les voyant deliberez, envoya contr'eux les sieurs de Pralin et de La Curée avec deux chevaux legers de leurs compagnies, puis après le sieur de Largerie qui faisoit le cinquiesme, lesquels firent si bien qu'ils tuërent chacun leur homme, et emmenerent les deux autres Italiens prisonniers et blessez. Le Roy voyant que ses ennemis s'estoient retirez dans Verdun, il retourna de ceste corvée à Attigny le 2 d'octobre, et le sixiesme il alla pour voir la batterie et l'assaut que M. de Nevers vouloit faire donner à Hautmont qu'il tenoit tousjours assiegé. Après que l'on eut tiré quelques coups, Sa Majesté voulut luy mesme pointer le canon, et fit donner au mitan du portail : ce coup fut si heureux, que le capitaine, le lieutenant et l'enseigne en furent tuez, ce qui bailla une telle espouvente aux assiegez, qu'ils monstrerent un chapeau sur la muraille pour signal qu'ils vouloient parlementer. La composition fut qu'ils rendroient la place, et que ceux qui voudroient prendre le party du Roy auroient leurs armes, et les autres qui ne voudroient le prendre s'en iroient avec un baston. On tenoit que s'ils eussent enduré l'assaut, que le Roy y eust bien perdu des hommes, pource que ce lieu est du tout inaccessible.

L'unziesme de ce mois Sa Majesté retourna de Baion-

ville, où il estoit logé, à Sedan, là où il fit accorder le mariage d'entre M. le vicomte de Turenne et mademoiselle Charlotte de La Mark, duchesse de Bouillon, et princesse souveraine de Sedan. Nous avons dit cy dessus comme, après la mort du duc de Bouillon et du comte de La Mark ses freres, le duc de Guise, luy faisant la guerre, esperoit la faire avoir à son fils pour femme, mais qu'après les Barricades de Paris, le duc de Lorraine ayant tenu longuement assiegé Jamets, par la trefve qui fut faicte, en decembre 1588, entre luy et ladite princesse, madame d'Aramberg, de la part dudit duc, proposa le mariage de M. le marquis du Pont et de ladite damoiselle de Bouillon, mesme que le sieur de Lenoncourt, baillif de Sainct Mihel, fut, au mois de mars de l'an 1589, de la part dudit sieur duc, vers le feu Roy, pour le supplier de l'avoir pour aggreable : ce que M. de Montpensier, qui estoit lors prez de Sa Majesté, estant oncle de ceste princesse, et son tuteur, ne voulut consentir, esperant la faire avoir à son fils M. le prince de Dombes. La response que fit le feu Roy audit de Lenoncourt, sçavoir qu'il esperoit aller luy mesme à Sedan dans trois mois et pacifier tous ces differents entre le duc de Lorraine et mademoiselle de Bouillon, fut cause que ledit duc de Lorraine, prenant cela pour un refus, assiegea, batit et prit à composition le chasteau de Jamets, et fit faire beaucoup d'hostilitez sur les terres de Sedan, et continua jusques à ce voyage icy dont nous parlons, auquel Sa Majesté, ayant promis à M. de Montpensier d'avoir le soin du mariage de M. le prince de Dombes, donna ladicte duchesse de Bouillon à M. de Turenne, affin de donner un homme au duc de Lorraine qui le tinst tousjours en cervelle, et l'empeschast d'entreprendre rien sur ses voisins : ce que ledit sieur vicomte de Turenne executa très-bien, ainsi qu'il se pourra voir à la suitte de ceste histoire, et commença, le jour de devant ses nopces, par la surprise de Stenay dont il vint heureusement à bout, preferant, en ce faisant, l'honneur et la gloire à ses plaisirs particuliers. Ceste surprise de Stenay ne fut plustost sceuë du duc de Lorraine, qu'il envoya en diligence ses troupes autour de ceste ville pour tascher à la reprendre ; mais ledit sieur vicomte de Turenne, que le Roy avoit fait mareschal de France, et que d'oresnavant nous appellerons M. le mareschal de Bouillon, ayant fait un gros de ses gens qu'il avoit amassez pour aller retrouver le Roy vers la Normandie, fit lever ce siege, et fortifier ceste place qu'il avoit conquise, laquelle depuis incommoda fort les Lorrains.

Dez que le Roy eut accordé ce mariage, le 19 d'octobre il vint à Bargerolles où toute l'armée estoit, et pensant aller coucher à Aubanton, petite ville, les habitans fermerent les portes au mareschal de l'armée; de sorte que Sa Majesté fut contraint de retourner coucher à Rumesnil ; mais le lendemain, ayant fait advancer les lansquenets aux faux-bourgs d'Aubanton, la ville incontinent se rendit à discretion, et fut pillée pour peine de leur temerité et d'avoir voulu attendre toute l'armée. De là le Roy, traversant tousjours pays, arriva le 26 à Origny en Tierasche, d'où il envoya investir Vervins, capitale du pays, et le 29 vint coucher à Fontaine-chasteau, à un quart de lieuë dudit Vervins, puis l'armée repassa la riviere d'Oise à deux lieuës près de sa source.

Ceste pauvre ville de Vervins fut beaucoup affligée en ceste année; car, après que M. de Longueville l'eut battuë et prise, le duc de Mayenne pendant le siege de Noyon, pensant que le Roy deust lever son siege pour secourir ceste ville, l'assiegea, la batit, et la reprint, et le Roy en ce passage l'ayant fait investir, le 29 de ce mois, entra dedans, en chassa ceux de l'union, et y mit pour commander le sieur de Monceaux, lieutenant du sieur de Maley, gouverneur de La Capelle.

Le dernier d'octobre l'armée royale se separa en quatre. Le Roy alla d'une traicte à Noyon, M. de Montpensier, avec toute la maison du Roy et la suitte de la Cour, alla à Crecy, et de là s'en alla en Normandie; M. de Nevers demeura avec ses troupes à Vervins pour s'en retourner en Champagne, ce qu'il ne fit; et le baron de Biron, conduisant le gros de l'armée, prit son chemin entre les rivieres de Somme et d'Oise, passant près Sainct Quentin. Mais, le jour de ce despartement, il advint que les lansquenets, qui estoient en plus grand nombre que les François, et qui avoient pensé que toutes les forces royales fussent allées au devant d'eux pour les recevoir sur les frontieres, après avoir faict une infinité de maux par où ils avoient passé, pour ce que ce pays n'estoit pas beaucoup frumenteux, et qu'ils avoient eu disette de pain, conclurent entr'eux, au desceu de leurs chefs, de s'en aller, ce qu'ils tramerent sur l'indignation qu'ils avoient conceuë de ce que l'on leur vouloit faire observer les loix militaires; et bien que generalement tous les lansquenets ne fussent pas de ceste opinion, si est-ce que tout le regiment de Lanty, et une bonne partie de celuy d'Huicq, au lieu d'aller au quartier qui leur estoit donné, rebrousserent chemin, et tirerent vers Guyse, où ils fussent entrez avant qu'on les en eust peu empescher, n'eust esté deux compagnies qui avoient esté commandées d'entrer en garde au quartier de M. le baron de Biron, lesquelles, y estant entrées deux heures avant jour, plierent leur bagage, arracherent par force des mains de leurs capitaines enseignes leurs deux drapeaux, et s'acheminerent après leurs compagnons. On jugeoit bien qu'ils avoient quelque mauvaise intention dans l'esprit, mais on ne pouvoit juger que c'estoit. M. le baron de Biron, adverty de ceste fuite, fut toute la nuict en armes, et manda, le jour de la Toussaincts avant jour, au prince d'Anhalt et au colonel Lanty ce qui estoit passé, les priant de luy assister pour faire retourner ces lansquenets, ou bien, s'ils ne vouloient retourner, luy ayder à les tailler en pieces afin que l'ennemy ne s'en servist. Eux, fort estonnez de cecy, se joignirent incontinent audit sieur baron, et coururent après ces lansquenets : ils rencontrerent premierement les deux compagnies qu'ils firent retourner, puis poursuivirent le gros qui estoit party le jour precedent au soir, et les rencontrerent à une lieuë de Rocroy, ville du party de l'union. Si tost que ces lansquenets eurent aperceu que l'on couroit après eux, ils se mirent en bataille. Ledit sieur baron les vouloit forcer; mais leurs chefs les ayans gaignez, partie par menaces, partie par douces paroles, ils retournerent en l'armée royale. Ils avoient desjà creé des capitaines et conducteurs à leur guise, et avoient chassé tous ceux qui leur commandoient. Et fut on contraint de porter patiemment ceste escorne, et faire encor bonne mine, comme si on leur eust esté beaucoup obligé de ce qu'ils estoient retournez. Du depuis ledit sieur baron, pour les empescher de jouër derechef un semblable tour, les fit passer Sainct Quentin, pour gaigner tousjours pays et les faire reculer de la frontiere; et le Roy revenu en l'armée commença à faire cheminer tous les reistres et ces lansquenets en la bataille, Sa Majesté avec les troupes françoises menant l'avantgarde, et M. de Nevers l'arrieregarde, ce qui les empescha de faire beaucoup de meschancetez qu'ils eussent fait s'ils n'eussent esté ainsi serrez. Voylà tout ce qui se passa en ceste armée jusques au mois de novembre. Nous dirons cy après comme elle alla au siege devant Roüen. Voyons une chose remarquable qui se passa à Louviers cependant que le Roy alla recevoir ceste armée estrangere.

Nous avons dit cy-dessus comme Louviers fut surprins par les royaux, et que le Roy donna le gouvernement de ceste place au sieur du Rolet. Les ligueurs avoient un extreme regret de l'avoir perdue, et tenterent plusieurs entreprises pour la r'avoir par surprise. Le frere du sieur de Fontaine-Martel avoit resolu d'en executer une le seiziesme d'aoust; mais, sçachant que ledit sieur du Rolet estoit adverty de son dessein, et qu'il avoit mis bon ordre pour le recevoir, ne voulut se hazarder de l'executer. Toutesfois, en ceste nuict, il advint dans Louviers un cas esmerveillable et digne d'estre icy recité, qui fut tel:

Devant le portail de la grande eglise l'on avoit mis un grand corps de garde. Sur la minuict un grand bruict s'entendit en une maison qui estoit en une petite ruë vis à vis dudit portail. Le capitaine Diacre, commandant audit corps de garde, y accourut, pensant que ce fussent quelques ennemis qui se fussent retirez dans ceste maison. L'alarme se donna fort chaude par toute la ville, cependant que les tables, bancs, chaires, landiers de cuivre, et autres meubles, estoient jettez par la fenestre sur ledit capitaine Diacre et ses compagnons, sans qu'ils vissent personne : ce qui les contraignit de jetter quelques pierres dans la chambre, dont ils firent appaiser le bruit; puis deux femmes se presenterent aux fenestres, qui crierent à l'ayde, se voulans jetter du haut en bas, disans que c'estoit un esprit qui les avoit tourmentées, et avoit tout renversé sans dessus dessous les meubles de la maison. Diacre et ses compagnons les rasseurerent, et leur baillerent par la fenestre une lanterne avec une chandelle allumée dedans, et une hallebarde, et leur commanderent d'ouvrir la porte, ce qu'ils feirent; et, montez en la chambre, virent les licts, couches et buffets tous renversez sans dessus dessous : ce que voyant ledit Diacre, il en advertit ledit sieur du Rolet qui s'estoit mis en armes avec tous ses gens de pied et de cheval, lesquels s'estoient rendus diligemment en son logis. Voyant ceste allarme appaisée, il se resolut le matin d'aller voir luy-mesmes ce que c'estoit avec M. l'abbé de Mortemer, le sieur Seguier, grand maistre des eaux et forests, et le sieur Morel, prevost general de la maresschaussée en la province de Normandie, et plusieurs autres. Ils trouverent ces deux femmes fort esbahyes, deschevelées, et tout le mesnage renversé; les ayant interrogées, ils luy dirent que sur la minuict un esprit estoit descendu par la cheminée comme un brandon de feu, qui s'estoit adressé à leur servante, l'avoit poursuivie en la ruëlle du lict, l'avoit battuë d'une hallebarde, dont elle avoit le visage meurtry, et avoit fait tous les brisements et tout le desordre qu'ils voyoient. Le sieur du Rolet se douta incontinent qu'il y avoit en tout cela du faict de la chambriere, et commanda au prevost Morel de s'en saisir et de descouvrir la verité. Elle fut incontinent menée prisonniere, et, interrogée, l'on la trouva fort variable en ses responses, ce qui fit douter qu'il y avoit de la sorcellerie en son faict : toutesfois, suivant le dire commun, on crut que le diable n'avoit nulle puissance sur les sorciers estans entre les mains de la justice. Ceste servante fut laissée en prison quelques jours, pendant lesquels ledit prevost fut contraint de monter à cheval et assister à certaine occasion pour le service du Roy, et ne revint à Louviers que le dernier jour d'aoust; mais, comme il s'alloit mettre à table pour disner au logis dudit sieur du Rolet, le geolier arriva tout effrayé, et leur dit qu'il leur remettroit et rendroit les clefs des prisons s'ils ne faisoient sortir ceste chambriere, laquelle estoit possedée du malin esprit, et que, pour les choses espouvantables qu'elle faisoit, tous les prisonniers vouloient rompre les prisons pour s'enfuyr. Le prevost Morel, ayant quitté le disner, va avec ses archers à la prison, où les prisonniers luy asseurerent qu'ils avoient veu tomber une porte (qui estoit tout ce que sept ou huict hommes pouvoient porter) sur ladite chambriere, nommée Françoise Fontaine, et que, comme ils s'estoient efforcez d'oster ceste porte de dessus ladite Fontaine, qu'ils avoient veu un cuvier à lessive et des poinçons qui estoient dans le cachot où elle estoit s'eslever en l'air avec un grand bruit, et que du depuis elle estoit demeurée comme esvanouye, ayant la gorge enflée, ainsi qu'il la voyoit. Alors le prevost Morel la fit lever et emmener dans le parquet où se tenoit la jurisdiction pour l'interroger; mais, comme le greffier commençoit à escrire le procez verbal, ils virent ladite Fontaine enlevée en l'air deux pieds de haut sans que personne la touchast, et aussi tost tomber à terre sur son dos, tout de son long, les bras estendus comme une croix, et, après, icelle se traisner, la teste devant, sur son dos, le long dudit parquet, dont ledit prevost Morel et plusieurs personnes qui estoient là furent fort estonnez.

Le curé de Louviers, un medecin, un apoticaire et un barbier, furent incontinent envoyez querir par ledit prevost, lequel, en attendant leur venuë, voyant ladite Fontaine derechef tourmentée, s'advisa de dire l'evangile sainct Jean *In principio erat verbum*, remede que l'on tient estre très-utile pour appaiser la peine des maniaques; mais, tout aussi tost qu'il l'eut commencée, voilà ceste chambriere, qui estoit encor contre terre, la face en haut, qui commença à se trainer de ceste façon, toute descoiffée, les cheveux herissonnez, et aussi-tost fut eslevée hors de terre de trois à quatre pieds de haut, de son long, la face en haut, et portée le long de ladite jurisdiction sans toucher rien, ny que l'on vid aucune chose qui la tinst; et ce corps, ainsi eslevé en l'air, vint droit pour toucher le prevost Morel, qui se retira dans le parquet, fermant la porte sur luy, contre laquelle ce corps, estant tousjours en l'air, vint fraper de la plante des pieds, et en ceste façon fut encore remportée, la teste devant, hors de ladite jurisdiction, et s'arresta en l'allée de la prison, entre la porte et celle de la ruë. Le prevost Morel, qui s'estoit enfermé seul dans le parquet pendant toute ceste action, demeura fort estonné. Quelques prisonniers ayans ouvert la porte de la prison le vindrent trouver, et luy promirent de l'assister. Mais ayant trouvé Françoise couchée en la mesme façon que dessus proche la porte de la prison, il s'advisa (suivant ce qu'il avoit autresfois ouy dire que pour empescher un sorcier de faire mal qu'il le faut battre d'un ballay neuf de bois de bouleau) de la faire frapper d'un ballay neuf par dessus ses habits, dequoy elle revint comme hors de pasmoison; et, à l'ayde de plusieurs, il la fit remener dans la jurisdiction, où un medecin, nommé du Roussel, qui estoit de la religion pretenduë reformée, avec un chirurgien, arriverent; mais, comme ledit prevost conferoit avec eux de ce qu'il estoit besoin de faire, elle tomba derechef sur le dos, et se traina encore de la mesme façon que dessus, ayant la gorge fort enflée. Le medecin dit qu'il ne sçavoit donner ordre à cela, et qu'elle estoit possedée du malin esprit. Le curé de Louviers, nommé Belet, arriva peu après avec un clerc et de l'eau beniste : le prevost le requit et pria d'exorciser ceste chambriere. Il luy jetta de l'eau beniste, ce qui la fit revenir à soy, se plaignant de sa debilité et lassitude. Le prevost, la voyant revenuë, luy fit plusieurs remonstrances, et luy monstra l'image du crucifix, à la veuë duquel elle souspira; mais nonobstant, interrogée, ne voulut rien recognoistre de la verité : ce que voyant le prevost, il la menaça de luy faire couper les cheveux, auquel elle respondit qu'elle voudroit desjà que c'en fust faict; toutesfois le prevost pria le curé de la vouloir ouyr particulierement, et tirer d'elle la verité, s'il pouvoit. Le curé la print

par la main, et la mena dans le parquet, où elle luy
dit plusieurs choses, entr'autres qu'elle avoit esté violée par quelques soldats de la garnison de Louviers,
dont elle s'estoit desesperée, et avoit quelque chose
dans le corps. Le curé, ayant appellé le prevost dans
le parquet, luy dit ce qu'il avoit tiré d'elle par forme
de devis, et que du surplus, qu'il advisast à faire ce
qu'il trouveroit bon de faire, mais que pour luy qu'il
s'en alloit retirer. Le prevost Morel luy fit commandement de par le Roy et à tous les assistans de l'assister,
et derechef procedant à l'interrogation de ladite chambriere, et ayans pris le serment d'elle de dire verité,
elle luy fit un recit comme elle avoit esté violée par
trois soldats, comme elle s'estoit desesperée et n'avoit
peu entrer en l'eglise de Louviers, d'où elle se seroit
depuis retirée en une ferme appartenante au sieur Le
Guay, dont sa femme l'avoit ramenée en la ville, en sa
maison, où elle avoit esté prise prisonniere. Cet interrogatoire fut fort long : ce n'estoient que menteries
qu'elle disoit. Mais, comme le prevost et le curé la
virent fort foible, advertis mesmes qu'il y avoit trois
jours qu'elle n'avoit mangé, le prevost et le curé firent
venir du pain et du vin que le curé benit; mais,
ayant refusé de boire et manger, pressée, elle print
le vin qu'elle mit en sa bouche, et vuida le verre;
mais, si tost qu'elle eut remis le verre sur le bureau
où le greffier escrivoit, le vin et le pain se retrouverent
entierement dedans, ce qu'elle fit plusieurs fois; dont
le prevost entra en telle colere qu'il luy dit que, si
elle ne beuvoit ledit vin et mangeoit ledit pain, il
l'offenseroit. Elle print derechef le verre, et avalla
fort peu dudit vin, ce qu'elle fit avec une très-grande

peine, en suant à grosses goutes par le front, la gorge fort enflée, et les yeux qui luy sortoient à demy de la teste.

Derechef, en continuant l'interrogatoire, elle confessa qu'un grand homme noir depuis quelque temps s'estoit apparu à elle par plusieurs fois, luy disant qu'elle s'estoit donnée à luy quand les trois soldats la violerent, et qu'il luy avoit monstré de l'argent. Mais à chasque coup elle se jettoit à deux genoux, et s'escrioit les mains joinctes : « Je suis morte! si je vous dis la verité ce grand homme noir me tuera. » Mais, asseurée par le prevost qu'elle n'eust point de crainte estant entre ses mains, et que les malins esprits n'avoient aucune puissance sur la justice ny sur ceux qui estoient entre leurs mains, elle confessa que ce grand homme noir l'avoit tant importunée qu'en fin il avoit eu sa compagnie par plusieurs fois, ce qu'il avoit continué toutes les nuicts, reservé à la nuict passée, qui estoit la cause pourquoy ce grand homme noir l'avoit tant tourmentée.

Or toutes ces interrogations furent fort longues, si que la nuict survenuë, et le prevost, voulant faire rediger par escrit ce qu'elle confessoit, fit allumer des chandelles, l'une desquelles qui estoit fort grosse fut mise sur le bureau où le greffier escrivoit; et ladite chambriere, interrogée derechef, confessa que tout ce qu'elle avoit dit estoit veritable, et, d'abondant, que ce grand homme luy avoit demandé pour gage, tantost un de ses doigts, puis un poulce, ou bien seulement un ongle, mais qu'elle n'en avoit jamais rien voulu faire, ains pour gage luy avoit donné de ses cheveux qui tomboient lorsqu'elle se peignoit : ce que ledit grand homme avoit receu pour gage, et d'avantage qu'il luy avoit faict prendre deux ans de terme pour s'en aller avec luy sans plus revenir. Mais, ainsi que Françoise racontoit toutes ces choses au prevost, estant devant lui à deux genoux, elle tomba le visage contre terre, comme si l'on l'eust jettée du haut en bas, et les chandelles qui estoient dans les chandeliers esteintes, reservé celle qui estoit sur le bureau, qui fut soufflée par plusieurs fois sans qu'elle fust esteinte ny veu aucune personne la souffler; mais on la vid à l'instant enlever du chandelier toute allumée, puis froter contre terre pour l'esteindre, laquelle en fin esteinte, il fut ouy un grand bruit sans avoir veu aucune chose ny personne qui eust pris ladite chandelle; ce qui estonna tellement le curé, le greffier, le geolier, les archers et plusieurs autres qui estoient presens, qu'ils se retirerent tous fuyans hors ladite jurisdiction, et y laisserent seul le prevost Morel avec ladite Françoise. Il estoit bien lors près de neuf heures du soir. Le prevost, se trouvant seul, se recommanda à Dieu, et commanda au diable que, par la puissance qu'il avoit comme juge, qu'il eust à laisser le corps de ceste Françoise, et luy dire ce qu'il demandoit. A l'instant le prevost se trouva saisy par les jambes, corps et bras : ce qui le tenoit par le bas des jambes avoit de la chaleur, mais pour le reste il ne sentoit aucune chaleur, ains seulement une grande pesanteur et entortillement comme d'un grand vent, entendant frapper plusieurs coups sur ladite Françoise, dont elle crioit; puis tout aussi-tost ledit prevost se sentit fraper par le mollet des jambes avec quelque chose qui estoit dur comme bois, et receut un grand coup sur le visage du costé dextre, qui luy escorcha et enleva la peau jusques au sang, depuis le dessus de l'oreille jusques au menton le long de la machoire. Le prevost alors mit la main droicte à son espée pour la tirer; mais, sans avoir senty aucun attouchement de personne, le bras droict luy fut saisi, ce qui luy empescha de tirer soudainement son espée, ayant receu un coup au poignet de la main droicte, dont il fut fort offencé jusques au sang : de ce coup la peau luy fut enlevée de la largeur de quatre poulces, de la façon d'un grand tiret à fermer une lettre, la peau luy estant demeurée attachée au poignet aussi tenue que la peau d'un gand. Nonobstant tous ces empeschemens, le prevost tira son espée, et la mania parmy le parquet, commandant tousjours au diable de parler à luy. De tous ceux qui s'en estoient fuys de la jurisdiction nul ne voulut y rentrer, sinon le curé qui se hazarda d'y rentrer, et saisit par le corps le prevost pour l'enlever; mais, luy estant impossible, le prevost le pria de se retirer et faire venir en diligence des torches et flambeaux. Cependant le prevost avoit l'espée nuë en la main, et continuoit de commander au diable de parler à luy, et luy dire ce qu'il demandoit; mais il sentit soudain saisir sa main droicte dont il tenoit son espée nuë, et comme un pesant fardeau sur son dos, sans avoir nul sentiment qu'il fust tenu d'aucune personne, reservé par le bas des jambes où il y avoit de la chaleur, qu'il pensoit estre ladite Françoise sur laquelle il entendoit frapper de grands coups. Peu après, le prevost se sentant deschargé, et le bras dont il tenoit son espée libre, ayant remué son espée autour de luy, et voyant que personne n'apportoit de la clarté, il commença à avoir frayeur pour ce que son manteau luy estoit tombé à terre; ce qui le fit de sortir d'une traitte, hors d'aleine et fort eschauffé, jusques dans la rue; mais, à l'ayde de plusieurs et de grand nombre de torches et flambeaux, ledit prevost rentra dans ladicte jurisdiction, et trouva à l'entrée du parquet ladite Françoise esvanouye et blessée, d'où il la fit incontinent tirer et lever : elle avoit tout le visage esgratigné comme si c'eust esté des ongles d'un chat, dont il sortit plus de deux pots de sang. Il estoit tard et bien entre neuf et dix heures du soir quand le prevost commanda qu'elle fust emmenotée de peur qu'elle ne s'offençast, et la laissa en garde au geolier et à aucuns des prisonniers qui se chargerent de la garder la nuict.

Le prevost Morel, s'estant retiré en son logis, manda le curé le lendemain, avec lequel il resolut que ladite Françoise seroit le lundy matin menée à l'eglise. Comme ils parloient le geollier arriva, qui dit au prevost qu'il ne pouvoit plus garder ladite Françoise, pour ce que les prisonniers luy avoient dit qu'ils romproient les prisons et s'en iroient si on ne l'ostoit, à cause de la peur qu'ils avoient, suppliant le prevost de s'y transporter, où il verroit ladite Françoise la teste en bas dans un puits, tenant la corde avec ses deux mains emmenotées, là où elle avoit esté transportée sans que l'on eust veu personne l'y transporter, et s'y fust precipitée sans luy, ses serviteurs et huict prisonniers qui l'avoient arrestée par les pieds et par ses habits, dont ils ne la pouvoient retirer, les suppliants d'y venir donner ordre. Le prevost luy dit qu'il n'y pouvoit aller pour son indisposition, et pria le curé Belet d'y aller: ce qu'il fit; et ayant trouvé encor ladite Françoise dans le puits, la teste en bas, les pieds en haut, que sept ou huict hommes tenoient par les pieds pour la retirer, ce qui leur estoit impossible, ledit curé, après l'avoir exorcisée et jetté sur elle de l'eau beniste, aussi-tost les hommes la retirerent, ayant toutes les jambes gastées, meurtries et offensées.

Le curé derechef la laissa en garde au geollier et aux prisonniers jusques au lundy matin, deuxiesme de septembre, qu'il revint avec le prevost pour l'emmener à l'eglise. Après qu'il l'eut ouye en confession et baillé de l'eau beniste, on la mena à l'eglise Nostre-Dame en la chappelle de la Trinité, où un chapelain de ladite eglise, nommé Buisson, dit la messe, pendant laquelle Françoise parut tousjours assez tranquile; mais, Buisson estant à l'action de graces, le curé ne voulut pas qu'il la parachevast qu'il n'eust premierement administré le saint sacrement de l'eucharistie à ladite Françoise. Buisson s'estant arresté, le curé s'approcha de Françoise, laquelle il ouyt derechef en confession, puis exorcisa et conjura le malin esprit. Françoise ayant déclaré publiquement qu'elle renonçoit au diable, le curé s'approcha d'elle pour la communier après luy avoir faict dire son *Misereatur* et son *Confiteor*; mais, luy ayant presenté la saincte hostie devant la bouche pour la recevoir, tout aussi-tost il s'apparut comme un ombre noir hors l'eglise, qui cassa une lozenge des vitres de ladite chapelle, et souffla le cierge qui estoit sur l'autel, dont il esteignit tellement le lumignon, qu'il sembloit, à le voir, qu'il y eust plus de dix ans qu'il n'avoit esté allumé, et tout aussi-tost ladite Françoise, qui estoit à deux genoux, fut enlevée si espouvantablement, que ce fut tout ce que purent faire six personnes que de la ramener à terre, sans toutesfois veoir ny appercevoir aucune chose. Plus de douze cents personnes virent cela, entre lesquels estoient les sieurs abbez de Morte-mer, de Rate, les sieurs de Rubempré, les barons de Neuf-bourg, des Noyers, le sieur Seguier, grand maistre des eaux et forests, et plusieurs autres.

Derechef le curé, luy ayant faict abjurer le malin esprit, luy presenta pour la seconde fois la saincte hostie; mais elle fut alors levée de terre plus haut que l'autel, comme si on l'eust prise par les cheveux, d'une si estrange façon, que, sans que plusieurs hommes qni se jetterent à ses accoustrements, et l'abbatirent à terre en se jettant sur elle, le malin l'eust enlevée. Les yeux sortoient de la teste de ladite Françoise, et les bras et jambes luy estoient tournez ç'en dessus dessous. Ce que voyant le curé, il s'approcha d'elle, luy ayant encor jetté de l'eau beniste et exorcisé, et conjuré le malin, et, la voyant le visage contremont, il fit allumer un autre cierge. Alors elle revint à soy et reprint ses esprits, et cria mercy à Dieu, et renonça au malin. Ce que voyant le curé, il luy presenta encor la saincte eucharistie; mais tout aussi-tost elle fut enlevée par dessus un banc qui estoit devant l'autel, et fut emportée en l'air du costé où la vitre avoit esté cassée, la teste en bas, les pieds en haut, sans que ses accoustrements fussent renversez, au travers desquels, devant et derriere, il sortoit une grande quantité d'eau et de fumée puante; et, ayant esté ainsi quelque temps transportée en l'air sans qu'on la peust reprendre, en fin sept ou huict hommes, s'estans jettez à elle, la reprindrent et mirent contre terre. Tous ceux qui estoient presents, tant catholiques que de la religion pretenduë reformée, se mirent lors tous à genoux, pleurans et prians Dieu pour le salut de l'ame de ceste pauvre Françoise.

Le curé, après avoir exorcisé le malin, et que Françoise, revenuë à soy, eut dit tout ce qu'elle luy avoit veu faire, le sieur Ratte, abbé, dit au curé qu'il supercedast de vouloir bailler le sainct sacrement à ladite Françoise, laquelle n'estoit en estat de le recevoir; et toutesfois, s'estant mise à genoux, le curé luy presenta l'hostie qu'elle adora et baisa sans empeschement. Plusieurs soldats et autres qui estoient de la religion pretendue reformée, ayans veu tout ce que dessus, firent dès-lors leur renonciation, et protesterent d'aller à la messe et vivre catholiquement à l'advenir.

Françoise estant remenée à la prison, le prevost se souvint qu'elle luy avoit dit la premiere fois qu'il l'interrogea : « Je voudrois que vous m'eussiez jà faict couper les cheveux. » Ce fut pourquoy il delibera l'aprèsdinée de les luy faire couper. Pour cest effect il se transporta à la prison avec le procureur du Roy, le greffier et ses archers, où se trouverent aussi le sieur abbé de Mortemer, le sieur du Rolet, madame de Larchant, le curé et plusieurs autres, et la trouva sur un lict blessée au front. L'ayant interrogée qui luy avoit faict cela, elle dit que c'estoit le malin esprit, pource qu'elle ne luy avoit plus voulu donner de ses cheveux. Si tost que le medecin Roussel et Gautier, chirurgien, furent arrivez, ledit prevost fit amener Françoise à la salle de la cohuë où elle demeura à l'entrée, et, interrogée derechef par luy sur ce qu'elle avoit dit qu'elle eust voulu que l'on luy eust coupé ses cheveux, le confessa, mais en pleurant dit qu'elle ne vouloit que l'on luy coupast pource que le malin luy avoit dit qu'elle se gardast bien de les faire couper, et qu'il ne la tourmenteroit plus. Le prevost, nonobstant son refus, ordonna qu'ils luy seroient presentement coupez et bruslez. Le chirurgien ayant mis une nape à l'entour du col de Françoise, de laquelle il avoit lavé les cheveux qui n'estoient grands que d'un pied, et faict faire un grand feu à l'un des coings de la salle de la cohuë, commença à razer les cheveux de ladite Françoise par le devant de la teste, estant tenuë de dix archers par les jambes, corps, cuisses et bras, lesquels pour ce faire avoient quitté leurs armes; mais, au troisiesme coup de razoir que le chirurgien bailla venant sur l'os coronal de la teste, Françoise fut enlevée en l'air d'entre les mains de tant de gens qui la tenoient, lesquels, contraints de courir après pour la reprendre ainsi en l'air, l'attraperent par ses accoustremens, et la mirent à terre en se jettant sur elle, pource qu'elle se debatoit de telle sorte qu'il ne se pouvoit voir chose plus espouventable, ayant la bouche ouverte et les yeux gros et renversez en la teste. Le curé luy jetta de l'eau beniste, exorcisant et conjurant le malin esprit. Aussi-tost qu'elle fut revenuë le chirurgien la fit reprendre par les archers, et, continuant à luy razer les cheveux, on la vid en un instant enlevée en l'air fort haut, la teste en bas, les pieds en haut, sans que ses accoustrements se renversassent, au travers desquels il sortoit, par devant et par derriere, grande quantité d'eau et fumée puante. En fin estant reprinse, et tous les archers s'estans jettez sur elle de peur que le malin ne l'enlevast, le curé, le procureur du Roy, tous les assistans, et ceux mesmes qui estoient aux fenestres, en la voyant si horrible, se mirent lors à genoux tous en prieres : le prevost aussi entra dans le parquet de la jurisdiction, et se mit à genoux sur le degré au bas de la chaire du juge au dessus de laquelle y avoit un crucifix, là où estant en priere, le curé ayant jetté de l'eauë besniste à ladicte Françoise et exorcisé le malin esprit, elle reprint ses esprits, et demanda à parler au prevost, que l'on alla querir comme il estoit en prieres; mais en se relevant de dessus ledit degré, il trouva que tout le bas et le long d'iceluy il y avoit grande quantité de cheveux qui estoient dans le plastre et sortoient dehors demy pied, de la longueur de plus de six pieds et de demy pied de large, qui l'estonna; mais ledit prevost venu à ladite Françoise qui estoit contre terre la face en haut, et luy ayant demandé ce qu'elle luy vouloit, elle luy dit par trois fois : « Faictes les couper vistement, monsieur le prevost, tous les cheveux : » ce qu'ayant entendu le prevost, il commanda au chirurgien de les luy razer vistement, ce qu'il continua de faire; mais, nonobstant qu'elle fust tenuë par lesdits archers, elle fut encore ostée de leurs mains et enlevée en l'air le long de la cohue, les pieds en haut, la teste en bas, hurlant et criant estrangement, continuant de jetter de l'eau et de la fumée qui passoit au travers du bas de ses accoustrements; mais, estant reprise et aspergée d'eau beniste, le chirurgien luy paracheva de razer ses cheveux, non sans grand peine. Le prevost Morel, voyant qu'elle avoit la teste razée, appella tous les assistans, et leur monstra les cheveux qu'il avoit trouvez au bas des degrez de la chaire du juge, dequoy ils demeurerent tous estonnez; mais Françoise, interrogée, dit que c'estoit ses cheveux qu'elle avoit baillez au malin esprit qui les avoit là rapportez, comme elle avoit veu. Le prevost fit confronter par le chirurgien les cheveux razez avec ceux là, qui se trouverent semblables; et ayant interrogé le geollier et tous ses serviteurs si jamais ils avoient veu ces cheveux, dirent tous que non, et mesmes qu'ils avoient ballié l'auditoire la mesme matinée, et n'y avoient rien veu. Le prevost, ayant faict apporter un pic et une pelle pour oster ces cheveux, lesquels estoient plus de trois doigts dedans le plastre, les fit tous brusler avec les autres cheveux razez. Nonobstant, Françoise estoit tousjours tourmentée, ce qui occasionna le prevost d'ordonner que le poil de dessous les aisselles et celuy des parties honteuses luy seroit aussi razé; mais Françoise voulant se despouiller et obeyr au commandement du prevost, voylà à l'instant, sans voir personne luy toucher, que ses deux bras luy furent renversez par derriere le dos, et icelle jettée contre terre et traisnée sur le dos de vistesse, la face en haut dans le feu où brusloient ses cheveux, et, sans le secours du curé, du chirurgien et des archers qui la reprindrent par les pieds la retirant avec grande peine du feu, elle y eust sans doute esté estouffée. Retirée, le curé continua les exorcismes en luy jettant de l'eau beniste, et cependant que les archers la tenoient elle fut despoüillée, et le chirurgien luy raza soudain le poil, et le jetta incontinent au feu.

Françoise lors commença à dire au prevost qu'elle estoit allegée, se jetta à deux genoux, commença à regarder le crucifix, demanda pardon à Dieu, le supplia de recevoir sa priere, renonça au malin esprit, et monstra les blessures que le diable lui avoit faictes à la teste et aux bras tandis que l'on luy faisoit ses cheveux.

Ledit prevost la voyant assez paisible ne luy voulut faire razer le poil de ses parties honteuses, ains la fit revestir et remener en l'eglise, où maistre Pierre Haudemare, l'un des curez de Louviers, eut charge de l'oyr en confession, et tirer d'elle plus avant que ce qu'elle avoit dit. Confessée, elle supplia qu'elle fist le lendemain ses pasques. La nuict elle ne bougea de dedans une chapelle avec quelques gens d'eglise, et le lendemain le prevost, estant venu en l'eglise Nostre-Dame, s'enquesta encor de ladite Françoise, laquelle luy dit que depuis qu'il luy avoit fait razer et brusler son poil, qu'elle n'avoit plus eu de vision et se trouvoit bien. Le curé Haudemare par le commandement du sieur du Rolet, qui y estoit venu avec M. de l'Archant, gouverneur d'Evreux, et plus de huict cents personnes, chanta une messe basse, et à la fin d'icelle fit recevoir à ladite Françoise son Createur, dont tous les assistans louerent Dieu. Du depuis elle a demeuré à Louviers et autour de Louviers assez long temps, et après la reduction de Rouen, l'an 1594, elle alla à Rouen servir, et n'a esté du despuis aucunement tourmentée de l'esprit. Avant que de finir ceste histoire il ne sera hors de propos de dire qui estoit ceste fille Françoise Fontaine, et ce qu'elle confessa après avoir esté delaissée du malin.

Sur ce qu'un prisonnier de guerre, qui estoit de la ville de Bernay, laquelle tenoit pour l'union, dit à Louviers qu'il avoit veu ladite Françoise à Bernay, et qu'elle y avoit esté possedée et tourmentée ez presence de plusieurs personnes et de quelques cordeliers du lieu, ledit prevost Morel, sans que ladite Françoise sceust rien de ceste deposition, derechef se transporta à la chapelle où elle estoit encores, et, le 5 de septembre, luy dit qu'elle ne luy avoit pas dit la verité, et qu'elle avoit esté tourmentée ailleurs. Alors elle se jetta de genoux, et, protestant qu'elle luy diroit la verité, confessa qu'il y avoit deux ans dez la Sainct Jean derniere que, demeurant à Paris en la ruë de Champ-fleury, il se presenta la nuict à elle comme un pigeon, puis comme un chat, et par après comme un homme, ce qui l'avoit fort tourmentée, et fut cause que l'on la chassa, comme l'on fit aussi de plusieurs endroicts qu'elle nomma, où elle alla demourer puis après, entr'autres chez un homme nommé Olivier prez l'eglise Sainct André des Arts, où, ledit malin esprit la poursuivant tousjours, il advint un jour qu'estant ledit Olivier malade, le malin esprit descendit par la cheminée comme un brandon de feu, ce qui espouvanta tellement ledit Olivier, que, tout malade qu'il estoit, il se leva, et appella par la fenestre ses voisins à son ayde, sans le secours desquels il se fust jetté par la fenestre, car le malin esprit s'estant adressé à elle, ledit Olivier l'avoit veuë jetter contre terre, puis traisner à la cave, où les voisins furent pour la retirer, ce qui leur fut impossible, et falut aller querir aucuns cordeliers, lesquels, estans venus avec la croix et l'eau beniste, la retirerent de ceste cave; qu'estant chassée de ceste maison personne n'en voulut plus, pour le bruit et l'importunité dudit esprit; aussi que quelques curez de Paris avoient esté importunez de l'exorciser, mais qu'ils ne luy avoient sceu que faire ny bailler aucun allegement, entr'autres M. Hervy, curé de Sainct Jean en Greve, et M. Benoist, curé de Sainct Eustache. Plus, elle dit que la femme d'un tailleur de court demeurant près Sainct André des Arts l'avoit retirée, disant qu'elle ne craignoit point les diables; mais que le malin ne l'abandonnoit jamais, et plusieurs fois s'estoit presenté à elle, tantost en la forme d'un sien oncle mort, luy enchargeant d'accomplir quelques vœus; ce qu'ayant dit à sa maistresse, elle la mena à M. le penitencier de Nostre-Dame, auquel elle confessa tout ce que dessus, qui luy enchargea de faire lesdicts vœus; ce que s'estant mis en devoir d'accomplir et d'aller à Nostre Dame des Vertus sans parler, envelopée d'un drap, des soldats de la ville, l'ayans rencontrée, la prindrent, luy disant que c'estoit quelque grande dame desguisée qui s'enfuyoit : sa maistresse, qui l'accompagnoit, leur dit que c'estoit une fille possedée du malin, et les pria de ne les importuner; nonobstant il fallut qu'elle parlast; que ces soldats les ayant quittez, elle et sa maistresse poursuivirent leur chemin, et allerent aux Vertus où ils firent chanter messe, laquelle elle ne peut ouyr, ayant tousjours un bourdonnement à ses oreilles; cela faict, qu'ils s'en revindrent par Sainct Laurens à leur maison, où, peu de jours après, ainsi que sa maistresse estoit allée à la messe et qu'il n'y avoit personne à la maison, ledit malin s'estoit presenté à elle estant entré par la fenestre, lequel luy dit qu'il estoit un marchand de l'autre monde qui estoit amoureux d'elle, puis la baisa, et, après plusieurs allechements, qu'elle luy avoit accordé de faire ce qu'il voudroit d'elle, et qu'elle s'estoit donnée à luy, pensant que ce fust quelque riche marchand, veu les bagues qu'il avoit aux doigts, et qu'il la deust prendre à femme et luy faire du bien, qui fut l'occasion qu'elle s'abandonna lors à luy et eut sa compagnie, laquelle toutesfois n'estoit nullement aggreable, avec mille villenies indignes de referer; bref, que ledit malin la poursuivit tant, que pour gage elle luy donna de ses cheveux, et, pour s'en aller avec luy tout à faict en l'autre monde, qu'elle avoit pris deux ans de terme qui expiroient dans trois sepmaines, et que le malin luy avoit dit qu'il la viendroit querir pour l'emmener avec un courtaut noir; que depuis ce temps ledit malin avoit tousjours continué d'avoir sa compagnie une fois le jour, et qu'il estoit devenu tant jaloux d'elle, que s'il la rencontroit parlant à quelqu'un il la battoit et outrageoit estrangement, et aussi qu'elle par continuation de temps estoit devenuë amoureuse de luy; mais que le legat Gaëtan durant le siege de Paris, ayant esté adverty qu'elle estoit possedée du malin, avoit fait faire une procession generale où elle fut menée et tourmentée par le malin qui l'avoit enlevée de terre par plusieurs fois durant la procession; mais que ledit sieur legat ne luy ayant sceu donner aucun allegement, on l'avoit chassée hors de Paris, d'où elle estoit venuë droict à Poissy, là où elle avoit rencontré la femme d'un tailleur nommé Quatre-mares qui l'avoit amenée avec elle à Bernay, où ledit malin l'avoit tousjours poursuivie et tellement tourmentée, que l'on l'avoit aussi chassée de Bernay, et s'en estoit de Bernay venuë à Louviers, où tousjours le malin l'avoit tourmentée jusques à ce que, par la grace de Dieu, le prevost luy avoit faict couper ses cheveux; que ceste sienne derniere deposition estoit la pure verité, que s'il se trouvoit au contraire que l'on la fist mourir, et qu'il ne se trouveroit qu'elle eust jamais faict mal à personne, ny autre chose que ce que dessus. Interrogée sur ce qu'elle avoit dit que le malin esprit avoit crainte de la justice, pourquoy c'est qu'il a offencé le prevost Morel, et dequoy c'est qu'il l'avoit offensé, elle respondit que le malin, ayant crainte que le prevost ne retirast ladite Françoise de ses mains, pour ce qu'il la vouloit emporter, après avoir soufflé les chandelles, avoit prins le banc sur lequel ledit prevost estoit assis, dont il luy en auroit baillé plusieurs coups sur les jambes pour les luy rompre, ce qu'il n'avoit sceu faire : ce que voyant le malin s'en estoit retourné, et avoit apporté un grand cousteau pointu qui avoit le manche noir, avec lequel il s'estoit efforcé de couper la gorge audit prevost, ce qu'il n'auroit aussi sceu faire, et estoit ce qu'il avoit escorché au dessous de la maschoire du coup qu'il luy avoit baillé dudit cousteau ; plus, que le malin voyant que le prevost vouloit mettre la main à l'espée, qu'il luy avoit voulu couper le poignet de la main droicte, ce qu'il n'avoit sceu faire, et luy en avoit seulement enlevé la peau : ce que voyant le malin, et qu'il n'avoit nulle puissance sur ledit prevost pource qu'il estoit juge, il auroit baillé le cousteau à ladicte Françoise pour tuër ledit prevost, ce qu'elle n'avoit voulu faire, qui estoit pourquoy il l'avoit tant batuë et outragée, s'esforçant de l'enlever, ce qui l'auroit occasionnée d'avoir prins le prevost par les jambes avec ses mains pour empescher que le malin ne l'enlevast ; mais que le malin ayant veu que le prevost manioit son espée toute nuë autour de luy, il s'en seroit allé. Après toutes ces confessions le prevost ordonna, veu qu'elle n'avoit plus que trois sepmaines de temps pour *estre* emportée du malin, qu'elle demeureroit encor un mois dans ladicte chapelle avec les prestres et les archers qui la gardoient, pendant lequel temps et du depuis, comme nous avons dit, elle n'a plus esté tourmentée du malin.

Ceste histoire est notable, d'autant que par icelle on void que Satan abuse des humains en toutes sortes, quelquesfois sous le pretexte des vœus, et d'autresfois sous l'habitude des personnes decedées, et par ce moyen pretend de les mettre en erreur de devotion; tellement que mesmes les docteurs en sont quelquesfois surpris pensant bien faire; dont il est bien besoin que nous prenions garde à nous, comme dit sainct Paul, *Sçachant que les ruses de Satan sont grandes,* II Corinth. 7. Or ceste histoire est tellement veritable (1), que tous les actes en sont escrits et signez authentiquement par plusieurs gens d'eglise qui ont veu tout ce que dessus, par ledit sieur prevost, par les substituts de messieurs les gens du Roy, et plusieurs tesmoings.

Au reste, d'autant que ledit prevost, après le temps passé que ladite Françoise eust deu craindre son enlevement et transport par ledit malin, voyant qu'au contraire elle estoit d'un bon sens rassis, et qu'estant mise entre les mains d'une bourgeoise du Pont de L'Arche, elle s'estoit fort long-temps gouvernée sagement; qu'aussi il ne se trouvoit point qu'elle eust

(1) *Or ceste histoire est tellement véritable.* Le lecteur peut apprécier les preuves qu'apporte l'auteur. On doit cependant avoir égard aux effets que l'imagination peut produire sur les hommes, lorsqu'ils sont convaincus d'avance des prodiges qu'ils sont chargés de vérifier.

jamais fait mal à personne, ny voulu faire; et quant à ce qu'elle avoit esté violée ou deceuë du commencement, comme il a esté dit en ceste miserable histoire, tout cela estoit comme ce qui pourroit advenir à une simple fille par la violence de quelques meschans hommes, en quoy une pauvre fille auroit plus besoin de compassion que non pas qu'elle fust digne de punition;

Pour ces causes et raisons ledit sieur prevost, par l'advis du conseil, relascha du tout ceste pauvre Françoise Fontaine, et est advenu que quelques années après, que ledit sieur prevost estant à Rouën, ladite Françoise se vint jetter à ses pieds, et, luy ne la recognoissant pas, elle luy dit : « Monsieur, je suis ceste pauvre femme à laquelle vous avez sauvé la vie dans Louviers; maintenant, par la grace de Dieu, je suis mariée avec un tailleur d'habits, et vivons, graces à Dieu, en tout bien et honneur. — M'amie, luy dit le prevost, Dieu vous face la grace de vivre en femme de bien, et priez bien Dieu qu'il vous assiste. »

Ceste histoire sert pour instruire ceux qui ont la vie des hommes en leur pouvoir d'en user moderement, à l'exemple de la cour de parlement de France, qui est le throsne souverain de la justice sous le sceptre des roys Très-Chrestiens, lesquels inclinent tousjours volontiers plustost à la justification des pauvres delinquans et coulpables qu'à la condamnation, mesmement en tels cas de surprinses violentes des malins esprits envers les pauvres personnes qui s'en trouvent affligées, d'autant que souvent autrement *summum jus* seroit *summa injuria*.

Le 15 d'octobre mourut le pape Gregoire xiv, ayant tenu le pontificat dix mois et quelques jours. Il avoit esté toute sa vie valetudinaire, et depuis l'aage de dix-huict ans il n'avoit beu que de l'eau, ce qui fut cause, comme plusieurs ont escrit, qu'il fut fort affligé de la pierre, pour ce qu'il n'y a nulle eauë, tant pure sçauroit elle estre, qui n'ait quelque excrement terrestre. Il fut en son temps d'une admirable abstinence, et fut l'exemple de la pieté; mais, comme plusieurs ont escrit, sa trop grande facilité fut cause que la France fut fort affligée. Estant mort et ensevely, les cardinaux entrerent au conclave, où ils esleurent pape, le 29 octobre, Jean Antoine Fachinetto, bolognois, cardinal de Sainct Martin du Mont, lequel se fit nommer Innocent IX. Il avoit soixante onze ans et quelques mois quand il fut esleu; il estoit de petite complexion : ce qui fit juger dèslors à plusieurs qu'il ne tiendroit gueres le pontificat, comme il advint, car il mourut le dernier jour de ceste année, et ne fut que deux mois pape.

Ce Pape, ayant en sa jeunesse faict toutes les affaires de la maison du cardinal Farnese, et ayant esté advancé par son moyen aux plus hautes dignitez, favorisa aussi le party de l'Espagne et de la ligue en France contre le roy Très-Chrestien, ainsi qu'avoit faict Gregoire quatorziesme; et aussi tost qu'il fut esleu il manda au duc de Parme, par un courrier exprès, que s'il pensoit qu'il retournast en France pour tout le mois de decembre avec l'armée du roy Catholique, qu'il feroit payer pour six mois l'armée du duc de Montemarcian; autrement, qu'il entendoit que ceste armée fust licenciée; plus, il promit cinquante mil escus par mois pour le secours de la ligue en France, et crea deux cardinaux, sçavoir : l'evesque de Plaisance, nommé

Sega, bolognois de nation, auquel il envoya le chapeau de cardinal en France avec bulles pour y estre legat, et Anthoine Fachineto, petit nepveu de Sa Saincteté. Ce Pape fit fort peu de choses memorables pour le peu de temps qu'il tint le siege. Quant à ce que fit le legat Sega nous le dirons en son lieu.

Nous avons dit que M. le prince de Conty s'acheminoit sur la fin de septembre pour aller assieger Selles en Berry. Ceste nouvelle vint à M. de La Chastre ainsi qu'il s'apprestoit pour conduire M. le duc de Guise, lequel, après s'estre sauvé de Tours, et recreé quelque temps à Bourges, desiroit aller trouver son oncle le duc de Mayenne et madame de Guise sa mere, et se rendre à Paris. De Bourges ils s'acheminerent à Orleans, d'où le sieur de La Chastre envoya son gendre le sieur de Lignerac avec forces suffisantes dans Selles pour le defendre en cas d'un siege; puis il mit dans Orleans le sieur Dragues de Comnene pour gouverner ceste ville, ce qu'il refusa du commencement à cause des grandes partialitez qu'il y avoit entre les habitans, les uns tenans le party des politiques ou royaux, dont estoit l'evesque, une partie des plus riches du clergé, une bonne partie des juges, des capitaines, et des principaux de la ville. Les autres estoient de la faction du Cordon, qui se disoient zelez à la religion : de ceste-cy estoient le maire qui estoit lors, les eschevins, quelques jesuites et religieux des Mendians, et presque tout le menu peuple : ils s'entendoient avec la faction des Seize de Paris pour l'Espagnol; entrans en ceste faction, ils juroient de n'espargner leurs propres freres ny enfans qui s'opposèroient à leur confederation, et d'estre prests d'obeyr et prendre les armes au mandement de ceux qui seroient deputez leurs chefs. Ces factions furent cause du commencement que ledit sieur de Comnene refusa ce gouvernement, pour ce, dit-il audit sieur de La Chastre, « si vostre prudence et vostre authorité n'ont peu faire assoupir les divisions de ceux d'Orleans, quelle apparence y a il que je le face? » Mais, nonobstant son refus, ledit sieur de La Chastre luy dit que quand bien les affaires d'Orleans seroient parvenues au plus grand mal, qu'il faudroit faire en tel cas tout ainsi qu'à un malade abandonné des medecins, lequel pour cela on ne laisse d'alimenter, et d'en avoir soin jusqu'au dernier souspir; et puis que l'occasion l'appelloit à telle charge, qu'il ne la pouvoit refuser, estant obligé d'apporter pour le bien de son party tout ce qui estoit en sa puissance. Ceste remonstrance eut tant de force que Comnene se resolut d'accepter ceste charge, et de s'ayder mesme de la division et des factions des habitans d'Orleans, et en tirer son authorité et sa seureté, en contrebalançant, ores d'un costé, ores de l'autre, jusques au retour dudit sieur de La Chastre, lequel eut ceste resolution fort aggreable, et incontinent donna l'ordre pour l'entretenement dudit sieur de Comnene, sur le droict casuël du quint que les gens de guerre payoient durant ces troubles aux gouverneurs, provenant des rançons des prisonniers et des butins declarez de bonne prise; ce qui se montoit tous les mois à grand nombre de deniers, car les gens de guerre qui estoient dans Orleans, depuis la sortie des portes, couroient cinquante lieuës loing jusques au Maine, Anjou, Touraine, le Perche, et par tous ces quartiers là, passans toutes les rivieres à gué, butinans et rançonnans tousjours en pays qui leur estoit ennemy, et n'y avoit que les garnisons royales de Gergeau, de Boisgency et de Janville, qui souvent les attrapoient en leur retour, et sauvoient seulement les rançons aux prisonniers; car, pour les butins qu'ils recouroient, ils estoient aussi bien perdus pour ceux à qui on les avoit pris, et jugez de bonne prise, comme estans pris sur l'ennemy qui l'emportoit. C'estoit le regne de ce temps là.

M. le duc de Guise et M. de La Chastre avec ses troupes estans partis d'Orleans pour aller à Paris, le sieur de Comnene fit incontinent faire monstre à sa compagnie de cavalerie qui estoit en garnison à Orleans, et à celle de chevaux legers du capitaine La Croix Cautereau, et les mena battre la campagne vers le Blaysois, où, trouvans tout le plat pays ennemy, ils rapporterent force butins et prisonniers, par lesquels ils sceurent que M. le prince de Conty avoit assiegé Selles et estoit logé à L'Avernelle, petit village à un quart de lieuë dudit Selles, et toute son armée à l'entour de la ville.

Selles est une petite ville sur la riviere du Cher dont le capitaine du Bois s'estoit emparé peu après la mort du feu duc de Guise, d'où il avoit fait une infinité d'hostilitez en la Touraine. Ceste ville est petite, et n'y a que deux portes : celle du costé du Berry est appellée la porte Grosset, et l'autre est au bout du pont vers la Sologne qui traverse toute la riviere du Cher, lequel est fort beau et les arches de pierre. Au chasteau il y a une grosse tour à une encoignure du costé du Berry, laquelle bat du long du pont et de la riviere.

Dans ceste place, ainsi que nous avons dit, le sieur

de Lignerac y estoit entré pour gouverneur et pour soustenir le siege, accompagné des sieurs de La Saulaye, des Angis et du baron du Chesne, et autre noblesse de l'union, et quantité d'infanterie, outre les habitans, tous fort affectionnez à la ligue.

M. le prince, ayant en son armée messieurs d'Amville, de La Rochepot, de Souvray, de Montigny, d'Arquien, de Valencé, de Vatan, et beaucoup d'autres seigneurs de ces quartiers-là, ayant fait recognoistre Selles et faict faire les approches, les pieces furent mises en batterie, qui firent bresche du costé de la riviere du Cher en une encoigneure de la ville sur le bord de ladite riviere, sur laquelle les royaux avoient fait un pont pour la commodité de l'armée qui estoit logée d'un costé et d'autre de ladite riviere; mais la bresche recognuë, et n'estant trouvée raisonnable pour y donner l'assaut, aussi que les assiegez avoient faict derriere ladite bresche un grand retranchement bien flanqué, cela fut cause que ledit sieur prince fit loger des pieces de l'autre costé de l'eau affin de battre en courtine et essayer de voir derriere ledit retranchement. Ce siege fut assez long sans que les assiegez fissent aucunes sorties. La riviere du Cher estoit lors fort petite; tellement que le sieur de Lignerac, se voyant pressé pied à pied, fut contraint de capituler et promettre de rendre audit sieur prince la ville de Selles avec toutes les pieces de fonte et munitions de guerre qui estoient dedans, s'il n'estoit secouru dans douze jours.

Pendant ce siege ceux de l'union, tant d'Orleans que du Berry, firent tout ce qu'ils purent pour y donner secours; mais, voyans que ce qui estoit en leur puissance y serviroit de peu, s'adviserent de supplier M. de Nemours de les secourir puis que le secours du duc de Mayenne ou de M. de La Chastre, qui estoient de là la Seine assez empeschez pour traverser le Roy en son dessein d'avoir Roüen, leur estoit hors de toute esperance.

Nous avons laissé sur la fin de l'an passé ledit sieur duc de Nemours, qui, après avoir deffendu Paris durant le siege, se preparoit pour aller en son gouvernement de Lionnois, où il arriva avec de belles troupes sur la fin du mois de mars : par son credit il les augmenta de beaucoup, et, aymant d'estre tousjours avec la cavalerie, en peu de temps il se trouva assisté de mille bons chevaux avec lesquels il tenoit la campagne ès provinces de Lyonnois, d'Auvergne et Bourbonnois. En ceste année il print Espoisse par composition, le chasteau de Bressy par force, il s'assubjetit plusieurs places en Dombes; ceux d'Annonay en Vivarais se sauverent d'estre pillez en luy donnant douze mil escus; et eust donné de la peine à ceux de Clermont en Auvergne, si le mareschal d'Aumont qui estoit en Bourgongne n'eust faict tourner la teste à son armée pour luy aller empescher ses progrez en ces quartiers là. Or, durant le siege de Selles, ledit duc de Nemours avec son armée assiegeoit Sainct Poursain, à cinq lieuës de Moulins en Bourbonnois, ce qui fut cause que tous ceux de l'union, tant d'Orleans que du Berry, par l'advis dudit sieur de Comnene qui avoit esté nourry en la maison de Savoye, luy rescrivirent pour le supplier de leur donner secours et d'apporter ce bien à leur party; mesmes ledit sieur de Comnene luy en escrivit en particulier, cognoissant que ce duc estoit assez convoiteux de gloire pour entreprendre ce secours. Sur les advis particuliers dudit sieur de Comnene ledit sieur duc se resolut de secourir Selles aussi tost qu'il auroit pris Sainct Poursain, ce qu'il fit deux jours après, où ayant estably un gouverneur, il passa du Bourbonnois avec toutes ses troupes dans le Berry, lequel il traversa, et vint jusques à Viarzon, là où ledit sieur de Comnene le vint trouver avec tout ce qu'il y avoit de gens de guerre au gouvernement d'Orleans; le sieur de Richemont, qui commandoit aussi au Berry en l'absence du sieur de La Chastre, s'y rendit avec le plus de troupes qu'il put, esperant tous faire lever le siege de Selles audit sieur prince de Conty; mais il en advint tout autrement, car, le jour expiré de la capitulation, ledit sieur prince, ayant eu advis de la venuë dudit duc de Nemours à Viarzon et de l'assemblée qu'il y faisoit, fit mettre toute son armée en bataille, et, après que le sieur de Lignerac et tous les gens de guerre furent sortis de Selles et conduits en lieu de seureté, et que M. de La Rochepot, qui faisoit l'estat de mareschal de camp en ceste armée, eut mis, par la poterne du costé de Berry, dedans le chasteau de Selles le sieur de Malerbe, capitaine des gardes dudit sieur prince, pour y commander avec la garnison y assignée, l'armée royale s'advança de deux grandes lieuës sur le chemin de Viarzon par où devoit venir le duc de Nemours, lequel, ayant veu arriver ledit Lignerac, fasché que son voyage ne serviroit de rien, licentia les troupes qui estoient venuës d'Orleans et du Berry, et luy s'en retourna en son gouvernement de Lyonnois : ce qui ne se fit sans faire des reproches audit Lignerac, lequel verifia qu'il ne pouvoit faire mieux pour estre fort pressé des royaux, et qu'il avoit baillé sa parole et ses ostages auparavant que de pouvoir croire que ledit duc pust venir le secourir; mesmes que, s'il n'eust composé, les royaux l'eussent peu forcer auparavant l'arrivée d'aucun secours.

Ces choses passées en la façon que dessus, peu de jours après, M. le prince fit cheminer son armée vers Menethou sur Cher, à six lieuës de Selles et à quatre de Viarzon; la ville et le chasteau se rendirent incontinent. M. le prince, voyant qu'il n'y avoit point d'autres ennemis à battre à la campagne, et que c'estoit la saison de l'hyver, il se retira à Tours, d'où il alla sur le printemps de l'an suivant assieger Craon, ainsi que nous dirons.

Quant à Selles, il ne demeura gueres du party royal, car le sieur de Malerbe estant allé à Tours solliciter l'establissement du payement de sa garnison, et aussi pour avoir des munitions, le capitaine du Bois, qui y avoit, comme nous avons dit, esté tousjours gouverneur pour l'union, par sa practique, le surprint la premiere semaine de caresme, et y entra par le chasteau, duquel il se rendit maistre et de la ville aussi. Voyons les preparatifs du siege de Roüen.

Nous avons dit que durant le mois de juillet, lors que le Roy alla assieger Noyon, le duc de Mayenne fut à Roüen pour donner ordre à quelques remuëmens qui s'y vouloient faire, là où il laissa pour commander le sieur de Villars, qui estoit gouverneur dans Le Havre de Grace, et le fit lieutenant general au gouvernement de Normandie pour l'union, ayant pourveu le prince Henry de Lorraine son fils du tiltre de gouverneur en ceste province. Ce seigneur de Villars estoit de la maison d'Oyse en Provence, descendu de la famille des Brancas, et non pas de celle des marquis de Villars qui sont descendus de Honoré, bastard de Savoye. Il avoit esté mis dedans Le Havre de Grace par le feu duc de Joyeuse, auquel il estoit parent, quand ce duc fut pourveu du gouvernement de Normandie par le feu roy Henry III. Il avoit pour conseil auprès de luy Philippes Desportes [1], abbé de Tyron, docte personnage, qui tenoit sa fortune dudit feu sieur Roy. Ce seigneur de Villars estoit un gentil-homme brave et vaillant, et qui desiroit s'advancer par les armes aux plus hauts grades militaires. Il avoit tiré de grandes pensions de ceux de la ligue depuis la mort du duc de Joyeuse pour demeurer ferme en ce party, par le moyen desquelles pensions il avoit recherché et entretenu des hommes. Le profit des butins qu'il avoit faicts sur mer depuis qu'il estoit au Havre de Grace le faisoit pecunieux : tellement que, se trouvant hommes, argent et conseil, il se resolut de poulser sa fortune plus hautement. M. de Mayenne luy ayant accordé ceste qualité de lieutenant general en ceste province et de commander dans Roüen, il s'estudia en tout et par tout pour l'estre en effect. Un bruit sourd courut que le Roy, ayant receu son armée d'Allemans, assiegeroit Roüen. A ce bruit il ne parla plus que de faire faire des fortifications, faire entrer des compagnies de gens de guerre pour la seureté de la ville, publier des ordonnances pour y conduire des vivres, avec injonction aux habitans de se pourvoir de vivres pour en-

---

[1] *Philippes Desportes*. Ses poésies, très-célébrées dans leur temps, ont été considérées comme ayant contribué puissamment aux progrès de la langue française.

durer un long siege; faict abbattre les faux-bourgs, met des gens à sa devotion aux lieux forts; bref, il s'establit et se rendit maistre de Roüen. Il fit le sieur de La Londe, qui estoit maire, son lieutenant, le sieur du Mesnil Bauquemare, capitaine du vieil palais, et laissa le sieur de Gessens dans le fort de l'abbaye Saincte Catherine, après la mort duquel, qui advint durant le siege, il y mit le capitaine Boniface, homme qui luy estoit fort affidé. Quelques-uns ont escrit que, cependant qu'il faisoit ces preparatifs, il ne laissoit de faire entretenir M. le cardinal de Bourbon qui presidoit au conseil du Roy (lequel estoit en ce temps là, tantost à Chartres, tantost à Mante), et ce par le moyen dudit sieur Desportes qui en confera avec le docteur Beranger, jacobin, abbé de Sainct Augustin, et en furent les paroles si avant, qu'il fut parlé audit conseil de donner mainlevée des abbayes et benefices dudit sieur Desportes occupées par les royaux : mais ceux qui en jouyssoient firent rejetter ceste proposition si loing que ceste practique fut rompuë, avec mespris dudit sieur Desportes, lequel depuis monstra que peut un homme de conseil quand il rencontre un homme d'execution.

M. le mareschal de Biron, après avoir levé le siege de devant Pierrefons, ainsi que nous avons dit, s'achemina avec l'armée du Roy pour aller joindre les Anglois qu'avoit amenez le comte d'Essex; ce qu'ayant fait, plusieurs de la cavalerie françoise et angloise s'approcherent de Roüen, et vindrent sur le mont aux Malades devant la porte Cauchoise avec une coulevrine, dont ils tirerent trois coups sur la ville affin de voir la contenance des gens de guerre qui estoient dedans. Ce bruit en fit sortir nombre avec plusieurs bourgeois conduits par le sieur de La Londe, lesquels en escarmouchant tuërent le comte de Dreux, nepveu du comte d'Essex, et plusieurs autres. Ceux de Roüen en ceste escarmouche perdirent peu de gens. Les royaux se retirerent à Pavilly, à trois lieuës de Roüen, d'où ledit sieur mareschal, affin de ne laisser rien derriere qui pust incommoder au siege que le Roy desiroit mettre devant Roüen, alla attaquer Gournay qui luy fut incontinent rendu. De là il alla aussi à Caudebec que le sieur de Courcy, lequel ledict sieur de Villars avoit mis dedans, rendit incontinent. Ceste ville est entre Roüen et Le Havre de Grace sur la riviere de Seine, laquelle durant ces troubles a esté prise et reprise beaucoup de fois, tant d'un party que d'autre, pour n'estre deffensable.

Le sieur de Villars, voyant que ledit sieur mareschal de Biron s'estoit saisy de ces deux villes, jugea lors que l'intention du Roy estoit d'attaquer Rouen, quelque bruit que l'on fist courir qu'il en vouloit à Reims : ce fut lors qu'aydé de son conseil, il fit mettre premierement dehors de Roüen ceux qu'il pensoit y favoriser le party royal, et, faisant reiterer les ordonnances sur la provision de vivres, il fit une telle diligence pour faire entrer dans ceste ville des munitions et des gens de guerre, qu'en moins de quinze jours il y fit venir cinquante pieces d'artillerie, tant de fonte que de fer, et nombre de pouldres et balles, avec tant de gens de guerre, qu'il se trouva, oultre le grand nombre des habitans, six cents cuirasses, trois cents argoulets à cheval, douze cents hommes de pied françois, trois cents lansquenets, parmy lesquelles troupes il y avoit nombre de noblesse, entr'autres les sieurs chevaliers d'Oyse, de Quitry, le baron de Nonant, de Mathonville, de Morgny, de Sainct Arnoul, le capitaine Perdrier, le capitaine Jacques, et autres bons capitaines de cavalerie. Parmy l'infanterie estoit le chevalier Picard avec son regiment, le capitaine Boniface avec le sien, ledit capitaine Jacques avec son regiment, le chevalier d'Oignon, le capitaine Boirozé, et plusieurs autres. Toutes ces troupes furent logées par quartiers sur chacun bourgeois pour les nourrir, payer et loger : ce que ledit sieur de Villars fit avec tel ordre, tel apparat et puissance absoluë, que la ville de Roüen se vid incontinent reduite sous sa volonté, sans qu'aucun habitant, quelque affectionné royal eust-il pu estre, eust osé se descouvrir. Ainsi, ayant pourveu aux gardes de la ville, tant de nuict que du jour, où il faisoit assister nombre de gentils-hommes et gens de toutes qualitez, tant de la ville que des refugiez, il mit dans le fort du bout du pont le capitaine Marc, et ordonna que le capitaine Anquetil commanderoit sur le pont et à tout ce qui se feroit sur la riviere, le commandeur de Bourgoult dans la galere, et le capitaine Bontemps aux petites barques de guerre.

Ainsi le sieur de Villars se prepara pour deffendre Roüen; et le mareschal de Biron, ayant receu le commandement du Roy, alla le jour de la Sainct Martin l'investir. Sur les huict heures du matin l'armée royale se presenta sur le mont de la Justice, regardant la porte Beauvoisine. Le sieur de Villars, la voyant si proche, fit une sortie, et là y eut bien escarmouché de part et d'autre jusques sur les unze heures, que, les quartiers de l'armée faicts, ledit sieur mareschal se logea à Dernetal, et chacun se retira en son quartier.

Ledit sieur mareschal commença ce siege en voulant oster aux assiegez la commodité des fontaines et des rivieres qui faisoient moudre les moulins dans Roüen; il fit couper la riviere de Robec, sur laquelle tournoient unze moulins dans la ville, qu'il rendit inutiles ; mais il ne put destourner le cours de celle d'Aubette, ny de quelques fontaines. Aussi le sieur de Villars, se doutant de cela, avoit fait faire grand nombre de moulins à bras par tous les quartiers; et, desirant en ce siege acquerir de l'honneur en la deffence, il se resolut d'attraper les royaux, tant par doubles practiques et intelligences, ainsi que nous dirons cy après, que par escarmouches et sorties, où les siens, estans bien conduits, endommageoient souvent les assiegeans. Le quinziesme de novembre, ceux du vieil fort Saincte Catherine firent une sortie sur ceux qui estoient logez et barricadez dans la ferme du Plant, et leur firent quitter leur logis, butinerent quatre-vingts chevaux, et mirent le feu dans une grange, où ceux qui s'y estoient retirez furent bruslez ou tuez. C'estoit l'exercice en laquelle s'employoient les assiegez journellement.

Villars, qui desiroit se faire signaler par ce siege (sur quelques lettres qu'avoit escrit le comte d'Essex au chevalier Picard, portant que, hors mis la cause qu'il soustenoit, il luy estoit amy pour l'avoir cogneu avec M. de Marchemont en Angleterre, mais qu'en ceste guerre il seroit très-ayse de le trouver à la teste de son regiment la picque au poing), manda pour responce au comte d'Essex qu'il trouveroit tousjours prest le chevalier Picard pour luy en faire passer l'envie

23.

seul à seul, ou avec tel nombre qu'il seroit arresté, et qu'il s'offroit de faire ceste partie pour luy. A laquelle offre le comte d'Essex respondit : « Quant est de vostre offre de faire une partie pour moy, je responds que j'ay commandement d'une armée en laquelle se trouvent beaucoup de la qualité du chevalier Picard, et suis lieutenant d'un souverain absolu. Mais si vous voulez combattre vous-mesmes à cheval ou à pied, armé ou en pourpoint, je maintiendray que la querelle du Roy est plus juste que celle de la ligue, que je suis meilleur que vous, et que ma maistresse est plus belle que la vostre; que si vous refusez de venir seul je meneray avec moy vingt, le pire desquels sera une partie digne d'un colonel, ou soixante, le moindre estant capitaine. Signé Essex. »

A ceste lettre le sieur de Villars respondit : « Pour venir à l'article de vostre lettre par laquelle vous me desfiez au combat, vous sçavez assez qu'il n'est en ma puissance de l'accepter pour le present, et que la charge où je suis employé m'oste la liberté de pouvoir particulierement disposer de moy. Mais, lors que M. le duc de Mayenne sera par deçà, je l'accepte très-volontiers, et vous combattray à cheval avec armes accoustumées aux gentils-hommes, ne voulant cependant faillir de respondre à la conclusion de vostredite lettre par laquelle vous voulez maintenir que vous estes meilleur que moy; surquoy je vous diray que vous en avez menty, et mentirez toutes les fois que vous le voudrez maintenir, aussi bien que vous mentirez lors que vous voudrez dire que la querelle que je soustiens pour la deffense de ma religion ne soit meilleure que de ceux qui s'efforcent de la destruire. Et quand à la comparaison de vostre maistresse à la mienne, je veux croire que vous n'estes non plus veritable en cet article qu'aux deux autres : toutesfois, ce n'est pas chose qui me travaille fort pour le present. Signé Villars. »

Ces lettres coururent de main et main en ce temps là, sur lesquelles plusieurs firent divers jugements, selon l'affection des partis qu'ils tenoient : on remarquoit en l'une le naturel ancien des vieux chevaliers anglois qui couroient le monde pour maintenir la beauté de leurs maistresses; et en l'autre, un dementy donné promptement, pour lequel maintenir on s'excusoit sur l'absence de M. de Mayenne. Aussi toutes ces choses ne furent que des paroles.

Cependant le Roy, que nous avons laissé au commencement de ce mois en Picardie, s'achemina avec son armée d'Allemans pour venir au siege de Rouën. Ayant fait un tour jusques à Noyon, il passa par Corbie, et revint joindre l'armée à Foleville le 15 dudit mois de novembre, et, passant par Blanc-Fossé, Crevecœur et Granvilier, il arriva le 21 à Oisemont, où il receut nouvelles asseurées que M. de Rubempré estoit venu à bout de l'entreprise qu'il avoit fait sur Sainct Esprit de Ruë, et qu'il estoit maistre de la citadelle et de la ville qu'il avoit surprise justement à la diane avec beaucoup de peril, les siens ayans esté contraincts, pour faire ceste surprise, de se mettre en l'eau jusques au dessous des aisselles pour s'approcher des murailles. Les surpreneurs s'accommoderent du pillage de ceste ville, et leur servit bien pendant le long siege de Rouën, où le Roy arriva le 24 dudit mois à Dernetal, grand bourg qui estoit de quinze cents feux, à demie lieuë de Rouën, et proche du fort Saincte Catherine, sans toutesfois qu'il y pust estre incommodé, ny du fort ny de la ville, pour estre en un vallon et couvert de tous costez de hautes montagnes. M. le comte de Soissons arriva le lendemain avec ses troupes, et fut logé de là l'eau à Sainct Estienne. Les Anglois estoient logez au mont aux Malades. M. du Hallot avoit ses troupes logées un peu au dessus de Croisset, où se logea M. le duc de Montpensier et les troupes qu'il amena en ce siege, et n'y vint qu'au mois de janvier, après qu'il eut pris en y venant le chasteau de Harcourt. Voylà ce qui tenoit la ville assiegée. Quant au fort, les regimens de Boësse, Pilles, Verdun et Vignolles, en estoient logez à un demy quart de lieuë, à Bouville, et les Suisses au Mesnil; et aux villages au de là, en tirant au Pont de Larche, estoient logez la cornette du Roy et autre cavalerie. Les lansquenets que le Roy avoit laissez à Granvilier pour venir en ce siege à petites journées sous la conduite du sieur de La Bastide, en passant près Blainville, chasteau appartenant à M. d'Allegre, duquel ceux de l'union s'estoient emparez, Sa Majesté voulut qu'ils prissent ce chasteau, et envoya M. de Rieux pour commander à ce siege, lequel après avoir faict tirer deux cents coups de canon, les assiegez luy rendirent la place à condition qu'ils sortiroient, sçavoir les capitaines montez sur des bidets, et les soldats avec l'espée; mais, estans sortis à demy lieuë de là, les lansquenets les taillerent en pieces; et, quoy que c'est une chose belle que de garder la foy promise, pource que c'estoient tous gens cognus pays qui surprenoient tousjours quelque place, puis voloient les environs, on estima que la mort de telles gens estoit plustost profit que dommage.

Après ce siege, les lansquenets du regiment de Lanty vindrent loger à Neufvillette, et celuy d'Huicq à La My-voye. Le regiment des gardes du Roy estoit aux Chartreux, qui sont justement au pied du mont Sainte Catherine; depuis on y logea les Anglois, et les gardes allerent loger au bois Guillaume. M. de La Trimouille fut logé à Martinglise, et le mareschal d'Aumont et ses troupes prit son logis à Blainville. Voylà comme l'armée royale fut logée aux environs de Roüen. Devant que de dire ce qui se passa en ce siege, voyons comme M. de Mayenne (qui donnoit ordre aux villes de Picardie et de Champagne, affin que le Roy avec son armée estrangere n'en attaquast quelqu'une à despourveu en son passage, et solicitoit aussi les ministres d'Espagne et le duc de Parme pour avoir du secours) fut contrainct en ce mois de novembre de courir en diligence à Paris pour donner ordre aux executions tragiques que les Seize firent de M. le president Brisson, de Larcher, conseiller au parlement, et de Tardif, conseiller au chastelet.

M. de Mayenne, comme estant chef du party de l'union, se vouloit maintenir en son authorité, et vouloit ordonner absolument de tout ce qui dependoit de l'Estat, et ne permettre qu'il fust empieté sur luy par qui que ce fust. Ceste volonté s'augmenta en luy sur l'advenement de deux occasions, ainsi que plusieurs ont escrit: l'une, à cause de la liberté de son nepveu le duc de Guise, que les Seize vouloient de toute leur affection porter au throsne royal, tant pour la memoire de feu son pere, que pour la haine qu'ils avoient conceuë contre ledit duc de Mayenne, qui n'avoit tenu compte de leurs memoires et requestes qu'ils luy avoient presentez, ainsi que nous avons dit cy-dessus; l'autre, à cause des entreprises desdits Seize, lesquels, par une lettre qu'ils escrivoient par le pere Mathieu au roy d'Espagne (laquelle luy fut surprise par le sieur de Chazeron, gouverneur pour le Roy au Bourbonnois, qui l'envoya au Roy, et le Roy au duc de Mayenne), luy mandoient qu'ils le desiroient pour leur roy, sinon qu'il y establist quelqu'un de sa posterité, (entendans l'Infante sa fille), et qu'il se choisist un gendre (entendans M. de Guise) auquel ils obeyroient, et le recevroient pour roy. Voicy la teneur de ceste lettre, où leur intention se pourra mieux cognoistre.

« Si Vostre Majesté Catholique nous ayant esté tant benigne que de nous avoir fait entendre par le très-religieux et reverend pere Mathieu, non seulement ses sainctes intentions au general de la religion, mais particulierement ses bonnes affections et faveurs envers ceste cité de Paris, nous esperons en bref que les armes de Sa Saincteté et de Vostre Majesté Catholique joinctes nous delivreront des oppressions de nostre ennemy, lequel nous a jusques à present, et depuis un an et demy, bloquez de toutes parts, sans que rien puisse entrer en ceste cité qu'avec hazard, ou par la force des armes, et s'esforceroit de passer outre s'il ne redoutoit les garnisons qu'il a pleu à Vostre Majesté Catholique nous ordonner. Nous pouvons certainement asseurer Vostre Majesté Catholique que les vœus et souhaits de tous les catholiques sont de voir Vostre Majesté Catholique tenir le sceptre de ceste couronne et regner sur nous, comme nous nous jettons très-volontiers entre ses bras, ainsi que nostre pere, où bien qu'elle y establisse quelqu'un de sa posterité. Que si elle nous en veut donner un autre qu'elle mesme, il luy soit agreable qu'elle se choisisse un gendre, lequel, avec toutes les meilleures affections et toute la devotion et obeyssance que peut apporter un bon et fidelle peuple, nous recevrons pour roy; car nous esperons tant de la benediction de Dieu sur ceste alliance, que ce que jadis nous avons receu de ceste très-grande et très-chrestienne princesse Blanche de Castille, mere de nostre très-chrestien et très-religieux roy sainct Loys, nous le recevrons, voire au double, de ceste grande et vertueuse princesse fille de Vostre Majesté Catholique, laquelle par ses rares vertus arreste tous les yeux à son object, pour en alliance perpetuelle fraterniser ces deux grandes monarchies sous leur regne à l'advancement de la gloire de nostre Seigneur Jesus-Christ, splendeur de son Eglise, et union de tous les habitans de la terre sous les enseignes du christianisme, comme Vostre Majesté Catholique, avec tant de signalées et triomphantes victoires, sous la faveur divine, et par ses armes, a faict de très-grands progrez et advancemens, lesquels nous supplions Dieu, qui est le Seigneur des batailles, continuer avec tel accomplissement que l'œuvre en soit bien-tost accomply, et pour ce faire prolonger à Vostre Majesté Catholique en parfaicte santé la vie très-heureuse, comblée de victoires et triomphes de tous ses ennemis. De Paris, ce deuxiesme jour de septembre 1591. Et plus bas à costé : Le reverend pere Mathieu, present porteur, lequel nous a beaucoup edifiiez et bien instruit de nos affaires, suppleera au defaut de nos lettres envers Vostre Majesté Catholique, laquelle nous prions bien humblement adjouster foy à ce qu'il luy en rapportera. » Ceste lettre estoit soussignée de huict des principaux des Seize, entr'autres des docteurs Genebrard et Martin.

Il advint en ce mesme temps que Brigard (qui avoit esté dez les Barricades commis par feu M. de Guise pour exercer l'office de procureur du Roy de l'Hostel de la ville de Paris, et confirmé en ceste commission par le vingt-cinquiesme article des articles secrets de l'edict d'union faict en juillet 1585, ainsi que nous avons dit) envoyoit par son lacquais une lettre à Sainct Denis, laquelle estoit en mots obscurs (ainsi que les amis d'un et d'autre party s'entr'escrivoient en ce temps là), pour bailler à un sien oncle qui estoit du party royal, laquelle fut descouverte par aucuns de ceste faction des Seize lesquels estoient lors en garde à la porte Sainct Denis, qui arresterent ce laquais ainsi qu'il passoit par ceste porte tenant une bouteille en sa main; auquel, après avoir demandé où il alloit, et leur ayant respondu qu'il alloit querir du vin dans le faux-bourg, ils commencerent à douter de luy, et jugerent qu'il portoit quelques lettres à Sainct Denis: estant fouillé, et ne luy estant rien trouvé sur luy, on cassa sa bouteille, et fut trouvé au milieu du bouchon, qui estoit d'estoupes, la lettre dudit Brigard. A ceste descouverte on alla prendre Brigard, et fut mené prisonnier à la Conciergerie. Toute la faction des Seize s'empescha lors contre luy, et soliciterent à ce qu'il fust puny de mort, pour ce qu'ils l'avoient tousjours tenu pour estre un des premiers de leur faction. Mais la cour, ayant cognu que ce n'estoit qu'une certaine animosité entr'eux, declara par arrest Brigard absous, et sortit de prison : ce qui fut cause que les Seize firent une infinité d'assemblées particulieres entr'eux.

En celle qui se tint le deuxiesme de novembre en la maison de Boursier, rue de la Vieille Monnoye, où de Launay presidoit, qui fit quelques propositions pour s'opposer à certaines daces et imposts que le duc de Mayenne vouloit faire lever à Paris, Cromé, premier opinant, dit : « Il ne faut point s'arrester à choses si legeres, vous disputez *de lana caprina ;* il se presente à present des choses de plus grande importance ausquelles il est besoin de remedier, car vous sçavez l'injustice qui a esté faicte au procès de Brigard que la cour de parlement a absous en haine de ceste compagnie et pour leur faire despit, et ont dit que c'estoit pour eviter à l'importunité que l'on leur faisoit. » Après ces paroles chacun commença à en dire son opinion, comme il advient d'ordinaire en telles assemblées de peuple, les uns voulans que l'on resolust sur le champ ce que l'on feroit de cest affaire, les autres disans qu'il failloit en deliberer plus amplement avec quelques-uns de leur compagnie qui estoient absens, que l'on advertiroit de se trouver en l'assemblée prochaine qui se feroit le cinquiesme dudit mois.

Pelletier, curé de Sainct Jacques, voyant que l'on ne vouloit rien resouldre, prit la parole, et dit : « Messieurs, c'est assez connivé, il ne faut pas jamais esperer d'avoir justice ny raison de la cour de parlement : c'est trop enduré, il faut jouer des cousteaux. » Ausquelles paroles les deux tiers de ceste assemblée se teurent. Durant ce silence Gourlin se leva de sa place et alla parler à l'aureille dudit curé de Sainct Jacques, puis, retourné en sa place, ledit curé se leva, et dit encores : « Messieurs, je suis adverty qu'il y a des traistres en ceste compagnie, il faut les chasser et en jetter à la riviere. » Quelques-uns s'estans trouvez scandalizez de ces paroles, ceste assemblée se despartit, et la deliberation pour le faict de Brigard fut remise à un autre fois.

Cependant Cromé, qui avoit ceste affaire à cœur, travailloit à faire imprimer le faict du procez de Brigard afin de faire esmouvoir d'avantage ceux de ceste faction des Seize en le voyant imprimé; mais M. Molé, qui exerçoit la charge de procureur general au parlement, en estant adverty, envoya deux huissiers pour faire saisir ce qui s'imprimoit. Cromé, survenant dans l'imprimerie, leur arracha de leurs mains la copie qu'ils en avoient prise, et les huissiers de la cour furent contraints de s'en retourner sans l'emporter, et se contenter de faire leur procès verbal de ceste rebellion; et Cromé, continuant en ses hardiesses, alla querir quelques harquebuziers et hallebardiers de la compagnie de Crucé, lesquels il mit en garde dans la maison de l'imprimeur, et fit achever d'imprimer ce qu'il vouloit.

Le cinquiesme dudit mois l'assemblée des Seize se tint au logis de La Bruiere le pere [1], et s'y trouverent bien soixante de ceste faction. Launay, continuant sur ce qui avoit esté proposé du faict de Brigard, dit : « Messieurs, il nous faut deliberer sur deux points très-necessaires : le premier, d'eslire dix bourgeois de ceste compagnie, bien asseurez et affidez, pour le conseil secret, desquels l'on advouëra les actions et

[1] *La Bruiere le pere.* Il fut l'aïeul du célèbre La Bruyère, auteur des *Caractères.*

deportemens, après toutesfois les avoir communiquez à la compagnie si besoin en est. L'autre point est de reïterer le serment de l'union plus que jamais, attendu la necessité des affaires et le nombre effrené des traistres desquels le parlement fait si peu de cas de faire justice, tesmoin le gouverneur de ceste ville auquel l'on devroit avoir toute fiance, et lequel neantmoins, à la derniere sortie qui fut vers Sainct Denis, en la presence de tous les estrangers, alla embrasser le sieur de Grillon en plaine campagne, recognu toutesfois ennemy capital de ceste ville, ainsi qu'il le fit paroistre le jour des Barricades. »

Ces propositions font assez cognoistre la passion des principaux de ceste faction. A quel propos blasmer de trahison le sieur de Belin leur gouverneur, pour avoir en plaine campagne embrassé M. de Grillon son ancien amy, joyeux de le voir bien porter et guary de ceste grande harquebusade qu'il avoit receuë au travers du corps aux faux-bourgs de Tours, quand le duc de Mayenne les print, car ledit sieur de Belin, du vivant du feu Roy, avoit esté capitaine des gardes dont ledit sieur de Grillon estoit maistre de camp? De vouloir faire mourir Brigard pour avoir rescrit à son oncle, quelle apparence y avoit il que ce ne fust une injustice de le faire? « Mais, disoient les Seize, tous bons catholiques (un de leur faction) ne doivent traicter, conferer, ny avoir aucune intelligence ny frequentation à ceux qui se sont opposez à la ligue, ains les poursuivre et travailler comme ennemis de Dieu et de son Eglise, fussent ils leurs propres freres et leurs propres enfans, ainsi que le serment de la ligue le portoit, et que ceux d'entr'eux qui avoient juré leurdite ligue lesquels faisoient le contraire estoient refractaires, et comme tels, suyvant le sixiesme article de leur ligue, devoient estre offensez en leurs corps et biens en toutes sortes qu'on se pourroit adviser. » Quelles paches de ligue! Si ce serment estoit equitable, j'en laisseray le jugement au lecteur.

Or, sur les deux propositions de de Launay, il fut resolu sur la derniere que le serment de l'union seroit reïteré en la façon accoustumée, et plus estroictement si faire se pouvoit, et qu'à ce faire tous ceux de leur confederation y seroient invitez.

Quant au premier, touchant l'eslection des dix pour le conseil secret, ils resolurent d'y proceder par balotage, et qu'à ceste fin le lendemain chacun d'eux apporteroit son billet, auquel il escriroit les dix qu'il esliroit pour estre de ce conseil secret.

Le lendemain l'assemblée se fit en la maison de Bourcier, sur l'après-disnée, où chacun apporta son billet. En ceste assemblée de Launay et Martin y faisoient les presidents. Il en fut deputé un d'entre-eux pour controoller les billets, lesquels estans ouverts et redigez par escrit par un nommé Lochon qui leur servoit de greffier, il fut trouvé que Sainction, Le Gresle, du Bois, Hameline, Louchard, Thuault, Borderel Rosny, Durideau, Rainsant et Besanson, eurent le plus de voix. Ce faict, l'affaire de Brigard fut mise en avant par ledit de Launay; mais, sur la diversité qu'un chacun d'eux en parloit, ils resolurent que les dix du conseil secret adviseroient comme on pourroit tirer raison du procez de Brigard à l'encontre de la cour de parlement, et qu'ils en advertiroient la compagnie si besoin estoit; et d'abondant, qu'oultre ces dix esleus, que Cromé, qui estoit plainement instruict de l'affaire dudit Brigard, les assisteroit, comme aussi feroient lesdits de Launay, Martin, S..., et les curez de Sainct Jacques et de Sainct Cosme, si bon leur sembloit. Et sur ce que quelques-uns dirent qu'il failloit proceder en cest affaire avec les plus douces voyes que l'on pourroit, « Non, non, ne craignons point, dit Cromé, nous avons de bons bras et de bonnes mains pour venger l'injustice que l'on nous a faicte au procès de Brigard. »

Pour faire derechef le serment de l'union, ils arresterent qu'il se feroit au logis dudit La Bruiere le pere, là où ils s'assembleroient le vendredy huictiesme dudit mois, et que chacun d'eux y appelleroit le plus de ceux de leur confederation qu'ils pourroient : ce qu'ils firent sur les unze heures du matin, où se trouva Bussy Le Clerc avec sa compagnie ordinaire, assisté de Hamilton, curé de Sainct Cosme. Le serment de l'union mis derechef en deliberation, tous s'accorderent de le jurer et de le signer. Sur cest accord, Bussy, assisté de dix de ceste assemblée, estant monté en la chambre haute dudit La Bruiere pour, comme il disoit, rediger par escrit les articles dudit serment, peu après redessendit tenant un grand papier blanc, et dit : « Messieurs, nous serions trop long temps à rediger par escrit les articles du serment, et craindrions que la compagnie s'ennuiast; mais, s'il vous plaist signer ce papier après moy et plusieurs autres gens de bien qui signeront les premiers tout presentement, ce sera autant de temps gaigné. Nous laisserons de l'espace par dessus les signatures, où après nous redigerons les articles dudit serment. »

Plusieurs s'y accordèrent, et à l'instant de Launay pressa un chacun de signer : un seul d'entre-eux dit qu'il seroit raisonnable que ce que l'on entendoit signer fust escrit auparavant, que cela n'estoit point si pressé que l'on n'attendist bien encores un jour, et que dedans deux heures les articles pourroient estre escrits ; auquel de Launay respondit : « Si vous avez peur et entrez en desfiance, ne signez pas ; toutesfois vous n'en devez faire difficulté après tant de gens de bien. » Aussi-tost les dix du conseil secret firent mettre deux hommes à la porte de la sale pour empescher qu'aucun ne sortist qu'il n'eust signé. Et pour donner à entendre que tout ne se faisoit que pour le serment de l'union, La Bruiere apporta sur la table un Messel pour jurer sur iceluy. Et ainsi chacun se prepara à signer. De Launay faisoit mettre la main sur l'Evangile, disant ces mots : « Vous jurez et promettez à Dieu le Createur de garder et observer inviolablement les articles que vous allez presentement signer pour la conservation de la religion catholique, apostolique et romaine. »

Mais d'autant que ceste assemblée ne sembloit encor assez grande aux dix du conseil secret, ils la remirent au dimanche ensuyvant, en la maison d'un chanoine de Nostre Dame, auquel lieu Bussy Le Clerc, avec sa compagnie d'ordinaire, garny de son grand papier auquel il n'y avoit encore rien d'escrit que les signatures, se presenta avec un Messel à un bon nombre de bourgeois qui n'en avoient ouy parler, lesquels signerent tous en voyant tant d'autres qui avoient signé auparavant eux : ce que fait, il serra le papier en son sein. Surquoy aucuns de ceux qui avoient signé dez la premiere assemblée, voyant que le papier n'estoit pas remply, soupçonnerent quelque chose de mal là dessus, et un d'entr'eux dit tout haut : « M. de Bussy nous vient voir à ceste heure en nostre compagnie bien souvent, il a la reiteration du serment de l'union en recommandation ; mais nous trouvons fort estrange que l'on nous faict signer un papier sans savoir ce que c'est. »

Bussy, ayant tant de signatures, fut l'après-disnée au conseil secret des dix, lequel se tint chez de Launay, là où Cromé et les autres quatre esleus avec luy se trouverent. Lochon y servoit encor de greffier. Il fut discouru de la maniere et comment on se saisiroit du president Brisson et autres gens de justice, comme on les feroit mourir, des accidents qui en pourroient advenir, de l'ordre qu'il faudroit tenir en leur entreprise ; ce qu'ils ne purent resouldre que le lendemain, aux conseils qu'ils tindrent encor au mesme lieu le matin et l'après-disnée.

Le mardy douziesme, l'assemblée des Seize se trouva chez ledit La Bruiere, où il fut proposé generallement qu'il se falloit bien unir les uns avec les autres. Bussi, assisté tousjours du curé de Sainct Cosme et autres ses adherans, presenta encor son papier à signer. Un nommé Morin, nouveau commis pour procureur de la ville en la place de Brigard, s'y trouva avec plusieurs autres qui signerent tous encor le papier dudit Bussy. Cest office de procureur de ville avoit esté fort brigué par les Seize affin qu'il n'y en eust point d'autre en ceste charge que de leur faction ; et mesmes, à l'eslection des eschevins qui se font à la Nostre Dame en aoust, ils avoient fort desiré que le commissaire Louchard qu'ils avoient esleu y demeurast. Mais M. de Mayenne, qui s'estoit reservé l'aggreation de l'eslection desdits eschevins (ainsi que font les roys de France), ayma mieux que Roland fust encor continué eschevin que d'y mettre ledit Louchart : ce qui augmenta de beaucoup la haine des Seize contre ledit sieur duc, et les divisions entr'eux s'en augmenterent fort; car ils attribuerent ce faict à la practique du sieur de La Chappelle Marteau, secretaire d'Estat de la ligue, et audit esleu Roland, aussi grand audiencier de la ligue, et publierent par escrit que tous deux adheroient à la volonté et aux conseils du duc de Mayenne pour ruiner les Seize, et qu'ils n'avoient jamais tendu qu'à faire leurs affaires aux despens de la ligue; que tous deux s'estimoient comme chefs de la ligue, et avoir plus de conseil et de cervelle que tout le reste des ligueurs, mesprisoient le conseil des predicateurs, se mocquoient d'eux, et tendoient à la ruyne de leur party. Nous avons dit cy dessus comme lesdits La Chapelle et Roland avoient esté des premiers à faire bastir la ligue ou faction des Seize, et comme ils se firent introduire aux plus grandes charges de la ville de Paris; et voicy qu'aussitost qu'ils virent que le duc de Mayenne eut cassé le conseil de l'union pour se conserver son authorité, comme nous avons dit, non seulement lesdits La Chapelle et Roland, mais toutes les grandes familles commencerent à se retirer de ceste faction des Seize, et voulurent despendre de la volonté dudit sieur duc, et du conseil qu'il avoit estably près de luy, où ils eurent tous des charges. Voylà comme et pourquoy ils se diviserent. Aussi, pour revenir à l'histoire de ce qui se passoit ez assemblées des Seize, en celle qui fut tenuë le jeudy 14 au logis dudit La Bruiere pere, sur ce qu'ils resolurent de donner tous leurs voix à Borderel pour estre receveur de la ville, Bussy y estant arrivé, à la proposition que l'on fit de deputer deux personnes de ceste assemblée pour aller supplier le lieutenant La Bruiere de favoriser ledit Borderel en l'eslection qui se feroit d'un receveur de la ville, il dit ces mots : « Messieurs, nous deussions souhaitter que ceux de ceste compagnie eussent les principales charges de la ville; ce seroit un grand bien et grand advancement pour nostre religion. » A quoy Hameline repliqua ces mots : « Je pense que je n'ay point receu tant de graces de Dieu au jour de mon baptesme comme je reçois d'avoir cest honneur d'estre de ceste compagnie; et, partant, messieurs, je prie un chacun d'estre ferme et stable à la manutention d'icelle, à nous entre-secourir les uns les autres, et Dieu nous fera sentir le fruit de ses benedictions. » Plusieurs de ceste assemblée prejugerent lors qu'il se feroit quelque chose d'extraordinaire qui apporteroit du mal-heur, voyant ledit Bussy Le Clerc, suivy du curé de Saint Cosme, de Crucé, Nicolas, Le Normant, Drouart, Mongeot et le peuple, qui ne faisoient qu'aller et venir, tantost montans en haut à la chambre dudit La Bruiere, puis descendans, se chuchetoient aux aureilles les uns aux autres : ce qu'ils avoient fait pareillement aux assemblées du mardy et mercredy auparavant.

Quant au conseil secret des dix, il se tenoit tous les matins à la chambre de de Launay, et se tint encor ceste matinée, au sortir duquel ledict de Launay alla disner chez le lieutenant La Bruiere, où on tient qu'il luy communiqua l'entreprise.

Toutes ces assemblées ne se faisoient point si secrettement que le president Brisson n'en fust adverty, car du commencement, audit conseil secret, ils avoient resolu de le faire tuër dans sa maison, et de faire aussi tuër dans leurs maisons cinq des principaux de la cour par quelques soldats determinez que l'on gaigneroit pour de l'argent. Suivant ceste resolution un d'entr'eux practiqua un nommé L'Evesque, luy fit de belles promesses s'il vouloit entreprendre de tuër ceux que l'on luy diroit. Ce L'Evesque estoit un bon soldat qui avoit esté pris et repris plusieurs fois aux Porcherons, ayant tousjours esté du party royal, mais ruiné tout à faict de sa derniere prise. Si tost que l'on luy eut fait ceste proposition, il dit qu'il l'entreprendroit, et qu'il en viendroit à bout, ne demandant qu'à gaigner. Il fit de prime abord tant de belles promesses, que l'on luy nomma ceux que l'on vouloit faire tuër; mais luy, qui ne demandoit qu'à sortir de Paris et se retirer à Sainct Denis, alla chez son procureur nommé Le Merquant, et luy donna charge d'advertir ledit sieur president de toute ceste entreprise: ce que ledit Merquant fit faire par un greffier de la cour, familier dudit sieur president. Sur cest advis ledit sieur president voulut mesmes parler audit L'Evesque, lequel alla le trouver de nuict en sa maison, et l'asseura que ce qu'on luy avoit dit estoit vray, et luy raconta sa derniere prise, et comme on l'avoit tiré de nuict de la prison de Sainct Eloy pour le poignarder et jetter dans la riviere, comme il avoit entrepris de le tuër, et avoit eu du depuis liberté d'entrer et sortir dans Paris, entretenant les Seize, et leur disant qu'il attendoit quelques soldats determinez en qui il se fioit pour l'assister en ceste entreprise. Après quelques paroles que luy dit ledit sieur president sur la haine que luy portoient les Seize, L'Evesque luy dit: « Monsieur, croyez moy, sortez de Paris, et vous ferez bien : pour moy, si vous voulez, j'entreprens sur ma vie de vous rendre dans Sainct Denis. — Je vous remercie de vostre advis et de vostre bonne affection, luy dit le president, mais cela ne se peut faire pour beaucoup de raisons. » L'Evesque, ayant pris congé dudit sieur president, dez le lendemain matin sortit de Paris, et se retira dans Sainct Denis, et est encores à present en vie.

Aussi ledit jour de jeudy, quatorziesme de ce mois, ledict sieur president estant allé au college de Navarre, à la grande ordinaire que faisoit le jeune Benoist de Limoges, M. l'abbé de Saincte Geneviefve, qui y estoit, luy dit: « Monsieur, songez à vous; Poquart, en disnant avec moy, m'a asseuré que l'on entreprenoit sur vostre vie. » Mais ledit sieur president negligea tellement tous ces advis, et en tint si peu de compte, que le lendemain ses ennemis n'eurent aucune peine de le prendre et de le faire mourir.

Toute ceste journée, les dix du conseil secret des Seize, avec Bussy, Crucé et leur suitte, disposerent de l'ordre de leur entreprise. Crucé et Anroux allerent au petit Chastelet, et ayans parlé à Dantan qui en estoit geolier, et lequel estoit de leur faction, et luy ayans communiqué leur entreprise, l'asseurerent qu'ils le feroient geolier de la Conciergerie du Palais. Sur l'esperance de ceste recompense, il leur promit qu'il feroit ce qu'ils voudroient.

La nuict entre le jeudy et le vendredy, qui estoit le quinziesme du mois, l'assemblée se tint chez le curé Sainct Jacques. Oultre tous ceux qui estoient en conseil, il se trouva grand nombre de personnes du menu peuple qui estoient avec leurs espées devant ce logis. A la pointe du jour, ledit curé avec La Bruiere le pere et quelques autres en sortirent, et allerent porter, tant aux capitaines des Espagnols que des Napolitains, un papier signé de Bussy, Sainction, Louchart, Crucé et Soly, contenant les causes pour lesquelles ils prenoient les armes. En mesme temps Bussy, Louchart, Le Normant et Anroux, suivis de plusieurs autres, se rendirent au bout du pont Sainct Michel, où, si tost qu'ils virent venir le president Brisson qui alloit au Palais, Le Normant et Anroux luy mirent la main sur le collet, puis le firent destourner par le Marché-Neuf, et le menerent dans le petit Chastelet, où, ayant veu à la porte du Boys (qui estoit un peintre, lequel estoit dès quatre heures du matin entré dans le petit Chastelet avec Crucé pour faire apprester tout ce qui estoit de besoin à leur entreprise), luy dit ces mots : « Monsieur du Bois, je me recommande à vous, vous representez M. Oudineau ; je ne sçay pourquoy l'on m'a amené icy. » Ce du Bois ne fit semblant de l'ouyr.

Ledit sieur president fut incontinent mené à la chambre du conseil par un des guichetiers, où un nommé Cochery faisoit le juge. Cromé luy fit quelques interrogations, sçavoir, premierement, s'il n'avoit pas escrit depuis peu de temps au roy de Navarre:

à laquelle demande ledit sieur president respondit que non; secondement, s'il ne luy avoit pas baillé sa vaisselle d'argent : à quoy il dit que non, et qu'elle luy avoit esté volée; tiercement, pourquoy c'est qu'il n'avoit pas faict mourir Brigard : « Je n'ay pas esté son juge, dit le president; il a esté envoyé absous par arrest de la cour. »

Alors Hameline (qui avoit un roquet de toile noire sur lequel il y avoit une grande croix rouge, comme aussi avoient ceste journée plusieurs de ceste faction) alla frapper sur l'espaule dudit sieur president, et luy dit ces mots : « Le Seigneur t'a aujourd'huy touché de luy rendre l'ame, et as une grande faveur que tu ne mourras point en public comme traistre à la ville. »

Cependant que l'on faisoit ces demandes audit sieur president, Choulier, qui se disoit lieutenant du grand prevost de l'union, et n'estoit que clerc du greffe de la cour des aydes, suivy d'une troupe de factieux qui avoient des pistoles sous leurs manteaux, print M. Larcher, l'un des conseillers de la cour, ainsi qu'il entroit dans la court du Palais, et l'amena aussi audit petit Chastelet.

En mesme temps le curé de Saint Cosme, suivy de quelques prestres et autres gens de faction, allerent au logis du sieur Tardif, conseiller au Chastelet, où ils le prindrent, et l'amenerent aussi audit petit Chastelet.

Crucé cependant envoya querir l'executeur de justice, et s'empara des clefs de la porte, et y mit quatre hallebardiers de sa compagnie les plus affidez qu'il eust, et leur deffendit de ne laisser entrer personne. L'executeur Jean Rozeau venu, le geolier le fit monter au lieu destiné pour faire mourir lesdits sieurs president et conseillers; mais Jean Rozeau luy ayant demandé que c'estoit qu'on vouloit executer là dedans, attendu que ce n'estoit pas la forme de justice de faire des executions dans une prison, luy dit : « Viens avec moy, et tu le verras : regarde seulement si ceste place est commode pour faire une execution et y pendre trois hommes. »

Le geolier ayant mené l'executeur à la chambre du conseil, où estoient Cromé, Hameline, Cochery, Le Normant, du Bois, Crucé, Sainctyon, Anroux, et autres leurs complices, et leur ayant dit que la place estoit commode pour y faire une execution, Cromé luy dit : « Allez donc prendre dans ceste chambre le president Brisson, et l'y allez pendre.—Je ne le sçaurois faire, luy dit l'executeur, si vous ne me monstrez un jugement ou ordonnance de justice. » Sur laquelle response on luy dit : « Si tu ne le fais promptement, on te pendra toy-mesme. » L'executeur voyant que c'estoit un faire le faut, leur dit : « Je n'ay point de cordes, il faut que j'en aille querir. — Va, luy dit-on, et n'arreste point. » Mais, ainsi qu'il estoit prest à sortir le guichet, le geolier dit à Crucé : « Il vaut mieux retenir cest executeur, et luy fournir de cordes; » ce qui fut cause que Crucé l'arresta, et luy dit : « Tu ne sortiras point de ceans, je te fourniray de cordes. » Crucé ayant demandé et commandé à son caporal, qui s'estoit rendu à son mandement avec ses armes dans le petit Chastelet avec quelques hommes de sa compagnie, de luy bailler sa mesche, il la luy refusa : surquoy le geolier bailla de l'argent à un guichetier pour aller acheter des cordes, ce qu'il fit incontinent, et les alla porter droit au lieu où se devoit faire ce massacre. Cependant on alla dire audit sieur president qu'il falloit qu'il descendist. Ce fut lors qu'il apprehenda la mort, car, advisant dans la petite salette où on fait les escroües des prisonniers plusieurs personnes qui avoient leurs manteaux à l'entour de leur nez, « Helas, mes amis, dit-il en parlant à Cochery qui, le suyvant, faisoit le juge, où me voulez-vous mener? Laissez-moy en la chambre où j'estois, et me baillez des gardes à mes despens si vous avez peur que je m'envoise; je n'ay garde, je ne me sens coulpable de rien. »

Mais sa mort estant conjurée, l'on le fit monter viste en la chambre où on le vouloit faire mourir. L'executeur s'estant saisy de luy, l'ayant lié, luy presenta une croix de bois que l'on a accoustumé de bailler aux patiens que l'on meine au gibet, laquelle il refusa de prendre, et luy dit : « Ceste croix est pour des malfaicteurs, ouvre moy mes boutons, j'ay une croix penduë à mon col, qui est contre ma chair, laquelle est de la vraye croix que j'adore : c'est celle-là que je veux baiser. » L'executeur, luy ayant destaché quatre boutons, la trouva et la luy bailla, et la baisa par plusieurs fois. Il demanda fort à parler à un advocat nommé d'Alançon qu'il tenoit en son logis pour songner à l'impression de ses œuvres; mais, voyant que l'on ne luy faisoit que dire plusieurs calomnies et le pressoit-on de mourir, il dit : « Je vous prie donc de luy dire que mon livre que j'ay commencé ne soit point broüillé, qui est une tant belle œuvre. » L'executeur, aydé par un guichetier et par Logereau, postulant à la justice du prevost Oudineau, qui se trouverent là, ayant pendu ledit sieur president à une poutre, on alla querir ledit sieur Larcher, lequel, s'estant trouvé mal, on avoit fait desjeuner. Il avoit donné au geolier un anneau qu'il avoit au doigt, le priant de le bien traicter, et pensoit n'estre que prisonnier; mais quand il fut monté, et qu'il eut veu ledit sieur president mort, il leur dit: « Despeschez, bourreaux, je n'ay point regret de mourir puisque je vois le plus grand homme du monde mort innocent. » Après qu'ils l'eurent pendu, ils allerent querir ledit sieur Tardif (1), qu'ils firent aussi mourir de la mesme mort.

Tandis que les principaux des Seize faisoient ceste tragedie, aucuns d'entr'eux se mirent en armes. Duchesne assembla sa compagnie, et fit un corps de garde proche le petit Chastelet. Ce n'estoient qu'allées et venuës, que mots à l'aureille que l'on se disoit les uns aux autres. Les uns prejugeoient le mal-heur qui leur adviendroit, et, quoy qu'ils fussent affectionnez au party de l'union, ils detestoient ceste entreprise. Plusieurs bonnes familles parisiennes, au premier bruit qui courut de la mort de ces personnages, penserent que le dessein des Seize tendoit au sac de leur ville: beaucoup en particulier rescrivirent à M. de Mayenne qui estoit à Laon, et le supplierent de venir en diligence mettre ordre à ceste sedition. Bref, ceux que l'on estimoit politiques et royaux dedans Paris eurent en ceste journée de la peur. Le fils dudit sieur Larcher fut aussi amené prisonnier audit petit Chastelet, et quelques autres. Les quatre hallebardiers que nous avons

---

(1) *Ledit sieur Tardif.* Au moment où Tardif fut arrêté, il étoit malade, et venoit d'être saigné. On le porta au petit Châtelet, et il s'évanouit en voyant les cadavres de Brisson et de Larcher. On l'exécuta sans lui donner le temps de reprendre ses sens.

dit que Crucé y avoit mis à la garde de la porte prirent la robbe dudit sieur president, et le frippier Poteau, qui estoit l'un des quatre, l'acheta, et firent bonne chere de ceste vente. Le sieur Picart, maistre des comptes, et Bechu, audiencier du Chastellet, et autres, furent amenez par quelques-uns des Seize dans la chambre où estoient les corps morts, ausquels on disoit à chacun d'eux en particulier : « Regarde, l'on ne t'en fera pas moins qu'à ceux-là, pense à toy, car tu es mort; que nous veux-tu donner? » Ainsi ils tirerent quelque argent de ceux-cy et les laisserent aller, attendans tous le lendemain de faire mieux leurs affaires. Ceux qui demeurerent en garde audit petit Chastelet se mirent à faire bonne chere ; et, sur la resolution que le conseil secret des Seize prit de faire pendre les trois corps morts à la place de Greve le lendemain matin, après qu'ils eurent soupé, Charles du Sur, espicier, dit Jambe de Bois, de la compagnie de Crucé, fit des escriteaux où estoient en grosses lettres escrits les noms desdits trois sieurs morts.

Le samedy matin, sur les quatre heures, deux cents de ceste faction des Seize se rendirent au petit Chastelet. Crucé ayant faict venir trois crocheteurs avec leurs crochets, l'executeur mit sur chacun d'eux un desdits sieurs morts, tout debout, nuds en chemise; ayans chacun leur escriteau pendu au col. Ceux qui virent ceste action la trouverent merveilleusement piteuse et espouvantable. Sur toutes les advenuës des ruës, depuis le petit Chastelet jusques à la Greve, ils avoient mis des gardes. Premierement marchoient quelque centaine de personnes, les uns avec des hallebardes, les autres avec harquebuses, et aucuns n'ayans que leurs espées avec leurs manteaux dont ils se bouschoient le nez, et nombre de lanternes sourdes. A quinze pas de ceste troupe, sans aucune lumiere, suivoient les trois crocheteurs qui portoient, ainsi qu'il est dit cy-dessus, les trois corps morts desdits sieurs que l'executeur et ses valets accompagnoient; et quinze pas après, suivoit une autre troupe de cent personnes armez comme la premiere, avec force lanternes sourdes. En ceste façon ils allerent faire mettre lesdits sieurs en une potence en la place de Greve.

Les principaux des Seize pensoient que ce spectacle feroit esmouvoir le peuple; mais ny les Espagnols ny le peuple ne s'en esmeurent point : chacun alloit les voir, aucuns haulsoient les espaules sans dire mot, d'autres blasmoient ceste acte, tellement que, sans y avoir eu aucun remuëment, la nuict du dix-septiesme de ce mois, l'executeur osta les corps, les vendit aux vefves et aux enfans desdicts sieurs morts pour les faire enterrer; ce qui fut cause en partie que depuis ledict executeur fut pendu, comme nous dirons en son lieu.

Aucuns ont escrit (1) que la garnison espagnole abhorra ce faict, et que si les ministres d'Espagne l'eussent approuvé, qu'ils se fussent pu rendre maistres de Paris, mais, au contraire, que Diego de Ibarra rescrivit au roy d'Espagne en ce temps-là en ces mots : « La faute si grande de faire justice, de leur authorité, de ce president et conseillers, est procedée d'ailleurs que des ministres de Vostre Majesté. »

---

(1) *Aucuns ont escrit.* Presque tous les Mémoires contemporains s'accordent au contraire à dire que les ministres espagnols poussèrent les Seize à cet attentat, qui fut commis sous la protection des soldats de leur nation qu'ils avoient fait entrer à Paris quelques mois auparavant.

Or le duc de Mayenne, ayant receu les nouvelles de ces tragedies, partit incontinent de Laon, et à grandes traittes s'en vint à Paris, et amena avec luy le sieur de Vitry et sa compagnie, et quelque peu de forces estrangeres. Il arriva par la porte Sainct Anthoine. Quand les Seize sceurent qu'il venoit ils s'assemblerent. Le docteur Boucher estoit revenu de Soissons où il estoit allé, et n'avoit point de part à ce qu'avoient faict les Seize en son absence. Ils se douterent bien que ledit sieur duc ne venoit à Paris que pour ceste occasion; ce fut pourquoy la plus-part des Seize avec ledit docteur Boucher, qui devoit porter la parole, furent au devant dudit sieur duc jusques au petit Sainct Anthoine, où ils avoient envie de luy faire une remonstrance sur ce qui s'estoit passé. Mais, aussi-tost que Boucher eut dit au duc qu'il desiroit luy parler, au nom de plusieurs bons bourgeois, sur ce qui s'estoit passé le 15 de novembre à Paris, ledict sieur duc luy dit : « Monsieur nostre maistre, ce sera pour une autre fois, adieu; » et ainsi passa viste et entra dans Paris. Les Seize cognurent lors à son visage qu'il estoit fasché contr'eux, car on luy avoit rapporté qu'ils s'estoient assemblez dans la chambre dudit Boucher, où on avoit proposé s'il le failloit laisser entrer dans Paris, et des moyens de luy fermer les portes, et qu'en fin ils avoient resolu de le poignarder, et qu'un d'entr'eux avoit dit qu'il vouloit avoir l'honneur de luy bailler le premier coup.

Le duc à son arrivée trouva les choses fort douteuses, pour l'apparence qu'il y avoit que les Seize et le menu peuple, qui estoit de ceste faction, ne fussent favorisez des garnisons espagnoles. Patientant pour quelques jours, il escouta un chacun, et descouvrit le cœur de plusieurs qui estoient mal-contents des desportements furieux des Seize. On a escrit que les quatre freres de la maison des Hennequins, le president d'Orcey, le conseiller d'Amours, le colonel d'Aubray, et plusieurs autres, luy dirent qu'il failloit exterminer trois sortes de gens dans Paris, sçavoir : les predicateurs de la faction des Seize, qui ne preschoient que la guerre; les principaux des Seize, qui estoient des voleurs et sanguinaires, lesquels ne demandoient qu'à ruyner les bonnes familles de Paris; et les garnisons d'Espagnols, qui ne venoient en France que pour piller et ravager, comme ennemis de toute ancienneté; ce qui seroit aysé à faire audit sieur duc s'il vouloit y interposer son authorité, et qu'il seroit assisté de toutes les cours souveraines et de toutes les bonnes familles.

En fin le duc resolut de faire chastier les principaux des Seize. Il eust bien desiré avoir Bussy Le Clerc, mais il ne sortoit plus de la Bastille. En l'assemblée generale qui se fit en l'Hostel de Ville, où tous les principaux des Seize se trouverent, sur la proposition qui fut faicte d'appaiser ce qui s'estoit passé en la mort du president Brisson, ledit sieur duc en demanda advis mesmes à ceux qu'il cognoissoit estre de ceste faction, les tançant seulement de ce qu'ils l'avoient faict, et qu'il n'y falloit plus retourner. Eux luy respondirent diversement, chacun selon leur passion; mais plusieurs des bonnes familles de Paris qui se trouverent en ceste assemblée le supplierent que ce faict ne demeurast point impuny. Les principaux des Seize recevoient divers advis de leurs amis que l'on devoit entreprendre contr'eux et en pendre d'aucuns; mais la bonne face que leur monstra en ceste assemblée ledit sieur duc leur fit oster toute sinistre opinion; mesmes aucuns furent soupper avec luy, et ne tint on en soupant que des devis et paroles joyeuses, tellement qu'ils se retirerent ce soir chacun chez eux, fort contents dudit sieur duc.

Le duc, qui avoit resolu de faire punir nombre de ces factieux, jugea que l'execution ne luy en seroit si difficile que l'on luy avoit proposé. Le sieur de Vitry ayant entrepris d'en prendre les plus mutins, on resolut de les faire pendre dans le Louvre. On va querir l'executeur cependant que sur les quatre heures au matin le sieur de Vitry va reveiller Anroux, Emonot et Hameline, lesquels, amenez au Louvre, furent incontinent pendus. Le sieur de Congis, ayant fait esveiller Louchart et monté en sa chambre, luy dit que M. de Mayenne vouloit parler à luy pour une affaire de consequence, et qu'il s'habillast vistement; sa conscience le jugeant, à chasque coup il demandoit : « Mais que me veut-il? » Habillé, sa femme luy donna un mouchouër, et luy, la baisant, luy dit: « Adieu, ma femme, je doute de ne te revoir jamais. » Ledit sieur de Congis alors le consola, et l'asseura que M. de Mayenne vouloit seulement parler à luy; mais, passez qu'ils furent l'hostel de la Royne où ledit sieur duc estoit logé, et Louchart ayant recognu qu'aux advenues des rues il y avoit des gens de guerre, il dit : « Monsieur, vous me menez à la mort. — Je vous meine, luy dit le sieur de Congis, parler à M. de Mayenne qui est au Louvre, » où, estans arrivez et entrez dans la basse salle, il advisa les trois autres pendus à une grosse solive. M. de Vitry, qui estoit là, commanda incontinent à l'executeur de se saisir de luy. Louchart luy dit que M. de Mayenne l'avoit mandé pour parler à luy et non pour le faire mourir. L'executeur et son valet voulans se saisir de luy, il commença à se deffendre tellement d'eux qu'ils tumberent à terre les uns sur les autres, sans qu'il fust possible à Jean Rozeau de luy mettre la corde au col, ny de le lier. M. de Vitry, voyant que l'executeur n'en pouvoit venir à bout, luy dit : « A quoy vous sert ceste resistance? il vous faut mourir. — Ha! monsieur de Vitry, luy dit Louchart, je ne crois point que M. de Mayenne vueille que je meure; je vous prie de sçavoir encor de luy sa volonté, et luy dire que je le prie que l'on ne me face point mourir. — Bien, dit le sieur de Vitry, j'y vay; mais s'il dit qu'il le veut il faudra que vous y obeyssiez. — J'y obeyray, dit Louchart. » Le sieur de Vitry estant sorty et demeuré un bon demy quart d'heure à revenir, il luy dit : « M. de Mayenne commande que l'on vous face mourir. » A ces mots, Louchart, gemissant et n'en pouvant plus mesmes, se laissa saisir à l'executeur qui le pendit auprès des trois autres.

De Launay, Cromé et Cochery furent bien cherchez : advertis, ils se sauverent en Flandres, d'où ils n'ont bougé du despuis. Crucé fut prins; mais le docteur Boucher fit tant envers M. de Mayenne, qu'il se contenta de ce qu'Anroux, qui estoit son lieutenant, avoit esté pendu. Le chanoine Sanguin, Thierée, Poteau, Regis, La Mothe, Renault et quelques autres, furent aussi emprisonnez. Bref, les principaux de ceste faction, qui avoient assisté ou consenty à la mort ignominieuse desdits sieurs president et conseillers, furent en ceste journée bien recherchez.

Bussy Le Clerc, qui faisoit le fendant dans la Bastille, et qui s'y devoit faire enterrer pour ceux de sa faction, à la premiere sommation que ledit sieur duc de Mayenne luy fit faire de luy rendre ceste place, comme il estoit homme né parmy le peuple, ayant sceu la mort de ses confederez, ne songea qu'à demander sa vie au duc, et permission de faire sortir ses biens meubles de dedans la Bastille, ce qui luy fut accordé; mais, en ayant faict sortir tout ce qu'il y avoit, et les ayant mis à un logis proche de la Bastille, aussi-tost que le duc eut mis la garnison qu'il desiroit dans ceste place et que Bussy en fut sorty, plusieurs gens de guerre entrerent dans ce logis, pillerent tous ses biens et tout ce qu'il avoit volé et rançonné depuis les Barricades jusques au commencement de ce mois; tellement que tout ce qu'il put faire fut de se sauver de peur d'estre tué, sortir de France et gaigner Bruxelles, là où depuis il a vescu fort miserablement, gaignant sa vie à estre prevost de sale, se nourrissant des bien-venuës qu'il pouvoit attrapper des escoliers qui vouloient apprendre à tirer des armes ; et sa femme, qui fit tenir si long temps prisonnier à la Bastille l'abbé de Fayoles, chanoine de la Saincte Chappelle, pour avoir une bague de quinze mil escus qu'il avoit en despost d'une dame sienne parente, s'est veue bien changée de condition. Ce sont des jugements de Dieu très-grands. Je diray encor sur ce subject que non seulement ledict Bussy, mais tous ceux du peuple qui se sont meslez durant ces derniers troubles d'emprisonner ou tuer les presidents et conseillers des autres parlements, sont tous peris miserablement. L'exemple est memorable d'un capitaine Desarpens, que l'on a veu à Paris, à l'Escole Sainct-Germain, s'espouiller sur le bord d'un batteau, et ne vivre d'autre chose que de ce que l'on luy donnoit pour y prendre garde, après avoir, au commencement de ces troubles, fait tant des siennes dans Rouen, où il ne cheminoit qu'avec gardes par la ville, somptueusement vestu, rançonnant les officiers royaux selon sa volonté.

L'autheur du livre du Manant et du Maheustre dit que M. de Mayenne fit pendre ces factieux pour le seul subject d'avoir communiqué avec l'Espagnol, sous un pretexte qu'il emprunta, encores que la verité fust que la vraye occasion estoit la lettre que les Seize avoient escrite au roy d'Espagne comme à leur vray roy (la copie de laquelle nous avons mise cy-dessus), ainsi que madame de Montpensier le sceut bien dire le lendemain de l'execution, le jour de laquelle, dit cest autheur, l'on faisoit courir un bruit contre les Seize qu'ils avoient voulu attenter à la personne du duc de Mayenne, le second jour que c'estoit parce qu'ils estoient espagnols, et à ceste fin la dame de Montpensier representa une coppie de ladite lettre envoyée par les Seize au roy d'Espagne, qu'elle monstra à toutes personnes pour les animer contre les Seize, et en despit des Espagnols; et le troisiesme jour on fit courir le bruit que c'estoit à cause de la mort du president Brisson et ses deux compagnons : de sorte qu'en trois jours l'on fit courir trois divers subjects contre les Seize; mais le second estoit le plus veritable, comme mesmement le duc de Mayenne ne put se retenir qu'il ne le dist à l'ambassadeur d'Espagne, que l'on vouloit porter la couronne de France à son maistre par les membres, mais qu'il luy failloit porter par les chefs; joint que par plusieurs fois le duc de Mayenne a dit que les Seize luy avoient gasté ses affaires, mais qu'il s'en vengeroit, et l'a rescrit à tous les gouverneurs de l'union pour leur faire trouver bon l'execution qu'il avoit faict faire contre les Seize, les appellans, par ses lettres, gens turbulens et violens ausquels il ne se fieroit plus, et qu'il se remettroit du tout à la volonté et bon conseil du parlement de Paris.

Voylà l'opinion de l'autheur de ce livre. Il estoit de la faction des Seize. Il dit cela affin de faire croire que ceste journée du quatriesme decembre avoit esté seulement faicte en haine des Espagnols, concluant que ledit sieur duc de Mayenne ne souffriroit jamais aucune intelligence entre le peuple et l'Espagnol. Mais, quoy que ce livre ait esté escrit plus d'un an après ceste journée, si est-ce que ledit sieur duc, bien qu'il eust pu faire punir tous ceux de la faction des Seize, tant pour avoir consenty à la mort dudit sieur president Brisson, que pour leurs autres attentats, il fut conseillé que puis que la justice avoit eu quelque cours en l'execution de quelques-uns, de faire une abolition generale de tout ce qu'ils avoient faict, et, par icelle, les empescher seulement que d'oresnavant par assemblées ils pussent faire pareilles entreprises. Son intention se pourra mieux cognoistre par la lecture de ceste abolition que par ce que l'on en pourroit escrire. En voicy la teneur.

« Charles de Lorraine, duc de Mayenne, lieutenant general de l'Estat et couronne de France, à tous presens et à venir, salut. Comme en la capture et emprisonnement injurieux, meurtres et assassinats commis, en ceste ville de Paris, ès personnes des deffuncts les sieurs Brisson, president en la cour de parlement, Larcher, conseiller en icelle, et Tardif, conseiller au chastelet, le quinziesme jour de novembre dernier passé, et exposition ignominieuse de leurs corps faicte en place publique le seiziesme et dix-septiesme dudit mois, deux sortes de personnes se sont trouvées coulpables, les uns, poussez de mauvaise volonté, se couvrant de quelque pretenduë entreprise et conspiration qu'ils publioient avoir esté faicte sur cestedite ville, et les autres s'y estans laissé aller par simplicité et ardeur de zele, estimans bien faire, sans sçavoir au vray les causes d'une telle violence; en quoy les loix de justice divine et humaine ont esté violées, au grand estonnement des gens de bien, qui craignoient que semblable chose tollerée ne donnast licence à chacun d'entreprendre ce qu'il voudroit en ceste ville capitale du royaume qui doit servir de lumiere et de guide à toutes les autres, et de seureté et de repos à tous ceux qui y resident et vivent sous l'obeyssance des loix et des magistrats. Ce qu'estant venu à nostre cognoissance, nous nous y serions promptement rendu, tous autres affaires cessans, pour pourvoir à ce mal par le chastiment des principaux autheurs d'iceluy sur lesquels nous avons advisé de restraindre la peine, et, usans de douceur à l'endroit des autres, les contenir en devoir, et relever la justice, l'un des principaux liens de l'Estat, qui sembloit aucunement alterée par un si funeste accident advenu en la personne de son chef. Sçavoir faisons qu'après avoir faict punir le commissaire Louchart, Barthelemy Anroux, Nicolas Hamelyne et Jean Emonnot, desirans empescher un plus grand mal et pourvoir à la seureté publique, nous avons, pour le regard des autres qui ont participé à ceste entreprise, soit en la deliberation ou execution d'icelle, ou qui y ont presté conseil, confort et aide, en quelque sorte et maniere que ce soit, aboly et esteint, abolissons et esteignons par ces presentes, en vertu de nostre pouvoir, le faict et cas dessusdits. Voulons et entendons que tous en general, et chacun d'eux en particulier, en soient et demeurent quittes et deschargez, comme ayant esté leur simplicité circonvenuë par les inductions et artifices des autres, et ne s'en estans entremis que sur la crainte du peril qu'ils estimoient present, et le desir qu'ils avoient de se conserver en ladite ville, sans qu'ores ny à l'advenir ils en puissent estre aucunement inquietez, travaillez ny recerchez; et quant à ce, avons imposé et imposons silence perpetuel au sieur procureur general et à tous autres, fors et excepté le conseiller Cromé, Adrian Cocheri, et celuy qui a servi de greffier, lesquels nous n'entendons jouyr de l'effect de la presente abolition, et les en avons, comme estans principaux autheurs de cest attentat, pour plusieurs considerations exceptez et reservez, afin que la justice en soit faicte. Et par ce que le mal est provenu des assemblées privées qui se sont cy-devant faictes en ceste ville sans authorité et permission des magistrats, et que tels accidents pourroient encores à l'advenir produire de plus dommageables effects s'il estoit permis aux particuliers de ladite ville de tenir conseils et faire lesdites assemblées, nous faisons très-expresses inhibitions et defences à toutes personnes, de quelque qualité ou condition qu'elles soient, et sous quelque pretexte ou occasion que ce soit, mesmes à ceux qui se sont cy-devant voulu nommer le conseil des Seize, de faire plus aucunes assemblées pour deliberer ou traicter d'affaire quelconque, à peine de la vie et de rasement de maisons èsquelles se trouveront lesdites assemblées avoir esté faictes, enjoignant à toutes personnes, sur ladite peine de la vie, qui sçauront les lieux où se seront faictes lesdites assemblées, de les indiquer promptement au gouverneur, procureur general, ou prevost des marchands et eschevins de cestedite ville; et si aucuns des habitans, bourgeois, ou autres particuliers habitans de ladite ville, ont quelque chose à proposer concernant le salut et repos d'icelle ville, ils s'en addresseront audit gouverneur, procureur general, ou prevost des marchands et eschevins, ausquels le soin de la seureté et conservation de ladite ville doit appartenir : ce que nous les exhortons de faire, avec promesse de les recognoistre de tout nostre pouvoir, selon le merite de leur affection. Aussi deffendons, sous la mesme peine, à toutes personnes de ne faire cy après aucune mention ny reproche les uns aux autres pour raison des choses passées, que nous voulons demeurer en perpetuel oubly comme chose non faicte ny advenuë; semblablement de ne parler au mespris et desavantage de ce sainct party, ains qu'à l'encontre de toutes personnes generalement quelconques qui voudront troubler le repos et seureté publique, et semer divisions entre les catholiques, ou qui favorisent les heretiques, il soit procedé à l'encontre d'eux par les rigueurs de justice, sans exception d'aucune personne. Si prions messieurs de la cour de parlement, etc. Donné à Paris au mois de decembre 1591. Signé Charles de Lorraine, et sur le reply, par monseigneur, Beaudouyn, et à costé visa et scellée de cire verde sur de la soye rouge et verde. Leuë, publiée et registrée, ouÿ sur ce le procureur general du Roy, ce requerant. A Paris, en parlement, le dixiesme jour de decembre 1591, et publié à son de trompe et cry public par les carrefours de ceste ville de Paris ledit jour. Signé Boucher. »

Ainsi ledit sieur duc cassa les assemblées du conseil des Seize; toutefois du depuis ils ne laisserent de continuër sous main leurs practiques avec l'Espagnol, et leurs predicateurs presenterent encores quelques requestes audit sieur de Mayenne, s'attribuans le nom de la Faculté en theologie, comme nous dirons au temps qu'ils les presenterent. Ceste abolition deffendoit bien de semer des divisions entre les catholiques, et toutesfois du depuis il y eut tousjours trois partis formez dans Paris jusqu'à la reduction en mars 1594, sçavoir, celuy du duc de Mayenne, celuy des politiques ou royaux, et celuy des Seize et Espagnols. La suite de ceste histoire monstrera comme celuy des Seize et des Espagnols fut du tout ruyné, comme celuy du duc de Mayenne se reünit dans le royal, et comme celuy des royaux est demeuré le maistre des deux autres.

Le parlement de Paris estant sans president en la grand-chambre par la mort du president Brisson, les cinq autres presidents estans du party royal, ou à Tours, ou à Chaalons, ledit sieur duc en pourveut quatre de ceste dignité, sçavoir : le sieur Chartier, qui estoit fort vieil et le plus ancien conseiller de la cour, pour premier president, mais il se deporta de luy mesmes d'exercer ceste charge, les sieurs de Neuilly, de Hacqueville et Le Maistre. Voylà comment les Seize, par leurs violentes et sanglantes tragedies, pensans s'installer aux principales charges de la ville de

Paris, n'en ont receu que de la desolation. Quatre ont esté pendus, aucuns bannis, et le reste desauthorisez. M. de Vitry, dans son manifeste, dit que M. le duc de Mayenne n'a jamais faict acte si genereux et honnorable pour luy que celuy-là, faisant prendre et pendre ces mutins au milieu de la ville de Paris, et parmy leurs amis.

Il fut fait plusieurs vers qui coururent en ce temps là sur ce subject, entr'autres ceux-cy :

> De seize ils sont reduits à douze,
> Et faut que le reste se houze,
> Pour après les quatre premiers
> Estre perchez comme ramiers.

Celuy qui composa ces vers pensoit qu'ils ne fussent en tout que seize factieux, mais il se trompoit, car ils estoient plus de quatre mil. Un autre poëte, pensant mieux dire sur ce qu'il avoit veu escrit *le conseil des seize quartiers de la ville de Paris*, fit ces vers, prenant quarteniers pour quartiers :

> A chacun le sien c'est justice :
> A Paris seize quarteniers,
> A Montfaucon seize piliers,
> C'est à chacun son benefice.

Celuy cy se trompoit fort, car, des seize quarteniers de la ville de Paris, il n'y en avoit que cinq de ceste faction, comme ils le monstrerent bien à la reduction de la ville de Paris; mais ce dernier rencontra plus heureusement, disant :

> Seize, Montfaucon vous appelle;
> A demain, crient les corbeaux :
> Seize piliers de sa chapelle
> Vous seront autant de tombeaux.

Les faire mourir tous, c'eust esté trop. Aussi M. de

Mayenne ne crut qu'en une partie ceux qui luy avoient conseillé de ruiner trois sortes de personnes: les Seize, leurs predicateurs, et les garnisons d'Espagnols. Pour les predicateurs, il n'a jamais voulu que l'on touchast aux ecclesiastiques qui avoient practiques et intelligences avec l'Espagnol, ny à ceux mesmes qui depuis furent descouverts estre affectionnez au party royal, et qui faisoient des practiques dans Paris pour l'establissement du Roy. Quant aux Espagnols, il avoit affaire de leur secours pour desengager Roüen que le Roy tenoit assiegée. Aussi il n'y avoit point d'apparence qu'il suivist ces conseils.

L'autheur de la suitte du Manant et du Maheustre, contre toute apparence de verité, veut faire accroire que le sieur comte de Brissac avoit esté envoyé à Paris par ledit sieur duc pour advertir M. de Belin qu'il se falloit desfaire dudit president et ses compagnons, voire d'une grande partie du parlement, pource qu'ils traictoient avec le Roy et promettoient de luy donner entrée dans Paris, et qu'en cas que ledit sieur de Belin ne voulust l'entreprendre, que les Seize y tinssent la main pour l'executer; plus, que plusieurs du parlement en estoient consentans, et leur avoient requis main forte pour ce faire. A quel propos publier toutes ces menteries, puis que l'on a veu le duc de Mayenne, le sieur de Belin et le parlement, pourchasser leur punition pour avoir faict mourir ce president, estimé un des doctes hommes de son siecle? Voicy ce qu'escrit Scevole de Saincte Marthe de la vie de ce president.

« M. le president Brisson, natif de Fontenay en Poictou, lieu fort fertile à produire des hommes d'excellent esprit, estoit fils d'un pere, homme honnorable et riche, lieutenant dudit Fontenay qui est un très-beau siege. Par le moyen et conduite de son pere, il fit heureusement le cours de ses estudes, tellement qu'en peu de temps il parvint à un souverain degré de science en toutes sortes, et en acquit un los non accoustumé, laquelle science il ne tint pas cachée dans son estude pour s'y amuser en oysiveté, mais il la fit paroistre à descouvert, avec un très-grand lustre, à la veuë du public, parmy les grands personnages, car, presque dès sa prime jeunesse, il fit une très-belle monstre de son sçavoir au barreau de la cour de parlement entre les advocats les plus celebres, usant d'une façon de parler remplie d'eloquence et toutesfois non affectée, mais claire et facile, d'un langage pur et net, fluide comme un ruisseau coulant doucement. En laquelle profession d'advocat ayant fait de grands progrez, il s'acquit un tel bruit, qu'il fut incontinent promeu par ce grand roy Très-Chrestien Henry troisiesme de pieuse memoire, premierement à l'office d'advocat general, puis après de conseiller d'Estat, et finalement il le fit president de ce grand parlement, sans beaucoup differer d'un temps à l'autre; et lors mesme Sa Majesté luy fit tant d'honneur de dire qu'il n'y avoit prince au monde qui eust homme à luy qu'il pust mettre en parangon avec ledit sieur Brisson; tellement qu'il l'envoya en ambassade en Angleterre pour de très-grandes affaires. Et ayant Sa Majesté proposé de faire un recueil de tous ses edicts et ordonnances de ses predecesseurs, il estima qu'il estoit l'unique suffisant de luy en donner contentement, veu la grandeur de l'œuvre contenant tout le droict par lequel la France se gouverne; lequel œuvre ledit sieur Brisson acheva avec une diligence et promptitude admirable et incredible, et le nomma, du nom de Sa Majesté, *le code Henry*. En oultre il a escrit un grand et docte volume de la signification des termes du droict françois; *item,* un autre des formalitez et du style usité au droict civil entre les Romains, qu'on appelle droict escrit, et plusieurs autres opuscules, partie desquels il a mis en lumiere, et d'autres qui y ont esté mises après sa mort, laquelle le prince et chef du party de l'union mesmes n'a voulu laisser impunie. » Voylà ce que dit Scevole de Saincte Marthe de la vie et mort de ce president.

« Si ceste mort eust esté advouée et passée sous silence par le duc de Mayenne, dit l'autheur du livre du Manant et du Maheustre, le Roy n'eust plus eu d'agens dans Paris pour luy, et eussent tous perdu courage; mais qu'après la journée du 4 decembre la cour de parlement se restablit en sa premiere authorité; que ce fut un coup d'Estat pour l'establissement du Roy; que ce qui advint en ceste journée authorisa et fortifia le party formé en la cour de parlement et les politiques de Paris contre les Seize et leurs predicateurs. »

Ce mesme autheur dit en son dialogue plusieurs choses sur ceste journée, la substance desquelles icy referées feront aysement juger comme tout s'est passé en ce temps-là.

« C'est la maxime des princes, dit-il, de se servir du peuple au commencement de leur establissement; mais estant fait il n'en faut plus parler. Auparavant les Barricades et la mort des duc et cardinal de Guise, on trouvoit bon que les Seize se remuassent, qu'ils s'opposassent et servissent de rampart contre tous les efforts et desseins du feu Roy et des siens, exposans leurs vies et biens contre la puissance de Sa Majesté, et de là est venu ce grand changement que l'on a veu en France, car alors les princes communiquoient avec les Seize, tout se faisoit par une mutuelle intelligence, et les princes de la ligue ne faisoient rien sans en advertir ledit conseil des Seize, et en fut descouvert plusieurs memoires et missives que le feu duc de Guise leur envoyoit. Mais, depuis que le duc de Mayenne a esté establi, et que les Seize luy ont donné l'authorité sur eux et le souverain commandement, et qu'il a gousté d'iceluy, il ne l'a voulu depuis demordre aucunement, ains s'en est accommodé en proprieté, encor qu'il n'eust ceste authorité qu'en depost, en attendant la resolution des estats; et de là, dit-il, est venu tout malheur au party de l'union; car le duc de Mayenne, sentant la volonté des Seize affectionnez au roy d'Espagne pour luy oster son authorité, les a eus depuis tellement à contrecœur, que dèslors leur ruine fut complotée. Il rompit premierement l'authorité du conseil general de l'union, qui estoit l'establissement et conduite des affaires de la ligue, et en fit un particulier auprès de luy, qu'il composa de personnes qui luy estoient affidées, qui a esté le plus grand traict d'Estat que jamais ledict sieur duc de Mayenne ait faict pour son particulier, ayant par ce moyen formé son establissement et ruyné les Seize et leur faction; car, par la rupture de ce conseil, toutes les provinces et villes de la ligue qui se trouvoient joinctes et liguées ensemblement, tant du vivant du duc de Guise qu'après sa mort, et qui avoient communication avec ledit conseil des Seize, et depuis avec ledict conseil general de l'union, (qui, après la mort dudit duc de Guise, fut composé de tous ceux qui avoient esté dudit conseil des Seize), se trouverent des-unies sans plus conferer ensemble, et chasque ville advisa lors à son profit particulier; mesmes les grands qui y estoient gouverneurs pour l'union leur osterent en plusieurs endroicts le maniement des affaires. Et par ainsi les Seize de Paris demeurerent seuls, desnuez de moyens, secours et intelligences.

« Plus, que ladite execution du quatriesme decembre despouilla lesdits Seize de toutes forces, authorité et puissance, jusques à n'oser parler, et furent dèslors abandonnez de plusieurs des grands du party de l'union, entr'autres du duc de Guise, luy qui auparavant leur avoit envoyé le sieur de Jauge leur porter toute creance d'assistance, faveur et ayde, qui au contraire se mocqua aussi d'eux, mesmes que le simple peuple, subject à vaciller, les commença à avoir en mespris, et devindrent en horreur à toutes les provinces et villes de l'union à cause des lettres que ledit sieur duc de Mayenne y avoit escrites contr'eux, lequel, pour establir son authorité et s'asseurer d'avantage en sa qualité de chef de l'union, fit promettre les cinq conditions suivantes à tous les grands et gouverneurs de ce party :

I. De ne l'abandonner jamais, ny de se bander contre luy pour quelque occasion que ce fust.

II. De ne favoriser la nomination d'un roy que par son consentement.

III. De consentir tous les accords qu'il feroit avec le Roy ou autre.

IV. De ne favoriser les Espagnols ny conferer avec eux que par sa licence et selon son instruction.

V. De resister et contredire, par parole, conseil et effect, contre ceux qui favoriseroient le peuple et empescheroient ses desseins, et de faire en sorte que l'authorité entiere luy demeurast audit party de l'union, pour y disposer de tout selon sa volonté. »

Cest autheur, qui estoit un des principaux desdits Seize, après avoir dit que l'ordinaire des grands est de hayr ceux de qui ils tiennent leur advancement et ceux qui n'adherent à leur volonté, mesmes que le duc de Mayenne avoit introduit aux villes de leur party ceux qu'il avoit voulu, et en avoit osté les ligueurs qui luy avoient baillé telle authorité, il s'exclame et dit :

« Où est ce nœud d'union d'entre les princes de Lorraine et nous? Où est ce secours mutuël qu'ils nous ont juré tant de fois et promis? Où est ceste amitié tant de fois jurée aux Barricades et à l'instant d'icelles? Où est la forme de nostre union? Où est l'intelligence et confederation tant belle et serieuse que nous avions practiquée avec les principales provinces et villes de France, qui, à nostre sollicitation, vigilance et frais, s'estoient joinctes à nostre party, que les princes et ceux que nous avons esleu au magistrat nous ont ravies et perduës tout ensemble? Où sont les agents des provinces qui de toutes parts nous venoient voir et prenoient de nos mains les instructions necessaires pour l'advancement du party de l'union? Où est nostre retraicte? Où est nostre asseurance? »

Voylà la plainte que fait cest autheur pour les Seize. Plus il dit : « Je sçay pour vray que le duc de Mayenne n'a cherché qu'occasion de ruiner les Seize, ayant à ceste fin introduit à Paris ses agents contre les predicateurs, les curez et les Seize, par la faveur et support d'aucunes princesses, specialement de madame de Montpensier, du sieur de Belin, gouverneur, du prevost des marchands, et du corps de la cour de parlement, avec le support des politiques qui se sont joincts ensemble à cest effect à la ruyne des Seize; car, encores que les politiques n'ayment le duc de Mayenne, et au contraire ils taschent à le ruiner pour introduire le Roy dans Paris, si est-ce que, pour nuire et destruire les predicateurs, et les Seize, et le peuple, qui resistent resoluëment à l'establissement du Roy, ils se sont rengez du party du duc de Mayenne, non pour quelque faveur ou amitié qu'ils luy portent, mais en despit des autres, et pour les diviser et ruiner l'un l'autre, et par ce moyen faire les affaires du Roy et l'establir. En une assemblée faicte en la maison de d'Aubray (1), où le conseiller d'Amours et le doyen Seguier estoient, à la fin du mois de decembre 1591, il fut advisé qu'il failloit faire contenance d'embrasser le party du duc de Mayenne en indignation du duc de Guyse et des autres princes, affin de les mettre en discord les uns envers les autres, pour sur ceste division bastir les affaires du Roy; et ont tous ces corps complotté la ruine des predicateurs, des Seize et des estrangers: estant la verité que le duc de Mayenne, au partir de Paris audit mois de decembre, donna charge à tous ces corps de faire du pis qu'ils pourroient contre les predicateurs, les Seize et les Espagnols; et deux jours après qu'il fut party pour aller à Soissons, et de là

---

(1) *Aubray*. C'étoit l'un des royalistes les plus zélés. Il joue un rôle très-noble dans la satire *Menippée*.

à Guise pour conferer avec le duc de Parme de ce qu'ils devoient faire pour le secours de Rouen, les colonels de Paris, qui estoient politiques, resolurent de desarmer les Seize, et de faire deffendre à tous bourgeois de porter armes ou les prendre sans le congé desdits colonels et de leurs capitaines, pour quelque occasion que ce fust; mesmes le quatorziesme janvier 1592, de la part de la cour de parlement, de la chambre des comptes, de la cour des aydes, des generaux et des politiques, il se fit une assemblée où ils jurerent un support et commun ayde entr'eux, comme aussi firent lesdits colonels et capitaines de la ville qui se recognurent ensemblement, et depuis ruinerent le party des Seize, et firent tout ce qu'il leur sembla bon pour le service du Roy. » Bref, cet autheur dit que la resolution de la cour et de la chambre des comptes et de toutes les cours souveraines a esté, auparavant et depuis la mort du feu Roy, de se rendre les souverains gouverneurs de l'Estat pour se sousmettre au Roy.

Ceux qui escrivirent contre les Seize pour M. de Mayenne disoient que ledit sieur duc avoit bien faict de punir la temerité de ces Seize, pource que cela estoit sans exemple que les particuliers eussent mis la main sur les magistrats, et que la consequence en estoit dangereuse; qu'Aod, Jehu, Phinées et Mathatias, alleguez par les Seize en leurs deffences d'avoir mis les mains sur les magistrats, sans charge ny adveu, mais poussez seulement de l'honneur de Dieu, n'estoit pas à propos, car Dieu a beny les nommez cydessus particuliers, et a permis que leurs actions ayent profité au peuple et rendu leur liberté; mais, au contraire, les actions des Seize n'avoient de rien profité, ains tout estoit tourné à la perte et ruyne de leur party et d'eux-mesmes; tellement que ce faict estoit abominable, et Dieu ne les avoit favorisez et advoüez; aussi la forme dont ils avoient usé estoit tellement de consequence, que si ledit sieur duc ne l'eust reprimée ils en eussent abusé avec violences. J'ai mis icy ces opinions de divers escrivains, affin que le lecteur juge mieux de l'estat des affaires de ce temps-là.

Tandis que les choses cy dessusdites se passoient en France, voyons ce qui se faisoit aux Pays-Bas. Nous avons dit que le prince Maurice se rendit maistre de Hulst le vingtiesme de septembre, où, ayant laissé le comte de Solms pour gouverneur, et assubjetty tout le pays de Vaës, il fit rembarquer toute son armée sur cent vaisseaux, envoyant sa cavalerie en toute diligence vers le pays de Gueldre, où il avoit resolu de faire voile et remonter par la riviere de Vahal.

Le sieur de Mondragon, gouverneur de la citadelle d'Anvers, entendant la perte de Hulst, amassa incontinent une armée de quatre mille fantassins et mille chevaux, à laquelle se joignirent les Espagnols mutinez qui s'estoient saisis de Diest, Herental et Lieve, lesquels l'on avoit appaisez en leur donnant quelques payes, et substituant pour leur maistre de camp Alfonse de Mendozze au lieu de Vega. Ceste armée s'acheminant à Hulst, Mondragon trouva ceste place si bien garnie d'hommes de guerre et de munitions, et quelques digues rompuës, qu'il fut contraint de se retirer après avoir faict un fort proche de Hulst pour empescher les courses de ceux de dedans.

Le prince Maurice, remontant le Vahal, fit desbarquer toute son armée devant Numeghe, et l'assiegea par eau et par terre, ayant fait dresser un pont sur la riviere pour aller d'un quartier à l'autre à la faveur du fort de Knotzembourg. Ceux de Numeghe en ce commencement de siege se monstrerent très-courageux, et tirerent fort de la tour Sainct Hubert; mesmes d'un coup de coulevrine ils rompirent ledit pont, dont le prince fut contraint de le faire mettre plus bas qu'il n'estoit. Six jours s'estans passez à faire les approches et les tranchées, et à dresser quarante deux pieces de canon en batterie prestes à tirer, plusieurs des habitans qui avoient, par la practique d'un secretaire des Estats, nommé Christian Hugues, lequel estoit prisonnier de guerre dans Numeghe, esté gaignez pour le party des Estats, et entr'autres un des bourguemaistres qui avoit esté jusques à La Haye communiquer de leur entreprise, commencerent à parler de se rendre, et donnerent tellement la peur aux autres habitans du grand apparat que le prince faisoit de les assieger en blasmant les desportements et gouvernement de l'Espagnol, ainsi que l'on faict d'ordinaire en telles actions, loüant le bon ordre des Estats, que tous d'une voix ils ne parlerent plus que de se rendre et composer avec le prince: ce qu'ils disoient devoir faire promptement avant que Verdugo eust jetté des gens de guerre dans leur ville, qui pourroient lors les contraindre d'endurer un siege. Ainsi les habitans de Numeghe, ayans communiqué leur resolution aux chefs des trois compagnies qu'ils avoient en garnison, envoyerent quatre deputez vers le prince Maurice, et fut tant exploicté, que le 21 la composition fut arrestée, et, ce mesme jour, le prince mit dedans la ville quatre cents hommes, et, le vingt-deuxiesme, le sieur de Ghe-leyn, les capitaines Snater et Jean de Verden, sortirent avec leurs compagnies, les enseignes desployées, avec leurs hardes et bagages, et furent conduits jusques auprès de Grave. Les habitans, qui eurent si haste de composer, perdirent l'exercice libre de la religion catholique-romaine, et celle des calvinistes ou pretenduë reformée y fut establie. Les eglises, qui y estoient très-belles et bien ornées, se virent incontinent vuides d'images, de reliques et d'ornements.

Le comte Philippe de Nassau fut mis gouverneur dans ceste ville avec une garnison de six compagnies d'infanterie et de deux de reistres. Le cadavre du colonel Martin Scenck, dont nous avons parlé cy dessus en l'an 1589, et dit qu'après s'estre noyé en voulant surprendre Numeghe il fut mis en quatre quartiers sur les ramparts de ceste ville, et que depuis il fut mis en une biere dans une tour, à la requeste du marquis de Varambon, fut après ceste reduction enterré dans la grande eglise. En la pompe funebre militaire qui luy fut faicte, le prince Maurice y assista, suivy de tous les colonels et capitaines de son armée, et de tous les magistrats de la ville de Numeghe. La reddition de ceste ville fut le comble des heureux succez qu'eut le prince Maurice en ceste année; car, après qu'il y eut donné l'ordre requis, il s'en retourna avec son armée passer les froidures de l'hyver en Holande.

Le roy d'Espagne, qui avoit jetté tous ses desseins sur la France, et croyoit estre impossible de trouver une si belle occasion pour s'en pouvoir rendre le maistre qu'en ce temps-icy, à cause de la division des François, ne laissa rien derriere pour prendre ceste occasion par les cheveux. Nous avons dit qu'il avoit fait lever plusieurs troupes en Italie, qu'il avoit mandé au duc de Parme qu'il entrast en France avec les gens de guerre qu'il avoit en Flandres, et qu'il laissast les Pays-Bas avec le plus de seureté qu'il pourroit. Outre ces deux choses, il avoit encor donné ordre à deux autres qui ne luy reüssirent selon son desir. La premiere, il avoit fait lever en Espagne douze mille hommes de pied et deux mille chevaux sous la conduite d'Alonzo de Vargas, qu'il avoit deliberé d'envoyer en France par la Navarre; mais la revolte qui fut faicte en Arragon à l'occasion d'Antonio Perez, ainsi que nous dirons, fit que ceste armée fut employée pour favoriser l'execution qu'il fit faire de quelques Arragonnois, tellement qu'elle ne vid point la France. La seconde estoit de tascher à faire la paix avec le prince Maurice et les Holandois, qu'il appeloit ses rebelles, affin que, n'ayant à faire qu'à la France, il luy fust plus aysé de venir à bout de son dessein. Son ambassadeur près l'Empereur, qui estoit dom Guillaume de Sainct Clement, mena ceste practique, et fit que Sa Majesté Imperiale envoya en ambassade, aux despens du Roy son maistre, les seigneurs Jean Baron de Pernestein, les comtes d'Isenbruch et de Lippe, le seigneur de Rhede, et le frere de l'evesque de Virtzembourg, avec quelques docteurs. Ces seigneurs arriverent à Cologne au mois d'octobre, et de là ils vindrent à Namur où le comte d'Aremberg les fut recevoir par le commandement du duc de Parme, et les conduit jusques à Bruxelles où ils arriverent le premier jour de decembre, et y furent receus avec toutes sortes de carresses, et menez au logis que l'on leur avoit appresté de la meilleure forme et maniere que l'on avoit peu. Trois jours après le duc de Parme, qui estoit à Valentienne et y faisoit ses apprests pour entrer en France, s'estant mis en un coche pour ce qu'il estoit empesché de ses goutes et ne se trouvoit gueres mieux de sa maladie pour avoir beu des eauës de Spa, se rendit aussi à Bruxelles. Et le cinq, six et septiesme de ce mois, lesdits duc de Parme, ambassadeurs de l'Empereur, et le conseil d'Estat, resolurent plusieurs choses entr'eux touchant cest affaire; mais lesdits ambassadeurs ayans envoyé demander un passeport pour aller à La Haye en Hollande, les estats generaux des Provinces Unies les prierent de vouloir espargner ce travail, veu qu'ils ne trouvoient nulle asseurance au traicté qu'ils pourroient faire avec le roy d'Espagne, ainsi qu'il se pouvoit aysement juger par les lettres interceptées que ce Roy escrivoit audit sieur de Sainct Clement son ambassadeur. Nonobstant ceste response, lesdits seigneurs ambassadeurs ne laisserent d'envoyer un d'entr'eux, le sieur de Rhede, à La Haye, où il arriva sur la fin de l'année, et y fut environ trois mois, et s'en retourna avec une responce par escrit que luy baillerent lesdits sieurs des Estats, contenant les causes pourquoy ils ne pouvoient traicter avec le roy d'Espagne, et les raisons des desfiances qu'ils avoient de luy. Ainsi ceste praticque fut sans aucun effect. Quant au duc de Parme, ayant demeuré quatre jours à Bruxelles à conferer avec lesdicts ambassadeurs, il s'en retourna à Landrecy pour s'acheminer en France.

Pour la revolte d'Arragon à l'occasion d'Antonio Perez, secretaire d'Estat d'Espagne, et personne de grande authorité, où fut empeschée l'armée qu'avoit levée don Alonze de Vargas, elle advint, ainsi que rapportent les historiens espagnols, à cause qu'Escovedo, secretaire de dom Jean d'Austriche, bastard de l'empereur Charles le Quint, mandé de Flandres en Espagne durant le vivant de son maistre, estant arrivé à Madrid, fut assassiné de nuict, en plaine ruë, par Garzia d'Arzes et autres complices, à l'induction d'Antonio Perez. La vefve et les enfans d'Escovedo ayans accusé Perez de cest assassinat, le secretaire Mathieu Vasques en presenta la plainte, et soustenoient que Perez et la princesse d'Eboly l'avoient faict faire pour une haine particuliere qu'ils avoient contre Escovedo. Perez, estant mis prisonnier, et craignant d'estre puny, se sauva de prison et s'enfuit en Arragon, où il fit revolter le peuple sous un faux donné à entendre, et fut cause des afflictions que receurent les Arragonois en ceste année.

Ceux qui ont escrit en la defense dudit Perez disent que dom Jean d'Austriche, desireux de parvenir à une grandeur superlative, à ce poulsé par un sien secretaire, Jean Soto, se promit un temps de se pouvoir faire roy de Tunes en Afrique. Du depuis, ce secretaire ayant esté rappellé en Espagne, et envoyé en sa place ledit Escovedo, dom Jean, peu après estant pourveu du gouvernement des Pays-Bas, eut dessein de se faire roy d'Angleterre sans le sceu du Roy d'Espagne, à quoy ledit Escovedo l'entretenoit et faisoit toutes les menées et practiques secrettes de ce dessein; mais, tout cela n'ayant rien reüssy pour plusieurs occasions, dom Jean fit encores plusieurs practiques, tant en Flandres qu'avec le duc de Guise en France, sans le sceu dudit roy d'Espagne, dont Jean de Vargas, ambassadeur en la cour de France, advertissoit ledit Perez qui le rapportoit audit Roy; mesmes que lesdits dom Jean et Escovedo ayant rescrit plusieurs lettres audit Antonio Pérez comme à leur amy, touchant le mescontentement dudit dom Jean, il en avoit communiqué aussi les secrets au Roy, ce qui fut cause qu'Escovedo fut mandé en Espagne, et fut resolu par le Roy de s'en despescher par poizon ou autrement, tant à cause de sa grande licence, de sa hardiesse dont il usoit en escrivant, et d'aucunes de ses paroles du tout desplaisantes audit roy d'Espagne, que pour ses menées et practiques. Luy semblant estre dangereux de le renvoyer aux Pays-Bas près de dom Jean, il advisa, avec le marquis de Velez à qui il communiqua son dessein, de le faire tuër, et resolurent que si les assassins venoient à estre prins, que Perez, prenant seul la coulpe pour soy, s'enfuyroit en Arragon où le roy d'Espagne le pourroit mieux garantir qu'en Castille.

Escovedo ayant esté assassiné, sa veufve et ses enfans firent informer contre Perez. Le roy d'Espagne reçoit leurs plaintes en son conseil d'Estat, et, au lieu de les renvoyer devant la justice ordinaire, donna luy-mesme tout le faict à cognoistre au president de Castille, avec charge de parler aux enfans d'Escovedo et au secretaire Vasques affin de les faire taire; mais toutes les admonitions du president ne firent que d'avantage les aigrir : ce qui fut l'occasion que Perez conseilla au Roy de laisser venir ce faict en droict, avec une lente poursuitte, sans neantmoins y faire rien ordonner, ou bien qu'il luy donnast congé de se retirer de la Cour. Le Roy print de mauvaise part ceste demande de se retirer de la Cour, et promit à Perez, en foy de cavalier, de ne l'abandonner jamais.

Après la mort du marquis de Velez, qui estoit le tesmoing vif et cathegorique de toutes ces choses, la plainte de la mort d'Escovedo s'augmenta, et fut presenté au Roy par escrit plusieurs plaintes, tant contre la princesse d'Eboly que contre Perez, sur lesquelles le Roy n'ordonna rien; au contraire, il commanda à son confesseur de reconcilier la princesse et Perez avec Vasques; à quoy ladite princesse d'Eboly ne voulut entendre, pource que Vasques, disoit-elle, n'estoit de sa qualité. Perez eust bien desiré qu'elle l'eust faict, mais il ne luy en oza rien dire, et fut contrainct, sur les continuelles plaintes et poursuittes que Vasques faisoit, de supplier le Roy encore une fois de luy permettre de se retirer.

Le Roy, qui se sentit offensé de ceste demande et de la princesse d'Eboly qui n'avoit voulu se reconcilier avec Vasques, ayant pris advis de son confesseur et du comte de Barayas, president de Castille, il les fit en sa presence tous deux mettre prisonniers, où Perez fut quatre mois, durant lesquels il fut visité souvent par le confesseur, et mesmes le Roy envoya voir la femme de Perez pour la reconforter, et luy fit dire qu'elle ne se mist en peine de son mary.

Après ceste prison de quatre mois, Perez fut renvoyé avec gardes en sa maison, et fut contraint, par le commandement du Roy, de donner sa promesse, en foy de gentil-homme, ez mains de dom Rodrigo Manuël, qu'il seroit amy de Vasques; et ainsi demeura en sa maison depuis l'an 1580 jusques en l'an 1585 (supportant les frais de l'estat d'icelle sans recevoir aucun traictement ny gages), qu'il fut mis avec plusieurs autres secretaires à la *visita*, qui sont juges lesquels recherchent les secretaires et autres qui ont mal versé en leurs charges.

Perez, voyant que l'on l'interrogeoit sur une accusation de dix mille ducats, en advertit le confesseur, et luy monstra pour sa descharge l'escrit propre de la main du Roy. Sur ce, ledit confesseur luy deffendit de s'en purger par l'escriture du Roy : à quoy Perez obeït pour ne divulguer les secrets de son prince, et se laissa condamner en l'amende de trente mil ducats, suspension de son office, de tenir prison deux ans, et d'estre banny huict ans. Perez mené de sa maison au chasteau, ce jugement luy ayant esté insinué, on luy dit qu'il ne se mist point en peine, et qu'il ne satisferoit à ce jugement; mesmes il eut main-levée de ses biens saisis auparavant, et ledit Perez bailla entre les mains du confesseur le billet escrit de la main du Roy, portant descharge desdits dix mille ducats dont il estoit accusé, lequel billet ledit confesseur a nyé depuis luy avoir esté baillé. Plus, on demanda à Perez qu'il delivrast tous les papiers et escritures que le Roy luy avoit escrits, et celles qu'il avoit escrit au Roy. Perez l'ayant refusé, on vint pour executer ledit jugement, et nonobstant qu'il se fust sauvé en une eglise, on ne laissa de l'en tirer : mais pour ce coup l'execution fut differée. Toutesfois, peu de jours après, le confesseur, nommé frere Diego Chaves, voulant avoir lesdits papiers, sçachant de combien ils importoient à l'honneur du Roy, Perez fut reprins et mené au chasteau de Turnegano, là où il fut tenu quatre-vingts et dix jours prisonnier, les fers aux pieds, par le licentié

Torres d'Avila. Sa femme, Jeanne Cuello, et ses enfans, furent aussi mis prisonniers au mesme temps. Pendant ceste prison l'on demanda à ceste femme qu'elle eust à bailler les papiers de son mary, ce qu'elle refusa. Perez, de l'autre costé, en estoit aussi solicité, et tellement affligé, qu'il fut contraint d'escrire, de son sang propre, une lettre à sa femme, luy mandant qu'elle eust à les delivrer, ce qu'elle fit en partie; mais, comme femme advisée, elle en retint aucuns; les autres elle les envoya audit confesseur (qui estoit lors en la ville de Mouson) dans deux coffres avec les clefs, lesquelles furent baillées ez mains propres du Roy. Moyennant la delivrance de ces papiers, ladite Jeanne Cuello fut mise en liberté, et son mary Perez fut mis dans Madrid, un peu plus au large, l'espace de quatre mois, ayant congé d'estre visité par les siens et d'ouyr messe.

Peu après le fils d'Escovedo estant venu renouveller ses vieilles plaintes contre Perez, on le remena derechef en prison au chasteau, et tost après fut mandé en cour, où, estant interrogé sur le faict d'Escovedo, il ne voulut rien declarer du secret du Roy, et fit advertir Sa Majesté de la façon que l'on procedoit contre luy. Perez, n'ayant eu que dix jours pour respondre sur les points principaux d'un procès qui avoit duré dix ans, fut conseillé par ledit confesseur de confesser l'assassinat d'Escovedo sans en declarer les vrayes raisons: ce que Perez n'ayant trouvé bon, s'advisa d'accorder avec les parties interressées en leur baillant vingt mil ducats, qui furent payez content.

Le president Rodrigo Vasques, parent d'Escovedo, après cest accord, escrivit au Roy qu'il pesast bien ceste affaire là, pour ce qu'un chacun jugeroit à l'advenir que Sa Majesté l'avoit faict faire, et qu'il failloit qu'il fist declarer à Perez pourquoy il avoit faict faire cest accord, tant affin de fermer la bouche à ceux qui en voudroient parler à l'advenir, que mesmes pour la descharge dudit Perez. Sur ceste lettre le Roy escrivit un billet à Perez qu'il eust à declarer les raisons pour lesquelles il avoit par son commandement faict tuër Escovedo. Ce billet fut occasion que plusieurs dirent dèslors : « Si le Roy luy a commandé de faire mourir Escovedo, quelle raison ou quelle amende en pretend-il ? Est-il temps, au bout de douze ans, de luy faire demander les raisons pourquoy Sa Majesté le luy a faict faire ? » Quelques grands tindrent ces paroles audit confesseur, qui leur respondit qu'ils s'en tinssent à repos, et que ce qui en avoit esté faict n'estoit que pour donner contentement audit president Vasques, et que tout se porteroit bien. Nonobstant, Perez fut peu après examiné sur le billet du Roy, sur lequel, ne voulant estre estimé d'avoir creu legerement, il ne voulut rien dire. De là le juge print occasion de luy faire donner la question ordinaire et extraordinaire jusques à effusion de sang. Perez, par ces tourments qu'il enduroit, jugea que sa mort estoit resoluë, et, voulant faire paroistre la lumiere de son innocence, confessa comme le faict d'Escovedo estoit passé et tout ce qui a esté dit cy-dessus, produit pour preuve un tesmoin encor vivant, et allegua les lettres originales de Sa Majesté.

Perez, adverty qu'il y alloit de sa vie, et qu'en son procès, ny le billet du Roy, ny sa derniere deposition, ny aucune chose qui servist à sa justification, n'estoient produits au procès, ne pensa plus à avoir d'autre recours qu'à s'eschapper de la prison et se sauver en Arragon; ce qu'il fit, par l'assistance de sa femmè et de Gilles de Mesa,¹ gentil-homme arragonois et son parent, la nuict du jeudy absolut, et courut la poste trente lieuës sans se reposer, jusques à ce qu'il fust arrivé aux confins d'Arragon d'où il estoit natif, où, tout cassé et rompu qu'il estoit de sa torture, il se retira dans un monastere à Callatajud. Le Roy, après avoir fait mettre la femme et les enfans de Perez prisonniers avec un de ses amis, manda incontinent à un chevalier du pays d'Arragon de se saisir dudit Perez : mais les religieux de ce monastere s'y estans opposez, il fut laissé dans une cellule de ce monastere pour prison.

De Callatajud Perez escrivit au Roy; mais derechef, par exprès commandement de Sa Majesté, il fut enlevé de ce monastere, quelque resistance que les religieux et le peuple fissent, et fut mené à Sarragosse, où, nonobstant tout ce qu'il escrivit au Roy, cognoissant qu'il y alloit de sa vie (pour ne tomber en l'inconvenient que Piso fit, lequel ne se voulut justifier de la mort de Germanique par le commandement par escrit que luy en avoit fait Tybere), il fit un recueil bien ample de tout ce qui est dit cy dessus, avec les lettres et billets du Roy servans à sa justification, lesquels par l'industrie de sa femme luy avoient esté conservez, et en forma un livre qu'il exhiba en justice.

Le marquis d'Almenare, de la maison de Mendozze, que le Roy avoit envoyé à Sarragosse, voyant que la justice souveraine d'Arragon ne procedoit contre

Perez selon l'intention du Roy, voulut que ce procès fust traicté devant la justice des enquestes d'Arragon où le Roy estoit juge et partie. Perez y fut accusé de se vouloir sauver en Hollande ou en Bearn; mais, nonobstant toutes ces procedures, ladite justice des *dix-sept* d'Arragon, qui est la souveraine par dessus toutes les autres, declara que la justice de l'enqueste ny le Roy n'avoient nulle action contre Perez. Voylà bien des contradictions de justice; ce qui fut cause de la grande revolte qui advint, car le marquis d'Almenare, ayant veu mesmes que le salmedine de Sarragosse, qui est le premier juge de ceste ville, avoit esté mis prisonnier par l'ordonnance de ladite justice d'Arragon, à cause qu'il avoit receu la deposition de quelques tesmoins qui asseuroient contre Perez qu'il se vouloit sauver ausdits pays de Hollande ou en Bearn, practiqua les officiers de l'inquisition, lesquels, le vingt-cinquiesme de may, enleverent Perez de la prison comme estant tenu de respondre devant eux, puis qu'il estoit accusé de s'estre voulu sauver en des pays tenus par heretiques.

Quatre heures après que Perez fut enlevé par ceux de l'inquisition en leur prison, un tumulte populaire s'esmeut dans Sarragosse à l'instigation des amis de Perez, prenans leur pretexte que l'on vouloit rompre les privileges d'Arragon. En ce tumulte ceux de l'inquisition furent contraints de remettre Perez en la prison d'où ils l'avoient transporté. Le peuple, non assez satisfaict à leur gré, estant en fureur, sçachant que ledit marquis d'Almenare estoit celuy qui solicitoit dans Sarragosse contre Perez, alla aussi où il estoit logé, et commença à mettre le feu en quelques maisons; mais Jean de La Nuça le vieil, qui tenoit la qualité de *el justicia*, alla droict au logis dudit marquis, et, pensant le sauver de la furie de ce peuple, feignant de le mener en prison, se trouva tellement entouré, que, quoy qu'il fust accompagné de plusieurs seigneurs arragonnois, ledit marquis, après avoir esté injurié et battu par la lie du peuple, fut tellement blessé qu'il mourut huict jours après.

Quoy qu'en ceste premiere esmotion il n'y eust que le menu peuple qui s'en meslast, si est-ce qu'ils estoient soustenus de plusieurs ecclesiastiques et de la noblesse, et disoient que Perez estant fils d'un Arragonois, il ne pouvoit estre jugé que par *el justicia*, qui est juge souverain d'Arragon par dessus le Roy, puis qu'il estoit question, suivant la loy de manifestation, de la conservation du droict de Perez contre les oppressions que luy vouloit faire le Roy.

Les Arragonnois, s'estans affranchis des Mores qui occuperent l'Espagne sept cents ans, et ayans demeuré quelque temps en ceste liberté, desirerent d'avoir un roy, et en demanderent l'advis au Pape, qui leur conseilla, puis qu'ils en vouloient un, de luy prescrire des loix, et par dessus luy un juge souverain avec des assesseurs, afin qu'ils ne tumbassent en quelque tyrannie. Croyans ce conseil, premier que d'eslire un roy ils erigerent la dignité de *el justicia* avec dix-sept deputez, et firent plusieurs loix pour la manutention desquelles ils en firent deux, l'une portant que si le Roy vouloit rompre leurs loix ils seroient delivrez de leur serment et en pourroient creer un autre; l'autre, que les seigneurs du royaume pourroient faire alliance et confederation contre leur roy en cas d'oppression ou d'infraction de leurs droictures. Voylà pourquoy les roys d'Arragon, à leur advenement à la couronne, se mettent de genoux devant le juge souverain qui est *el justicia*, et, à teste nuë, jure d'observer toutes les loix du pays; puis, après qu'il a juré, les Arragonnois luy prestent le serment de fidelité et luy disent : « Nous qui valons autant comme vous, et vous autant comme nous, nous vous faisons nostre roy à condition que vous garderez nos privileges et libertez; si vous ne le faictes nous serons delivrez de nostre serment. » C'est pourquoy l'on dit que les roys d'Arragon sont maistres et valets tout ensemble. Pour plusieurs raisons, en une assemblée d'estats durant le regne de dom Pedro au poignard, les quatre membres du royaume casserent la loy d'eslection, et rendirent le royaume successif et hereditaire, en se reservant toutes leurs autres loix et privileges. Ce que ledit roy dom Pedro jura de maintenir, comme ont aussi fait tous les roys ses successeurs jusques à present; mesmes lesdits privileges se voyent encor imprimez par permission de plusieurs roys.

Quand le Roy eut eu advis de la mort du marquis d'Almenare, et de ce qui estoit advenu en voulant mettre Peréz à l'inquisition, il manda au vice-roy d'Arragon d'avoir l'œil que ledit Perez ne pust s'eschapper hors d'Arragon, et de le faire soigneusement garder en une prison perpetuelle. Le vice-roy ayant communiqué la volonté du Roy à la justice souveraine et aux dix-sept deputez ou assesseurs d'Arragon, ils trouverent bon le commandement du Roy; mais, sous main, il y en avoit un autre de trouver moyen de tirer Perez et Jean François Majorini de la prison où ils estoient, et les envoyer en Castille. Jean Loys de Muriano solicitoit pour le Roy, tant le vice-roy que l'inquisition, et tous ceux qu'il cognoissoit luy pouvoir ayder en ceste affaire, et fit tant qu'il gaigna les treize jurisconsultes du royaume, qui donnerent leur advis que Perez devoit estre livré à l'inquisition. Les amis de Perez, advertis que son affaire alloit mal, donnerent à entendre au peuple que ce n'estoit que par vengeance, haine et animosité que l'on en vouloit à Perez, et qu'il n'estoit point coulpable : tellement que ledit vice-roy et l'inquisition, voulans entreprendre le 20 d'aoust de s'emparer de Perez et de Majorini, ne l'oserent faire sans avoir la main armée, sur les paroles qu'un chacun tenoit pour la deffence de Perez.

Le vingt-quatriesme de septembre, ledit vice-roy, suivy de Jean de La Nuça le pere, juge souverain, et de plusieurs seigneurs et chevaliers, ayant bien assemblé deux mille hommes de guerre, et les ayant faict renger en ordre de bataille aux places de la ville, et mis plusieurs hommes armez dans les maisons voisines de la prison, pensant donner une crainte au peuple et l'espouvanter, affin qu'ils ne sortissent de leurs maisons, fit faire une salve d'harquebuzades : quelques-uns qui se voulurent remuër en ce commencement furent empeschez; le vice-roy en blessa mesmes quelques-uns. A l'heure du conseil, les inquisiteurs y allerent demander que l'on eust à leur mettre entre leurs mains Perez et Majorini : ce que le conseil leur accorda, nonobstant les requestes que presenterent aucuns Arragonnois affectionnez au party de Perez, et obtinrent *fiat*. En mesme temps plusieurs seigneurs et officiers allerent en la prison pour y recevoir les inquisiteurs, lesquels y vindrent peu après avec deux notaires affin que toutes choses se fissent selon l'ordre de la justice : plusieurs gens de guerre aussi les accompagnerent pour tenir main forte; mais, cependant qu'ils faisoient descendre Perez, et voulans observer toutes les ceremonies sur ce qu'il protestoit de l'infraction des privileges d'Arragon, et tandis que l'on luy mettoit les fers aux pieds et à Majorini aussi, en un instant on vid accourir tout le peuple de Sarragosse à grands troupes crians : *Libertà! libertà!* Ce n'estoit du commencement que quelques gaigne-deniers et la menue populace, dont peu estoient armez, qui se jetterent en la place de *Justicia*. A ce bruit toute la ville se mit en armes. Le sieur Gilles de Meza, qui avoit aydé à sauver Perez du chasteau de Madrid, estoit lors à Sarragosse : requis du peuple d'estre leur chef pour maintenir leur liberté, et ayant mis quelque ordre parmy eux, avec les amis de Perez et les siens il attaqua si furieusement la cavalerie du viceroy, qu'il mit tout ce qui se voulut opposer devant luy en fuite. Ledit viceroy et autres seigneurs, s'estans sauvez dans une maison, n'eurent autre loisir que de s'en retirer de peur d'y estre bruslez, car, sur quelque resistance qu'ils y penserent faire, le peuple mit le feu dans ceste maison. Les mulets des coches dans lesquelles Perez et Majorini devoient estre menez en Castille furent sur le champ tuez et les coches bruslés. Ledit Jean Loys de Muriano et Pierre Jerosme de Baradix, ennemis de Perez, furent aussi tuez et quelque soixante personnes, et bien autant de blessez. Le peuple, criant sans cesse *Libertà! libertà!* alla à la prison où ils trouverent les inquisiteurs qui avoient desjà mis les fers aux pieds à Antonio Perez, lesquels ils luy firent oster par les officiers de ladite inquisition, et le menerent au logis de dom Diego d'Eredia, puis allerent encor tirer de prison Majorini, et mirent plusieurs autres prisonniers en liberté.

Perez et Meza dez le soir de ceste journée sortirent de Sarragosse, et furent trois jours sur une montagne, où advertis que le viceroy et le gouverneur de Sarragosse les cherchoient, ils r'entrerent dans la ville, et y furent cachez quarante jours chez leurs amis. Pendant ce temps le roy d'Espagne, fasché de ceste revolte, manda à dom Alonzo de Vargas de tourner teste avec son armée et entrer dans l'Arragon. Perez et Meza, avec quelques gentils-hommes de ses amis, entendans que Vargas s'acheminoit à Sarragosse, en sortirent, et cheminerent par rochers et montagnes, et firent tant qu'ils arriverent à Sala, d'où Perez envoya Meza prier madame Catherine, sœur unique du roy Très-Chrestien, et gouvernante pour le Roy son frere en Bearn, laquelle estoit à Pau, de les recevoir sous sa protection (1) et sauvegarde. Ceste princesse, qui estoit d'un bon naturel, luy manda qu'il pouvoit venir asseurement avec ceux de sa compagnie, et qu'il trouveroit toute seureté et franchise en son endroict, et mesmes luy envoya quelques chevaux pour l'amener chez elle.

(1) *De les recevoir sous sa protection.* L'acharnement de Philippe II contre Antonio Perez venoit de ce que ce dernier avoit été bien traité par la princesse d'Eboli, maîtresse du monarque; et Perez avoit fait assassiner Escovedo, parce qu'il le soupçonnoit d'avoir éclairé Philippe sur cette intrigue. Ce seigneur arriva à Pau le 26 novembre 1591. Il s'attacha à Henri IV, qui, lorsqu'il fut affermi sur le trône, lui donna une pension. Il occupa ses loisirs à composer des Mémoires sur sa vie. Philippe II essaya plus d'une fois de le faire assassiner. Il mourut à Paris le 3 novembre 1511, un an après son bienfaiteur.

Les Sarragossans, voyans Vargas et son armée entrez dans le pays d'Arragon, presenterent une requeste à Jean de La Nuça le jeune qui avoit nouvellement succedé à son pere à l'estat de *el justicia*, contenant qu'il n'estoit point permis au Roy de faire entrer une armée dans le royaume sans le consentement des estats, et qu'il eust à prendre les armes, suivant leurs privileges, pour repoulser Vargas et son armée. Sur ceste requeste, par un decret qu'ordonnerent les dix-sept deputez, on courut aux armes pour repoulser Vargas. Les predicateurs en leurs sermons animerent le peuple à maintenir leurs libertez; commission fut donnée à dom Jean de La Nuça pour estre general de l'armée, laquelle commission fut signée par l'abbé de Piedra, Louys Navarra, Jean Loys de Marcuello, dom Jean de Luna, Hierosme d'Oro et autres, et scellée de *el justicia*. Incontinent on mit l'estendart Sainct George au vent. Les Arragonnois sortirent de Sarragosse environ trois ou quatre mille; mais aussi-tost les capitaines et gens de guerre qui estoient parmy eux se retirerent file à file, tellement que ceste armée fut en un rien devenue à neant. Vargas qui la vid ainsi fondue par le moyen des lettres qu'il avoit escrites aux grands seigneurs et gens de guerre qui s'estoient mis avec ce peuple, en leur mandant que Sa Majesté ne se vouloit ressouvenir de tout ce qui s'estoit passé, et qu'il n'avoit charge que de faire tenir un chacun en paix; mesmes, quand on luy parloit des privileges d'Arragon, il leur disoit : « Je ne pense pas qu'il y ayt un meilleur Arragonnois que moy. »

Ces lettres et ces douces paroles firent qu'il entra, luy et son armée, dans Sarragosse sur la fin de novembre. Ayant logé ses gens, il commença, suyvant le commandement du Roy, de faire faire de grandes executions jusques au nombre de quatre cents de toutes qualitez, seigneurs, chevaliers, gentils-hommes, advocats, procureurs et marchands, mesmes sur quelques ecclesiastiques et officiers de la sainte inquisition qui s'estoient aussi bandez avec les autres pour la liberté d'Arragon. Plusieurs dames, damoiselles et autres femmes, furent prisonnieres. Plusieurs juges furent depossedez de leurs offices. Mais dom Jean de La Nuça estant pris, on luy monstra ce petit billet escrit de la main du Roy : *Leyda esta, muera Juan de La Nuça, e seale cortada la cabeza. Yo el Rey* (1).

Ce seigneur, ayant veu ce commandement, se prepara à la mort, et fut à la mode du pays esgouzillé, luy estant la gorge coupée comme à un mouton : ils appellent ceste mort *degollar*, qui est une maniere de supplice pour les grands. Voylà comme le roy d'Espagne fit mourir ce seigneur qui estoit le souverain magistrat par dessus luy comme roy d'Arragon, et qui en Arragon estoit assis cinq degrez au dessus de luy. Après que l'on eut ainsi faict mourir les plus grands, on en fit aussi condamner par justice plusieurs des petits aux galleres. Il y eut bien lors des rigueurs exercées contre les Arragonnois. Dom Jean de La Luna, prince arragonnois, se sauva aussi pour un temps en Bearn, comme fit aussi le duc de Vilhermouza, lesquels, sur une pragmatique et pardon general que fit publier Vargas au nom du Roy, s'en retournerent; mais ils se trouverent incontinent enveloppez et executez à mort, et leurs

---

(1) Qu'après la lecture de cette lettre Jean de La Nuça meure, et que la tête lui soit coupée. Moi le Roi.

corps furent mis dans la Rache, c'est à dire limite d'Arragon et Castille.

Martin de La Nuça, Diego d'Heredia, François d'Ayerbe, et autres Arragonnois qui estoient en Bearn avec Perez durant que ces executions se faisoient à Sarragosse, envoyerent un d'entr'eux monter en Arragon pour recognoistre leurs amis, afin de leur ayder et recevoir à l'entrée des montagnes, d'où estant revenu ils se presenterent à Madame, sœur du roy Très-Chrestien, et en toute humilité la requirent de leur vouloir donner des gens pour monter en Arragon, luy promettans faire merveilles. Madame, par son conseil, ayant pris d'eux le serment en tel cas requis, leur donna cinq cents hommes sous la conduite de quelques capitaines biarnois, avec promesse de plus, selon le succez des affaires. Son Altesse fit garder le droict des pazeries, qui est que d'une terre à l'autre les habitans des montagnes s'entr'advertissent de la guerre, afin qu'ils advertissent le prince, si bon leur semble, et aussi que rien ne courre risque quant à eulx, laissant cependant faire la guerre aux gens de guerre. Avec ces cinq cents il en monta beaucoup d'autres. Ils passerent par Jaque, ville premiere au dessus d'Oleron, et gaignerent incontinent toutes les montagnes, chasserent la justice d'Arragon, c'est à dire le magistrat superieur au Roy mesme dans ce pays-là, et cestuy-cy n'estoit que substitut du general justice d'Arragon. Ils prirent la vallée de Tonte, riche au possible en grains, en argent et en bestail, et forte d'advenues. Incontinent ils renvoyerent vers Son Altesse, et la supplierent de leur envoyer du secours. Par son conseil elle ordonna mille bons soldats, le tout encor sous la conduitte des capitaines de Bearn. Estans prests à monter, le sieur de Salettes, gouverneur d'Oleron, qui les devoit conduire, supplia Son Altesse de luy permettre de ne partir jusques au lundy prochain à cause d'un sien enfant à baptiser le lendemain qui estoit le dimanche; mesmes Son Altesse luy fit cest honneur d'estre la marraine. Or il advint un malheur qu'une petite fille se noya, niepce dudit sieur de Salettes, ce qui le fit demeurer encor deux jours à Pau : tellement qu'à ceste occasion ce secours ne s'estant advancé il ne put passer, car ceux de Jaque regaignerent le pas; et d'ailleurs en la vallée de Tonte y eut dissension entre les capitaines arragonnois et biarnois, d'autant que les uns et les autres vouloient commander absolument, et aussi qu'il arriva qu'un soldat biarnois desroba un calice dans une eglise, qui fut cause que tous les gens de la vallée leur devindrent ennemis qui auparavant leur estoient amis; tellement que les cinq cents Biarnois, sous la conduite du capitaine La Vacque et autres, furent contraints de s'evader, avec grand peine et difficulté, par dessus le pas de Saincte Helene, au travers des neiges, et faillirent à se ruiner du tout. Dom Alonzo de Vargas en print quelques-uns qu'il renvoya ayant sceu que c'estoit par le commandement du prince, et manda à Son Altesse que c'estoit *obra de mugeres* ce qu'elle avoit entrepris.

Heredia, d'Ayerbe, et les Arragonois qui y furent pris en vie par ledit Vargas, furent executez à mort. Quand à Perez, ne l'ayant peu avoir, l'inquisition luy fit son procès comme à un heretique, et le condamnerent à estre bruslé. Du depuis quelques Espagnols ont attenté plusieurs fois à sa vie; mais Dieu l'en a tousjours preservé jusques à ce jourd'huy. Voylà ce que j'ay peu recueillir en diverses relations de ce qui s'est passé en la revolte d'Arragon, pour laquelle les Arragonois perdirent leurs privileges en voulant cognoistre du fait d'Antonio Perez après que le Roy leur eut mandé que la cognoissance de ce faict luy appartenoit à luy seul, ou à ceux à qui il bailleroit commission d'en cognoistre, à cause de l'importance et des secrets dont il estoit question; que l'accusation contre Perez n'estoit point un fait particulier commis par un Arragonnois dans le pays d'Arragon, mais par un de ses principaux officiers (bien que fils d'un Arragonois) en sa cour à Madril, qui n'est pas en Arragon, mais en Castille; que non seulement luy, mais tous les autres rois commettoient, en affaire de pareille consequence, tels juges qu'il leur plaisoit pour en cognoistre. Aussi, après le faict, les Arragonois ne demeurerent sans se repentir de s'estre opiniastrez contre la volonté de leur Roy.

Au mois de septembre de ceste année, don Alonzo de Baza, frere du marquis de Saincte Croix, admiral de la flote qui revenoit des Indes Occidentales, rencontra six grands navires anglois dont le milord Thomas Havard estoit admiral, lequel, aussi-tost qu'il eut veu les Espagnols qui estoient bien cinquante navires, gaigna le vent et se sauva à la voile. Son vice-admiral Richard Grenevelt, estant sur un navire appellé *la Revenge*, plus près que luy de l'isle de La Fleur, ne le pouvant suivre, et se trouvant entre la flote espagnole et l'isle, pensant passer par force au travers des Espagnols, se trouva tellement environné d'eux, qu'ayant combatu quinze heures durant, receu huict cents coups de canon, et tiré toute sa poudre à un caque près, commanda à son maistre canonier, voyant qu'il estoit prest de tomber entre les mains des Espagnols, de percer et faire enfoncer son navire qui estoit à la royne d'Angleterre, plustost qu'il tombast en la puissance de ses ennemis. Mais le contre-maistre, ayant entendu la resolution de Grenevelt, s'y opposa, et dit qu'ayans tous faict leur devoir, qu'il valloit mieux ayder à sauver la vie aux blessez et à ceux qui restoient encor sains; puis aussi tost se mit en l'esquif, et tira vers l'admirale espagnole, où dom Alonzo, l'ayant escouté, craignant qu'à l'extremité les Anglois ne missent le feu dans leurs pouldres, ce qui les eust pu faire voler en l'air les uns et les autres, accorda audit contre-maistre que les matelots anglois retourneroient en Angleterre, que les autres demeureroient prisonniers et seroient mis à rançon, et que la navire royale luy seroit renduë : ce qui fut faict. Grenevelt, trois jours après, mourut des playes qu'il avoit receuës en ce combat. Mais ceste flote espagnole se voulant refraischir aux isles Açores, elle fut agitée de telles tempestes que plusieurs navires y perirent, et entr'autres ceste vice-admirale d'Angleterre. Peu après le comte de Comberland, anglois, qui s'estoit mis en mer pour butiner sur l'Espagnol, rencontra près la Tercere deux navires espagnols qui revenoient des Indes Orientales, l'un desquels fut bruslé après avoir long temps combatu; l'autre, appellé *Madre di Dios*, du port de quinze cents tonneaux, fut pris et mené en Angleterre, dans laquelle il fut trouvé plus d'un milion d'or vaillant.

Le cinquiesme d'octobre, Christian, duc de Saxe et

eslecteur, aagé seulement de trente-cinq ans, mourut à Dresden, et laissa, de soy et de Sophie de Brandebourg sa femme, deux masles, assavoir, Christian et Jean George, le premier de huict ans, et l'autre de six. Les obseques en furent faictes au commencement de novembre avec une grande pompe, premierement à Dresden, et puis à Friberg là où il fut ensevely le cinquiesme de novembre. Plusieurs grands princes furent presens à ses funerailles pour l'honorer, partie personnellement, partie par ambassadeurs, assavoir: Federic-Guillaume de Saxe, arriere-nepveu dudit deffunct duc, comme estant fils du fils de Jean Federic qui fut prisonnier de Charles le Quint; Jean-George, electeur de Brandebourg, son beau-pere, et Jean Casimir, palatin, Jean Casimir de Saxe, cousin du susdit Federic Henry, Jule, duc de Brunsvic, les trois lantdgraves de Hesse, assavoir, Guillaume, Loys et George, et Jean Federic, duc de Pomeranie. Ledit Federic Guillaume fut esleu tuteur. Depuis il chassa les calvinistes, lesquels le deffunct duc avoit approchez de luy voulant faire quitter à son peuple le lutheranisme, ce qui causa une grande alteration dans le pays, tellement que le chancelier de Saxe, Paul Grisle, fut mis prisonnier, et aussi les professeurs du calvinisme Urbain Pierius et Christofle Grunderman, et autres calvinistes. Il y eut aussi à Strasbourg quelques remuëments. Les habitans de ceste ville imperiale sont lutheriens. Il y avoit encores proche ceste ville un monastere de chartreux là où quelques religieux faisoient le service divin: ils resolurent de le ruiner, et prirent un pretexte que l'evesque de Strasbourg, qui ne leur estoit pas amy, avoit esté là quelques jours avec le fils du duc de Lorraine comme incognus, et disoient qu'ils n'y estoient pas venus que pour entreprendre contre leur ville : tellement qu'ils ruinerent tout ce monastere. La bibliotheque, qui y estoit très-belle, fut pillée, et plusieurs choses sacrées et prophanes.

En ce mesme temps le cardinal Ratzivil, estant envoyé de la part du roy de Pologne, arriva à Gratzen pour espouser au nom du Roy son maistre la fille du feu archiduc Charles : ce qu'il fit au desir dudit Roy. Les Polonois se resjouïssoient de ceste alliance, mais leur resjouïssance ne dura gueres à cause des courses des Turcs, lesquelles ils firent de nouveau dans la Pologne; et, nonobstant que le sieur de Crecviz eust esté expedié par l'Empereur pour porter au Turc le present accoustumé pour le royaume d'Hongrie, selon leurs capitulations, neantmoins Sinan bascha ne laissa point de molester tous les confins de la Hongrie et Croatie, tellement que plusieurs villages furent mis à feu et à sang, et fut faict un commencement de guerre fort lamentable, d'autant que quelques lieux voisins de Canise ayans esté fourragez par quinze mille Turcs qui firent diverses courses en ce pays là, le baron de Nadaste et le comte de Sumuschi amasserent le plus de gens qu'ils purent, tant de pied que cheval, et se mirent franchement en campagne à l'encontre. D'ailleurs le bascha de Bosne et les Turcs r'assemblez en Bagnoluc mirent sur la riviere de Save deux ponts pour passer l'armée et trente pieces d'artillerie; mais, combien qu'ils fussent plus grand nombre que les chrestiens, neantmoins tout ce qu'ils purent faire fut de faire un degast à l'entour de Canise, et d'emmener des prisonniers de Croatie, Stirie et Carnie : ce qu'ils ne firent sans recevoir plusieurs chasses et desroutes par le seigneur d'Uvan et par les barons Palfi et Nadaste.

L'occasion de ceste guerre fut que le bascha Ferat, estant retourné de Perse, practiqua la paix avec le vieux sultan Mehemen surnommé Codoban, qui est un puissant prince asien qui possede plusieurs provinces le long de l'Euphrate, et ce par le moyen du premier visir Sinan. Affin que les accords de ceste paix s'observassent mieux, Codoban envoya à Constantinople un petit enfant son nepveu d'environ sept ans. Ainsi, la guerre de ce costé là finie, et la paix faicte en Perse, Sinan conseilla à Amurath d'envoyer toute son armée en quelque guerre qui luy fust profitable. C'estoit la seule cause qu'il avoit lors de faire la guerre, ne se souciant pas mesmes quand il eust perdu toute ceste armée, pourveu qu'il donnast crainte de sa grandeur aux princes chrestiens, d'autant que, pour la multitude de femmes permise aux Turcs, il trouveroit tousjours assez d'hommes pour remettre sus une autre armée. Suivant le conseil de Sinan, Amurat escrivit au roy de Pologne qu'il eust à luy estre subject ou à luy payer tribut, autrement qu'il luy declaroit la guerre, et, sans attendre la response, fit passer Ibrahim, beglierbey de la Grece, c'est à dire lieutenant general, dans le pays de Silistrie, qui est la haute Esclavonie, avec bon nombre de gens de guerre, spachis et timars.

Pietrasque, despost de Bogdanie, subject du Turc, qui estoit limitrophe de ces deux princes, craignant d'estre ruiné par telle occasion et de tomber en la puissance de l'un ou de l'autre, selon que la victoire seroit à l'un ou à l'autre, s'advisa de les accorder, qui fut par le moyen de Barthelemy Brutti de Dulcine, trucheman de Venise, qui fit si bien qu'il y eut pourparler de capitulation de paix entre le roy de Pologne et le Turc, sous condition que le Polonois payeroit pour cens la quantité de cent cimbals (c'est à dire quintals) de martes sublines, ce qui fut comme accordé au mois de juin. Mais depuis le Turc voulant en avoir quatre mille par an d'ordinaire tribut, cela empescha l'execution dudit accord, si bien que le Turc fut sur le point de vouloir entrer par armes en Pologne : ce que le bogdan voyant, et que toutes choses tournoient à la guerre, espouvanté de l'infelicité de son nepveu le prince de Valachie qui avoit esté contraint de se faire turc, s'enfuit avec ce qu'il avoit de plus exquis en Allemagne.

En ce temps les ambassadeurs de France et d'Angleterre eussent bien desiré qu'Amurath eust tourné ses armes contre le roy d'Espagne, leur ennemy commun, pour laisser en paix le roy de Pologne, et fut proposé à Amurath une très-grande facilité d'emporter les Espagnols s'il les attaquoit par l'Andalouzie et le Portugal; que le roy de Portugal dom Anthoniò, chassé dudit Portugal, luy donneroit entrée dedans. Amurat prestant l'oreille à ceste proposition, et se fiant aux prognostications d'Assan, astrologue, ennemy des chrestiens, qui luy promettoit grand advantage, il escrivit de sa main à Sinan bascha qu'il dressast la plus puissante armée qu'il pourroit par mer, et qu'il armast trois cents cinquante galeres legeres, dix huict maons, qui sont gros vaisseaux moitié guerre et moitié marchandise, et trois cents tant galions, na-

vires, que caramouschials, qui sont pour conduire les
munitions (ce sont chaloupes). Mais, pource que ceste
entreprise requeroit une grande despense, il consulta
long temps comment il pourroit faire trouver de l'argent sans qu'il en sortist rien de sa bourse ou de ses
mains. Pour ce faire il ordonna donc qu'on mist en
reserve les payes des soldats pour fournir à ceste armée;
et ainsi prit l'occasion de faire deux choses : l'une de
faire son profit en espargnant la despense, l'autre de
mettre son Estat en repos, parce que le nombre des
janissaires estoit cru, à cause de la guerre de Perse,
jusques à vingt-trois mil hommes, au lieu qu'en tout
temps il ne passoit pas douze mille; car pour telles
cruës jamais les payes n'en sont augmentées, ce qui
est la cause que souvent les janissaires se revoltent,
comme il advint lors qu'Amurath fit mourir le susdit
Ibraim, beglierbey de la Grece. On faisoit estat que
par ce moyen Amurath profitoit de huict cents mil
soltanins par an, qui, par succession d'an en an, monteteroit à une somme très-importante de millions, principalement pource qu'il fit encore doubler certain impost pour chacune teste de ses subjects, ce qui se
faict d'ordinaire dans Constantinople quand le Turc
veut dresser une armée. *Item*, il fit revoir les comptes
de toutes les mosquées, et, tant des pensions que quelques soldats ont sur icelles, que de celles qu'y ont les
hommes privez, il print tout ce qui estoit de restant
les charges payées : ce qui luy revint à la valeur de
cinq cents mille ducats. Il fit aussi un extraict de tous
les debteurs du public en tous les endroicts de son
domaine, et voulut que tous les baschas, sangiacs et
beys des lieux où lesdits debteurs demouroient,

payassent toute ladite somme deuë de leurs deniers, à la charge qu'ils le devroient puis après reprendre des particuliers debteurs avec le gain de dix pour cent : ce qu'ils accepterent et firent promptement ; mais ils avoient intention de prendre cent pour cent, au lieu de dix pour cent. Il se declara aussi l'unique heritier de tous ceux qui mouroient à la Porte (c'est à dire à sa cour dans Constantinople) à la poursuitte des affaires, et que cela fust observé à l'advenir perpetuellement de tous les biens de quiconque mourroit en ceste condition, encore que les mourans eussent des enfans, et que tout cela revinst de bon, tant aux soldats qui seroient lors près de sa personne, que pour estre employez à dresser les armées. Ces successions se monterent incontinent à une somme excessive d'or, pource que cela croissoit de jour à autre.

Il surchargea aussi le bogdan de cinquante mil soltanins, et le prince de Valachie d'autant, avec provision d'envoyer certaine quantité de rouzine de palmiers par chacun an. Quant à l'impost du Transsilvain, il le doubla assavoir de cent mil soltanins et de tous les canevas qu'il faudroit pour les voiles des vaisseaux de l'armée qu'il pretendoit faire. Plus il crea un thresorier exprès (que les Turcs appellent testandar) pour recevoir tous ces deniers là et payer son armée. Il ordonna aussi que tous seigneurs, tant le long de la mer que dans la terre, eussent à dresser galeres à leurs despens, que ceux qui seroient pauvres se missent deux à deux pour en faire une, et aux autres qui estoient dans le plat pays il leur ordonna un impost de six mille soltanins. Pour faire observer tout ce que dessus il bailla charge expresse au bascha

Sinan et au susdit astrologue Assan, lequel estoit beglierbey de la Grece, et au capitaine Assan, venitien, qui commandoit à la mer. Il fit semblablement entendre aux ambassadeurs de France et d'Angleterre, et au roy dom Anthoine de Portugal, que tout cela estoit pour attaquer l'Espagnol, leur ennemy commun.

Il s'estoit eslevé en ce temps-là un certain negre nommé Marabut, qui sous pretexte de religion avoit faict un grand amas de negres, et, pour le reprimer, Amurath commanda au bascha Ferat qui estoit à Tunis qu'il eust à le prendre, ce qu'il fit, et, estant escorché, envoya sa peau plaine de paille à Constantinople, qui fut mise en la place publique et empalée, et puis enchaisnée, et ainsi laissée en spectacle pour plus grande infamie.

Cependant l'armée turquesque s'advançoit avec grand diligence. Les bois estoient pris des forests de la mer Majour, les ferrures tirées des mines de Xamaco près de Philipopoli, là où il y a force mines de fer, et aussi sur la mer Noire. Plusieurs vaisseaux de charge pleins de lames de fer furent amenez à Scheiri vers Sinople, et, oultre ce, on fit fondre plusieurs pieces d'artillerie dans le Tossan devers Galata, vis à vis de Constantinople. Plus, on fit venir d'Alexandrie, sur six galeres, grande quantité de sel nitre qui se tire en Egypte en très-grande abondance. Bref, les Turcs faisoient une provision très-grande de toutes choses necessaires pour une grande armée.

Tous les potentats chrestiens craignoient cet appareil. Les Venitiens doutoient qu'ils attaquassent leur isle de Candie, et principalement à cause que le capitaine Assan, venitien, ennemy de leur republique, avoit en partie la charge de la disposition de ceste armée. L'empereur Chrestien, de l'autre costé, avoit eu advis secret de Constantinople que l'on avoit deliberé d'assaillir la Croatie pour se venger des corsaires usocchiens qui, contre la foy des princes souverains, faisoient une infinité de pilleries dans le goulfe de Venise et dans les rivieres de Croatie, dont les Turcs, les marchands juifs et les Venitiens mesmes faisoient une infinité de plaintes, et se retiroient sur les terres d'Austriche, et que quelque bruit que l'on fist courir, que l'on en vouloit à Vienne en Austriche, qui est maintenant le boulevard de la chrestienté de ce costé là. Et ce qui fit croire cela à l'Empereur, ce fut que les Turcs ne faisoient provision que de bois de maom, qui est plus propre à faire des barques de passage que des vaisseaux de guerre. L'Espagnol et les princes d'Italie craignoient aussi ce preparatif d'armée, et disoient que le roy de France avoit promis aux Turcs le port de Toulon en Provence pour reposer, refraischir et hyverner leurs vaisseaux : c'estoient suspicions, car l'Espagnol traittoit secrettement pour avoir une suspension d'armes avec le Turc, ce qu'il obtint fort facilement sur les nouvelles qui vindrent à Constantinople de ce qui se passoit en Perse, qui furent telles :

Mehemet, sophy de Perse, se sentant vieux et cassé, ceda son empire entre les mains de son fils second nommé Emirencé Merisé, pource que les enfans de l'aisné estoient trop jeunes. Or ce Merisé estoit un brave prince, lequel estoit reveré de tous : sa premiere resolution fut d'attaquer Usbec, prince de plusieurs pays sur les bords de la mer Caspie, lequel avoit entrepris sur les Persans durant la guerre qu'ils avoient eu à l'encontre des Turcs, et lequel avoit particulierement occupé le royaume de Corazan, et s'en estoit faict seigneur de la plus grande partie à l'instigation du Turc et de ses ambassadeurs. Ce fut la cause que Merisé entreprit de luy faire la guerre pour retirer le royaume de Corazan. Usbec, se voyant attaqué, demanda secours au Turc, qui luy refusa, disant qu'il n'avoit rien à desmesler avec les Perses qui estoient par la paix devenus subjects de l'empire des Ottomans. Usbec, n'estant secouru du Turc, perdit incontinent le royaume de Corazan sans combattre, à cause que tous ses peuples se remirent volontairement à l'obeyssance du Persan. Ce que voyant Usbec, il pourveut lors à sa seureté par un abouchement qu'il fit avec ledit Merisé, et luy rendit tout ce qu'il tenoit du royaume des Perses, et espouza une sienne sœur. Par le moyen de ceste alliance, Usbec, devenu amy de Merisé, luy monstra la lettre du Turc par laquelle il luy avoit mandé que les Perses estoient devenus subjects des Ottomans. Ceste lettre anima tellement Merisé, qu'il se resolut de faire la guerre au Turc, mesmement sur ce que l'on luy dist que Imacul, ambassadeur du Persan, s'estoit laissé corrompre au bascha Ferat à la paix de Cosbin, d'autant qu'il luy avoit accordé que Tauris, Gengé, Sirvan et Cars (qui sont quatre grandes villes et puissantes forteresses) demeureroient entre les mains du Turc avec forte garnison, et tous les pays des environs. Merisé, desirant de ne laisser cest honte aux Perses, assembla promptement une armée de quatre-vingts mille chevaux, et avec Usbec son allié, qui se declara aussi contre le Turc, traverserent la Perse, et vindrent dans Ardovil au mois d'avril (qui est une cité très-ancienne de Perse, et où sont les sepulchres des sophis). Merisé à son arrivée fit trancher la teste à Imacul, celuy qui avoit faict la paix avec le Turc, nonobstant qu'il fust grand seigneur et qu'il alleguast beaucoup d'excuses. Puis après il fit brusler tout vif un sien frere; et quatorze autres grands seigneurs leurs parens eurent la teste tranchée pource qu'ils s'estoient voulu eslever contre luy. De là il envoya un mandement au bascha Giaffer dans Tauris (chef de tous les beglierbeys de Turquie qui estoient dans la Perse) à ce qu'il eust à luy rendre lesdites quatre places susnommées, sinon qu'il luy livroit la guerre à feu et à sang, et qu'il n'espargneroit mesmes les mosquées. Giaffer, estonné de ce souslevement de guerre si subit, luy respondit qu'il ne le pouvoit faire sans en avoir le commandement du Grand Seigneur; et, usant de belles paroles comme advisé qu'il estoit, il obtint quelque temps pour ce faire, et envoya advertir le Turc en diligence par courriers exprès qui arriverent à Constantinople à la my-may.

Le Grand Seigneur se trouva esbahy de ces nouvelles. Or il n'avoit sorty de son serrail il y avoit trois ans, depuis le sedition que firent les spachis pour leur paye, et qu'ils le contraignirent de faire mourir Hibraïm son mignon, à cause qu'Assan l'astrologue luy avoit dit qu'il estoit en danger d'estre tué d'un cousteau la premiere fois qu'il en sortiroit, et que les astres l'en menaçoient; neantmoins ceste nouvelle des Perses l'en fit sortir, et alla par la ville gratifiant le peuple le plus qu'il pouvoit, et leur monstroit bon visage. Peu après les spachis et tout le peuple luy firent plaintes accoustumées, qu'ils appellent entr'eux *arz* et *rocca* en leur langue, qui est de se pouvoir plaindre de tous les gouverneurs, et les deposer de leurs charges : tellement qu'Amurath s'en alla retirer à un chiosque, c'est à dire une maison de plaisance champestre voisine de la mer, où il fut contraint d'oster plusieurs gouverneurs, et mesme de chasser Assan, qui fut confiné dans une petite ville nommée Chiourdouque, près de Sallinique. Il rescrivit incontinent au bascha Giaffer à Tauris à ce qu'il eust à conserver les forts qu'il avoit en charge en attendant qu'il luy envoyeroit du secours. Il rescrivit aussi au bascha Cigalla, general en Caraemit, à ce qu'il assemblast en toute diligence la cavalerie de Bagadet et des provinces voisines des Perses, pour au premier advis se rendre où il luy seroit mandé. Amurath fut long temps mesmes à se resoudre s'il devroit aller en personne à la guerre contre les Perses, ou s'il y devoit envoyer un capitaine general. Sa resolution fut longue de ce qu'il feroit, et cependant Merisé avec ses Perses tuoit tous les Turcs qu'il rencontroit sortis de leurs forts, et faisoit de grands ravages sur eux : ce qui fit beaucoup murmurer à Constantinople contre Amurat.

Outre ceste guerre des Perses, Amurath receut encor d'autres advis : c'est que le plus jeune fils du prince de La Mecque (qui est un prince tributaire des Ottomans comme est le prince de Valachie et de Bogdanie et autres, lesquels sont subjects à estre aggreez par le Turc, et ne se peuvent qualifier princes de leurs pays qu'ils n'ayent receu l'estendart turquesque) avoit faict une grande souslevation d'armes en l'Arabie Heureuse et au royaume de Gemen, desirant emporter la principauté contre son frere aisné à qui le prince leur pere avoit remis ses Estats pour sa vieillesse. Ceste nouvelle fascha fort Amurath, sçachant bien que tous peuples sont desireux de nouveauté.

Ainsi les guerres de Perse et de La Mecque firent qu'Amurath changea de volonté d'envoyer sa grande armée navalle qu'il faisoit esquiper pour travailler l'Espagne, et fut contraint d'aviser à ce qui estoit de besoin pour la deffense de ses Estats. Toutesfois les bachas dans Constantinople dissimulans, affin de faire paroistre la grandeur de leur prince, faisoient tousjours courir le bruit qu'ils ne s'armoient que pour venir en Espagne. Les beglierbeys qui estoient ez confins des terres de l'Empire, de Hongrie et de Pologne, faisoient une infinité de courses sur les chrestiens affin de tascher de les faire desirer et ratifier de payer le cens et les presens ainsi qu'ils avoient promis; mais, nonobstant toutes ces courses, ny les Polonois ny l'Empereur ne renvoyerent à Constantinople.

Assan bascha, capitaine de la mer, envoya aussi quelques galeres dans le golfe de Venise pour recognoistre les ports de la Dalmatie et de la Pouille. Ils prirent quelques vaisseaux chargez de marchandises, et firent plusieurs butins sur ceux de Raguze. Mais Assan ne put pas se resjouyr des heureux succez de ses galeres, car il mourut au commencement du mois de juillet, non sans soupçon de venin. D'autres asseurent qu'il mourut du mal de Naples qu'il avoit laissé trop enraciner sur luy.

Cest Assan avoit plusieurs enfans, tant de la royne de Fez sa femme, que de plusieurs autres femmes ses esclaves. Ayant laissé dans ses coffres trente six mille sequins d'or, Amurath, le sçachant, les envoya saisir et faire apporter en son serrail, et s'empara mesmes de tous ses autres biens sans rien laisser à tous ses enfans. Le bascha Sinan, premier visir, estant tombé en discours sur ce subject avec Ferat qui estoit second bascha, luy dit : « C'est une impieté qu'Amurat exerce envers ses fidelles esclaves d'oster les biens à leurs enfans après leur mort, puisqu'ils ont toute leur vie servy fidellement l'Islan, » c'est à dire la couronne ou l'empire.

Le bascha Ferat, qui aspiroit il y avoit si long temps après l'estat de premier visir, et qui en avoit offert un million d'or, fit son profit de ses paroles, et les rapporta à Amurath, lequel, irrité, sans avoir esgard que Sinan avoit executé vingt-deux entreprises dont la derniere estoit celle de La Goulette, et qu'il avoit desjà si long temps tenu ceste grande et souveraine authorité de premier visir plus grande que n'avoit eu le bascha Mehemet le grand, qui après avoir servy trois des Ottomans fut finalement tué par un fol dans le divan; ne se souvenant point aussi que c'avoit esté Sinan qui avoit appaisé la mutinerie des spachis en faisant accroire qu'Amurat avoit esté trompé par certaines personnes; bref, sans avoir esgard à rien, il le fit soudain *masul*, c'est à dire homme privé et sans charge, et par ce moyen le bascha Ferat fut fait le premier visir, et le bascha Cigala fut fait capitaine de la mer, qui est ce que l'on appelle en France admiral, au lieu dudit Assan susnommé. Ainsi ces deux baschas devindrent très-puissans, et gouvernerent l'empire des Turcs, faisants de grands dons à chacun, et firent rompre toutes les deliberations precedentes pour avoir experimenté le danger des guerres loingtaines, et se contenterent de faire la guerre aux pays voisins, comme en la Pologne, Hongrie, Croatie et autres confins.

TABLE DES MATIÈRES

CONTENUES

DANS LE QUARANTIÈME VOLUME.

SUITE DE LA CHRONOLOGIE NOVENAIRE DE CAYET.

Livre deuxiesme. . . . . Page 1

M. de Mayenne, ayant pris le chasteau du bois de Vincennes et Pontoise, assiegea Meulan. 1

Le Roy, estant en Normandie, print par assaut Falaize, Verneuil, Lizieux, Ponteaudemer et Honfleur se rendirent à luy à composition. 2

Comment le Roy vint de Honfleur secourir Meulan, entra dans le fort, reprint Poissy, et comme le duc de Mayenne leva son siege de devant Meulan. 3

Comment le chasteau de Rouen fut surpris par les royaux, et repris par ceux de l'union. 6

Declaration que fit le roy d'Espagne sur ce qu'il envoya des gens de guerre en France, et ce que les royaux respondirent à ceste declaration. 7

Placart du duc de Parme contre la ville d'Aix la Chapelle. . 12

Berk renduë à l'Espagnol, et Breda surpris pour le prince Maurice. 12

Mariage de Jacques roy d'Escosse, avec Anne fille du roy de Dannemarc. 16

Comment le duc de Mayenne, ayant joinct les gens de guerre que luy envoyoit le roy d'Espagne, passa la riviere de Seine pour aller faire lever le siege au Roy de devant Dreux. 17

Paroles du Roy aux princes et seigneurs de son armée, et comme ils se prepararent tous à la bataille. 18

Exhortation que fit le duc de Mayenne aux princes et seigneurs de son armée après qu'il l'eut mise en ordre de bataille. . Page 25

Bataille d'Ivry, où le duc de Mayenne et ceux de l'union furent desfaicts, et comme le duc de Mayenne se sauva dans Mante. . 27

Comment ceux de Vernon et de Mante se rendirent au Roy après que le duc de Mayenne en fut sorty pour se retirer dans Sainct Denis. 34

Comment la ville d'Issoire en Auvergne fut derechef reprise par les royaux; comme ils assiegerent la citadelle, au secours de laquelle accourut le sieur de Randan avec ceux de l'union, lesquels assiegerent les royaux dans la ville.. 41

Comment les royaux s'assemblerent à Clermont, et allerent donner la bataille devant Issoire au sieur de Randan, en laquelle ledit sieur de Randan fut desfaict, blessé à mort et pris prisonnier, et la citadelle d'Issoire rendue aux royaux. 43

Des conseils et resolutions que prit le duc de Mayenne dans Sainct Denis, où le legat Caëtan, l'ambassadeur d'Espagne, et autres gens de conseil l'allerent trouver. 52

Conference au chasteau de Noisy entre le legat Caëtan et le mareschal de Biron. 54

Comment le Roy print Corbeil, Lagny, Melun, Provins, Bray et Montereau-faut-Yonne après la bataille d'Ivry. 56

Comment le sieur de Lansac se remit du party de l'union, et voulut surprendre Le Mans. Comment ceux de l'union surprirent la ville de Sablé, et comme les royaux la reprindrent. . . . 59

Le sieur de Lansac, ayant pris la ville de Mayenne, et assiegé le chasteau, fut desfaict avec ses troupes par les royaux qui reprirent la ville de Mayenne. 64

Du siege que mit le prince de Conty devant la ville de La Ferté Bernard, et comme elle luy fut rendue. 67

Prise de Meun et Chasteaudun par le sieur de La Bourdaisiere. 69

Chasteaudun repris par M. le prince de Conty. 72

Comment le Roy assiegea Paris, et comme le duc de Nemours et les Parisiens se preparerent pour se deffendre. 73

Mort du cardinal de Bourbon à Fontenay-le-Comte en Poictou, et pourquoy il s'estoit faict chef des princes de la ligue. . . . 76

Requeste du prevost des marchans de Paris à messieurs de la Faculté de theologie, et comme ils renouvellerent leur serment d'union aux Augustins. 80

Monstre en armes dans Paris faicte par aucuns moines, prestres et religieux. . . . . Page 83

M. de Luxembourg ouy au consistoire par son orateur maistre Hugues de Lestre. 88

Paroles hautaines du comte Olivarez, ambassadeur d'Espagne, au Pape. 88

Escrits contre le pape publiez sous main par ceux de l'union. 89

Mort du pape Sixte v. Diverses opinions sur sa mort, avec un epitome de sa vie. 90

Continuation du siege de Paris, et comme plusieurs ornements d'or qui estoient aux eglises, et les joyaux de la couronne de France, furent vendus pour payer les gens de guerre qui estoient dedans. 94

Comment le duc de Mayenne alla trouver le duc de Parme à Condé. 96

Quel interest le roy d'Espagne avoit de secourir Paris. . . 97

Grande famine des Parisiens, et comme les predicateurs les entretenoient en esperance de secours. 99

Sainct Denis rendu au Roy. 101

Duël entre le sieur de Montglas et le baron de Contenant. . 101

Pourparler entre le legat Caëtan et le marquis de Pisany. . 102

Journée appellée dans Paris du Pain ou la Paix. 103

Comment le cardinal de Gondy, evesque de Paris, et d'Espinac, archevesque de Lyon, sortirent de Paris et allerent trouver le Roy à Sainct Anthoine des Champs; et de ce qui se passa en ceste conference. 106

Comment le Roy retira son armée des faux-bourgs de Paris pour aller au devant de l'armée des ducs de Mayenne et de Parme. 116

Comment le Roy mit son armée en bataille au dessus de Chelles, et comme les ducs de Mayenne et de Parme se camperent dans un marais. 117

Prise de Lagny par les ducs de Mayenne et de Parme. . . 119

Comment les royaux voulurent escalader Paris du costé de l'Université. 120

Comment le Roy separa son armée voyant que les ducs de Mayenne et de Parme ne vouloient donner bataille. 122

Corbeil assiegé par les ducs de Mayenne et de Parme; et comme le legat Caëtan, sorti de Paris, les alla trouver et s'en retourna en Italie. 124

Memoires presentez par les deputez du conseil des Seize au duc de Mayenne............ Page 127

Corbeil pris d'assaut par les ducs de Mayenne et de Parme, et repris par les royaux............. 131

Quel ordre les ducs de Parme et de Mayenne donnerent pour entretenir la guerre en France........... 134

Ce qui se passa en la retraicte du duc de Parme en Flandres. 136

Surprise de Corbie par les royaux.......... 138

Ce qui s'est passé ez Pais-Bas depuis la prise de Breda jusques à la fin de ceste année............ 140

Urbain VII, esleu pape, meurt treize jours après son eslection. 150

Gregoire XIV esleu pape............ 151

De ce qui se passa ceste année entre le duc de Savoye et ceux de Geneve................ 151

Le duc de Savoye s'empare de Montbenaut prez Grenoble. . 157

Le colonel Alfonse d'Ornano prisonnier du baron de Senescey. 157

Trois partis en Provence. Frejus surpris par le duc de Savoye. 158

Desfaicte du duc de Savoye près Frejus. Desfaicte du sieur de Carses par le sieur de La Valette........ 159

Le duc de Savoye entre en Provence, faict son entrée à Draguignan, est receu dans Aix, ville capitale de ceste province, et est declaré protecteur de la Provence.......... 160

Le prince de Conty reprend Laverdin, Montoire et Savigny, qu'il fit demanteler............. 162

Pretentions du roy d'Espagne et du duc de Mercœur sur la Bretagne................ 164

Le Roy declare la guerre au duc de Lorraine. Trefve en Lorraine et au pays Messin. Surprise de Villefranche par ceux de l'union................ 164

Estat de l'Allemagne en ceste année......... 164

Le marquis de Baden abjure le lutheranisme....... 165

Mort de Charles, archiduc d'Austriche, et le pourparler de mariage entre sa fille aisnée et le roy de Pologne...... 166

Trefve entre le sophy et le Turc.......... 167

LIVRE TROISIESME............. 168

Le chevalier d'Aumale tué dans la ville Saint Denis en la pensant surprendre............. 168

De la journée des Farines. De cinq festes nouvelles qui furent establies dans Paris, et de la premiere garnison d'Espagnols et Neapolitains qui y fut mise. . . . . Page 170

Requeste, memoires et instructions presentez par le conseil des Seize à M. de Mayenne. 173

Lettre du conseil des Seize au pape Gregoire xiv. 179

Aubigny assiegé par M. de La Chastre, et comme il en leva le siege, et de ce qui se passa en Berry au commencement de ceste année. 181

Moleon et Chemillé repris sur ceux de l'union par M. le prince de Conty. 184

Comment M. le prince de Conty fit passer son armée en Poictou. De la retraicte du vicomte de La Guierche dans Poictiers, ayant levé le siege de devant Belac. Siege et prise de Montmorillon par M. le prince de Conty, où toute l'infanterie du vicomte de La Guierche fut taillée en pieces, et comme Sainct Savin, Le Bourg Archambaut, Le Blanc en Berry et Angles, se rendirent audit sieur prince. 185

Comment Chartres fut assiegé par le Roy, et comme ceste ville se rendit à luy à composition, puis Auneau et Dourdan. . . . 187

Chasteau Thierry rendu au duc de Mayenne par le vicomte Pinard. 189

Mort de M. de Chastillon de Colligny. 191

Lettre de M. de Luxembourg au pape Grégoire xiv. . . . 192

Paroles que le pape Gregoire xiv n'estant que cardinal dit à M. de Luxembourg. 197

Grenoble rendue par composition au sieur de Desdiguieres. . 199

Comment le duc de Savoye fut receu dans Marseille. Du voyage qu'il fit en Espagne, et comme son armée fut desfaicte à Esparron de Pallieres en Provence. 199

Comment le sieur de Sancy, que le Roy avoit envoyé pour faire une levée de Suisses, fit surprendre l'argent et les pierreries que le roy d'Espagne envoyoit en Allemagne. Comme il assembla son armée à Geneve, reprit les bailliages de Thonon et Esvian; et de ce qui se passa entre ceste armée et celle des Savoyards conduitte par don Amedée, bastard de Savoye. 204

De la grande famine dont fut affligée l'Italie en ceste année. Des corsaires et bannis d'Italie. Pourquoy le Pape confisqua le comté de Montemarcian sur Alfonse Picolomini. Alfonse Picolomini pris et decapité. Comment le Pape pourveut les Sfondrates ses nepveux. Des cardinaux que crea Sa Saincteté. Du monitoire qu'il fit publier contre les princes et seigneurs catholiques qui suivoient le Roy; et du secours qu'il promit à ceux de l'union. Page 212

Comment le Pape print des deniers au chasteau Sainct Ange pour faire la guerre en France, et de la bulle qu'il envoya pour response à la lettre du conseil des Seize. 217

Plaintes du conseil des Seize envoyées par escrit à M. de Mayenne. 224

Le neveu du pape Gregoire faict duc de Montemarcian, et general pour le secours que Sa Saincteté envoyoit à ceux de l'union en France. 229

De la levée des gens de guerre qui se fit en Italie pour s'acheminer en France et en Flandres. 230

Du voyage que fit le vicomte de Turenne en Angleterre, en Hollande et en Allemagne, et comme par sa diligence les princes allemans leverent une armée pour le secours du Roy. 231

Comment le duc de Mayenne envoya le comte de Brissac demander au duc de Parme secours d'hommes et d'argent. . . . 233

Comment le prince Maurice surprint le fort de Zutphen, et comme les villes de Zutphen, Deventer, et la forteresse de Delfziel, se rendirent à luy. 235

Comment le duc de Parme, ayant assiegé Knotzembourg, fut contraint par le prince Maurice d'en lever le siege, et comme aussi il luy desfit sa cavalerie; et de la reddition de Hulst au prince Maurice. 238

Le marquis de Maignelay assassiné dans La Fere. 243
La Fere donnée à l'Espagnol pour sa retraicte. 243

Voyage du duc d'Espernon au Boulenois, où il desfit et prit prisonnier le gouverneur de Monstrœil; puis il assiegea Pierrefons où il fut blessé. 245

Solemnité de l'ordre du Sainct Esprit faicte à Mante. . . . 245
De la surprise de Louviers par les royaux. 246

De deux edits faicts par le Roy: l'un pour le restablissement des edicts de pacification; l'autre portant declaration qu'il maintiendroit la religion catholique et les libertez de l'Eglise Gallicane. 251

Arrest de la cour du parlement de Tours sur les bulles monitoriales du pape Gregoire XIV, et comme les copies desdites bulles furent lasserées et bruslées. . . . . Page 259.

Des escrits qui furent publiez et imprimez par les royaux contre lesdites bulles. 261

Assemblée du clergé de France en la ville de Chartres, et les raisons qui furent publiées pourquoy ceste assemblée avoit déclaré les bulles du Pape injustes. . . . . 264.

Arrest du parlement de Paris contre celuy de Chaalons touchant lesdites bulles. . . . . 268.

Estat du party royal en France en ceste presente année. . . 269

Du tiers-party, et comme on le vouloit faire des catholiques qui estoient avec le Roy. 272

Comment le Roy alla en Picardie et fit investir Noyon. . . 275.

Desfaicte des troupes du vicomte de Tavannes, et comme il fut pris prisonnier voulant mettre du secours dans Noyon. . . 277

Desfaicte du secours que le duc d'Aumale pensoit aussi faire entrer dedans Noyon. 277

Comment M. de Mayenne, ayant failly une entreprise sur Mante, s'en alla en Picardie pour secourir Noyon, et comme Noyon fut rendu au Roy. 279

Comment le comte d'Essex vint trouver le Roy au siege de Pierrefons. 283

Comment le duc de Guise trouva le moyen de se sauver du chasteau de Tours où les royaux le tenoient prisonnier. . . 285

Mort de M. de La Nouë au siege de Lambales en Bretagne. . . . . 289.

Le port de Blavet en Bretagne mis entre les mains des Espagnols par M. de Mercœur. 289

Desfaicte des habitans d'Orleans auprès de La Magdelaine. . 293

Desfaicte et mort du vicomte de La Guierche. . . . . . 296.

Ce que fit M. le prince de Conty en Poictou; comme il assiegea et prit Mirebeau, et comme le gouverneur qu'il mit dedans pour le Roy se mit peu après du party de l'union. . . . 298

Berre en Provence rendu au duc de Savoye. 300

Comment le secours qu'envoyoit le Pape à ceux de l'union arriva en la Franchecomté. 300

D'où vint le mescontentement qu'eut la comtesse de Saux du duc de Savoye. 300

Comment le sieur Desdiguieres, ayant pris Lus et Corbon, alla attaquer l'armée du duc de Savoye, et la desfit à Pontchara. . 304

Comment le comte de Beljoyeuse avec deux mil Italiens, s'estant retiré dans le chasteau d'Avalon, se rendit à discretion, et comme une partie d'iceux fut taillée en pieces, et le reste s'en retourna en leur pays avec un baston blanc au poing. . Page 306

Querelle survenue à Lyon le Saunier entre le duc de Montemarcian et Pierre Gaëtan, et comme ledit Gaëtan, pensant s'en retourner en Italie, fut arresté au pays des Suisses pour ce qui leur estoit deu par l'union............. 307

Comment les ducs de Lorraine et de Mayenne allerent à trois lieues de Verdun veoir faire la monstre du secours qu'envoyoit le Pape en France................ 308

Siege de Pierrefons levé par le mareschal de Biron, et comme le capitaine de Rieux, qui commandoit dans ce chasteau, estant peu après pris par ceux de Compiegne, fut pendu. 308

Avranches rendu à M. de Montpensier, et Honfleur surpris par ceux de l'union................. 310

Comment le Roy partit de Chauny pour aller recevoir son armée d'Allemans sur la frontiere; et comme il mit un gouverneur dans Maubert-Fontaine, et en osta les trois soldats qui avoient tué celuy qui y commandoit pour l'union.......... 310

Comment M. de Nevers donna à souper au Roy et aux princes et seigneurs de sa suite dans La Cassine.......... 310

Comment le Roy arriva à Sedan, et de la reception que l'on luy fit; et comme ceux de Mouzon demeurerent neutres moyennant dix mil escus qu'ils donnerent au Roy; et de ceux d'Attigny qui furent pillez................ 311

Comment le Roy alla voir faire monstre à son armée d'Allemans aux plaines de Vandy.............. 313

Le chasteau d'Aumont rendu au Roy........... 314

Mariage du vicomte de Turenne avec la duchesse de Bouillon, et comme il prit Stenay le jour de devant ses nopces. ... 315

Le vicomte de Turenne faict mareschal de France et appellé depuis le mareschal de Bouillon............. 315

Vervins pris par trois fois en ceste année......... 318

Mutinerie d'une partie des lansquenets de l'armée du Roy. . 318

Histoire esmerveillable d'une demoniaque en la ville de Louviers..................... 320

Mort du pape Gregoire XIV............. 342

Innocent IX esleu pape. Sa mort. Faict l'evesque de Plaisance

Sega, cardinal et legat en France. . . . . Page 343
De deux factions qui estoient dans Orleans, sçavoir: des Politiques et du Cordon 344
Pourquoy les gouverneurs, durant les troubles, prenoient le droict du quint sur les rançons et butins. 344
Selles assiegé par le prince de Conty. 346
Ce que fit le duc de Nemours en ceste année; comme il print Sainct Poursain en Bourbonnois, et s'achemina pour secourir Selles en Berry, et comme Selles fut rendu au prince de Conty par le sieur de Lignerac, et Menethou sur Cher. 348
Comment M. de Mayenne fit le sieur de Villars lieutenant general en Normandie pour l'union, et de l'ordre qu'il mit dans Rouen. 350
Mort du comte de Dreux, anglois, en une escarmouche devant Rouen. 352
Comment Rouen fut assiegé, et de la sortie que l'on fit du vieil fort Saincte Catherine. 354
Cartels de desfi entre le sieur de Villars et le comte d'Essex. . 355
Sainct Esprit sur Ruë surpris par le sieur de Rubempré. . . 357
Comment le Roy arriva à Dernetail, et comme l'armée royale fut logée devant Rouen. 357
Blainville assiegé et pris par les royaux. 357
Comment M. de Mayenne alla à Paris pour reprimer la faction des Seize qui avoient pendu le president Brisson et les conseillers Larcher et Tardif. 359
Lettres du conseil des Seize au roy d'Espagne. 360
De ce qui se passa en plusieurs assemblées que firent les Seize pour conspirer la mort du president Brisson. 363
Des brigues que faisoient les Seize pour avoir les principales charges dans Paris, et des divisions qui s'engendrerent entr'eux. 369
Advertissements donnez au president Brisson qu'on attentoit sur sa vie. 372
Comment le president Brisson fut pris allant au Palais, mené au petit Chastelet, et sur quels points il fut interrogé par Cromé. 374
Comment les conseillers Larcher et Tardif furent aussi pris et amenés au petit Chastelet. 375
Dernieres paroles du president Brisson; comme on le fit mourir avec les conseillers Larcher et Tardif, et comment on exposa agnominieusement leurs corps en la place de Greve. . . . 377

Comment M. de Mayenne arriva à Paris et fit pendre quatre des principaux de la faction des Seize. Combat de Louchart contre l'executeur qui le vouloit pendre, et comme Bussy Le Clerc fut osté de la Bastille, et de sa miserable vie. . . . . . Page 379

Opinions de l'autheur du livre du Manant et du Maheustre sur ceste execution que fit faire M. de Mayenne. 386

Abolition que le duc de Mayenne fit publier pour tous ceux qui avoient faict mourir lesdits president et conseillers, excepté à Cromé, à Cochery et au greffier; et comme il cassa et deffendit toutes les assemblées du conseil des Seize. 387

Comment le duc de Mayenne establit quatre presidents au parlement de Paris. 391

Epitome de la vie du president Brisson. 393

Des divisions advenuës entre le duc de Mayenne et les Seize, et des trois partys qui se formerent dans Paris. 395

Comment Numeghe se rendit à composition au prince Maurice. 401

De l'ambassade que l'Empereur envoya aux Pays Bas pour faire une ouverture de paix entre le roy d'Espagne et les provinces confederées des Pays Bas. 403

De la revolte d'Arragon; et comme Escovedo, secretaire de dom Jean d'Austriche, fut assassiné dans Madrid à l'induction d'Antonio Perez. 405

Antonio Perez et la princesse d'Eboly mis prisonniers par le commandement du roy d'Espagne. 408

Que c'est que *la visita* en Espagne. Du jugement qui y fut donné contre Perez, et comme il s'echappa des prisons de Castille et se sauva en Arragon où il fut remis prisonnier dans Sarragosse. 409

Recueil des deffences de Perez presentées à la justice souveraine d'Arragon. 411

Esmotion populaire dans Sarragosse pour ce que l'on avoit mis Perez à l'inquisition, et comme le peuple le remit en sa premiere prison et tüa Indico de Mendozze, marquis d'Almenarre. . . 412

Quels privileges ont les Arragonnois, et que c'est de la dignité de *el justicia*. 414

Seconde esmotion du peuple de Sarragosse, et comme, en sa furie, il mit du tout hors de prison Antonio Perez et Majorini. . 416

Comment Perez se sauva en Bearn, et comme Alonze de Vargas

entra avec l'armée du roy d'Espagne dans Sarragosse, et des executions à mort qu'il fit faire des Arragonnois, et mesmes de celluy qui tenoit la souveraine justice d'Arragon. . . . . . Page 419

Comment madame Catherine, sœur unique du roy Très-Chrestien, estant à Pau, envoya des gens de guerre sur les frontieres d'Arragon, et ce qui en advint. 421

Combats sur mer entre les Espagnols et les Anglois. . . . 423

Mort de l'eslecteur Christian duc de Saxe. Le calvinisme chassé de Saxe, et le lutheranisme remis. 424

Pourquoy les habitans de Strasbourg ruynerent et pillerent un monastere de Chartreux qui estoit proche de leur ville. . . . 424

Le cardinal Radzivil espouse au nom du roy de Pologne la fille du feu archiduc Charles. 426

Courses des Turcs ès confins de Pologne, Hongrie et Croatie. 426

Pourquoy le Turc commença la guerre contre la Hongrie, et de plusieurs choses qui se passerent en Turquie, en Perse, et autres endroicts de l'Asie. 427

FIN DU QUARANTIÈME VOLUME.

www.ingramcontent.com/pod-product-compliance
Lightning Source LLC
Chambersburg PA
CBHW051825230426
43671CB00008B/841